Jorge Malem, Jesús Orozco
y Rodolfo Vázquez
(compiladores)

LA FUNCIÓN JUDICIAL

CLA•DE•MA
Filosofía del derecho

Cla•De•Ma/Derecho

Colección dirigida por
Ernesto Garzón Valdés y Jorge F. Malem Seña

En la actualidad, la filosofía del derecho ya no es un discurso hermético y reservado a los especialistas de cada una de sus parcelas. Además, las modernas herramientas de análisis no sólo abren nuevos accesos metodológicos a los juristas mismos, sino que inciden también en cuestiones que afectan las responsabilidades acerca de nuestra civilización, como son las transgresiones de los derechos humanos o la desproporción entre el crecimiento de la riqueza y su necesaria distribución. La colección pretende contribuir al debate que se está desarrollando en la Filosofía del Derecho en el ámbito de la lengua castellana con la publicación de obras y recopilaciones de ensayos de autores internacionales cuyos planteamientos merecen una mayor difusión en nuestra área cultural. La intención es ofrecer un panorama lo más amplio posible y dar preferencia a propuestas abiertas a la discusión teórica, más que presentar soluciones definitivas.

ROBERT MCKIM Y JEFF MCMAHAN *(compiladores)*	**La moral del nacionalismo Vol. I** *Orígenes, psicología y dilemas de parcialidad de los sentimientos nacionales*
ROBERT MCKIM Y JEFF MCMAHAN *(compiladores)*	**La moral del nacionalismo Vol. II** *Autodeterminación, intervención internacional y la tolerancia entre las naciones*
MARTIN DIEGO FARRELL	**Ética en las relaciones internas e internacionales**
RAÚL CALVO SOLER	**Uso de normas jurídicas y toma de decisiones**
JORGE F. MALEM SEÑA	**La corrupción** *Aspectos éticos, económicos, políticos y jurídicos*
TOM CAMPBELL	**La Justicia** *Los principales debates contemporáneos*
PABLO E. NAVARRO Y MARÍA CRISTINA REDONDO *(compiladores)*	**La relevancia del derecho** *Ensayos de filosofía Jurídica, Moral y Política*
JOSEPH RAZ	**La ética en el ámbito público**
THOMAS NAGEL	**La última palabra**
ANDREI MARMOR	**Interpretación y teoría del derecho**
DANIEL MENDONCA	**Las claves del derecho**
JORGE F. MALEM SEÑA	**Globalización, comercio internacional y corrupción**
NORBERT HOERSTER	**En defensa del positivismo jurídico**
LUCIAN KERN Y HANS PETER MÜLLER *(compiladores)*	**La justicia: ¿discurso o mercado?**

LA FUNCIÓN JUDICIAL

Ética y democracia

Jorge Malem, Jesús Orozco
y Rodolfo Vázquez
(compiladores)

TRIBUNAL ELECTORAL
del Poder Judicial de la Federación

gedisa
editorial

ITAM
EXCELENCIA ACADÉMICA

En la presente edición de este libro han participado
el Instituto Tecnológico Autónomo de México
y el Tribunal Electoral del Poder Judicial de la Federación

Ilustración de cubierta: Juan Santana

Primera edición, julio del 2003, Barcelona
Reimpresión, 2019

Av. Tibidabo, 12, 3º
08022 Barcelona (España)
Tel. 93 253 09 04
gedisa@gedisa.com
http://www.gedisa.com

ISBN: 978-84-7432-990-2
Depósito legal: B. 29818-2003

Impreso por: Ulzama

Impreso en España
Printed in Spain

Índice

II

ÉTICA JUDICIAL

III

JUECES Y DEMOCRACIA

Prólogo

Gracias a los auspicios del Tribunal Electoral del Poder Judicial de la Federación Mexicana y del Instituto Tecnológico Autónomo de México se reúnen en la presente obra los trabajos presentados en el Simposio Internacional sobre Jueces y Democracia que en el marco del XII Seminario Eduardo García Máynez se celebró en la Ciudad de México los días 24, 25 y 26 de septiembre del 2002. También se contó con la colaboración del Instituto de Investigaciones Jurídicas y del Instituto de Investigaciones Filosóficas, ambos de la Universidad Autónoma de México, así como de la Escuela Libre de Derecho y del Instituto Nacional de Ciencias Penales.

La calidad de las ponencias y el alto nivel intelectual de los expositores explican, y asimismo esperamos que justifiquen, su compilación en esta obra que suponemos contribuirá con provecho a los debates actuales acerca del ejercicio de la función jurisdiccional. Tres fueron los temas tratados en el Simposio y que sirven para dividir este libro: función judicial, ética judicial y jueces y democracia.

La primera parte de esta compilación se ocupa de lo que genéricamente hemos denominado función judicial. Los textos que la integran se han ordenado de acuerdo con un criterio temático y didáctico. Se inicia con un par de ensayos que abordan el tema central sobre la creación o no de normas jurídicas por vía judicial y los efectos de la sujeción del juez a la ley; continúa con el análisis de dos problemas puntuales de teoría del derecho que inciden sobre la función judicial: la indeterminación de las entidades jurídicas y el problema de su validez; para concluir con una referencia especial a la actividad judicial en el ámbito de la normatividad jurídica mexicana.

Eugenio Bulygin analiza la polémica cuestión de la creación de normas jurídicas y generales por vía judicial reflexionando a partir de las distintas tesis que al respecto se han sostenido y que han dado lugar al debate. En su ensayo «Los jueces ¿crean derecho?», el autor defiende la tesis que establece que los jueces crean derecho sólo en situaciones excepcionales en las que existe una laguna normativa. Para poner de manifiesto los desacuerdos entre las distintas doctrinas que se han ocupado del problema de la labor legislativa de los jueces, Bulygin retoma algunas ideas que ha sostenido junto con Carlos Alchourrón como las nociones de norma, de casos y de soluciones genéricas e individuales; el problema de las lagunas normativas y la norma de clausura, entre otras. Pero a su vez critica a autores como Juan Ruiz Manero y Fernando Atria, quienes toman distancia de algunas afirmaciones realizadas por Alchourrón y Bulygin en su obra de referencia obligada en la materia, *Normative Systems*.

Francisco Javier Ezquiaga Ganuzas también aborda algunos de los temas que interesan a Bulygin, relacionados con la labor judicial creativa de normas jurídicas, pero en su contribución «Función legislativa y función judicial: la sujeción del juez a la ley», orienta su atención no tanto a la determinación de si los jueces crean o no derecho, sino a los efectos que la no sujeción del juez a la ley trae consigo tanto para los órganos jurisdiccionales y su independencia, como para la seguridad jurídica de los destinatarios de las normas jurídicas. Ezquiaga sostiene que el tradicional deber que tienen los jueces de sujetarse a la ley no debe agotarse en esa simple afirmación, por demás poco clara, sino que debe añadirse un deber de sujetarse, igualmente, a la jurisprudencia, como garantía de coherencia interna del ordenamiento jurídico y de previsibilidad de las decisiones judiciales para los ciudadanos. El autor concluye con algunas precisiones sobre la creencia generalmente aceptada de que mientras el juez tiene el deber de fundar sus resoluciones en disposiciones normativas preexistentes, semejante afirmación resulta inaceptable a la luz del constitucionalismo moderno, que impone toda suerte de limitaciones al poder legislativo, provenientes tanto de la constitución como del sistema de fuentes que de ella se deriva.

En su artículo «Indeterminación del derecho. Las paradojas de la interpretación jurídica», Rolando Tamayo y Salmorán se ocupa de los problemas que la indeterminación del significado de las entidades jurídicas plantea para el funcionamiento y el conocimiento del derecho. Estos problemas se hacen cognoscibles, a juicio del autor, solo si el observador concibe al derecho como un objeto de conocimiento permanentemente cambiante. El tratamiento de la indeterminación del lenguaje jurídico y de la mecánica jurídica obliga a Tamayo a reformular sus tesis acerca de la naturaleza y estructura del derecho, sus fuentes, la teoría de la norma, el problema de la validez, etcétera. El autor ofrece también importantes conclusiones sobre la interpretación jurídica que incorporan sus reflexiones sobre la función judicial como labor de reelaboración de las disposiciones normativas, subrayando el papel activo que los órganos aplicadores del derecho y sus titulares desempeñan en la creación del mismo.

Manuel Atienza y Juan Ruiz Manero analizan en su trabajo «Tres problemas de tres teorías de la validez jurídica» cuestiones muy puntuales que aquejan a las teorías de la validez jurídica de Hans Kelsen, Joseph Raz y Luigi Ferrajoli. Según los autores, estas teorías comparten una pretensión común de intentar ajustar la realidad del mundo jurídico a las categorías explicativas que las configuran, razón por la cual la visión del fenómeno jurídico resultante de estas tres teorías no sirve para explicitar múltiples situaciones normativas que se presentan en la experiencia jurídica cotidiana. En opinión de Atienza y Ruiz Manero, la concepción kelseniana del derecho como un sistema piramidal de autorizaciones y competencias pierde de vista otra dimensión jurídica vinculada con los contenidos y los procedimientos a través de los cuales se desenvuelve el derecho. Raz, al concebir el derecho como un instrumento que permite a los destinatarios de las normas prescindir de la deliberación para orientar su comportamiento ajustándose a lo que el derecho prescribe deja de lado aquellos casos en los cuales quienes se someten a las normas jurídicas no pueden sustraerse a la deliberación. Finalmente, los autores, aun simpatizando con las posiciones mantenidas por Ferrajoli, sostienen que el jurista italiano exagera el alcance de su propia teoría de los derechos, hecho que le conduce a conclusiones contraintuitivas respecto de los llamados derechos fundamentales recogidos en los textos constitucionales.

En «La administración de justicia constitucional», Agustín Pérez Carrillo se propone definir el significado y determinar el alcance del derecho de los particulares a la administración de justicia constitucional en México. A juicio del autor, sólo a través de la conceptualización de una teoría de la justicia constitucional se pueden conocer los límites del derecho, razón por la cual nos presenta una relación de las principales ideas de Hans Kelsen sobre la justicia en general y sobre la justicia constitucional en particular, así como el análisis de algunas disposiciones de la Constitución mexicana que, en su opinión, contienen la teoría de la justicia constitucional del constituyente de 1916-1917. Las conclusiones del autor apuntan a que el desarrollo o las limitaciones del derecho de los particulares a la administración de justicia constitucional no depende tanto del diseño normativo como de la actitud –en un caso progresista, en otra conservadora– que adopten quienes se encargan de aplicar el derecho en estos casos.

Finalmente, José Ramón Cossío nos ofrece en su artículo «El indebido monopolio constitucional-electoral de la Suprema Corte de Justicia» un punto de vista sobre una de las cuestiones que ha preocupado al foro de México en los últimos tiempos: que la Suprema Corte de Justicia, a través de una polémica resolución, se ha arrogado en exclusiva el control de constitucionalidad de las leyes electorales, disminuyendo las posibilidades de que el Tribunal Electoral del Poder Judicial de la Federación pueda pronunciarse sobre la constitucionalidad de las normas generales en la materia. La discrepancia del autor con el criterio que ha venido sosteniendo la Corte no sólo obedece a que ello imposibilita que el Tribunal realice sus funciones de órgano de control de actos y resoluciones, sino que también se debe a una discrepancia teórica. Cossío se remonta a los orígenes del control centralizado de la regularidad constitucional en México para así poder comprender cuáles fueron los factores que lo determinaron y evidenciar la debilidad teórica en que se sustenta, las consecuencias negativas que tiene para el funcionamiento del orden jurídico y señala, además, que tal posición de la Corte no tiene como razón última un fundamento jurídico.

El segundo bloque de esta compilación está dedicado a cuestiones atinentes a la ética judicial. La ética judicial aparece como uno de los temas centrales de las reflexiones actuales acerca del diseño del poder judicial y sobre el ejercicio de la potestad jurisdiccional. Tiene implicaciones en la elección de los miembros de la magistratura, en el comportamiento debido por los jueces mientras desarrollan su actividad profesional como en su vida privada, en la necesidad y contenido de los códigos deontológico, etcétera.

Ernesto Garzón Valdés en «El papel del poder judicial en la transición a la democracia» sostiene que, desde el punto de vista normativo, la principal función del poder judicial es garantizar la estabilidad del sistema político. La función de los tribunales superiores, Cortes Supremas o Tribunales Constitucionales, es ser garantes del orden constitucional y, por lo tanto, controlar que la mayoría legislativa y gubernamental no lo viole. Se presentan así como «inspectores de calidad» del sistema que al tener la última palabra en la resolución de los conflictos no tienen que dar cuenta de sus decisiones. Por ello, más que responsables han de ser confiables en el sentido de que se supone adoptarán decisiones acordes a criterios constitucionales.

Según Ernesto Garzón es obvio que la posibilidad de que el juez cumpla mejor sus deberes depende de su firme adhesión al sistema normativo, mientras que su confiabilidad depende además de la confluencia entre la opinión de la gente y sus decisiones.

Garzón también distingue entre lo decidible políticamente, esto es, lo que es discutible en sede parlamentaria y lo que es decidible judicialmente.

Ambos ámbitos no deben ser traspasados por jueces y políticos respectivamente para evitar una judicialización de la política o una politización de la vida judicial. Ambos peligros se ven especialmente acrecentados en los procesos de transición a la democracia.

El trabajo finaliza con unas sugerentes reflexiones sobre los problemas que plantean las elecciones de los jueces y su impacto en la estabilidad de los sistemas político-constitucionales.

Martin D. Farrell, en su artículo «La ética de la función judicial», parte de la idea de que la filosofía moral presenta tres niveles: la metaética, la ética normativa y la ética aplicada. La primera tiene prioridad sobre la segunda y ésta sobre la tercera. El autor argentino se refiere básicamente a tres teorías de ética normativa que se aplicarían a los jueces: dos denominadas del deber, el deontologismo y el consecuencialismo, y una del carácter o de la virtud a la cual no le prestará atención.

Según Farrell, en un sistema jurídico como el estadounidense o el argentino con una constitución dotada de derechos fundamentales valen las teorías éticas deontológicas, ya que a los jueces no se les pide que aumenten la felicidad de las personas sino que apliquen el derecho. Los derechos funcionan así como cartas de triunfo sobre cualquier consideración de utilidad o prudencial. En su opinión, sin embargo, hay dos excepciones. La primera se produce debido a que en las constituciones no existe un orden lexicográfico entre los derechos y puede suceder que el juez tenga que razonar de un modo consecuencialista para decidir en un caso individual cuál es el orden de prioridad entre ellos. La segunda se produce en los casos en los cuales el respeto por un derecho produce consecuencias trágicas, aquí también el juez podría hacer uso de un razonamiento consecuencialista para fundar sus decisiones.

Jorge Malem Seña, por su parte, en «La vida privada de los jueces» señala que es habitual que los ciudadanos reclamen una mayor publicidad sobre la vida privada de los funcionarios de la que estarían dispuestos a aceptar para sí mismos. Ello se fundamenta en el hecho de que los funcionarios toman decisiones basadas en su propio criterio político, ideológico o moral que afectan a las personas. Los jueces, sobre todo cuando ocupan las instancias jurisdiccionales más altas, no escapan a esta consideración.

En efecto, aun cuando Malem acepta que los jueces tienen la obligación de aplicar el derecho como fundamento de sus decisiones sostiene que existen casos en los cuales para resolver una determinada controversia apelan a sus preferencias individuales, como sucede cuando se enfrentan a una laguna normativa. Para poder predecir con algún margen de acierto cuáles serán las decisiones judiciales en tales casos es necesario conocer cuáles son las preferencias de los jueces y éstas se ponen de manifiesto también en sus vidas privadas. De ahí la exigencia de una mayor publicidad.

A juicio del autor existe una segunda razón a favor de una mayor publicidad de la vida de los jueces y es que éstos tienen el deber de apoyar la institución a la cual pertenecen. Una condición necesaria para ello es que los jueces deben evitar toda apariencia de impropiedad que pudiera hacer pensar que sus decisiones están sesgadas. Y esto se logra en muchas ocasiones a través de actos que son privados.

Finalmente, las decisiones judiciales cumplen una función simbólica de apoyo a los valores que las sustentan y esta función se deja de cumplir si los jueces padecen los mismos defectos de los sujetos a quienes se dirigen tales sentencias. Por ello es que los jueces deben mantener una vida privada sin comportamientos impropios.

Julia Barragán en su trabajo «Decisiones judiciales y desempeño institucional» sostiene que los jueces afrontan dos tipos de responsabilidades. La primera frente al orden jurídico al tener la obligación de resolver conforme a derecho los conflictos que conocen. La segunda es la de articular un lenguaje jurídico y ciertos comportamientos institucionales que aumenten la confianza del conjunto de la población. A través de las autores como Axelrod, Harsanyi y Nash, Barragán trata de ofrecer explicaciones y mecanismos de superación de aquellos elementos que favorecen la desconfianza colectiva.

Los jueces, según Barragán, al dictar sentencias contribuyen a la formación de un conocimiento común acerca del funcionamiento de la institución sin la cual no puede florecer la confianza colectiva. Esta confianza se potencia, en su opinión, a través de dos mecanismos, la transparencia informacional y el respeto por la autonomía de los sujetos a los cuales se dirigen esas sentencias.

La tercera parte de esta compilación aborda el tema de los jueces y la democracia. Cuál es el papel de los jueces en una democracia ha sido desde siempre una de las cuestiones centrales en los ajustes institucionales. ¿Pueden los jueces controlar a un parlamento democrático? ¿Conforman los jueces un poder contramayoritario legítimo en una democracia? ¿Deben limitarse a aplicar la ley sea cual fuere su contenido? Si los jueces han de ser políticamente independientes ¿existe alguna limitación a su independencia? Estas son algunas de las preguntas que se suelen formular cuando se trata la relación entre la democracia y el diseño del poder judicial.

Michel Troper analiza en su trabajo «El poder judicial y la democracia» la cuestión acerca de si la existencia de jueces y tribunales que no sólo resuelven controversias sino que incluso pueden crear normas generales con motivo de la función que realizan es compatible o no con la idea de democracia, habida cuenta de que los juzgadores no son representantes electos. Para ello, examina, en primer lugar, qué implica hablar de «poder judicial» y, posteriormente, analiza críticamente algunas teorías de la democracia que pretenden hacer de dicho poder una institución democrática. Al respecto considera dos grupos principales de teorías: aquellas que afirman que los jueces ejercen su poder para crear normas generales en nombre del pueblo y aquellas que afirman que la democracia no es, en absoluto, poder del pueblo sino un conjunto de principios que se traducen en la noción de Estado de derecho.

Carlos Ernst sostiene, en su trabajo «Independencia judicial y democracia», que dicha independencia es una herramienta necesaria, aunque no la única ni tal vez la más importante, para la existencia de un sistema democrático, toda vez que un poder judicial no independiente defrauda la voluntad del pueblo. Esta independencia tiene dos aspectos. La primera, que Ernst denomina negativa consiste en que el juez esté en condiciones de no hacer algo determinado, es decir, de no incluir en la deliberación que precede a sus decisiones la consideración de motivos extraños al sistema jurídico en cuestión. Consiste en la potestad de rechazar las presiones y sugerencias tendentes a sustituir las reglas preestablecidas por pautas extralegales que sirven a intereses de ciertos individuos o grupos sociales. Para alcanzar una condición de independencia se ha establecido un conjunto de normas que el autor llama «garantías de la independencia judicial», a saber: inamovilidad, intangibilidad salarial, ingreso no político sino por concurso, etcétera. Sin embargo, apunta a que en un Estado en el que no existen las mencionadas garantías, los jueces no necesariamente carecerán de independencia, ya que ello dependerá de la respetuosa actuación de los demás poderes estatales.

El segundo aspecto de la independencia judicial tiene carácter afirmativo. En su virtud, los jueces pueden repeler la consideración de leyes o decretos que estimen contrarios a la Constitución. En este caso no se trata de una intromisión o presión extralegal, sino que una ley sancionada y promulgada por los mecanismos y procedimientos habituales es expulsada del sistema por parte de un juez por considerarla inválida.

Perfecto Andrés Ibáñez en su artículo «Democracia con jueces» identifica los dos ámbitos a partir de los cuales deben estudiarse la relación que existe entre jueces y democracia: el primero de ellos se refiere a la ubicación institucional de los jueces, así como a la relación que guardan con los órganos de la democracia política en el marco estatal y, el segundo, alude al papel que el principio democrático desempeña en la organización de la magistratura y en la cultura del juez.

El autor analiza cómo a partir de la expansión del derecho se da, también, la ampliación del papel de la jurisdicción. Señala que el mero juego de la democracia representativa y del consenso popular no garantiza, por sí solo, la calidad de la democracia y los resultados de la política. Esto se produce mediante la consagración de los derechos fundamentales como «dimensión sustancial de la democracia» que en las constituciones rígidas opera a través de un sistema de límites y vínculos a la acción de los poderes públicos. Su importancia estriba en que sólo a través del ejercicio individual de tales derechos se materializará el proceso de libertad que es esencial a la democracia.

Andrés Ibáñez evalúa críticamente las reacciones que han generado las nuevas formas de presencia judicial, en especial en el ámbito de la política práctica, en donde ya se escuchan voces que señalan los riesgos de «un gobierno de los jueces» y que llaman a diseñar formas más férreas de organización de los propios jueces. En ese sentido, considera inaceptable que pueda ponerse en duda la legitimidad democrática del juez para actuar cuando el juez interpreta y aplica la ley conforme a la constitución.

Roberto García-Calvo y Montiel en su artículo «La doble vinculación del juez a la constitución y a la ley» sostiene que la promulgación de la Constitución Española en 1978 fue asumida sin traumatismos por la mayoría de los miembros del poder judicial. A ello ha contribuido la tarea del Tribunal Constitucional que no sólo tiene el control de constitucionalidad sino que se transforma en el garante de los derechos individuales a través del recurso de amparo.

En este contexto, el autor analiza los criterios interpretativos instruidos por el alto tribunal que hacen que la tarea del juez sea de aplicación y no de creación del derecho.

Pablo Ruiz Tagle, en su trabajo «La tesis de la doble pluralidad: jueces y democracia. El caso de la transición chilena 1990-2002», parte de la idea de que la relación entre los jueces y la democracia se expresa en un conjunto polifónico de múltiples alternativas variables. De la observación de esa multiplicidad concluye que deben establecerse qué formas de democracia se quieren en un contexto histórico determinado y cuáles son las contribuciones que los distintos tipos de jueces pueden efectuar respecto de ellas.

Para llegar a esa afirmación hace una descripción de las funciones y jurisdicción de los distintos tipos de jueces existentes en la actualidad en Chile. En cuanto a la democracia distingue distintos aspectos que les son característicos y los detalla para cruzar las variables expuestas para señalar cuáles son las contribuciones que, a su juicio, los distintos tipos de jueces chilenos han hecho a la democracia en el período comprendido de 1990 a 2002.

Por último, José de Jesús Orozco Henríquez, en su trabajo «Democracia, imperio del derecho y función jurisdiccional», muestra la importancia que la seguridad jurídica desempeña en la función jurisdiccional en el modelo de Estado constitucional democrático de derecho. La tesis principal que defiende es que la seguridad jurídica es una condición necesaria, aunque no suficiente, del imperio del derecho y éste, a su vez, es un componente esencial del Estado constitucional democrático de derecho. Para fundamentarla, Orozco Henríquez, después de considerar los rasgos básicos de una democracia constitucional aborda los componentes principales de la seguridad jurídica, distinguiendo una noción puramente formal de seguridad jurídica y una noción material o sustancial, y aborda los límites a que están sujetos los tribunales supremos. El hilo conductor de su trabajo es que el poder judicial, al igual que todo órgano del poder público, está sometido al imperio del derecho. En particular sostiene que un tribunal supremo, por más supremo que sea, tiene ciertos límites que no puede rebasar. Adicionalmente, el autor ilustra sus tesis con diversos criterios sostenidos por el Tribunal Electoral del Poder Judicial de la Federación Mexicana que muestran su vocación garantista y antiformalista.

Los compiladores desean reiterar el agradecimiento al personal del Tribunal Electoral del Poder Judicial de la Federación Mexicana por su invaluable apoyo para el desarrollo del Simposio Internacional sobre Jueces y Democracia que dio origen a esta compilación y especialmente a los funcionarios de la Coordinación de Asuntos Internacionales, encabezados por Raúl Ávila Ortiz, así como a Farid Barquet del Instituto Tecnológico Autónomo de México.

Jorge Malem, Jesús Orozco y Rodolfo Vázquez

I

FUNCIÓN JUDICIAL

1

Los jueces ¿crean derecho?

Eugenio Bulygin*

1. Introducción

La creación del derecho por los jueces es una cuestión muy debatida en los últimos doscientos años y que ha recibido respuestas muy disímiles. Cabe distinguir entre por lo menos tres posiciones claramente diferenciadas:

a) La teoría que sostiene que el derecho, entendiendo por tal el conjunto de las normas generales, es creado por el legislador y que los jueces se limitan a aplicar el derecho a casos particulares. Voy a referirme a esta posición como «doctrina tradicional».
b) La teoría para la cual el derecho es el conjunto de todas las normas, generales e individuales, y que sostiene que los jueces crean derecho porque crean normas individuales. El representante más conspicuo de esta tesis es Hans Kelsen.
c) La teoría que sostiene que los jueces no crean derecho en situaciones normales, pero sí lo hacen porque crean normas generales en situaciones muy especiales. Trataré de defender esta tesis en el presente trabajo.

Es fácil advertir que no hay consenso entre estas teorías acerca de dos puntos fundamentales: 1) qué ha de entenderse por «derecho» y 2) qué

* Universidad de Buenos Aires.

quiere decir «crear derecho». Nadie niega que los jueces dictan sentencias, pero las teorías a) y c) no consideran que esto justifique la tesis de que los jueces crean derecho. Hay una coincidencia importante entre estas dos teorías: ambas consideran que el derecho es el conjunto de las normas generales. Pero se oponen frontalmente en la cuestión de saber si los jueces crean normas generales: mientras que la teoría a) niega esto, la teoría c) lo afirma. La teoría b) discrepa con las teorías a) y c) respecto de lo que ha de entenderse por «derecho», pero coincide con la teoría c) en que los jueces a veces también crean normas generales, si bien restringe las hipótesis en las que esto ocurre.

2. La doctrina tradicional

Lo que llamo aquí «doctrina tradicional» se caracteriza por una tajante distinción entre la creación del derecho por parte del legislador y la aplicación del derecho por los tribunales de justicia. Esta doctrina hunde sus raíces en la Ilustración (con las teorías de la soberanía popular y de la división de poderes), la Revolución Francesa (que intentó poner en práctica las principales ideas de los pensadores de la Ilustración) y la codificación napoleónica que es una consecuencia casi necesaria de la doctrina de división de poderes, doctrina que mantiene su vigencia hasta nuestros días.

La separación entre el *poder legislativo* como poder político por excelencia, ejercido por el parlamento compuesto por los representantes del pueblo, encargado de la creación del derecho y el *poder judicial*, un poder puramente técnico, ejercido por jueces profesionales, cuya tarea se agota en la aplicación de las leyes dictadas por el poder legislativo es uno de los puntos centrales de las propuestas de los teóricos de la Ilustración para la organización política y jurídica del Estado. Por derecho se entiende aquí el conjunto de las normas generales dictadas por el parlamento y el poder ejecutivo, en primer lugar, las leyes. La tarea de los jueces se circunscribe a la aplicación de las normas generales a casos concretos. Este planteo no sólo supone una división tajante entre la creación y la aplicación del derecho, sino que además exige –para que los jueces estén en condiciones de cumplir su función– que el derecho suministre a los jueces la posibilidad de resolver todos los casos mediante la aplicación de las normas generales. Esto implica que el derecho ha de ser completo y coherente, en el sentido de que debe contener una solución para todo problema que sea sometido al juez y que no haya dos o más soluciones incompatibles para el mismo caso. Aparentemente, la falta de una norma que resuelva el caso (lo que tradicionalmente se llama *laguna del derecho*) o la existencia de dos o más normas incompatibles aplicables al mismo caso (*conflicto de normas*) impediría al juez resolver el caso, esto es, aplicar el derecho, sin solucionar antes esos problemas.

Es en este sentido que la codificación napoleónica puede considerarse como un corolario indispensable de la división de poderes. En efecto, la codificación fue el primer intento serio de lograr una legislación completa y coherente para una determinada materia, como las relaciones civiles (Código Civil), comerciales (Código de Comercio), la pretensión punitiva del Estado (Código Penal), etcétera. El que las normas generales solucionen todos los casos y lo hagan en forma coherente parece ser una condición necesaria para poder exigir del juez que se limite a la mera aplicación de esas normas, sin introducir modificaciones o cambios en las normas generales. Tan persistente es esta idea que en los órdenes jurídicos modernos que tienen su origen en la codificación napoleónica se da por supuesto que el derecho es siempre completo y coherente en el sentido de que proporciona una respuesta y sólo una respuesta a todo problema jurídico. Esto lo prueban las exigencias impuestas a los jueces por la legislación positiva de muchos países. En efecto:

1) Los jueces tienen la obligación de resolver todos los casos que dentro de su competencia les fueran planteados y si bien la competencia de un juez suele ser limitada, se supone que la competencia de todos los jueces es exhaustiva en el sentido de que para todo problema jurídico siempre ha de haber un juez competente.
2) Las resoluciones de los jueces deben ser fundadas en normas jurídicas. Si los jueces están obligados a resolver todos los casos mediante sentencias fundadas en normas jurídicas, se infiere –en virtud del principio «deber implica poder»– que los jueces pueden cumplir esa obligación, de donde se sigue
3) En el derecho se encuentra siempre una solución para cualquier problema jurídico planteado al juez.[1]

Es característico para esta actitud, el artículo 15 del Código Civil argentino que dispone: «Los jueces no pueden dejar de juzgar bajo el pretexto de silencio, obscuridad o insuficiencia de las leyes». Está bien que no deban alegar pretextos, pero ¿qué sucede si no se trata de pretextos, si la ley guarda silencio, o es oscura o insuficiente? ¿O es que se supone que tal situación no puede darse? El artículo 16 indica el camino que debe adoptar el juez para evitar esta situación desagradable: «Si una cuestión civil no puede resolverse, ni por las palabras, ni por el espíritu de la ley, se atenderá a los principios de leyes análogas; y si aún la cuestión fuese dudosa, se resolverá por los principios generales del derecho, teniendo en consideración, las circunstancias del caso».

Esta disposición admite dos interpretaciones. O bien, el legislador considera que aunque las leyes (es decir, las normas generales) pueden no ser completas, el conjunto resultante de agregar a las normas generales los principios de las leyes análogas y los principios generales del derecho es siempre completo y coherente. Esta tesis es llamativamente parecida a la posición de Dworkin para quien si bien el derecho establecido (*settled law*) –entendiendo por tal el conjunto de las leyes y precedentes judiciales– puede resultar incompleto e incoherente, una vez interpretado a la luz de los principios y de la mejor teoría política subyacente, suministra siempre una respuesta correcta. O bien, el artículo 16 puede interpretarse en el sentido de que autoriza al juez a modificar el derecho existente, agregándole una nueva norma, al estilo del art. 1 del Código Civil Suizo.[2] En esta interpretación el art. 16 autorizaría al juez a crear nuevas normas jurídicas, lo que está en flagrante contradicción con la doctrina de la división de poderes en su versión tradicional.

La doctrina tradicional fue criticada por Kelsen, quien sostiene que todos los actos jurídicos son a la vez actos de aplicación y de creación del derecho (salvo los dos casos extremos: el dictado de la históricamente primera constitución que es pura creación y la ejecución de sentencia que es pura aplicación). En particular, el legislador aplica la constitución y crea normas generales y el juez aplica la ley y crea sentencias, es decir, normas individuales. Por lo tanto, la diferencia entre la función del legislador y la del juez es, según Kelsen, sólo cuantitativa: el juez suele estar más limitado que el legislador, pero ambos crean derecho dentro del marco establecido por la norma superior (la constitución en el caso del legislador y la ley en el del juez).

3. Normas generales y normas individuales

Antes de analizar más en detalle esta crítica, tenemos que aclarar qué se entiende en este contexto por «norma general» y «norma individual».

Las normas pueden ser caracterizadas como expresiones usadas prescriptivamente para ordenar, prohibir o permitir una cierta conducta o acción en determinadas circunstancias. Llamaremos *caso* a la situación o la circunstancia en las que la conducta en cuestión debe, no debe o puede ser realizada conforme a la norma y llamaremos *solución* a la expresión que ordena, prohíbe o permite la conducta en cuestión, es decir, que dice que esa conducta debe, no debe o puede ser llevada a cabo. En este sentido cabe decir que las normas son expresiones que correlacionan un caso con una solución.[3]

El término «caso» es ambiguo tanto en el lenguaje corriente, como en el lenguaje jurídico: así hablamos del caso de atentado político y del caso del ataque a las Torres Gemelas. La palabra «caso» alude aquí, sin embargo a dos cosas bien distintas. El caso de atentado político está caracterizado por un conjunto de propiedades (un hecho de violencia tendente a causar daños a personas o cosas, producido por razones políticas). El atentado político puede producirse –y, lamentablemente, se produce con bastante frecuencia– en distintos lugares y en diferentes momentos (la explosión de la Embajada de Israel en Buenos Aires en 1992, el ataque a las Torres Gemelas en Nueva York el 11 de septiembre de 2001, un coche bomba colocado por ETA en una calle de Madrid, son todos ejemplos de atentado político). Para despejar esta ambigüedad usaré los términos *caso genérico* y *caso individual*. Un caso individual es un evento concreto ubicado en tiempo y espacio, cuyos protagonistas son individuos; un caso genérico es una propiedad o conjunto de propiedades que pueden ejemplificarse en un número indefinido de casos individuales.

Paralelamente podemos distinguir entre *soluciones genéricas* que son tipos o clases de acciones caracterizadas normativamente (como obligatorias, prohibidas o permitidas) y *soluciones individuales,* que son actos u omisiones realizados por individuos determinados, localizados espacial y temporalmente, calificados como obligatorios, prohibidos o permitidos.[4] Es importante tener presente que ni los casos genéricos, ni las soluciones genéricas se refieren a hechos reales, sino tan solo a hechos posibles. En cambio, los casos y las soluciones individuales se refieren a hechos reales.

Podemos definir *normas generales* como expresiones que correlacionan casos genéricos con soluciones genéricas y las *normas individuales* como expresiones que correlacionan una cierta descripción de un caso individual con una solución individual.[5]

Ahora bien, Kelsen sostiene que las sentencias judiciales son normas individuales. Pero esta tesis es más que dudosa.

En primer lugar, decir que la sentencia judicial *es* una norma individual es por lo menos una exageración, producto de una simplificación excesiva. La sentencia es una entidad compleja que consta de dos partes: los considerandos y la parte resolutiva o dispositiva. La parte resolutiva en la cual el juez condena al acusado a tantos años de cárcel o al demandado a pagarle al actor tal suma de dinero es una norma individual, pero esta norma individual está precedida por los considerandos en los que el juez justifica o fundamenta su decisión (por ejemplo, dice que el acusado cometió tal delito, reprimido por tal norma del código penal o que el demandado dejó de cumplir tal obligación frente al actor). Los considerandos son una parte de la sentencia y una parte muy esencial. En esto estriba una diferencia fundamental entre el acto del legislador y el acto del juez: los jueces, a diferencia de los legisladores, están obligados a justificar expresamente sus decisiones y esta justificación forma parte de la sentencia. El legislador también justifica, a veces, las normas que dicta, agregando a la ley una explicación de motivos, pero ésta no forma parte de la ley, mientras que la justificación o fundamentación de la decisión judicial es una parte imprescindible de la sentencia. Una sentencia que carece de justificación es una sentencia arbitraria, sujeta a la anulación o revocación.

Cabe agregar que es dudoso que las llamadas «normas individuales» sean *normas*. El término «norma» –y con mayor razón el término «regla»– parece requerir la generalidad, al menos respecto del sujeto o destinatario de la norma.[6] Por este motivo sería probablemente más razonable denominar a la parte resolutiva de una sentencia «disposición» o «mandato» y no «norma individual». Es tan solo para no apartarme de la terminología usada por Kelsen que no propicio este cambio terminológico.

4. La justificación de la decisión judicial

Tenemos que analizar ahora en qué consiste la justificación de la decisión judicial. En principio, una norma individual dictada por el juez, esto es, la parte dispositiva de su sentencia está justificada cuando se infiere lógicamente de los considerandos. Para ello los considerandos deben contener un fundamento fáctico y un fundamento normativo. El fundamento fáctico consiste en la descripción del caso individual y la constatación de que ese caso individual es una instancia de un cierto caso genérico, esto es, que el caso individual tiene la propiedad definitoria de un determinado caso genérico. Esta operación se llama habitualmente «subsunción».[7]

El fundamento normativo es una norma general que soluciona el caso genérico al que pertenece el caso individual sometido a la decisión del juez. Para que su decisión esté justificada el juez debe subsumir el caso individual en un caso genérico y luego dictar una resolución o norma individual que corresponda a la solución que la norma general invocada en los considerandos correlaciona con el caso genérico correspondiente. Cuando el juez condena a Pedro a 12 años de prisión por haber matado a Juan debe mostrar que la conducta realizada por Pedro es un homicidio y que la pena impuesta está dentro del marco fijado por la norma del código penal que pena el homicidio.

Para sostener que el juez siempre crea derecho Kelsen se basa en dos argumentos: 1) la sentencia del juez es producto de un acto de voluntad y no de mero conocimiento y 2) en la sentencia se concretan una serie de elementos que en la norma general aplicada sólo son mencionados en forma abstracta (por ejemplo, la identificación del condenado, el monto de la pena, el lugar en que debe cumplirse, etcétera). La norma general señala un marco de posibilidades que el juez llena al elegir una de ellas cuando crea la norma individual. Por ejemplo, si la norma del código penal establece para el homicidio una pena de prisión entre 8 y 25 años y el juez fija 12 años, su decisión (solución individual) corresponde a la solución genérica.

Ambos argumentos pueden ser admitidos sin dificultad, pero de ahí no se sigue la conclusión que Kelsen pretende sacar. Es cierto que la parte dispositiva de la sentencia es el resultado de un acto de voluntad y que el juez al dictar la norma individual agrega una serie de datos que no figuran en la norma general. Pero esto no implica que el juez esté creando derecho. Si la norma individual dictada por el juez, esto es, la parte dispositiva de su sentencia, está fundada en una norma general creada por el legislador, parece exagerado hablar de «creación del derecho». He sostenido en otra oportunidad que el juez sólo crea derecho cuando la norma general mediante la cual justifica su decisión no es una norma creada por el legislador[8] y estoy dispuesto a mantener esta tesis. Pero ya hemos visto que de acuerdo a la doctrina tradicional esto es precisamente lo que el juez no debe hacer, pues debe fundar su decisión en el derecho, es decir, en las normas generales creadas por el legislador. La pregunta es ¿qué debe y qué puede hacer el juez cuando el derecho no soluciona su caso, es decir, frente a una laguna, si es que hay tal cosa como una laguna normativa?

5. Lagunas normativas

Frente al problema de las lagunas normativas los filósofos del derecho han adoptado actitudes muy dispares. Cabe distinguir básicamente tres posiciones:

I. Teorías que consideran que el derecho es necesariamente completo y, por lo tanto, niegan la posibilidad de lagunas. Kelsen es el representante más conocido de esta tendencia, que es compartida por muchos teóricos.
II. Teorías que consideran que aunque haya lagunas normativas, esto no impide que los jueces puedan resolver todos los casos mediante la aplicación de las normas generales preexistentes. (Destacados representantes de esta posición son Juan Ruiz Manero y Fernando Atria en su libro *On Law and Legal Reasoning*).[9]
III. Teorías que sostienen que la existencia o inexistencia de lagunas es una cuestión empírica y por lo tanto contingente (tesis defendida en *Normative Systems*).[10]

Las teorías que admiten la existencia de lagunas (grupo III) consideran que los jueces tienen discrecionalidad para resolver los casos en los que no hay regulación jurídica (casos de lagunas normativas). Para las teorías del grupo I en principio no hay discrecionalidad porque no hay lagunas, pero puede haberlas si el orden jurídico autoriza a los jueces a apartarse del derecho. En cambio, para las teorías agrupadas en II –y en particular para Atria– no hay discreción aunque haya lagunas.

En esta sección voy a hacer una breve reseña de la teoría de Kelsen, como representante más destacado del grupo I, cuya doctrina ha sido analizada en detalle en el capítulo VII de *Normative Systems* [NS], para concentrarme en la sección siguiente en el grupo II y en particular en los argumentos de Fernando Atria.

El principal argumento que esgrimen los autores que niegan la existencia de lagunas está basado en el famoso principio «Todo lo que no está prohibido, está permitido» que llamaré «Principio de Prohibición». Según Kelsen este principio forma parte de todo orden jurídico. La idea central es que el derecho prohibe ciertas conductas y las demás conductas al no estar prohibidas, están permitidas. Por lo tanto, todas las conductas tienen un estatus normativo (como prohibidas o como permitidas). Ergo no hay conductas no reguladas por el derecho.

Este argumento es una falacia, basada en la falta de distinción entre normas y proposiciones normativas, por un lado y entre diferentes sentidos del término «permitido», por el otro.

Las normas son expresiones prescriptivas que prohíben, ordenan o permiten ciertas conductas (en determinadas circunstancias); las proposiciones normativas son enunciados descriptivos que informan acerca de la existencia de normas. Las normas pueden ser calificadas de válidas o inválidas, eficaces o ineficaces, pueden ser obedecidas o desobedecidas, pero no son ni verdaderas ni falsas. Las proposiciones normativas son verdaderas o falsas, pero no pueden ser obedecidas y no son válidas, ni inválidas. A pesar de estas claras diferencias, tanto unas como otras pueden ser expresadas mediante las mismas palabras. «Prohibido fumar» puede ser expresión de una norma o de una proposición que afirma la existencia de una norma que prohíbe fumar. Esta ambigüedad suele dar lugar a no pocas confusiones.

El término «permitido» es, a su vez, ambiguo. Cuando figura en una norma, es decir, cuando es usado prescriptivamente, «permitido» significa lo mismo que «no prohibido» y «prohibido» significa «no permitido». Pero cuando figura en una proposición normativa, «permitido» puede significar dos cosas distintas. Al decir «p está permitido» puedo querer decir, por un lado, que no existe una norma que prohíba p (permisión débil o negativa) o, por el otro, que existe una norma que permite p (permisión fuerte o positiva).

Cabe preguntarse si el principio «Lo que no está prohibido, está permitido» es una norma o una proposición normativa. Si es una norma que permite todas las conductas que no están prohibidas por otras normas, entonces –como toda norma– es contingente y no puede pertenecer necesariamente a todo orden jurídico. Si es una proposición normativa, caben dos posibilidades: o bien, «permitido» significa «no prohibido» (permisión negativa o débil), o bien, significa permisión fuerte o positiva. En el primer caso el Principio de Prohibición es necesariamente verdadero, pero absolutamente trivial, pues sólo dice que lo que no está prohibido, no está prohibido. Esto es totalmente inocuo y perfectamente compatible con la existencia de lagunas. Si, en cambio, «permitido» significa permisión fuerte o positiva, entonces el Principio dice que si una conducta no está prohibida, hay una norma que la permite. Esto es claramente falso: del mero hecho de la ausencia de una norma prohibitiva, no cabe inferir la presencia de una norma permisiva. Resumiendo, el Principio de Prohibición como norma es contingente y como proposición normativa es o bien vacuo, o bien falso. En ningún caso puede apoyar la tesis de que el derecho es necesariamente completo.

En la primera etapa de su obra Kelsen parece recurrir al Principio de Prohibición en su versión fuerte, para lo cual intenta probar que frente a una conducta p siempre hay una norma aplicable: o bien una norma que prohibe p o bien la norma negativa que establece la libertad «de hacer u omitir aquello a lo que no se está obligado». «Es esta norma negativa la que viene a aplicarse en la decisión con que se rechaza una pretensión que está dirigida a una conducta no convertida en deber.»[11] Esto presupone la verdad del Principio de Prohibición en su versión fuerte. Pero ya hemos visto que en su versión fuerte el principio es falso; nada autoriza a pensar que en todo orden jurídico exista una norma que permite toda conducta no prohibida. En la segunda etapa Kelsen cambia su planteo. Ya no pretende que en todo orden jurídico haya una norma que permite lo que no está prohibido; ahora sostiene que cuando no hay una norma aplicable, se aplica todo el orden jurídico, esta vez en virtud de la versión débil del Principio de Prohibición: toda conducta no prohibida está (débilmente) permitida. Pero la permisión débil es perfectamente compatible con la presencia de una laguna. De ahí la conclusión a la que llegamos en NS de que en el caso de una laguna normativa el juez no tiene la obligación de condenar al demandado, ni tampoco la de rechazar la demanda. Lo único a que está obligado es a dictar sentencia y lo puede hacer de cualquiera de las dos formas posibles: condenando al demandado o rechazando la demanda. En otras palabras, el juez puede decidir discrecionalmente el caso individual.

6. La teoría de Atria

La tesis de *Normative Systems* fue criticada por Juan Ruiz Manero en su conocido libro *Jurisdicción y Normas.*[12] Ruiz Manero sostiene que en el caso en que no existe una norma específica que lo obligue a condenar, el juez está obligado a rechazar la demanda.

Fernando Atria comparte la tesis de Ruiz Manero y la desarrolla. El meollo de su posición es la distinción entre dos preguntas que, según él, Alchourrón y Bulygin no distinguen: a) ¿Qué dice el derecho de Escocia respecto de las vacaciones de parejas casadas? y b) ¿Cuál es la solución jurídica correcta para este caso? Las preguntas están referidas a un ejemplo que será analizado más adelante, pero es fácil reformularlas en términos más generales. Si bien Atria no distingue entre casos genéricos y casos individuales, la pregunta a) se refiere claramente a casos genéricos, pues el caso caracterizado como «vacaciones de parejas casadas» es claramente un caso genérico. En cambio, la pregunta b) se refiere a «este caso», es decir, a un caso individual. Por consiguiente, cabe reformular las dos preguntas de la siguiente manera:

a') ¿Qué establece el derecho para el caso genérico?
b') ¿Qué debe hacer el juez en un caso individual que pertenece a ese caso genérico?

La idea básica de Atria es que –a diferencia de Alchourrón y Bulygin– la respuesta negativa a la pregunta a') no implica una respuesta a la pregunta b'). En particular, Atria cree que una respuesta negativa a la pregunta a'): el derecho no establece nada respecto del caso genérico, no impide que haya una respuesta correcta a la pregunta b'). Esta respuesta es que el juez debe rechazar la demanda. En consecuencia, no es verdad que el juez tenga discreción para resolver el caso individual cuando hay una laguna normativa (Atria, págs. 62-63). Sólo en el caso de una laguna axiológica habría discrecionalidad (pág. 66), donde por «laguna axiológica» se entiende un caso para el cual hay una solución, pero ésta es valorada por el intérprete como injusta o inadecuada.

Si bien Atria dice que no pretende sostener la tesis de que los sistemas jurídicos son necesariamente completos (pág. 64), poco después afirma que el mero hecho de que el derecho guarde silencio respecto de una cuestión no significa que el caso no esté regulado (pág. 65). Esto suena a una contradicción, pero creo que se puede conciliar ambas afirmaciones: hay que entenderlas en el sentido de que aunque el caso genérico no esté regulado, el caso individual siempre está regulado.[13]

La principal discrepancia entre la posición asumida en NS y Atria reside en que él cree que las respuestas a las dos preguntas son independientes, mientras que en NS se sostiene que la respuesta a a') implica una respuesta a b'), lo que, según Atria, sería un error. Este error provendría, al menos en parte, de nuestra caracterización de la función de los jueces y otros órganos jurisdiccionales. Al sostener que la solución de los conflictos es la función primordial de los jueces, Alchourrón y Bulygin confundirían el papel que los jueces desempeñan en sociedades liberales modernas con su papel estructural en los sistemas jurídicos como tales. Atria propone, en cambio, adoptar la caracterización de Hart, para el cual la actividad jurisdiccional consistiría en la determinación autoritativa del hecho de violación de las reglas primarias y la solución de conflictos sería una mera consecuencia secundaria de la aplicación de las reglas primarias (pág. 63).

Creo que los que se equivocan aquí son Ruiz Manero y Atria y su error consiste en construir el argumento sobre la base de ejemplos penales, en los cuales cuando no existe una norma que pena la conducta del acusado, el juez debe absolverlo, al menos en el derecho penal liberal que contiene el principio *nullum crimen*. Pero como la presencia de este principio elimina las lagunas en el derecho penal, en este contexto, donde lo que interesa son precisamente las lagunas normativas, los procesos penales son irrelevantes. Y en los procesos civiles (en el sentido amplio de «civil» que sólo excluye los penales, pero abarca también los juicios comerciales, laborales, administrativos, etcétera) cuando son contradictorios, siempre hay conflictos de intereses que el juez debe resolver. El conflicto en un juicio civil consiste en que el actor pretende que el demandado debe hacer algo (por ejemplo, pagar una suma de dinero, pintar una pared, tolerar que el actor pase por su predio, etcétera) y el demandado niega que tenga tal obligación. Por otra parte, los conflictos de intereses no sólo se producen entre particulares, sino también entre el Estado y los particulares y también entre distintos órganos del Estado, de modo que nuestra caracterización nada tiene que ver con el capitalismo liberal y es igualmente aplicable a los sistemas jurídicos en los que se considera que el derecho es un medio de la política pública (ver Atria, pág. 63 con la cita de Damaska).

Ya hemos visto que al igual que Ruiz Manero, Atria cree que hay siempre una respuesta correcta a la pregunta «¿Qué debe hacer el juez en el caso individual?», aun en los casos en que el derecho nada dice respecto del caso genérico. Esta respuesta es: el juez debe rechazar la demanda.[14]

Esta tesis implica una diferencia fundamental entre la sentencia que hace lugar a la demanda y la sentencia que la rechaza. Para la primera el juez necesita una norma general que diga que el demandado debe hacer lo que el actor pretende que haga; para la segunda bastaría el hecho de que no exista una norma tal.

Yo no creo que haya tal diferencia, ya que toda sentencia, tanto la que hace lugar a la demanda, como la que la rechaza, contiene en su parte dispositiva una norma individual. En el primer caso, una norma individual que ordena al demandado a hacer lo que el actor pretende que haga. En el segundo caso, una norma individual que permite al demandado no hacer lo que el actor pretende que haga. El error de Atria proviene de una falta de distinción adecuada entre normas y proposiciones normativas. Si el juez se limitara a informar a las partes que el derecho no contiene una norma que obligue al demandado, su sentencia sería una mera proposición normativa. Pero la función del juez no es informar a los litigantes acerca del contenido del derecho, sino resolver el conflicto y para hacerlo tiene que dictar una norma, ya sea una norma que obligue al demandado (de la forma obligatorio φ, donde φ simboliza la conducta del demandado pretendida por el actor), o una norma que permita al demandado no hacer lo que el actor pretende, es decir, una norma de la forma permitido no φ. En ambos casos se trata de normas y no de proposiciones normativas.

Ahora bien, ¿cómo justifica el juez estas normas individuales? La respuesta es clara: mediante normas generales, es decir, normas que correlacionan el caso genérico al que pertenece al caso individual con la solución genérica, sea ésta $O\varphi$ (obligatorio φ) o $P\text{-}\varphi$ (permitido no φ), donde φ ya no es la conducta del demandado, sino la clase de conductas a la que pertenece la conducta del demandado. Y como por hipótesis el caso genérico correspondiente no está solucionado por ninguna norma general, el juez tiene que crear una norma general para solucionarlo.

En apoyo de su teoría Atria trae tres ejemplos que es instructivo analizar.

Una pareja de recién casados que viven en Escocia resuelve ir de vacaciones juntos. Pero no se ponen de acuerdo adonde ir. El marido quiere ir a Francia y la mujer a Sudáfrica. El derecho escocés nada dice sobre el problema de quién tiene el derecho de elegir el lugar para las vacaciones, es decir, nada dice respecto del caso genérico (elección del lugar de las vacaciones). No obstante, según Atria, si el marido o la mujer acuden a un juez, el juez debe rechazar la demanda en ambas hipótesis, pues ésta es la solución correcta para el caso individual. (Para Atria la pregunta «cuál es la solución correcta para este caso?» significa lo mismo que la pregunta «qué debe hacer el juez?», pág. 64, nota 50.) Sin embargo, si el juez rechaza la demanda del marido, esta decisión permite que la mujer no siga la elección del marido y si rechaza la demanda de la mujer, permite al marido no seguir la elección de la mujer. Estas decisiones comprometen al juez a decidir lo mismo en todos los casos relevantemente análogos, es decir, en el *caso genérico* «elección del lugar de las vacaciones por parte de parejas casadas». Por lo tanto, la decisión del juez en el caso individual importa la aceptación por parte del juez de la norma general que dice que ninguno de los cónyuges está obligado a seguir la elección del lugar de las vacaciones hecha por el otro cónyuge. Por hipótesis, esta norma general no existía en el derecho escocés antes de la decisión del juez. Por lo tanto, esta norma general que el juez usó para justificar su decisión en el caso individual ha sido creada por él. Cuando digo que la decisión del juez en un caso individual lo compromete a decidir de igual modo todos los casos iguales (o relevantemente análogos) no quiero insinuar que el juez esté (jurídicamente o moralmente) obligado a seguir sus propios precedentes. No se trata de una obligación, sino de una condición de racionalidad: un juez que resuelve dos casos iguales de manera distinta, sin indicar en qué consiste la diferencia que lo induce a hacerlo, actúa irracionalmente. Como típico ejemplo de una regla de racionalidad aduce MacCormick: «... if a certain decision can properly be given in a certain case, then materially the same decision must also be proper in any materially similar case...».[15]

Es interesante observar que Kelsen –quien siempre ha negado la posibilidad de lagunas normativas y, salvo en el último período de su vida, también la de contradicciones– admite implícitamente que en determinadas circunstancias los jueces crean normas generales. Esto ocurre, según Kelsen, en los casos en que la solución prevista por la norma dictada por el legislador es valorada por el juez como muy inadecuada o injusta, es decir, en los casos de lagunas axiológicas. Ahora bien, Kelsen admite que en tales casos los jueces suelen apartarse de lo establecido por las normas dictadas por el legislador para dar una solución distinta:

> Pero también es posible que el orden jurídico autorice al tribunal en caso de que no exista una norma general que impone un deber al demandado... a no rechazar la demanda, si la ausencia de una norma general tal es considerada por el juez como injusta o inequitativa, es decir, insatisfactoria. Esto significa que el tribunal está autorizado para crear para el caso individual una norma jurídica individual, cuyo contenido no está predeterminado por una norma general creada por el legislador o la costumbre... Pero el tribunal crea esta norma individual aplicando una norma general que considera «deseable» o «justa», que el legislador positivo ha omitido crear. *Sólo la aplicación de una norma general tal, no positiva, justifica la norma individual creada por el tribunal.*[16]

Es muy claro que en la opinión de Kelsen la norma individual dictada por el juez sólo puede estar justificada por una norma general y como por hipótesis no hay una norma general preexistente que justifique la decisión del juez, éste tiene que inventarla. Ciertamente, Kelsen es reticente en admitir que esta norma general es creada por el juez y es por eso que dice que se trata de una norma no positiva. Pero esto es una clara inconsecuencia de Kelsen: si la positividad del derecho consiste en que sus normas son creadas mediante actos humanos, no se advierte por qué no ha de ser positiva una norma general creada por el juez. De hecho, Kelsen admite –si bien a regañadientes– que en el caso de lagunas axiológicas los jueces suelen crear normas generales para justificar sus decisiones que se apartan de lo dictado por el legislador.

Tanto Atria, como Ruiz Manero, consideran que el juez está obligado a rechazar la demanda en el caso individual cuando el caso genérico no está solucionado. ¿Pero no podría acaso un juez suficientemente conservador hacer lugar a la demanda del marido, decidiendo –por analogía con el art. 53 del Código Civil argentino (ahora ya derogado) que obliga a la mujer a «habitar con su marido dondequiera que éste fije su residencia»– que es el marido quien puede elegir el lugar de las vacaciones? O un juez feminista ¿no podría resolver hacer lugar a la demanda de la mujer? Al hacerlo no violaría el derecho; simplemente aplicaría una nueva norma general que no existía antes de su sentencia. Lo decisivo es que en los tres casos, tanto cuando hace lugar a la demanda del marido o de la mujer, o cuando rechaza ambas demandas, el juez dicta una norma individual que sólo puede estar justificada por una norma general creada por el mismo juez. Es importante subrayar que esto ocurre –contrariamente a la opinión de Ruiz Manero y Atria– también cuando el juez rechaza la demanda, pues en tal caso permite al marido, o a la mujer, o a ambos, no seguir la decisión del otro cónyuge.

El que el juez no está obligado a rechazar la demanda en caso de una laguna normativa (caso genérico no solucionado) lo muestra aún más claramente el segundo ejemplo que Atria toma de Peczenik.[17] El propietario de un inmueble demanda su restitución al poseedor que es un adquirente de buena fe (A), por título oneroso (B) que recibió el inmueble de un enajenante de mala fe (C). Por hipótesis, el caso caracterizado por ABC no está regulado por ninguna norma del sistema. Según Atria, a pesar de la ausencia de una norma general que regule el caso, el juez debe fallar a favor del poseedor, rechazando la demanda, porque el demandado no ha violado ninguna norma; tal sería la respuesta correcta a la pregunta b'). Sin embargo, parece bastante obvio que el juez podría fallar a favor del actor, aduciendo que el actor es el legítimo propietario del inmueble y que no hay ninguna norma que autorice al poseedor a no devolverlo. Nuevamente, para justificar la norma individual («el poseedor debe restituir el inmueble») el juez debe recurrir a una norma general («es obligatorio restituir el inmueble en el caso ABC»), que no existía antes de su fallo. Sin esa norma general la sentencia sería arbitraria.

En el tercer ejemplo, tomado de Dworkin, pasa algo parecido. No hay ninguna norma respecto del uso de las bicicletas en un parque público. De acuerdo a Atria, si Dworkin resuelve andar en bicicleta en el parque no se le puede multar y la única respuesta correcta es su absolución. Pero ¿qué sucedería si Dworkin resolviera traer un elefante? ¿Sería la misma la «única respuesta correcta»? Tengo mis fuertes dudas. Un juez muy bien podría decir que el elefante representa un serio peligro para los niños que juegan en el parque y en consecuencia prohibir la entrada con el elefante o multar a Dworkin. Y lo mismo podría suceder con el caballo o con la bicicleta.

La moraleja de estos tres ejemplos es que en los tres casos el juez puede resolver discrecionalmente el caso individual, precisamente porque en los tres casos no hay normas preexistentes que resuelvan el caso genérico. Lo que Atria llama «la única respuesta correcta» no es más que un cierto consenso acerca de la solución que corresponde *dar* al caso genérico para poder justificar la decisión en el caso individual, consenso bastante generalizado en el primer ejemplo, muy problemático en el segundo y bastante dudoso en el tercero. Pero no hay nada que obligue al juez a adoptar una determinada solución: tanto la condena del demandado, como el rechazo de la demanda requieren la creación de una norma general, sin la cual la decisión del juez no estaría justificada, esto es, sería arbitraria.

7. Creación judicial del derecho

Estamos en condiciones de trazar un balance de las disquisiciones efectuadas. La separación tajante entre la función del poder legislativo como creador de las normas generales y el poder judicial como mero aplicador de esas normas resulta insostenible. No por la crítica de Kelsen, es decir, no porque los jueces dicten normas individuales, que difícilmente puede considerarse como creación del derecho, sino porque los jueces crean también normas generales. Esto ocurre no sólo con los acuerdos plenarios de las cámaras de apelación o ciertas sentencias del tribunal supremo. También los jueces ordinarios se ven obligados a crear normas generales, cuando se enfrentan con casos de lagunas o contradicciones normativas y también en casos de lagunas axiológicas. (Como hemos visto, esto último lo admite el mismo Kelsen). Pero esta creación judicial de las normas generales difiere en importantes aspectos de la creación legislativa.

En primer lugar, las normas creadas por el poder legislativo son obligatorias para todos y en especial para todos los jueces. En cambio, las normas generales mediante las cuales el juez justifica su decisión en un caso de laguna normativa no obligan, en principio, a los otros jueces. Pero una norma general «creada» por un juez en un caso determinado constituye un precedente. Si otros jueces siguen el camino trazado, tendremos una jurisprudencia uniforme: la norma general creada por los jueces adquiere el carácter de obligatoria. Pero bien puede suceder que otro juez resuelva de otra manera un caso análogo. En tal situación tendríamos normas generales incompatibles. El conflicto entre esas normas será resuelto, tarde o temprano, por otros jueces, de modo que el proceso de creación judicial de las normas generales desembocará en una norma general reconocida, de origen jurisprudencial.

De acuerdo a la tesis defendida aquí, la creación judicial del derecho se produce tanto en los casos de lagunas normativas, como en los de conflictos de normas. De este último tema no me voy a ocupar en este trabajo; me limito a señalar que cuando hay normas generales que correlacionan un caso genérico con dos o más soluciones incompatibles, el caso individual no puede ser resuelto por el juez, sin modificar las normas existentes. La técnica usada normalmente por los jueces consiste en establecer un orden jerárquico entre las normas en conflicto y en no aplicar la norma menos importante. Esta operación equivale o bien a una derogación parcial de una de las normas en conflicto (al introducir en ella una excepción), o bien a su derogación total.[18] Pero la derogación (ya sea total o parcial) de normas forma parte de la actividad típicamente legislativa, que la doctrina tradicional atribuye con exclusividad a los legisladores.

Notas

1. Cfr. C.E. Alchourrón y E. Bulygin *Normative Systems*, Springer. Viena-Nueva York, 1971, págs. 175-178. En adelante: NS. Cfr. también la versión castellana de los autores *Introducción a la metodología de las ciencias jurídicas y sociales*, Buenos Aires, Astrea, 1975.

2. «A défault d'une disposition légale aplicable, le juge prononce selon le droit coutumier, et a défault d'une coutume, selon les regles qu'il établirait s'il avait a faire acte de législateur». Citado por H. Kelsen en *Teoría General del Derecho y del Estado*. Versión castellana: Eduardo García Máynez, México: UNAM, 1958, pág. 174.

3. Cfr. NS. Capítulos I y II.

4. Cfr. NS pág. 35.

5. Lo que llamo aquí «norma general» corresponde a «norma eminentemente general» de von Wright. Cfr. G.H. von Wright, *Norm and Action*, Routledge and Kegan Paul, Londres 1963, págs. 81-83.

6. Cfr. J. Austin, *The Province of Jurisprudence Determined* (1832). Existe versión castellana: *El objeto de la jurisprudencia*. Traducción: Juan R. de Páramo Argüelles. Madrid: CEC, 2003. Lección 1, y G.H. von Wright, *Norm and Action*, ob. cit., págs. 82-83.

7. En C.E. Alchourrón y E. Bulygin, «Los límites de la lógica y el razonamiento jurídico» en C.E. Alchourrón y E. Bulygin *Análisis Lógico y Derecho*, Centro de Estudios Constitucionales, Madrid, 1991, págs. 303-328, se usa como término técnico la expresión «subsunción indidivual» para distinguirla de la subsunción genérica (págs. 308-309).

8. Cfr. E. Bulygin, «Sentencia judicial y creación de derecho» en C.E. Alchourrón y E. Bulygin *Análisis Lógico y Derecho*, ob. cit., págs. 355-369.

9. Hart Publishing, Oxford, 2002. Las citas que siguen se refieren al manuscrito y probablemente no coinciden con las páginas del libro.

10. En su libro Atria incluye como una categoría aparte las teorías que sostienen que los sistemas jurídicos necesariamente tienen lagunas y menciona como ejemplo la de Raz. Es cierto que Raz –y mucho antes de él Kantorowicz– dicen que siempre hay lagunas. Sin embargo, ni Raz, ni Kantorowicz sostienen que necesariamente haya lagunas *normativas*. Cuando hablan de la necesidad de lagunas, se refieren a lagunas de reconocimiento y no a las lagunas normativas. No conozco ningún teórico que haya sostenido la necesidad de lagunas normativas.

11. Cfr. H. Kelsen, *La teoría pura del derecho*, versión castellana: Jorge Tijerina, Buenos Aires, Losada, 1941, pág. 139.

12. Madrid, Centro de Estudios Constitucionales, 1990, págs. 38-45.

13. Al finalizar su discusión del problema de las lagunas, Atria dice que para un positivista que sostiene la tesis de las fuentes sociales del derecho al estilo de Raz, o bien no hay lagunas, o bien las hay en cantidades sorprendentes: no sólo el robo de electricidad, sino también el trabajo en el jardín, el usar ropas oscuras, el dormir de noche o de día y un enorme número de acciones que no están prohibidas ni expresamente permitidas, serían casos «no regulados» y, por lo tanto, lagunas normativas (Atria, pág. 69). Esto puede ser cierto respecto de Raz, pero no creo que la definición de laguna normativa en NS tenga esas consecuencias. Si bien las lagunas normativas son casos no regulados (no prohibidos, ni permitidos en el sentido fuerte), no todos los casos no regulados son lagunas. La noción de laguna normativa es definida en NS como una relación entre tres conjuntos: un conjunto de normas (un sistema normativo), un conjunto de casos (universo de casos) y un conjunto de soluciones (universo de soluciones). El universo de soluciones es un conjunto de acciones deónticamente modalizadas y el universo de casos es una clasificación, exhaustiva y excluyente, de un universo del discurso, hecha sobre la base de ciertas propiedades que el legislador ha considerado relevantes para la solución del problema. Gran parte de las acciones posibles y de casos posibles no interesan al derecho que no pretende regularlos y que, por lo tanto, no son considerados lagunas normativas.

14. Una posición parecida, aunque no del todo igual es sostenida por Arend Soeteman en su artículo «On Legal Gaps» publicado en E. Garzón Valdés et altera (ed.) *Normative Systems in Legal and Moral Theory*, Berlín, Duncker & Humblot, 1997, págs. 323-332.

15. N. MacCormick, «The Separation of Law and Morals» en Robert George (ed.) *Natural Law Theories. Contemporary Essays*, Oxford University Press, 1992, págs. 120-121.

16. Hans Kelsen, *Teoría fuera del derecho*, versión castellana, R. Vernengo, México: UAM, 1986, pág. 253. La cursiva es mía.

17. A. Peczenik, *On Law and Reason*, Dordrecht, Kluwer, 1994.

18. Para el problema de la solución de conflictos normativos véase C.E. Alchourrón y D. Makinson, «Hierarchies of Regulations and Their Logic» en R. Hilpinen (ed.) *New Essays in Deontic Logic*, Dordrecht-Boston-Londres, Reidel, 1981.

2

Función legislativa y función judicial: la sujeción del juez a la ley

Francisco Javier Ezquiaga Ganuzas*

I. Introducción

Uno de los principios estructurales más importante que caracteriza al Estado democrático y de derecho es el de la separación de poderes. Pero, en contra del modo en el que en ocasiones es presentado, este no implica tanto una rígida separación entre los poderes legislativo, ejecutivo y judicial, cuanto una distribución ordenada de los mismos.

La separación (o distribución) de los poderes del Estado exige a mi juicio al menos tres cosas:

a) La creación constitucional de una serie de órganos en cada uno de los poderes. Por ejemplo, el Parlamento como titular del poder legislativo, el Gobierno como titular del poder ejecutivo y los jueces y Tribunales del judicial.
b) La atribución a cada uno de los poderes de un conjunto de competencias que configuran tres funciones diferentes: la función legislativa, la función ejecutiva y la función judicial (o jurisdiccional).

* Universidad del País Vasco. Este trabajo es fruto del Proyecto de investigación nº PI-1999-147 financiado por la Consejería de Educación y Universidades del Gobierno Vasco.

c) La ordenación de los tres poderes y el establecimiento de reglas de relación entre los mismos.

Prescindiendo en este momento del poder ejecutivo, puede afirmarse la clara prevalencia del poder legislativo frente al judicial, al ser el primero el representante de la soberanía nacional (art. 39 de la Constitución Mexicana, en adelante CM). Hay que tener en cuenta, no obstante, que en los sistemas democráticos también la justicia se administra «en nombre del pueblo» o «dimana del pueblo», como también establece el art. 39 de la CM, pero en aquellos sistemas en los que no se contempla la elección de jueces y magistrados, sino que la selección de los mismos se efectúa atendiendo a su preparación técnica, la legitimación popular se obtiene de la aplicación de las normas promulgadas por el poder legislativo.

En definitiva, el diseño constitucional del Estado democrático de derecho se sustenta en la atribución a los diferentes órganos que conforman el poder legislativo de la competencia para la creación del derecho (la *función legislativa*), mientras que a los órganos pertenecientes al poder judicial les correspondería la aplicación del derecho creado por los órganos legislativos (la *función judicial* o *jurisdiccional*). Se establecería así una subordinación (si bien no orgánica, al menos sí) funcional del juez al legislador que suele expresarse como «la sujeción del juez a la ley».

Aunque ese sometimiento de los órganos jurisdiccionales al mandato del legislador es comúnmente entendido como una manifestación de la función judicial, y más concretamente como un *deber* incondicionado de aplicación de las normas procedentes de los órganos legislativos, creo que un análisis más detenido muestra unos perfiles más complejos.

En primer lugar, los órganos judiciales no son los únicos sometidos a la ley, sino que todos los poderes públicos y todos los ciudadanos están sujetos a la misma, siendo precisamente la función judicial la garante de ese respeto a la ley por parte de todos.

En segundo lugar, la sujeción del juez a la ley, además de un deber dirigido específicamente a los órganos judiciales, puede ser considerado igualmente como un mecanismo de garantía también para los ciudadanos, los poderes públicos e, incluso, para los mismos jueces. Para los dos primeros, porque de la sujeción del juez a la ley depende la garantía de sus derechos y la previsibilidad de las consecuencias jurídicas de sus comportamientos, y para los jueces, porque refuerza su independencia y, sobre todo, les permite seguir apareciendo como «la boca que pronuncia las palabras de la ley», es decir como un poder neutro que simplemente aplica acríticamente las normas creadas por los órganos legislativos.

Resumiendo estas consideraciones introductorias, el objeto de mi exposición va a consistir en una nueva aproximación al tradicional deber de sujeción del juez a la ley que tome en consideración no solamente sus implicaciones para los órganos judiciales, sino también para los ciudadanos. Abordaré, por tanto, la cuestión desde dos puntos de vista: el primero, un punto de vista que podríamos acordar en denominar *objetivo*, y que toma como punto de referencia la distribución constitucional de poderes entre los órganos legislativos y judiciales; y el segundo, un punto de vista *subjetivo*, puesto que se centra en la seguridad jurídica del destinatario de las normas jurídicas, en un sentido subjetivo de la certeza jurídica que la hace depender de la posibilidad de prever las consecuencias jurídicas de sus comportamientos.

II. La sujeción del juez a la ley desde un punto de vista objetivo

Esta primera aproximación a la sujeción del juez a la ley, que es la que podría ser calificada como la perspectiva «clásica», la aborda como un conjunto de reglas dirigidas al juez para controlar su función aplicadora del derecho. Desde este punto de vista, por tanto, el sometimiento del juez a la ley resume una serie de obligaciones intrínsecas a la función judicial. ¿Cuáles son esas reglas? Realizando una reconstrucción libre de las indicadas por Riccardo Guastini, podrían señalarse las siguientes.[1]

1. Toda decisión judicial debe estar fundada en normas jurídicas procedentes de alguna fuente del derecho autorizada.
En los sistemas jurídicos de tradición romano-germánica esta regla prácticamente se concreta en la obligación de mencionar en la sentencia alguna disposición normativa: uno o varios artículos o partes de artículos. Esto es así porque las normas jurídicas de origen consuetudinario son de una utilización cada vez más escasa, lo que convierte a la costumbre en una fuente del derecho muy marginal.

Sin entrar ahora a abordar el complejo problema de la relación entre las disposiciones o enunciados normativos y sus significados,[2] sí deseo recordar que parece comúnmente aceptado que el sistema jurídico está compuesto de dos tipos de normas: las normas expresas y las normas implícitas. Las primeras serían el significado de una disposición normativa, pero las segundas no son siempre entendidas del mismo modo.

En el lenguaje de los juristas puede encontrarse utilizada la expresión «norma implícita» al menos en tres sentidos:[3]

a) En primer lugar, como *normas derivadas* de las normas expresas o explícitas. Si estas últimas son las imputables a una específica disposición como su significado según una concreta interpretación,[4] las normas implícitas serían sus consecuencias lógicas. Un sistema normativo estaría integrado, según la ya clásica noción de Alchourrón y Bulygin, por tanto, también por todas las consecuencias lógicas de las normas que lo componen.[5]

b) En segundo lugar, suele utilizarse la expresión norma implícita para referirse a las *normas inexpresas*, es decir, las que no pueden ser reconocidas como el significado de una precisa disposición redactada por una autoridad normativa, sino de una combinación de disposiciones (o partes de disposiciones).[6]

c) En tercer lugar, se habla de normas implícitas, que para diferenciarlas de las «derivadas» y de las «inexpresas» podrían denominarse «normas implícitas en sentido estricto», para referirse a las proporcionadas por los diferentes instrumentos para la solución de lagunas normativas.

El punto de vista desde el que interesa abordar los diferentes tipos de normas implícitas es el de la creatividad. Dicho de otro modo, se trata de ver si estas normas son producidas (aunque sea indirectamente) por las autoridades normativas o por el contrario tienen un origen diferente. Ello obliga a determinar la relación que cada uno de los tres tipos tiene con las disposiciones normativas, ya que este es el instrumento lingüístico típico por medio del cual las autoridades normativas formulan sus normas. Pues bien, desde la perspectiva señalada puede afirmarse, en primer lugar, que las normas derivadas, cuando realmente son consecuencias lógicas de normas explícitas no se diferencian de estas. Así, cuando una autoridad normativa formula una norma jurídica por medio de una disposición, hay que entender formuladas, igualmente, todas sus consecuencias lógicas como una exigencia de la racionalidad que es presumible de la función legislativa.

Desde el punto de vista de la creatividad, la conclusión es, en principio, diferente en cuanto a las normas inexpresas y a las implícitas en sentido estricto. Teniendo en cuenta lo dicho para las normas derivadas, podría afirmarse que la creación no legislativa de una norma jurídica se produce cuando el contenido de esta es distinto al de cualquier otra norma del mismo sistema jurídico o al de sus consecuencias lógicas.[7] Pues bien, las dos normas que están siendo analizadas son «nuevas» y «diferentes» a las imputables directamente a las autoridades normativas, por distintas causas.

Las normas inexpresas porque, al menos algunas de ellas, no son el significado de ninguna concreta disposición, sino el resultado de interpretar conjuntamente varias disposiciones. Resulta evidente que en algunas ocasiones la norma jurídica obtenida como consecuencia de combinar varias disposiciones responde a un plan preconcebido por la autoridad normativa (por ejemplo, cuando las disposiciones combinadas pertenecen a dos apartados de un mismo artículo).[8] Pero, en otras, la norma obtenida es completamente nueva y resultado exclusivamente de una actividad interpretativa «creativa» y no meramente cognoscitiva, aunque sea presentada como tal. Este tipo de normas inexpresas se asemeja bastante a las normas implícitas en sentido estricto.

La situación de creación de nuevas normas está mucho más clara desde el principio en relación con estas últimas, esto es, las implícitas en sentido estricto. Si se tiene en cuenta que se trata de las normas que sirven para solucionar las lagunas normativas debe reconocerse que son normas «creadas» por el intérprete, que no existían antes de la actividad de este: tanto la analogía, como los principios jurídicos, el argumento *a fortiori* o el *a contrario*, dan lugar a la producción de normas jurídicas nuevas que regulan casos genéricos cuya solución normativa no se encontraba prevista.[9]

De los múltiples problemas relacionados con las normas implícitas en sentido estricto (y con las normas inexpresas a ellas asimilables) interesa resaltar ahora sólo un par de cuestiones. Por un lado, que al estar producidas con ocasión de una laguna normativa no pueden ser objeto de conocimiento al no preexistir a la actividad interpretativa. Por otro, que, a pesar de ello, no son normas completamente desconectadas de las disposiciones redactadas por las autoridades normativas ya que, en todo caso, son presentadas como significados atribuidos a aquellas.

En relación con la primera cuestión, tanto las normas inexpresas como las implícitas en sentido estricto son creadas por el intérprete como consecuencia de una falta de previsión expresa de las autoridades normativas sobre un caso genérico. Sin embargo, en las primeras esa imprevisión no es sacada a la luz, no es reconocida la presencia de una laguna normativa y la solución proporcionada por la norma inexpresa es atribuida al legislador y no presentada como una creación interpretativa, mientras que en las segundas se reconoce el vacío normativo y la autorización al juez para producir la norma implícita.

La conexión de las normas implícitas con las disposiciones normativas, incluso en casos de laguna normativa, es una forma de mantener la diferencia entre la función legislativa y la función jurisdiccional. Ambas son creadoras de normas jurídicas, incluso generales, pero la jurisdiccional exige el apoyo de una disposición elaborada por una autoridad normativa.[10]

2. *Toda decisión judicial debe estar motivada.*
A los efectos que ahora interesan, y como se ha indicado en el punto anterior, la mención de alguna disposición normativa es un requisito necesario para que la decisión judicial pueda considerarse motivada, pero en ocasiones no es un requisito suficiente. Sin tomar en consideración ahora la motivación en relación con los hechos del proceso, al juez se le exige argumentar el paso de la disposición a la norma jurídica, en definitiva, se le impone la obligación de expresar en la decisión el razonamiento interpretativo llevado a cabo para determinar el significado otorgado a la disposición o disposiciones utilizadas.

Afortunadamente, en la aplicación del derecho, los jueces se encuentran con un buen número de casos que no requieren un especial esfuerzo interpretativo, sin embargo no es infrecuente la aparición de dudas acerca del significado de una disposición, situación en la que la utilización de argumentos adecuados y su plasmación en la decisión son requisitos indispensables para considerarla suficientemente motivada.

3. *El juez no está autorizado a crear normas jurídicas.*
El contenido propio de la función judicial es la aplicación de las normas jurídicas proporcionadas por los órganos legislativos. Este deber judicial, tal vez el más característico del genérico de sujeción a la ley, es exigido incluso en los supuestos de lagunas jurídicas, circunstancia sorprendente que merece un momento de atención.

El principal problema con el que un juez puede encontrarse al ejercer su función es que carezca de disposición normativa alguna que *prima facie* contemple los hechos del caso a resolver.

Una buena forma de denominar el caso anterior es el de *lagunas textuales*, para diferenciarlas de las conocidas como *lagunas normativas*.[11] Si estas últimas se producen, según la clásica definición de Alchourrón y Bulygin, cuando un determinado caso genérico de un determinado universo de casos no está correlacionado con solución maximal normativa alguna,[12] las que podrían calificarse como *lagunas textuales* implicarían que un determinado caso genérico no se encuentra incluido en el supuesto de hecho de ninguna norma formulada *prima facie* por ninguna disposición del sistema. Dicho más sencillamente, no hay disposición alguna que *prima facie* contemple un caso genérico. Puede suceder, por supuesto, que en un concreto proceso de aplicación judicial del derecho inicialmente se ponga de manifiesto una laguna textual, pero no una laguna normativa debido a que, por medio de la interpretación de alguna disposición del sistema, se pueda obtener una norma que otorgue solución al caso individual. En la medida que la solución de los casos individuales exige la aplicación de normas jurídicas, lo verdaderamente relevante es la aparición de lagunas normativas, pero merece la pena fijarse también en la situación de ausencia de disposición.[13]

La aparición de una laguna es un problema importante en relación con el deber judicial de sujeción a la ley en la medida que lo que en realidad se le está imponiendo es la obligación de utilizar los textos producidos por las autoridades normativas reconocidas en el sistema para obtener las normas con las que justificar jurídicamente su decisión. La cuestión que procede contestar ahora es cómo puede el juez «atenerse» al sistema de las fuentes del derecho cuando este no proporciona disposición alguna que contemple el supuesto planteado.

En esta situación, a pesar de los instrumentos de los que el juez dispone para solucionar la laguna, es difícil afirmar que la decisión ha sido adoptada con sujeción a la ley.

4. Se presume el conocimiento de la ley por parte del juez.
Independientemente de las implicaciones procesales resumidas en el aforismo *iura novit curia*, el cumplimiento del deber de sujeción a la ley requiere obviamente el conocimiento de esta por parte del juez. A este respecto, creo, sin embargo, que es importante distinguir: a) la presunción de conocimiento judicial del derecho, que es un corolario lógico del criterio técnico de selección de los jueces; b) los conocimientos jurídicos efectivos de un concreto juez o incluso de todo un sistema judicial, que dependerá en buena medida de los mecanismos de formación; c) y, por último, la posibilidad real de que el derecho pueda ser objeto de conocimiento.

En relación con esta última cuestión, son evidentemente diferentes las dificultades para conocer los textos redactados por las autoridades normativas (las disposiciones o enunciados normativos), cuya cognoscibilidad está en principio garantizada por la publicación necesaria de los documentos normativos, que para conocer las normas jurídicas expresadas por esos textos, cuestión que depende de la interpretación, del caso concreto y de otros factores que serán abordados un poco más adelante.

5. El juez no puede rechazar la aplicación de una ley.
El deber incondicionado de aplicación de la ley expresado por esta vertiente «objetiva» del principio de sujeción del juez a la ley impone también al juez la prohibición de rechazar la aplicación de una ley que contemple el caso a resolver.

Obviamente, cuando en el contexto que está siendo analizado se hace referencia a la ley, debe considerarse incluida también la Constitución, cuya aplicación directa debe llevarse a cabo cuando sea posible. Conviene recordarlo dentro de esta regla porque no es infrecuente que el juez considere que el derecho que a él le corresponde aplicar comienza en la ley, siendo las normas constitucionales asunto de Tribunales específicos de control de la constitucionalidad, cuando existen, o de las Cortes Supremas.

Por otro lado, es preciso advertir que la sujeción del juez a la ley impone un deber incondicionado de aplicación de las leyes *aplicables*. En cualquier sistema jurídico pueden encontrarse un cierto número de disposiciones promulgadas y publicadas pero que son inaplicables por el juez, es decir, que no pueden ser utilizadas para obtener normas jurídicas válidas. De entre ellas pueden destacarse las disposiciones derogadas (con problemas especialmente relevantes cuando se trata de derogaciones tácitas), las disposiciones declaradas inconstitucionales (particularmente cuando el órgano de control de la constitucionalidad formula una «sentencia interpretativa») y otros supuestos de suspensión individual o colectiva de derechos constitucionales.[14]

6. *No vinculación a los precedentes jurisprudenciales.*
Con carácter general, en los sistemas jurídicos de tradición romano-germánica la sujeción del juez a la ley implica, como una cara oculta, la no vinculación a los precedentes jurisprudenciales de Tribunales superiores.

Esta regla tradicionalmente asociada a la sujeción del juez a la ley debe ser objeto, sin embargo, de importantes matizaciones, pero al constituir el objeto de la última parte de mi exposición, me remito a lo que luego se dirá. Baste por ahora con indicar que la instauración en casi todos los sistemas jurídicos de procedimientos jurisdiccionales de control de la constitucionalidad de las leyes, con decisiones vinculantes y eficacia *erga omnes*, obliga a reformular esta cuestión.

Este conjunto de reglas derivadas de la sujeción del juez a la ley, en algunos casos incorporadas expresamente al ordenamiento jurídico y en otros no, pretenden obviamente establecer límites a la función judicial, fundamentalmente para que la actividad decisoria del juez no invada el ámbito propio de la función legislativa. Sin embargo, no siempre es fácil establecer controles efectivos para garantizar esa sujeción del juez a la ley.

Algunas de las reglas, como la de utilizar en la decisión una fuente del Derecho autorizada o mencionar en la motivación alguna disposición, pueden ser objeto de un control formal relativamente sencillo. Sin embargo, el control de la sujeción del juez a la ley no se detiene en los aspectos puramente formales, sino que pretende también controlar el contenido de la decisión: que esta se adopte conforme al criterio del legislador, es decir, que el órgano judicial aplique la norma jurídica que el órgano legislativo dictó para ese supuesto.

La pretensión, por tanto, de la sujeción del juez a la ley sería poder juzgar o valorar en cada caso la corrección o incorrección de la decisión judicial por comparación con el criterio legislativo: confrontando la norma jurídica aplicada por el juez con la expresada por el legislador se establecería la sujeción del juez a la ley.

Naturalmente, la gran dificultad que plantea este control de tipo sustancial consiste en que requiere necesariamente conocer lo que la ley dice, es decir, la norma jurídica establecida por el legislador para el caso, lo que no siempre es posible. Aunque más adelante volveré sobre esta cuestión, la práctica judicial muestra que hay casos que pueden ser resueltos correctamente, desde el punto de vista de la sujeción del juez a la ley, pero de modo diferente, es decir, en sentidos no coincidentes. Piénsese en los supuestos de indeterminación del lenguaje, de antinomia, de laguna jurídica o de significados *prima facie* valorados por el juez como insatisfactorios o injustos.

En definitiva, las valoraciones inherentes a la interpretación pueden conducir a otorgar al mismo texto significados diferentes, de tal modo que casos sustancialmente idénticos cabe que sean resueltos de modo diferente y sujetándose en ambos supuestos el juez a la ley.

III. La sujeción del juez a la ley desde un punto de vista subjetivo

Una segunda manifestación importante de la sujeción del juez a la ley que, sin embargo, no suele ser tomada en consideración al analizar sus implicaciones, es su carácter de garante de la seguridad o certeza jurídica de los destinatarios de las normas, al ser un requisito necesario para poder prever las consecuencias jurídicas de los comportamientos propios y ajenos.

Con carácter general, los comportamientos jurídicamente relevantes están regulados por el Derecho. La decisión legislativa se plasma en disposiciones o enunciados normativos que son publicados para permitir su cognoscibilidad y, entre otras funciones, para que los destinatarios de las normas jurídicas puedan prever las consecuencias que para el derecho tiene un determinado comportamiento. Pero como, en definitiva, son los órganos judiciales los encargados en última instancia de declarar esas consecuencias, para que la previsión resulte acertada, es necesario que el juez se sujete en su decisión a lo dicho por el legislador.

En conclusión, para que sea posible la previsión de la norma jurídica que va a ser aplicada en una decisión judicial y conocer así la consecuencia jurídica concreta de un comportamiento, es necesaria la concurrencia simultánea de dos requisitos:

a) que sea posible conocer lo que la ley dice; y
b) que el juez se sujete a la misma.

Cuando la primera cuestión tiene una respuesta afirmativa, cuando, por tanto, es posible conocer lo que dice la ley, cabe un control de lo que el juez haga: sujetarse a la ley, si aplica la norma jurídica expresada por esta; o no sujetarse a la ley, si aplica una norma jurídica diferente.

Cuando la respuesta es negativa, cuando, en consecuencia, no es posible conocer lo que dice la ley, no cabe tampoco determinar si el juez se ha sujetado o no a lo establecido en ella.

En la práctica judicial considero que se dan ambos tipos de situaciones que, con una terminología ya asentada, pueden denominarse como casos fáciles o de rutina y casos difíciles.[15] Aunque no existe un consenso generalizado acerca de cuándo puede hablarse de unos u otros, puede señalarse que un *caso difícil* puede estar provocado por la indeterminación del lenguaje usado para redactar las disposiciones, porque se pone de manifiesto una antinomia o una laguna o porque el juez no comparte la solución normativa; sus consecuencias serán que no cabe en relación a ellos hablar de solución correcta; su solución puede requerir sopesar las disposiciones en conflicto, utilizar los principios o acudir a juicios morales; y el conocimiento de las normas que los resuelven no es posible ya que estas no preexisten, sino que deben ser «construidas». Por su parte, podrá hablarse de *casos fáciles* cuando la disposición es unívoca en su significado, este es consistente y satisfactorio para el operador jurídico, por lo que habrá consenso en que esa es la solución normativa correcta; en definitiva, será posible conocer cuál es la norma jurídica que ofrece la solución normativa de un caso.[16]

En relación con el asunto que nos ocupa, el gran problema que plantean los casos difíciles es que pueden ser resueltos de modo diverso, a menudo dependiendo de las valoraciones del juez y, por tanto, es complicado prever la decisión judicial. Un posible camino para prever cuál puede ser la decisión en un caso sería indagar cómo han sido resueltos casos anteriores similares.

Es posible, naturalmente, sobre todo en sistemas en los que no hay vinculación obligatoria a los precedentes, que el órgano jurisdiccional no adopte una decisión conforme con los mismos, pero es probable que si es recurrida ante los Tribunales superiores, estos apliquen los mismos criterios utilizados anteriormente, es decir, las mismas normas jurídicas. De hecho, los juristas actúan así. No sólo los abogados por pragmatismo, sino también los dogmáticos como criterio de verificación de las tesis sostenidas, tienen en cuenta la jurisprudencia de los tribunales más importantes.[17] Desde este punto de vista, conocer el derecho implicaría, en buena medida, conocer las decisiones de los órganos jurisdiccionales que resuelven en última instancia los recursos, y la certeza del derecho requeriría poder prever esas mismas decisiones (o mejor, las normas jurídicas aplicadas en ellas).

Hay muchas ocasiones en las que la indagación jurisprudencial es un camino seguro para prever una decisión futura ya que los jueces y tribunales frecuentemente aplican las mismas normas jurídicas que los tribunales superiores. Sin embargo, hay otras ocasiones en las que eso no es así.

Un primer supuesto sería cuando debe ser *resuelto un asunto completamente nuevo*. Si es un caso no previsto por las autoridades normativas (es decir, si de ninguna de las disposiciones puede obtenerse una norma jurídica en vigor que contemple la situación), la decisión judicial será inevitablemente imprevisible. En definitiva, las consecuencias jurídicas de ese comportamiento no pueden ser conocidas con antelación simplemente porque antes de la intervención jurisdiccional no hay norma jurídica que lo contemple. Pero, incluso aunque no sea una situación de laguna normativa (es decir, aunque exista en el sistema una disposición que, *prima facie*, formula una norma jurídica que prevé un supuesto de hecho), mientras los tribunales superiores no se hayan pronunciado, el juez que en primera instancia deba resolver el asunto carece de cualquier directiva sobre la norma jurídica que aquella disposición, a su juicio, expresa, por lo que, al menos en algunos casos, también su decisión será muy difícil de prever. La situación puede complicarse aun más si, como consecuencia, por ejemplo, de una reforma legislativa, diferentes tribunales de primera instancia comienzan a pronunciarse de forma contradictoria sobre las normas jurídicas que expresan las mismas disposiciones. Hasta que, por ejemplo en España, no se produce el pronunciamiento del Tribunal Supremo o, en su caso, del Tribunal Constitucional, diferentes jueces pueden aplicar normas jurídicas distintas a partir de las mismas disposiciones.

Una segunda situación que se aleja de la certeza al no ser posible prever el comportamiento futuro de los órganos jurisdiccionales se produce cuando *los tribunales superiores carecen de una opinión clara y estable sobre un asunto*, es decir, ha recaído sobre el mismo una jurisprudencia vacilante que no permite conocer un criterio diáfano sobre la norma jurídica que debe considerarse expresada por una cierta disposición.[18]

En tercer lugar, incluso cuando se cuenta con una jurisprudencia constante, *la previsión del comportamiento futuro de los órganos jurisdiccionales no está exenta de riesgos, ni la incertidumbre completamente eliminada*. Por un lado, los casos que se toman en cuenta como base para identificar las normas jurídicas en ellos aplicadas y formular la predicción a partir de las mismas, se presentan siempre en forma lingüística, por lo que un mismo grupo de decisiones puede ser interpretado de diferentes modos, es decir, puede ser considerado expresión de normas jurídicas distintas. Por otro, además, habitualmente los casos están basados en hechos muy complicados, por lo que encontrar una regularidad en ellos exige una simplificación para identificar algunas características relevantes que haga posible agruparlos. Dicho de otro modo, obtener la norma jurídica aplicada en un conjunto de casos similares es una operación interpretativa muy parecida a la de obtenerla a partir de las disposiciones normativas, por lo que pueden ponerse de manifiesto los mismos problemas que en cualquier otra actividad interpretativa.

Por último, es preciso tener en cuenta que los criterios de los tribunales superiores no son inmutables y se dan, con relativa frecuencia, *«giros» jurisprudenciales* que llevan a modificar decisiones de los órganos jurisdiccionales inferiores adoptadas aplicando normas jurídicas obtenidas de una anterior línea jurisprudencia constante.[19] Como resulta imposible prever cuándo va a llevarse a cabo el cambio, la certeza desaparece.

No obstante estas dificultades, no cualquier decisión de un órgano jurisdiccional (superior o inferior) es admisible o igualmente correcta. Precisamente por la importancia de aquellas para la certeza del derecho, para predecir las consecuencias jurídicas de los comportamientos, en definitiva, para conocer el derecho, deben extremarse los requisitos de «calidad» de los pronunciamientos jurisdiccionales y, entre ellos, el de la racionalidad de la decisión, es decir, que en ella se respeten las reglas de la argumentación jurídica.[20] Esta exigencia no va a garantizar la previsibilidad de la decisión judicial en supuestos como los mencionados anteriormente, pero sí permite, al menos, reducir la arbitrariedad, respetar la igualdad en la aplicación del derecho y que cualquier cambio de criterio deba ser suficientemente justificado.

Como ya se ha indicado, el control de la racionalidad de las decisiones jurisdiccionales no garantiza en todos los casos la certeza del derecho, ya que para poder prever un pronunciamiento futuro es condición indispensable que la jurisprudencia de los tribunales superiores sea constante y que estos no cambien de criterio. Sólo de ese modo, si un órgano jurisdiccional inferior no se acomoda a aquella, no se sujeta a la jurisprudencia (es decir, no dicta la decisión prevista), el órgano de control la sustituirá por otra que aplique el criterio asentado.

Además de todas las dificultades señaladas para la previsibilidad de las decisiones judiciales, es característico de los sistemas jurídicos no pertenecientes a la familia de *common law* la no vinculatoriedad a los precedentes de los tribunales superiores. Es más, como ya ha quedado indicado, esa es, incluso una de las manifestaciones más típicas de la sujeción del juez a la ley. Por esa razón, la solución propuesta de consultar la jurisprudencia recaída en asuntos anteriores se debilita aun más. Tal vez por ese motivo debería plantearse la posibilidad de introducir, también en los sistemas jurídicos de tradición romano-germánica, alguna forma de vinculación del juez al precedente, como ya existe en algunos derechos pertenecientes a esa familia, como por ejemplo en México (art. 94 CM).

Esta propuesta, que en todo caso debería ser estudiada con mucho detenimiento por los efectos contraproducentes que pudiera entrañar (como, por ejemplo, el freno que podría representar para la evolución de la jurisprudencia), permitiría que casos originalmente difíciles desde el punto de vista interpretativo, se convertirían en fáciles al haber sido ya resuelta la dificultad con carácter vinculante por el órgano jurisdiccional supremo de la organización judicial, lo que, sin duda, favorecería la previsibilidad de sus resoluciones.[21]

IV. Conclusión

De las consideraciones precedentes creo que puede extraerse como conclusión la imposibilidad de controlar en todo caso la sujeción del juez a la ley, al mostrarnos la práctica judicial la existencia de casos que pueden ser resueltos conforme a derecho pero en sentidos diversos. Con el fin de amortiguar los efectos perniciosos que tal circunstancia puede provocar sobre la previsibilidad de la decisión judicial y sobre las posibilidades de control de la resolución jurisdiccional por los Tribunales superiores, tal vez fuera conveniente articular medidas de vinculación de la jurisprudencia y transformar el deber de sujeción del juez a la ley en un *deber de sujeción del juez a la ley y a la jurisprudencia.*

En segundo lugar, creo que puede afirmarse que los casos de no sujeción del juez a la ley son resueltos por este por medio de la producción de una norma jurídica de origen no legislativo, aunque posteriormente sea presentada como significado de una disposición normativa. Si esto es así, resultaría que, al menos en algunos casos, la función judicial implicaría la producción de normas jurídicas y no la simple aplicación de las normas producidas por los órganos legislativos, con lo que se difuminaría la tradicional distinción entre función legislativa, de creación de derecho, y función judicial, de aplicación de derecho.

No obstante, la intuición nos indica que entre lo que los jueces hacen y lo que hacen los legisladores, hay diferencias, que la función legislativa y la función judicial no son idénticas.

Tal vez un nuevo modo de afrontar la distinción sea tomando en cuenta el diferente uso que ambas funciones realizan de los tres elementos básicos del proceso de producción y aplicación del derecho: fuente del derecho, disposición normativa y norma jurídica.

Aunque la libertad del legislador suele destacarse como uno de los rasgos principales de su función, frente a la sujeción del juez a la ley, la realidad es que con el constitucionalismo moderno el órgano legislativo se encuentra, en primer lugar, vinculado a la Constitución, y, en segundo lugar, a las fuentes del derecho autorizadas por esta.

Por todo ello, puede considerarse que lo característico de la función legislativa sería la obligación de utilizar las fuentes del derecho para la producción de disposiciones normativas, mientras que lo propio de la función judicial sería la obligación de utilizar esas disposiciones normativas para la producción de las normas jurídicas.

Notas

1. Cfr. R. Guastini, *Il giudice e la legge. Lezioni di diritto costituzionale*, Turín, Giappichelli, 1995, págs. 100 y ss.

2. Sobre esta cuestión puede consultarse F. J. Ezquiaga Ganuzas, *La producción jurídica y su control por el Tribunal Constitucional*, Valencia, Ed. Tirant lo Blanch, 1998; y, sobre todo, R. Guastini, «Disposizione vs. norma», en *Giurisprudenza costituzionale*, 1989.

3. Cfr. F. J. Ezquiaga Ganuzas, *«Iura novit curia» y aplicación judicial del Derecho*, Valladolid, Ed. Lex Nova, 2000, págs. 203 y ss.

4. Esta definición de norma expresa corresponde a R. Guastini, «In tema di "conoscenza del diritto"», en *Il Foro italiano*, 1987, V, pág. 385.

5. Cfr. C. E. Alchourrón y E. Bulygin, *Introducción a la metodología de las ciencias sociales*, Buenos Aires, Ed. Astrea, 1975, págs. 92 y ss.

6. Cfr. R. Guastini, «In tema di "conoscenza del diritto"», ob. cit., pág. 385.

7. Esta definición de «creación de normas» corresponde a E. Bulygin, «Sentencia judicial y creación de Derecho», en C.E. Alchourrón y E. Bulygin, *Análisis lógico y Derecho*, Madrid, CEC, 1991, pág. 360.

8. Una tipología de las combinaciones de disposiciones para obtener una norma puede verse en F. J. Ezquiaga Ganuzas, *La producción jurídica y su control por el Tribunal Constitucional*, ob. cit., págs. 71 y ss.

9. Sobre cómo funcionan estos argumentos véase, en general, F. J. Ezquiaga Ganuzas, *La producción jurídica y su control por el Tribunal Constitucional*, ob. cit., págs. 107 y ss.; ID., *La argumentación en la justicia constitucional española*, Oñati, IVAP, 1987, Capítulos I, II, IV y V.; R. Guastini, *Le fonti del diritto e l'interpretazione*, Milán, Giuffrè, 993, págs. 359 y ss.; y G. Tarello, *L'interpretazione della legge*, Milán, Giuffrè, 1980, págs. 341 y ss. Sobre la analogía en concreto, M. Atienza, *Sobre la analogía en el Derecho. Ensayo de análisis de un razonamiento jurídico*, Madrid, Civitas, 1986; y M. J. Falcón y Tella, *El argumento analógico en el Derecho*, Madrid, Civitas/Facultad de Derecho de la Universidad Complutense, 1991; y C.E. Alchourrón, «Los argumentos jurídicos *a fortiori* y *a pari*», en C.E. Alchourrón y E. Bulygin, *Análisis lógico y Derecho*, ob. cit., págs. 3 y ss. En relación con las normas implícitas que produce el argumento *a contrario*, véase G. Silvestri, «Le sentenze normative della Corte Costituzionale», en AA.VV., *Scritti*

su la Giustizia Costituzionale in onore di V. Crisafulli, vol. I, Pádua, Cedam, 1985, pág. 769. Por último, acerca de los diferentes tipos de principios jurídicos pueden consultarse J. Wróblewski, «El papel de los principios del derecho en la teoría e ideología de la interpretación jurídica», en J. Wróblewski, *«Sentido» y «hecho» en el Derecho*, San Sebastián, Universidad del País Vasco, 1989, págs. 153 y ss.; J. Igartua Salaverría, «Sobre «principios» y «positivismo legalista»», en *Revista Vasca de Administración Pública*, nº 14, 1986, págs. 31 y ss.; y A.E. Pérez Luño, «Los principios generales del Derecho: ¿un mito jurídico?», en *Revista de Estudios Políticos*, nº 98, 1997, págs. 9 y ss.

10. Sobre la diferencia entre la creación de normas jurídicas propia de la función legislativa y la que se produce en la jurisdiccional, véase E. Bulygin, «Sentencia judicial y creación de derecho», ob. cit., págs. 362 y ss.; y R. Guastini, *Il giudice e la legge. Lezioni di diritto costituzionale*, Turín, Giappichelli, 1995, págs. 11 y ss.

11. En este momento puede prescindirse de los otros dos tipos de lagunas identificados por C.E. Alchourrón y E. Bulygin (*Introducción a la metodología de las ciencias jurídicas y sociales*, ob. cit., págs. 61 y ss.): las lagunas de *conocimiento* y las de *reconocimiento*. Las primeras están originadas por la falta de información acerca de los hechos del caso, de tal modo que, por no conocerse adecuadamente sus propiedades, no se sabe si pertenecen o no a un caso genérico; las segundas están originadas por la indeterminación semántica o vaguedad de los conceptos que caracterizan un caso genérico, de tal modo que no se sabe si el caso individual pertenece o no al caso genérico. Aunque el punto de vista que interesa para este trabajo es el de la aplicación judicial del derecho, es decir, la conexión de casos individuales con casos genéricos, no son este tipo de lagunas las que ahora deben ser tomadas en consideración, sino las denominadas por Alchourron y Bulygin lagunas *normativas*, es decir, las que tienen que ver con la ausencia de solución normativa para un caso genérico. Sobre todos estos tipos de lagunas y el problema de la verdad de los enunciados que expresan proposiciones a ellos referidos, véase J. J. Moreso, *La indeterminación del derecho y la interpretación de la Constitución*, Madrid, Centro de Estudios Políticos y Constitucionales, 1997, págs. 88 y ss.

12. C.E. Alchourrón y E. Bulygin, *Introducción a la metodología de las ciencias jurídicas y sociales*, ob. cit., pág. 49.

13. Como antes se ha indicado, C. Alchourrón y E. Bulygin distinguen las lagunas de conocimiento y de reconocimiento, de un lado, y las lagunas normativas, de otro, fijándose, entre otros elementos, en que las primeras se suscitan al conectar casos individuales con casos genéricos, mientras que las segundas tienen en cuenta aisladamente la falta de solución normativa para estos últimos. Con palabras de J. J. Moreso (*La indeterminación del derecho y la interpretación de la Constitución*, ob. cit., pág. 90), el de las lagunas normativas no se trata «de un problema de aplicación de normas generales a casos individuales sino de una cuestión de índole conceptual: la ausencia de solución normativa para algún caso genérico». A pesar de que la distinción es muy clarificadora, parece posible pensar en la posibilidad de que una laguna normativa surja en un concreto acto de aplicación, al buscar la solución normativa para un caso individual, poniéndose de manifiesto entonces que el caso genérico al que pertenece el del litigio no se encuen-

tra contemplado. En esas condiciones también se trataría de un problema de aplicación de normas generales a casos individuales. La diferencia estaría en que cuando surge una laguna de conocimiento o de reconocimiento se cuenta, en todo caso, con una norma que contempla en su supuesto de hecho genéricamente un caso, pero se desconoce si los hechos del caso pueden ser subsumidos en aquel (bien por falta de información acerca de estos, o por indeterminación de los términos legales), mientras que en la laguna normativa se carece de cualquier supuesto de hecho referente a los hechos del caso.

14. Para un mayor desarrollo de esta cuestión, véase F.J. Ezquiaga Ganuzas, «*Iura novit curia* y aplicación judicial del Derecho», ob. cit., págs. 164 y ss.

15. De un modo u otro otorgan relevancia a la distinción; véase, A. Aarnio, *Lo racional como razonable*, trad. esp., Madrid, CEC, 1991, págs. 23 y ss.; y R. Guastini, «In tema di «conoscenza del diritto»», ob. cit., págs. 381 y 382. M. Atienza («Los límites de la interpretación constitucional. De nuevo sobre los casos trágicos», en *Anuario de la Facultad de Derecho de la Universidad Autónoma de Madrid*, nº 1, 1997, págs. 251 y ss.) añade, junto a ellos, los casos «intermedios» y los casos «trágicos». Los primeros se caracterizarían, según Barak, «por el hecho de que, en el análisis final, el juez no tiene discreción para decidir. Desde esta perspectiva, son casos fáciles: lo que los sitúa aparte de los casos fáciles es sólo que en los casos intermedios ambas partes parecen tener un argumento jurídico legítimo que apoya su posición. Se necesita un acto consciente de interpretación antes de que el juez pueda concluir que el problema (*argument*) es realmente infundado y que sólo hay una solución jurídica. Cualquier jurista que pertenezca a la comunidad jurídica de que hemos hablado llegará a esta conclusión —de que sólo hay una solución jurídica—, de manera que si el juez fuera a decidir de otra forma, la reacción de la comunidad sería que ha cometido un error». Casos «trágicos», por su parte, serían «aquellos que no tienen ninguna respuesta correcta y que, por lo tanto, plantean a los jueces no el problema de cómo decidir ante una serie de alternativas (o sea, cómo ejercer su discreción), sino qué camino tomar frente a un dilema».

16. En la caracterización anterior de los casos fáciles y difíciles se ha llevado a cabo una reconstrucción libre de la realizada por P. E. Navarro, «Sistema jurídico, casos difíciles y conocimiento del Derecho», en *Doxa*, núm. 14, 1993, págs. 252-254. Para una crítica a la caracterización de los casos difíciles efectuada por Navarro, véase M. Atienza, «Los límites de la interpretación constitucional. De nuevo sobre los casos trágicos», ob. cit., pág. 248. En concreto, Atienza discrepa de que pueda incluirse como nota caracterizadora de este tipo de casos la inexistencia de una respuesta correcta, por ser un asunto discutido. Recuerda, por ejemplo, la postura de R. Dworkin, para quien, tanto en los casos fáciles como en los difíciles, existe una única respuesta correcta.

17. Véase sobre esta cuestión el interesante análisis de V. Ferreres Comella, *El principio de taxatividad en materia penal y el valor normativo de la jurisprudencia (Una perspectiva constitucional)*, Madrid, Civitas, 2002, págs. 208 y ss.

18. No es incluso infrecuente que se den contradicciones entre sentencias de un mismo Tribunal. Véase al respecto V. Ferreres Comella, *El principio de taxatividad en materia penal y el valor normativo de la jurisprudencia*, ob. cit., págs. 224 y ss.

19. V. Ferreres Comella, *El principio de taxatividad en materia penal y el valor normativo de la jurisprudencia*, ob. cit., págs. 170 y ss.

20. L. Gianformaggio, «Certezza del diritto», en *Digesto*, UTET, Turín, 1988, IV ed., pág. 8. En el mismo sentido, V. Ferreres Comella, *El principio de taxatividad en materia penal y el valor normativo de la jurisprudencia*, ob. cit., pág. 170.

21. Se muestra decididamente partidario de reconocer valor normativo a la jurisprudencia. Véase Ferreres Comella, *El principio de taxatividad en materia penal y el valor normativo de la jurisprudencia*, ob. cit., sobre todo capítulos VII, VIII y IX, obra imprescindible para una adecuada comprensión de las consecuencias que tal medida entrañaría.

3

Indeterminación del derecho. Las paradojas de la interpretación jurídica

Rolando Tamayo y Salmorán*

I. Introducción

Este ensayo trata de la aplicación del derecho, de lo que hacen las instancias que aplican el derecho; de los jueces, de lo que hacen los jueces. Se inscribe dentro de un análisis de las creencias que subyacen en la aplicación del derecho; creencias que rodean la función judicial, creencias en las que los jueces creen, aunque no las expliciten.[1] Algunas de estas creencias son, si no contradictorias (no es de la naturaleza de las creencias ser consistentes) si, al menos, se oponen entre sí y su descripción arroja fuertes paradojas. Aquí intento explorar algunas de estas paradojas, en particular las que oscurecen la determinación de las entidades de un «orden jurídico».[2]

Una apropiada descripción del orden jurídico, si es apropiada, debe determinar satisfactoriamente qué entidades lo componen y cómo funcionan. Sin embargo, la «mecánica jurídica» (*i.e.* el particular comportamiento de estas entidades) muestra precisamente que las entidades de un orden jurídico, en analogía con las partículas en física, sufren de indeterminación

* Universidad Nacional Autónoma de México.

irresoluble. Mi propósito es mostrar hasta qué punto el derecho (*i.e.* cualquier orden jurídico) padece de indeterminación insuperable de sus entidades.

El problema que se plantea, *inter. alia*, es el siguiente: «¿qué tanto afecta esta indeterminación el funcionamiento de los órdenes jurídicos y su entendimiento?». Teniendo la evidencia empírica de que existen órdenes jurídicos que funcionan, cabe preguntar: ¿Esta indeterminación desconcierta la labor de jueces y abogados? O simplemente, ¿cómo es posible que el derecho se aplique si éste es indeterminable?

Una idea ampliamente aceptada es que una teoría[3] tiene que ser descriptiva. Ahora bien, una teoría que pretenda describir el derecho *as it is* tiene que determinar su objeto. Sobre este particular voy a defender la siguiente tesis, que admite dos formulaciones: (i) lo que los jueces[4] hacen con el derecho es parte de lo que el derecho es (ésta podría ser la formulación débil de la tesis) y (ii) lo que los jueces *quae* juristas dicen sobre el derecho (y sobre lo que ellos hacen) es, también, parte de lo que el derecho es. Para cualquiera de las dos formulaciones que se adopte, la descripción del derecho tiene que reconstruir lo que hacen los jueces.

El derecho tiene como condición de existencia su formulación en un lenguaje.[5] Pero si la formulación (articulación) en un lenguaje es condición de existencia del derecho,[6] surge una nueva pregunta: «¿cómo se conoce un lenguaje?». La respuesta es sencilla: «conoce un lenguaje quien sabe qué dice». Quien sabe qué dice, puede hacer una «lectura» de sus textos. Se dice, por ejemplo, de una persona que sabe griego (o cualquier otra lengua), «que puede decir lo que está dicho en griego».[7]

Los jueces no se limitan a dar predicados de «derecho», sino dicen lo que el derecho dice y, por tanto, determinan lo que el derecho dice. Y lo que el derecho dice es lo que el derecho es.

II. El orden jurídico[8]

1. El derecho como «clase de cosas»

Teniendo en cuenta que lo que los jueces dicen del derecho es parte de lo que el derecho es, parece razonable referirse a lo que los jueces «dicen» sobre su «naturaleza».

Para la profesión jurídica el derecho (cualquier cosa que éste sea) es manejado como si[9] fuera una «clase de cosas», un «orden». Y, consecuentemente, la profesión jurídica concibe el derecho como un conjunto, («orden») a cuyas entidades llama «normas» (cualquier cosa que éstas fueran).[10] Para los juristas (que actúan como juristas), el derecho no es una cosa singular, sino un «conjunto de normas» (aunque habitualmente no lo expliciten).

2. Pannomion[11]

Ahora bien, para penetrar la «naturaleza» del derecho (*i.e.* de cualquier orden jurídico histórico) es necesario tener en cuenta que los órdenes jurídicos son conjuntos más bien complejos. Esta complejidad resulta de la interdependencia recíproca de sus entidades (*i.e.* normas) que los juristas conciben como las «partículas elementales» de los órdenes jurídicos positivos.

> Es imposible penetrar la naturaleza del derecho –dice Hans Kelsen– si limitamos nuestra atención a una norma aislada.... Únicamente sobre la base de una clara comprensión de estas relaciones que constituyen el orden jurídico puede entenderse completamente la naturaleza del derecho.[12]

H. L. A. Hart, sostiene que una descripción completa de una norma particular supone una descripción de todas las condiciones comunes a ella y a las otras normas; por tanto, supone una descripción del funcionamiento de la totalidad del sistema.[13] Con anterioridad a Kelsen y a Hart, Jeremy Bentham (1748-1832) observaba:

> Un cuerpo de normas es una vasta y complicada pieza de mecanismo de la cual ninguna de las partes puede ser completamente explicada sin el resto. Para entender las funciones de un péndulo [*balance-wheel*] se debe deshacer todo el reloj: para entender la naturaleza del derecho se debe deshacerlo todo ... [14]

Para Bentham el derecho es un *pannomion.* Y un buen entendimiento del derecho presupone un buen entendimiento de las entidades de este *pannomion* (de todas ellas) y de la función que realizan como «partículas» de un todo.

El derecho es un conjunto[15] (de normas). Este es un dato básico para la profesión jurídica, un presupuesto de su oficio. Así:

$$\Delta = \{n, n, n, n \ldots\}$$

Donde Δ cubre cualquier derecho positivo y donde n nombra «cualquier cosa» hecha norma jurídica. Ahora bien, x se convierte en n si ciertas condiciones son satisfechas. (Si x satisface la «regla de formación del conjunto».)

La profesión jurídica, como señalé, no concibe al derecho como mero abarrotamiento de cosas; lo concibe, más bien, como si fuera una «intrincada urdimbre de normas».[16]

3. Nomodinámica

A esta compartida concepción estática, la profesión jurídica añade otro dato. Además de pensar el derecho como intrincada «urdimbre de normas», lo concibe, también, como un «*continuum* de actos humanos que crean y aplican normas jurídicas».[17]

Ciertamente, aunque esta concepción dinámica no siempre es hecha explícita (habitualmente los juristas no hacen explícitas sus creencias) no es tampoco «el lado oscuro de la luna». Este aspecto cinético del orden jurídico es siempre presupuesto en el trabajo cotidiano de jueces y abogados y corresponde ampliamente a los usos profesionales de «derecho». En todo caso, la tesis que subyace detrás de este ensayo es que el derecho es la «unión de actos de creación y actos de aplicación del derecho».

En lo que sigue me moveré dentro de esta concepción dinámica. Abordaré el problema del *continuum* de actos creadores y aplicadores del derecho[18] y su interdependencia (*i.e.* su «mecánica», *so to speak*). En este intento varios conceptos jurídicos serán reconsiderados.

4. La teoría

Una teoría completa del orden jurídico contiene soluciones a cuatro cuestiones principales: 1) el problema de la identidad, 2) el problema de la existencia, 3) el problema de la estructura y 4) el problema del contenido.[19] Básicamente me voy a referir a tres de ellos: identidad, estructura y existencia.[20] Conjuntamente estos criterios son usados para determinar qué es el derecho.[21] Ahora bien, objeto esta determinación no en base de los criterios usados ni cómo están construidos, sino porque una revisión de la «mecánica jurídica» me conduce a observar una seria indeterminación del derecho (en analogía con la tesis de Heissemberg en física).[22]

Lo que denomino «mecánica jurídica» –extendiendo la analogía– no es más que la dinámica (el «movimiento») de las «partículas jurídicas» (de sus variaciones permanentes). Un detenido análisis de la «mecánica jurídica» proporciona un *test* para la determinación (o indeterminación) de las «partículas jurídicas».

III. Ius est positum

1. Hechos jurídicos y «fuentes»[23]

Para la profesión jurídica el derecho (*i.e.* sus normas) es establecido por actos jurídicos (actos jurídicos de creación) realizados por ciertos individuos: las autoridades (jurídicas), los órganos (*O*). Cada orden jurídico tiene, por tanto, instancias claramente reconocidas de creación del derecho. A los actos jurídicos creadores de esas instancias los juristas los llaman «fuentes del derecho». Los juristas indistintamente hacen uso de «fuente» para referirse tanto a los actos específicos de creación del derecho (actos de la legislatura, de la administración, por ejemplo) como al resultado de esos actos (legislación, reglamentos, tratados, por ejemplo).[24] Aunque esto es cierto llamaré «fuente» únicamente a los actos creadores del derecho.

Los juristas, desde Roma, encontraron en el origen de las normas jurídicas (*i.e.* en su «fuente») su «criterio de identidad. Los juristas romanos reconocían como normas jurídicas (*i.e. iuris præcepta*) únicamente aquellos *præcepta* establecidos en: *leges*, *senadoconsulta*, *plebiscita*, *constitutiones principum*.[25] Estas normas (*præcepta*) son *præcepta iuris*, son parte del derecho, precisamente porque han sido creadas por los actos jurídicos apropiados.

Aunque la existencia de las fuentes (*i.e.* actos creadores) es parte del criterio de reconocimiento de las normas jurídicas, me propongo mostrar que este prueba proporciona un mero indicio de identidad de las normas.

2. Positividad y derecho histórico

El derecho, dicen los juristas, «es establecido», «puesto», por «el legislador»; es puesto por un acto de voluntad. El derecho es artificial; es una invención humana. La existencia de las fuentes prueba que el derecho no crece en árboles, no viene con la marea roja, ni cae con la lluvia ácida. Para la profesión jurídica el derecho es puesto no supuesto, es puesto por actos humanos efectivamente realizados.

Los actos efectivamente realizados, duran (perduran). Los actos creadores del derecho y los actos aplicadores del derecho son temporales y, por tanto, implican duración. Ésta es la única manera de que existan órdenes jurídicos históricos. La presencia del derecho es temporal: en ello reside la positividad del derecho.[26]

Si el derecho es temporal, un apropiado criterio de identidad y existencia del derecho tiene que dar cuenta de los actos que efectivamente ocurren (en el tiempo). El derecho no existe (o deja de existir) si no dura (en tiempo). La existencia del derecho depende de la realización continuada de actos jurídicos de creación y aplicación. La existencia jurídica presupone duración y continuidad.

De esto se desprende que la existencia (y el contenido) de las normas jurídicas puede ser establecida únicamente sobre la base de los actos humanos (creadores de normas), sin recurrir a ningún argumento extrajurídico.

IV. Un paréntesis sobre normas

1. Las normas como partículas elementales del derecho

Las normas jurídicas no son las únicas normas. Los juristas reconocen que existen normas que no son jurídicas. Para la profesión jurídica son jurídicas las normas que pertenecen al derecho (*i.e.* al conjunto de normas jurídicas). La distinción entre normas jurídicas y normas no jurídicas –para los juristas– reside, entonces, en un criterio de pertenencia: ser «entidad» (partícula) de un orden jurídico. En este ensayo me adhiero a esta práctica general.

2. Presunción dogmática[27]

Aun si las normas son raramente definidas por los juristas, éstos comparten fuertes creencias sobre las normas. Encuentro tres importantes:[28]

(1) El derecho, *i.e.* cualquier orden jurídico, se compone de normas. Las normas jurídicas son las «partículas elementales» o «básicas» de los órdenes jurídicos. Esto es, el derecho (Δ) es, o bien un conjunto (*i.e.* un orden o sistema) de normas o, al menos, es el caso de que $n \in \Delta$, aun si hay otras entidades de Δ que no son normas.

(2) Para la profesión jurídica *n* (cualquier cosa que «*n*» signifique) es parte del derecho ($n \in \Delta$) porque ha sido establecida por el «legislador». Es decir, *n* (mandato, directiva o lo que sea) es una norma jurídica si ha sido creada por órgano (O) del sistema.[29]

(3) Los juristas (*i.e.* jueces y abogados) entienden perfectamente bien cómo operan las normas. Una norma (*n*) puede ser concebida como mandato, como directiva, como regla, *et sit cetera*, pero cualquier cosa que ésta sea, existe una ampliamente compartida opinión que informa el quehacer de jueces y abogados, a saber: «*n* prescribe». Y para la profesión jurídica (tanto de la tradición romano-germánica

como de la tradición del *Common Law*) admite que «*n* prescribe» significa simplemente que la conducta de algún individuo (súbdito u órgano) es ordenada, prohibida o (expresamente) permitida.

Ciertamente, cuando los juristas y profesionales del derecho usan normas, ellos usan normas pertenecientes a órdenes vigentes.[30]

V. La «mecánica» jurídica

1. La estructura básica del orden jurídico

Los actos que crean el derecho no ocurren simultáneamente; ocurren en diferentes momentos y en gran variedad de cadencias.

Si se observa atentamente el orden jurídico uno se percata de que sus normas (*i.e.* sus entidades), así como los actos que las crean y aplican, son interdependientes unos con respecto de los otros. Las normas se encuentran relacionadas de tal forma que para que el orden jurídico opere es necesario que los actos que crean y aplican las normas se realicen en una secuencia específica. Una secuencia que va de los actos jurídicos condicionantes (*i.e.* actos que facultan) a los actos condicionados (facultados). Sin esta conexión la creación jurídica «escalonada» no es posible.[31]

Es fácil percibir que el concepto clave en esta secuencia es el de facultad. «Facultad» nombra una función fundamental que, *inter alia*, identifica (*i.e.* determina) las actos y normas subsecuentes del orden jurídico.

Si ciertos actos jurídicos (*i.e. acta posteriora*) son condicionados por otros actos jurídicos (*i.e. acta anteriora*) que les preceden, entonces estos actos pueden ser representados como una secuencia de facultamientos de actos jurídicos.[32]

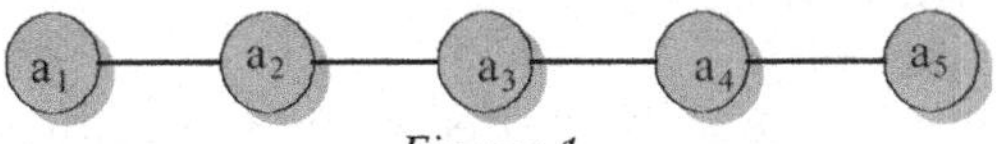

Figura 1

Donde los actos a_1 son la condición de los actos a_2; y éstos la condición de a_3, *et sit cetera*. No es difícil percatarse de que a_5 no condiciona ningún acto ulterior y, por tanto, es considerado las consecuencias de esta secuencia. A su vez, a_1 es la condición más mediata de las consecuencias y tiene la particularidad de no estar condicionada por ningún acto.

Como dije, los actos jurídicos crean y aplican normas. Aunque las normas no son sino el contenido de los actos jurídicos (que los crean), es posible representar el aspecto fáctico del derecho conjuntamente con su aspecto normativo.

Normas y actos están íntimamente unidos. Esto me obliga a introducir más elementos en el diagrama:

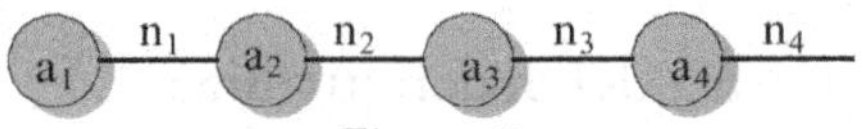

Figura 2

Cada línea de unión representa una norma[33] que faculta (autoriza) el acto que la aplica y la cual, a su vez, crea las normas que siguen en la secuencia. Así, n_1 autoriza los actos a_2, cuya realización aplica n_1 y crea n_2. Ésta es precisamente una función de facultamiento. Esta función puede ser representada por la fórmula siguiente:

$$(\exists n)\, n[O\ F\ \phi]$$

y se lee: «existe una norma *n que* faculta a un determinado órgano (*O*) a realizar ϕ» (en el caso, a_2). Lo que se encuentra entre corchetes es lo que *n* prescribe. En el diagrama de la secuencia es claro que los actos que forman (que pertenecen) la secuencia tienen que satisfacer las condiciones impuestas por los actos que les preceden. Siguiendo las prácticas de la profesión jurídica, voy a denominar «conformidad» a la satisfacción de estas condiciones.

2. Validez sistemática

Teniendo en cuenta lo que acabo de decir, voy a introducir un concepto de validez que ayuda a describir el funcionamiento de la secuencia de facultamiento (y que corresponde perfectamente con las prácticas judiciales). Este concepto puede ser resumido en los siguientes dos enunciados:

(1) x es n si, y sólo si, $x \in S$ (donde «S» representa una secuencia de facultamiento y «n» una norma de la misma), y
(2) x es a si, y sólo si, $x \in S$ (donde «S» representa una secuencia de facultamiento y «a» un acto de la misma)

i.e., algo es una norma o un acto jurídicamente válido si, y sólo si, pertenece a una secuencia de facultamiento de un cierto orden jurídico.

Las entidades de una secuencia de facultamiento (sean normas o actos) son jurídicamente válidos si satisfacen las «reglas de formación» del conjunto (*i.e.* secuencia), establecidas (sucesivamente) por los actos que le preceden. Estas «reglas de formación» son las condiciones fijadas por las normas que confieren facultades, las cuales autorizan la realización de ciertos actos jurídicos.

La validez jurídica es el resultado de la conformidad a las «reglas de formación» de la secuencia y, en este sentido, no tiene nada que ver con «valores» (no obstante su semejanza gráfica) ni con ninguna consideración metafísica. Validez es sólo una cuestión de pertenencia. Así, n_2 es una norma válida si n_1 faculta a *O* a crear n_2 y *O* efectivamente lo hace (y *O* lo hace si su acto se conforma a n_2).

En cuanto a esto último es importante agregar que en la secuencia de facultamiento las normas posteriores (*i.e.* n_3 o n_4) no son deducidas de las normas anteriores (*i.e.* n_1 o n_2). El proceso de creación jurídica no opera por inferencia.[34] Para que n_3 exista no es suficiente que n_1 y n_2 existan, es necesario que a_3 ocurra (exista), un acto empírico del órgano facultado que tiene que ser efectivamente realizado, acto de voluntad a través del cual el órgano establece n_3.

3. La función de facultar

Los actos en la secuencia de facultamiento adquieren un significado específico al determinar los actos que los aplican y al conformarse a las normas que los condicionan.

Una norma faculta a *O* (al órgano) confiriéndole cierto poder (competencia, capacidad) para que sus actos tengan el efecto que pretenden tener. Los actos de *O* son actos jurídicamente válidos si, y sólo si, existe una norma que faculte a *O* a realizarlos y que sus actos efectivamente se conformen a las condiciones establecidas por la norma facultativa.[35]

Si para que un acto (o una norma) sea válido es necesario que exista una norma que confiera facultades y que un acto se conforme a las condiciones impuestas por ella, entonces el enunciado que describe este proceso de creación (o modificación) jurídica es verdadero si, y sólo si, existe una norma que faculte a *O* a crear (o modificar) normas y *O* efectivamente lo hace. Consecuentemente, la fórmula para cualquier proceso de creación jurídica debe ser reformulada como sigue:

$$(\exists n)\ n\ [O\ F\ \phi]\ \&\ O\ \phi\text{-}s$$

Fórmula que debe leerse: «Para cualquier norma *n* (excepto n_1), *n* es creada (modificada o derogada) si, y sólo si, existe una *n* que confiera la facultad *f* (crear normas) a un órgano del orden jurídico». Fórmula en la cual «*F*» nombra el operador modal para facultad («facultamiento», *empowering*, *Ermächtigung*), «*O*» es el órgano facultado y «ϕ», una (meta) variable que cubre cualquier acto de creación (o derogación) normativa.

De ahí se sigue un concepto de validez (sistemática). Un acto (jurídico) es «válido» si, y sólo si, satisface las condiciones establecidas por los actos jurídicos que le preceden.[36] Este concepto de validez es, de hecho, la piedra angular de la doctrina de la legalidad. De esta forma los actos jurídicos que se conforman con los actos que le preceden en la secuencia son actos jurídicos válidos; los que no se «conforman» son considerados *prima facie* nulos. (Así se expresa la práctica judicial).

4. La función constitutiva

La norma que confiere facultades, al señalar las condiciones bajo las cuales y las instancias (órganos) por los cuales un acto jurídico debe ser creado, da al facultamiento un carácter constitutivo. El facultamiento es, así, una función constituyente a través de la cual un acto (o norma) de la secuencia establece condiciones para los subsecuentes «pasos» de la creación jurídica.[37] Cualquier norma en la secuencia, con independencia de cualquier otra función que realice, es una norma que confiere facultades y, consecuentemente, tiene carácter constitutivo.[38]

Algunas normas pueden ser aplicadas por varios actos jurídicos, es suficiente con que se conformen a las condiciones que imponen dichas normas. Estos actos (y las normas que crean) comparten un «paso» (un eslabón) común. Hasta aquí he representado una secuencia de facultamiento aislada. Pero dos (o más) secuencias pueden compartir más «pasos» del proceso:

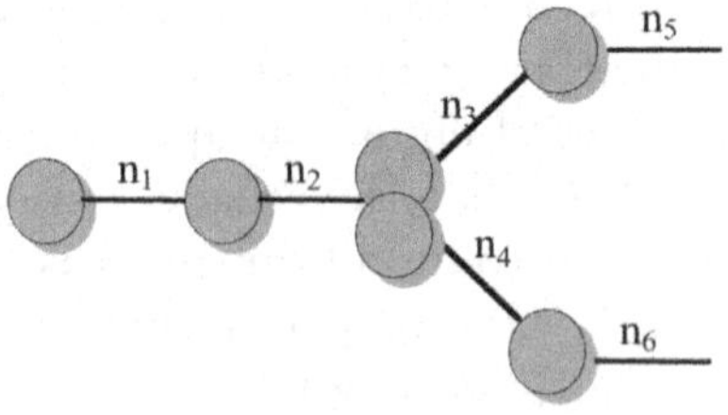

Figura 3

Donde n_2 es condición común tanto de varios actos (a_3, a_4, a_5, y a_6,) como de las correspondientes normas (n_3, n_4, n_5 y n_6) que han creado. Es precisamente este carácter común de n_2 el que permite relacionar o unificar los actos y las normas que comparten este «paso» común. En este diagrama (figura 3), como en los que siguen, la aplicación de normas jurídicas por varios actos de aplicación (*v.g.* los actos jurídicos que aplican n_3) es representada aquí de forma limitada (dos ocurrencias), pero pueden suceder en un sinnúmero de ocasiones.[39]

Varias secuencias de facultamiento pueden confluir formando una red de secuencias:

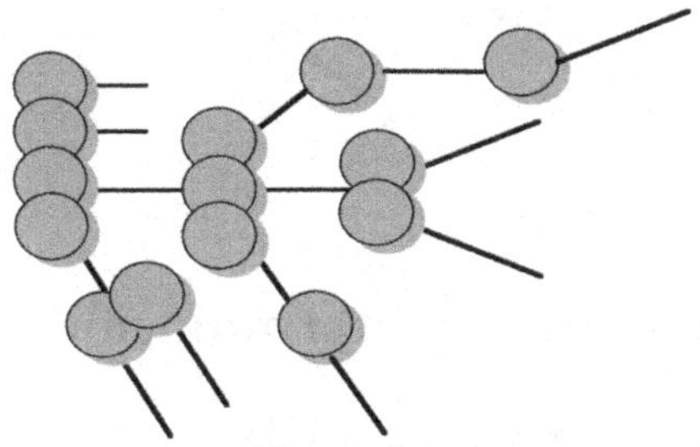

Figura 4

El carácter común de ciertas normas (o actos) es la piedra angular que permite la construcción de los órdenes jurídicos. Todos los actos y las normas que compartan al menos una norma (o acto) forman un solo orden jurídico. Mientras más mediatos de las consecuencias, los actos jurídicos son (generalmente) comunes a un mayor número de normas (o actos) del sistema. Los actos más mediatos del sistema unifican más actos (o normas) del sistema y, necesariamente, el acto considerado el más mediato es el que unifica la totalidad de actos y normas del sistema.

Consecuentemente, en cualquier orden jurídico (este es parte del criterio de identidad) existe, al menos, un acto jurídico que es común a todas las secuencias de facultamiento del sistema. De esta manera las secuencias de facultamiento que forman todo un orden jurídico pueden representarse como un haz de aplicación que se van expandiendo en el tiempo (figura 5).[40]

Como hemos podido observar, en las secuencias de facultamiento todas las normas jurídicas realizan la misma función constituyente. En todos los «pasos» de la secuencia aparece la misma relación genética que permite determinar e identificar los actos y normas posteriores.[41]

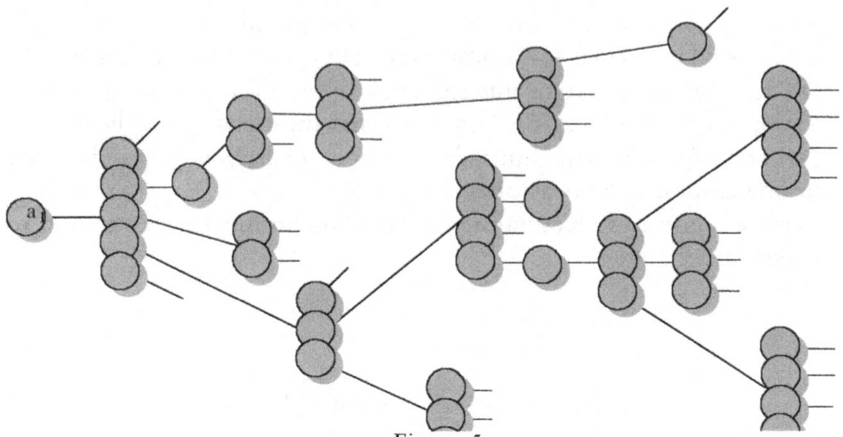

Figura 5

VI. Interpretación e indeterminación

1. Primera «lectura» y sus paradojas

El derecho es un complejo de secuencias de normas y actos jurídicos. Las normas o actos que preceden (*acta anteriora* o *normæ anterioræ*) funcionan como condición o «fuente» de los actos jurídicos subsecuentes (*acta posteriora*) y de sus correspondientes normas (*normæ posterioræ*). De ahí que las normas y los actos jurídicos anteriores en la secuencia determinan (identifican) los actos jurídicos subsecuentes.

Siguiendo la «mecánica» de la secuencia, un acto (o una norma) es reconocido (identificado o determinado) si éste se conforma a las condiciones que le preceden. Así, los rasgos característicos de un acto jurídico (o norma jurídica) son establecidos (determinados) de antemano. En otras palabras: la determinación de las normas o actos de la secuencia se encuentra establecida *con anterioridad* en los normas o actos precedentes. La determinación, entonces, se «lee» de izquierda a derecha en una «lectura» del tipo que llamaré «occidental». La determinación obtenida por esta «lectura» es, sin duda, muy importante; constituye, como señalé anteriormente el patrón básico del concepto de validez sistemática.

Esta «lectura» muestra que los actos jurídicos determinan cómo deben ser los actos subsecuentes en la secuencia, puesto que las secuencias normativas no son sólo unas sucesión de normas y actos jurídicos, sino, también, una secuencia de condicionamientos. Las normas y actos jurídicos posteriores (como consecuentes) tienen que satisfacer las condiciones establecidas por las normas y actos jurídicos anteriores para ser reconocidos como actos de la secuencia.

2. Creación jurídica. ¿Determinación o profecía?

La «lectura occidental», sin embargo, genera un primer problema, el cual, en cierto sentido, es subproducto natural de esta «lectura». En efecto, esta «lectura» genera la idea de que la determinación de los rasgos característicos de los actos jurídicos futuros (o normas jurídicas futuras) está completamente establecida con anterioridad, de antemano. Pero la paradoja es que ni los actos jurídicos futuros (ni las normas que éstos podrían crear) se han aún realizado. El derecho aguarda ser creado y sus normas y actos no pueden ser determinados mientras no existan.

Esto realmente constituye un problema, porque varios conceptos jurídicos, como los de validez, legalidad y nulidad, entre otros dependen de esta «lectura».

Supongamos (sin conceder) que los las normas y actos jurídicos anteriores efectivamente determinan cómo serán las normas y actos jurídicos futuros que los habrán de aplicar (suposición, *ab obvo*, contrafáctica). Aún así, esta determinación nunca sería completa. Para saber cómo es el acto posterior tenemos necesariamente que esperar su realización efectiva, tenemos que esperar que éste se produzca.

Aunque para determinar lo que es el derecho tenemos necesariamente que recurrir a las «fuentes» (*acta anteriora* y *normæ posterioræ*), esta prueba se muestra totalmente insuficiente. Esta prueba no es suficiente para determinar ni la fuente misma ni sus productos. Recurrir a las «fuentes» proporciona sólo un indicio de identidad, una identidad *prima facie*; en ocasiones una mera profecía. Ahora bien, si recurrir a las «fuentes» (*acta anteriora* y *normæ posterioræ*) no es suficiente, entonces, enfrentamos un manifiesto problema de indeterminación.

Esta situación es harto perpleja, pareciera que, *prima facie*, predicar que un acto jurídico es «válido» es resultado de su *conformidad* a las condiciones establecidas en los actos y normas jurídicos que le preceden. Y la mera idea de «conformidad» presupone que existe algo (previo, anterior) a lo que, precisamente, hay que conformarse. Un acto «conforme» es un acto «bien hecho», un acto que *satisface las condiciones* que le han sido impuestas.

Dentro de este orden de ideas resulta tentador decir que el acto «conforme» estaba (completamente) determinado por los actos jurídicos (o normas) que le preceden en la secuencia. Pero esto, como mostré, no es necesariamente verdadero. No se puede determinar un acto que no se ha realizado. Un padre expectante no puede saber si su hijo será pianista, boxeador o trapecista, primero hay que esperar que nazca.

Existe otro elemento que incrementa la indeterminación. El acto «conforme» es más que un mero acto conforme. Este acto *suma* (adiciona) elementos a la secuencia, elementos que no estaban previstos (predeterminados) en los actos previos de la secuencia. Si un acto adiciona algo, agrega una «porción» jurídica que no había sido determinada por ningún acto anterior (¿cómo podría serlo?). El *additum* que resulta de la realización de cada acto es, *ab obvo*, necesariamente indeterminado.

De esta manera, a_2 adiciona algo; a_3, a su vez, también adiciona algo y, así, sucesivamente. Incluso el mismísimo acto último de ejecución podría agregar una porción substancial de innovación. Si los actos sucesivos de la secuencia introducen cierto grado de innovación, «paso a paso», la «lectura» de n_1, por ejemplo, no dice prácticamente nada del derecho que será (*if any*).

La innovación se introduce gradualmente. Si sumamos n_2 a n_1 la determinación del derecho se incrementa. Sin embargo, aun así, todavía no sabemos prácticamente nada del derecho que será (si llega alguna vez a ser). Como podemos ver, una secuencia es completa únicamente cuando el último acto de la secuencia (*i.e.* las consecuencias) se realiza. Entre tanto, la determinación nunca es completa.

Si consideramos cualquier derecho positivo el problema se magnifica. En los órdenes jurídicos ocurren innumerables actos jurídicos y todos introducen, al menos, un *modicum* de innovación.

Habiendo subrayado la insuficiencia de la «lectura occidental» para proveer la determinación (la identidad) de los órdenes jurídicos, debemos tener cuidado de no cometer un grave error. Pensando que, como esta «lectura» es insuficiente, es fácil subestimar la importancia de las normas que confieren facultades, las cuales, efectivamente, contribuyen (aunque parcialmente) a la identidad de los órdenes jurídicos. La «lectura occidental» de la secuencia es, no obstante su insuficiencia en la determinación, una pieza fundamental en la aplicación del derecho.

Es sencillo observar que la indeterminación que acompaña al derecho se reduce progresivamente a medida que los actos de aplicación de los individuos facultados (los órganos) efectivamente ocurren. De modo que es a través del ejercicio efectivo de las facultades jurídicas que la indeterminación del derecho es progresivamente reducida. Sin embargo, aquí enfrentamos una nueva paradoja: cuando la determinación del derecho es completa (cuando el último acto de aplicación de la secuencia es realizado) el derecho ya no es, fue. En otras palabras: una vez que el derecho está completamente determinado (si es que podemos decir esto), el derecho ya es historia.[42]

El derecho que podemos describir es el derecho acabado; pero durante el continuado proceso de creación y aplicación del derecho, el derecho padece de indeterminación.

3. La «otra lectura»[43]

> Il processo interpretativo si esercita su di un enunciato... e perviene alla norma; la norma non precede come dato, bensì segue como prodotto, il processo interpretativo.[44]

La insuficiente determinación de la primera «lectura» me condujo a mirar cuidadosamente en la «mecánica» que opera en las secuencias de los órdenes jurídicos y en las prácticas de la profesión jurídica.

De acuerdo con la primera «lectura» (*i.e.* la «lectura occidental») una norma (o acto) es una norma jurídica si es establecida por la «fuente» apropiada. Este hecho la hace una norma jurídica válida. Sin embargo, esta norma jurídica válida tiene que ser aplicada y, por tanto, «reconocida» por los órganos de aplicación, por ejemplo, por los tribunales. Sin duda, los juristas y los profesionales del derecho saben bien que los tribunales, efectivamente, «aplican» las normas jurídicas válidas, pero, saben también que esta aplicación se realiza de conformidad con las prácticas y costumbres de la profesión.

Un presupuesto ampliamente aceptado por la profesión jurídica es que el derecho es un conjunto de normas. Pero estas normas sólo son las normas de la secuencia si son reconocidas y aplicadas por los tribunales.[45] Los tribunales «reconocen» las normas que aplican mediante el «mágico» artilugio de la «interpretación».

Al inicio de este ensayo señalé que el derecho tiene como condición de existencia su formulación en un lenguaje, *i.e.* el derecho se presenta lingüísticamente. Las normas se presentan en enunciados. Sin embargo, como también indiqué anteriormente, las normas, en cuanto a lo que a la determinación del derecho se refiere, son incompletas e insuficientes. Más aun, son también vagas y ambiguas. Consecuentemente, las normas tienen que ser interpretadas. Mientras estas normas (y los actos que los crean) no son interpretados, carecen de significado completo y, por tanto, sufren de indeterminación.

La incompletitud, la vaguedad y la ambigüedad de las normas jurídicas anteriores efectivamente se resuelven. Y esto es únicamente posible mediante la interpretación dada a estas normas por los actos de aplicación. Pensemos en la «fuente» apropiada de n_2. En realidad, n_1 es fuertemente indeterminada. Cuando n_1 ocurre no sabemos (hasta entonces) cómo va a ser el derecho. Más aún, no sabemos qué es n_1. Para saber qué es n_1, necesitamos una interpretación autoritativa de n_1. De esta manera a la pregunta «¿cuándo sabremos el significado de n_1?» la respuesta es la siguiente: «cuando tengamos una interpretación autoritativa de n_1».[46] En otras palabras: cuando n_2 y los actos que lo aplican sean efectivamente realizados por los órganos especialmente determinados para ello (*v.g.* los tribunales).

Si todos los actos en una secuencia de facultamiento son, al mismo tiempo, actos de creación y actos de aplicación del derecho, entonces toda norma de la secuencia (toda *n*) es –como señala Riccardo Guastini– «al mismo tiempo un texto y un enunciado interpretativo».[47] De esta forma n_2 es un texto que recibe su significado (explícita o implícitamente) de n_3, significado establecido, precisamente, por un acto de voluntad (a_3) de un órgano específico del orden jurídico. Si n_2 es un texto (*v.g.* una disposición del código civil), n_3 es la resolución judicial que actúa como enunciado interpretativo que, *inter alia*, decide el significado y alcance de n_2. ¿No acaso la jurisprudencia de los tribunales de casación, por ejemplo, determina autoritativamente el significado y alcance de las disposiciones de los códigos civiles? El enunciado interpretativo n_3, consecuentemente, contiene un «operador oracional» que podría ser formulado así: «n_2 significa...».

Enfáticamente señala Michel Troper: «... aquello que precede al juicio no es una norma, sino un texto... La norma no es ese texto sino solamente su significado».[48]

La segunda «lectura» compromete fuertemente la idea de legalidad que se obtiene de la primera «lectura», la cual presupone la idea de la conformidad. ¿Cómo conciliar métodos de determinación tan tajantemente opuestos? *Prima facie* la idea de la conformidad de un acto se observa mediante la «lectura occidental». En efecto, cuando quiero saber si un acto (o una norma) es un acto válido del sistema verifico si este acto satisface las condiciones impuestas por los actos (y normas) que le preceden, esto es, verifico si tal acto se conforma a dichos actos y normas.

¿Qué sería de la «conformidad» sin esta «lectura»? ¿Qué pasaría con los conceptos de validez, de legalidad y de nulidad? Para la «segunda lectura» esto no es problema. Simplemente la determinación de la «conformidad» *está incluida* en la interpretación del acto de aplicación. De esta manera n_3, además de indicar lo que n_2 significa (en virtud de ello) determina que n_3 efectivamente se conforma a lo dispuesto por n_2 (n_3, como cualquier otro acto de aplicación del derecho, pretende ser un acto «regular» del sistema. Esta «lectura» interpretativa necesariamente conduce a una determinación *ex post facto* de los actos jurídicos (la «conformidad» *y comprise*).

La interpretación no necesita ser explícita; n_2 es suficiente evidencia para saber qué significa n_1; es suficiente la creación de n_2 para saber qué significa n_1 para a_2.

Si la primera «lectura» es una secuencia de facultamientos sucesivos, la «lectura no occidental» es una secuencia de sucesivas «interpretaciones». En el primero de los casos, *i.e.* «lectura occidental», la proposición *p*, si es verdadera, describe el facultamiento sucesivo contenido en la secuencia; *i.e.* describe las facultades otorgadas por n_1 a a_2, las otorgadas por n_2 a a_3, las otorgadas por n_3 a a_4, *et sit cetera*, así como la «conformidad» de los *acta posteriora* a las condiciones establecidas por las *normæ anterioræ*. En el segundo, *i.e.* «lectura no occidental», de los casos, la proposición *p*, si es verdadera, describe la interpretación sucesiva contenida en la secuencia; da cuenta de la interpretación dada por n_2 a n_1, la dada por n_3 a n_2, *et sit cetera*, incluyendo la determinación de la «conformidad» de los *acta posteriora* a las condiciones establecidas por las *normæ anterioræ*.

Además del fuerte contraste de estas «lecturas», el problema se complica frente a la creencia, ampliamente compartida, de que los órganos de aplicación del derecho (por ejemplo, los tribunales) tienen el deber de aplicar el derecho preexistente (*if any*). ¿Pero si los órganos de aplicación son las instancias que «deciden» lo que significa la norma que aplican (además de decidir que es el «derecho aplicable»), cómo puede pensarse en que los órganos de aplicación tengan el deber de aplicar el derecho que interpretan? Lamentablemente no puedo detenerme a examinar esta perplejidad deóntica.

4. «Libertad» de los órganos de aplicación

Una atenta observación de los actos de aplicación muestra que los órganos de aplicación «corren el riego» de la aplicación (*periculum est applicatores*[49]) al decidir el significado de la norma que aplica. Una vez que una norma que confiere facultades es establecida, surge una alternativa fuerte en lo que a la existencia del derecho ese refiere. Este predicamento toca resolverlo al órgano aplicador.[50] Esta disyunción puede representarse como sigue:

$$n\,[O\,F\,\phi] \Rightarrow (Y)\,O\,\phi$$

Una vez que una norma que confiere facultades (*n-F*) es creada, se sigue (del mero acto de su creación) que *O*, el individuo facultado, se encuentra en posición de hacer ϕ o de omitir ϕ.[51]

Puede ocurrir que la norma que faculta, *i.e.* $n\,[O\,P\,\phi]$, nunca sea aplicada, es decir, que *O* nunca realice *f*. En este caso la creación jurídica se interrumpe. El derecho anunciado (en esa pretendida norma que confiere facultades) nunca nació. Por el contrario, puede suceder que la norma que faculta sea aplicada, que *O* efectivamente haga ϕ y que con este acto que *O* realiza se incremente la determinación del derecho. Sin embargo, una nueva alternativa surge. El acto de *O*, *i.e.* ϕ, puede ser considerado «regular» o «irregular»:

$$(\exists n)\,[O\ F\ \phi]\ \&\ O\ \phi) \Rightarrow (Y)\ O\ \phi_R)$$

Una vez que el órgano facultado efectivamente realiza *f*, este acto (en base a la «primera lectura») puede ser considerado f_R «no-regular» mediante un procedimiento ulterior. Este episodio procesal simplemente lo menciono pero no lo abordaré aquí. Como quiera que sea, los procedimientos de control de la regularidad de los actos (control de la legalidad o de la constitucionalidad) se explican como cualquier otro acto de creación y aplicación del derecho.

Pues bien, de la aplicación de una norma que confiere facultades (*n-F*) se sigue (de su mero acto de aplicación) que, además de adicionar una porción de determinación a este proceso de creación, *O* decide el curso sucesivo de la creación jurídica.

VII. ¿Perplejidad?

Tenemos dos tipos de «lecturas»: la «lectura occidental» (de izquierda a derecha) y un tipo de «lectura no occidental» (de derecha a izquierda). Esto produce una situación, si no contradictoria, sí seriamente paradójica. Mientras n_2, por ejemplo, pretende determinar lo que es n_3 (o lo que va a ser), n_3 (o, mejor, a_3) pretende determinar (interpretar) lo que n_2 efectivamente significa.

¿Perturba esta situación a los jueces y abogados (en el supuesto de que esta perplejidad la hicieran explícita)? Da la impresión que la profesión jurídica «diluye» (o ignora) esta situación. Más bien, parece, que los juristas piensan que disponen de dos distintos artilugios para «leer» el derecho, aprendidos como cánones del oficio –como todas las (meta)reglas de interpretación.

Cuando se quiere saber si el acto $a_{(?)}$ es *un acto jurídico válido*, se comienza por «leer» los actos que confieren facultades en un individuo. Después se confronta este acto con el contenido de la norma que le confiere facultades para ver si, efectivamente, $a_{(?)}$ satisface las condiciones establecidas por los actos anteriores de la secuencia. Pero si, por el contrario, lo que se quiere saber es *qué significa* la norma $n_{(?)}$ (*e.g.* una disposición constitucional o cualquier disposición legislativa), se comienza por «leer» los actos posteriores, los actos autoritativos que interpretaron $n_{(?)}$, por ejemplo, la jurisprudencia de los tribunales supremos (tribunales de casación, cortes supremas o tribunales constitucionales).

¿Existe acaso un argumento que nos permita privilegiar a cualquiera de las lecturas? ¿Qué hacen los juristas para inclinar la balanza? ¿Tiene la dogmática jurídica algún (meta)criterio para decidir? ¿Son estas «lecturas» representativas del conservadurismo o activismo judicial? Lamentablemente no me puedo detener en estas importantes cuestiones.

VIII. Las variaciones jurídicas

Siguiendo con la indeterminación del derecho y su incidencia con la aplicación (interpretación) del derecho, permítase añadir otro problema. Como he señalado, la creación jurídica no se produce de una vez y para siempre ni a intermitencias regulares. Por el contrario, la creación (o innovación) jurídica se produce de forma constante. Este carácter constante de la creación jurídica me condujo a considerar que la experiencia jurídica es el marco de las variaciones jurídicas. El orden jurídico (parcial o total) no es sino el cuadro de las transformaciones jurídicas unitariamente consideradas.

Los órdenes jurídicos no se encuentran ni acabados ni en reposo: están en proceso continuo.[52] Es importante tener presente que las facultades conferidas por una norma jurídica para crear normas subsecuentes pueden ser ejercidas *repetidas veces*.[53] La autoridad (individuo o grupo) investida con facultades de este tipo puede hacer uso de ellas todas las veces que así lo decida. De esta manera, la autoridad referida podrá crear varias normas en diferentes *momentos*. Supongamos que la norma n_1 confiere a una determinada autoridad la facultad de crear normas jurídicas cada vez que realice (una instancia del acto) a_2. La autoridad referida puede crear tantas normas como tantas veces haga uso de sus facultades (tantas veces como realice a_2).

Esta situación puede observarse en el siguiente diagrama:

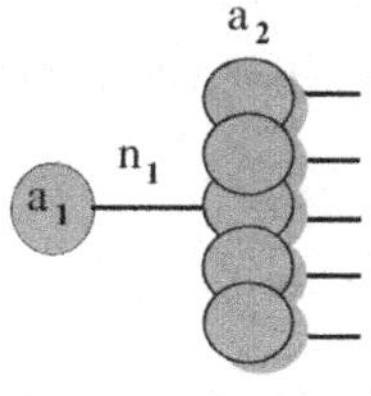

Figura 6

Aquí se consideran simplemente momentos del orden jurídico en donde se presupone que las ocurrencias de a_1 ya se han realizado; donde las normas creadas por las ocurrencias de a_1 se mantienen en «reposo» y se ignora la actividad ulterior del orden jurídico (así como la creación paralela de todas las otras cadenas normativas posibles).

Es pues oportuno introducir una distinción entre orden jurídico momentáneo y orden jurídico total o, simplemente, orden jurídico *tout court*. El orden jurídico momentáneo es, *ab obvo*, un subsistema del orden jurídico, propiamente hablando. Para cada orden jurídico momentáneo existe un orden jurídico (total) que contiene todas las disposiciones jurídicas de los órdenes jurídicos momentáneos que lo componen. Es lógicamente imposible para un sistema jurídico contener un orden jurídico momentáneo vacío. Por supuesto, no existe un sistema jurídico que no contenga al menos un orden jurídico momentáneo.[54]

Esta importante distinción puede apreciarse fácilmente en el siguiente diagrama en donde se representa un orden jurídico (total):

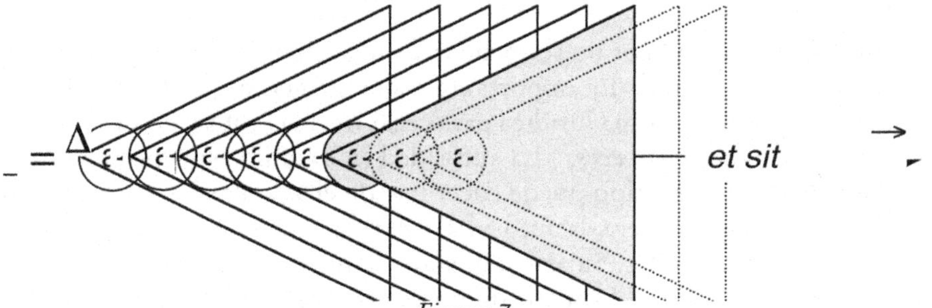

Figura 7

Aquí, cada triángulo (a manera de un haz de actos de aplicación que se expanden en el tiempo) representa un orden jurídico momentáneo, donde el triángulo sombreado es el orden jurídico «vigente» que, eventualmente, será substituido por los órdenes jurídicos momentáneos que eventualmente habrán de seguirle (triángulos punteados).

IX. Final

El principio de indeterminación o de incertidumbre de Heisenberg muestra cómo las partículas pueden ser interpretadas en términos de su posición (en el espacio) y de su *momentum* (en el tiempo), asumiendo que sus patrones y sus *momenta* han sido medidos.

La «mecánica jurídica» muestra que la indeterminación es una característica que acompaña al derecho. Muestra la limitación impuesta por un par de variables, tales como los primeros patrones bien definidos (*acta anteriora*) y el *momentum* (cualquier momento en el orden jurídico existente. Como en física, la determinación de uno afecta la determinación del otro.

La enorme significación del principio de indeterminación es reconocida por todos los científicos; pero, ¿cómo debe ser entendida jurídicamente? Tenemos algunos actos («patrones») bien prescritos (n_1, por ejemplo) que programan «pasos» futuros: actos de aplicación que, en principio, deben «moverse» de conformidad con los «patrones» bien establecidos (*acta anteriora o mormæ anterioræ*). En este momento los actos de aplicación aún no han sido realizados ni los patrones bien establecidos han sido interpretados.

Los primeros actos prescritos lanzan el programa para el desarrollo de un orden jurídico particular. Estos programas pueden ser completados progresivamente por los actos, que eventualmente ocurrirán. Esto se revela con una mirada atenta al funcionamiento del derecho. En efecto, la «mecánica jurídica» muestra la creación no-armónica del derecho (la historia muestra que los órdenes jurídicos varían notablemente en la forma en que se comportan los individuos facultados).

Un órgano (re)elabora las variables jurídicas y les asigna la «medida» apropiada que cree les corresponde. Este proceso de «medición» subraya el papel activo de los órganos de aplicación, los cuales, al hacer mediciones (interpretaciones), inciden en el alcance de la norma que supuestamente regula su conducta.

En fuerte analogía con la mecánica del *quantum* de Heisenberg, en el derecho, lo que se revela por una observación activa no es un dato absoluto, sino un *theory-laden datum* (*i.e.* un dato relativizado) por la interpretación dada por los órganos de aplicación del derecho.

Notas

1. Mi tesis incluye las decisiones administrativas y cualquier acto de aplicación del derecho. Sin embargo, retengo como ejemplo a los jueces porque la aplicación judicial del derecho es la más elaborada.

2. Dentro de la tradición jurídica de habla inglesa se usa más la expresión «sistema jurídico» (*Legal System*).

3. «Teoría» entendida como conjunto de enunciados (definiciones, axiomas e hipótesis) que dan cuenta de un sector del mundo. (Véase Ricardo Guibourg, *De-*

recho, sistema y realidad, Buenos Aires, Astrea, 1986 [Filosofía y Derecho, 13], pág. 10).

4. Incluyendo, *mutatis mutandi*, a cualquier órgano aplicador del derecho actuando como tal.

5. Véase Juan Ramón Capella, *El derecho como lenguaje*, Barcelona, Ariel, 1968, pág. 28.

6. En diversos trabajos he abordado el problema del discurso jurídico (o de los discursos jurídicos), véase mi libro *Elementos para una teoría general del derecho. (Introducción al estudio de la ciencia jurídica)*. México, Editorial Themis, marzo 2001, capítulos: xvii, xix, xx, xxii y xxv y la bibliografía ahí referida.

7. Sobre el problema de la «lectura» jurídica, véase mi libro *Razonamiento y argumentación jurídica, (El paradigma de la racionalidad y la ciencia del derecho)*, México, UNAM, Instituto de Investigaciones Jurídicas, 2002 (Serie Doctrina Jurídica, Núm. 121), págs. 95 y ss.

8. En esta sección reformulo algunas tesis expuestas en mi artículo «Rechtsordnung und Verfassung. Eine Kurze Beschreibung des Prozesses des Rechtserzeugung» (en León Olivé y Fernando Salmerón, *Philosophie und Recthstheorie in Mexiko*, Berlín, Duncker und Humblot, 1989, págs. 121-133). Algunas de ellas están incluidas en el capítulo X: «El concepto de constitución de mi libro Introducción al estudio de la constitución», (México, Distribuciones Fontamara, 2002, Doctrina Jurídica Contemporánea, 3) y en mi ensayo: «La interpretación constitucional. (La falacia de la interpretación cualitativa)» (en Rodolfo Vázquez [Ed.], *Interpretación jurídica y decisión judicial*, México, Fontamara, 1998, [Doctrina Jurídica Contemporánea, 4]. págs. 89-133).

9. *Als ob* («como si») es la expresión clave de la filosofía de Hans Veihinger (1852-1933). En su más importante trabajo filosófico: *Die Philosophie des Als Ob* (1911) sostiene que el hombre acepta «ficciones» en orden de manejar un mundo inteligible. Para conocer, los seres humanos tienen que construir ficciones que expliquen los fenómenos «como si» fueran la realidad. En física, el hombre procede «como si» un mundo material existiera con independencia de la percepción de los individuos. En la ética no es diferente, el hombre tiene que actuar «como si» la certeza en ética fuera posible. (Véase «Hans Veihinger» y «As If» Philosophy, of», en *Encyclopædia Britannica DVD 2002*, Chicago, Encyclopædia Britannica, Inc. 1994-2002).

10. En la tradición de habla inglesa el uso de *norms* es menos frecuente; se usa laws (con «l» minúscula) o *rules*. Pero lo que los juristas dicen sobre *norms* se aplica tanto a *laws* como a rules.

11. Palabra inventada por Bentham. (Cfr. *Introduction to the Principle of Morals and Legislation*, Cap. XVII, nota final, Sec. VI, Darien, Connecticut, Hafner Publishing Co., 1970. [The Hafner Library of Classics, 6], pág. 333.)

12. *General Theory of Law and State*, trad. por Anders Wedberg, Nueva York, Russell and Russell, 1973, pág. 3. (Reimpresión de la edición de Harvard University Press, 1945). Los corchetes son míos. Existe versión española de Eduardo García Máynez: *Teoría general del derecho y del Estado*, México, UNAM, 1979.

13. Cfr. Hart, H.L.A. «Introduction» en Bentham, Jeremy. *Of Laws in General,* ob. cit. pág. xxxv.

14. *An introduction to the Principles of Morals and Legislation*, Londres, University of London, The Athlon Press, 1959. (The Collected Works of Jeremy Bentham), capítulo XVII, § 29 n.b2 pág. 299.

15. Un conjunto que no puede ser vacío.

16. El derecho no es una yuxtaposición de entidades. Estas entidades están de tal manera relacionadas que no hay espacio para entidades aisladas o separadas. Las entidades que forman el derecho se encuentran relacionadas en una secuencia (véase *infra*: *La estructura básica del orden jurídico*).

17. Los actos jurídicos son bifásicos (*sit venia verba*); prácticamente todos ellos son, al mismo tiempo, actos de creación y actos de aplicación.

18. En cuanto a esto véase Fernando Atria. *The Powers of Application*, Edimburgo, The University of Edinburgh, 1998. (Tesis de grado: Doctor in Philosophy).

19. Cfr. Joseph Raz, *The Concept of a Legal System. An Introduction to the Theory of Legal System*, Oxford, Oxford University Press, 1980, págs. 1-2. Invertí el orden de los primeros dos. (Existe versión en español mía: *El concepto de sistema jurídico. Una introducción a la teoría del sistema jurídico*, México, UNAM, Instituto de Investigaciones Jurídicas, 1986).

20. Sobre este particular Joseph Raz agrega: «mientras que toda teoría del sistema jurídico tiene que proporcionar una solución a los dos primeros problemas, puesto que los criterios de existencia y la identidad son parte necesaria de cualquier definición adecuada de "sistema jurídico", puede dar una respuesta negativa a las dos últimas cuestiones» (Ibíd., pág. 2).

21. Sin duda estos criterios son usados para resolver los problemas arriba citados. Los juristas los usan para reconocer las entidades que pertenecen a un orden jurídico y cuáles de estas entidades forman un orden jurídico. Estos criterios son igualmente usados para establecer cuándo un orden jurídico existe y cuándo deja de existir, cómo es que cambia, etcétera.

22. Werner Karl Heisenberg (1901-1976), físico, filósofo y figura pública que ayudó, *inter alia*, a establecer la ciencia moderna de la mecánica cuántica, de la que surge el famoso principio de indeterminación. (Véase «Heisenberg, Werner» en *Encyclopædia Britannica DVD 2002*)

23. Véase Joseph Raz, *The Concept of a Legal System*, ob. cit., págs. 209 y ss.

24. Este último es, posiblemente, el uso más común y más extendido.

25. Véase *D.* 1, 3, 1-41 y 1, 4, 1-4.

26. La profesión funciona con una fuerte dosis positivista, aunque no se explicite e incluso cuando se participa de creencias no positivistas. En la tarea cotidiana de aplicación del derecho la profesión tiene que determinar el «derecho aplicable», el derecho creado, vigente, no derogado, tiene que probar su positividad.

27. Los siguientes párrafos están tomados de mi ponencia: «How to Make Reasons with Norms. Or How to Convert Norms into Reasons. Or How to Disentangle this Mess». *Proceeding of the XVIIIth World Congress of Philosophy of Law and Social Philosophy*. Existe versión mía en español: «Cómo hacer razones con normas o cómo hacer convertir normas en razones o cómo deshacer este lío», en *Doxa. Cuadernos de Filosofía del Derecho*. Vol. II, Núm. 21, 1998, Universidad de Alicante, 1999.

28. Sin duda, «norma» es uno de los conceptos más usados por los juristas, aunque al igual que «geometría» no es un concepto geométrico, «norma» no es un concepto de la dogmática jurídica. Muchos libros han sido escritos sobre la «naturaleza» del derecho; no obstante, pocos juristas se detienen a analizar lo que es una norma. (Véase *mutatis mutandi*, Karl Olivecrona. *The Imperative Element in Law* [*Der Imperative des Gesetzes*], pág. 794). De hecho, «norma» es frecuentemente utilizada sin ser definida en absoluto. (Cfr. Alf Ross. *Directives and Norms*, Londres, Routledge & Kegan Paul, 1968, pág. 78). Esta circunstancia no es tan desastrosa si la idea de norma es clara y corresponde a su uso general y a su uso profesional.

La falta de precisión, aunque seria, no es catastrófica; las diferentes formulaciones recuperan de alguna manera una idea general de lo que corresponde al grueso de las creencias sobre la función de las «normas»; a saber: «prescriben», «regulan el comportamiento humano», «guían la conducta de los hombres», «provocan cierto comportamiento», *et sit cetera*. Pero cualquier cosa que las normas puedan ser, ellas constituyen el elemento básico de un orden jurídico.

29. ¿No acaso la emisión de órdenes y el establecimiento de reglas son la manifestación habitual de la autoridad jurídica?

30. O bien, órdenes jurídicos que han sido positivos.

31. Cfr. Hans Kelsen. *Reine Rechtslehre*, Viena, Verlag Franz Deuticke, 1960, págs. 228 y ss. (Véase *Teoría pura del derecho*, trad. de Roberto J. Vernengo, México, Porrúa/UNAM, Instituto de Investigaciones Jurídicas, 1997 (reimpresión de la edición de la UNAM, Instituto de Investigaciones Jurídicas de 1979, págs. 232 y ss). En gran medida ésta es una reformulación de la tesis de Kelsen. Sobre la creación escalonada del orden jurídico, Véase Theo Ohlinger. *Der Stufenbau der Rechtsordnung. Rechtstheoriestiche und ideologische Aspekte*, Viena, Manzsche Verlag- und Universitätsbuchhandlung, 1975.

32. Joseph Raz llama a estas secuencias «cadenas de validez». En la construcción de estas secuencias de facultamiento he tomado de *The Concept of a Legal System* varias ideas (Véanse págs. 97-99).

33. «Norma» en el sentido de norma «unselbständige Rechtsnormen» («normas no independientes» (véase Hans Kelsen, *Reine Rechtslehre*, *ob. cit.*, págs. 55 y ss. (Véase *Teoría pura del derecho,* ob. cit., págs. 68-70). Para Kelsen las normas propiamente hablando se componen de toda la secuencia. (Cfr. ibíd.)

34. La lógica no gobierna la creación del derecho. Véase Capítulo XXII: «La "lectura" jurídica y la creación de inferencias en derecho», en mi libro: *Elementos para una teoría general del derecho, ob. cit.* págs. 369-380. Véase Ulises Schmill, «Derecho y lógica» en *Isonomía. Revista de Teoría y Filosofía del Derecho*, Instituto Tecnológico Autónomo de México, Núm. 1, octubre 1994. págs. 11-26.

35. Ésta es una operación canónica de facultamiento. Pero, de hecho, las condiciones que los actos posteriores deben satisfacer pueden estar establecidas en cualquier acto anterior de la secuencia. Más aún, el facultamiento puede encontrarse en una norma que imponga deberes que ordenen a un órgano realizar un acto determinado.

36. Entre las condiciones puede haber actos prohibidos, actos que no deben ser realizados.

37. De esta manera tenemos órganos «constituyentes» (los que establecen las normas que confieren facultades) y tenemos, también, órganos «constituidos» (los que aplican y se conforman a las normas establecidas por los órganos constituyentes).

38. Ciertamente, las normas (n_1, n_2 o n_3) pueden realizar diferentes funciones normativas que corresponden a diferentes operadores modales «Gebieten ist jedoch nicht die einzige Funktion einer Norm. Auch ermächtigen, erlauben, derogieren sind funktionen von Normen». («Ordenar no es, sin embargo, la única función de las normas. Habilitar, permitir y derogar, son también funciones de las normas». Hans Kelsen, *Allgemeine Theorie der Normen*, Viena, Manzsche Verlag- und Universitätsbuchhandlung, 1979, pág. 1; véase ibíd., págs. 76 y ss. Sobre el concepto de *Ermächtigung* en Kelsen, véase ibíd., págs. 82-84. El español no tiene palabras que correspondan exactamente al uso jurídico de *Ermächtigen* o *Ermächtigung* como la expresión inglesa: *to empower* (y palabras relacionadas, *v.g. empowered* o empowering). En español la palabra «apoderar» que parece corresponder a *Ermächtigen*, no tiene el mismo uso, aunque ciertamente «apoderar» y «apoderado», así como la misma expresión «poder», en derecho privado, aluden al acto por el cual se confiere a alguien el «poder suficiente» para realizar actos válidos. En todo caso «facultad», «facultamiento» y «facultado» son palabras de larga tradición en las lenguas latinas. En la segunda edición de *La Teoría pura* Kelsen había señalado: «Denn eine Norm kann nicht nur gebieten, sondern auch erlauben und insbesondere ermächtigen» («puesto que puede no sólo ordenar algo sino, también, permitirlo y especialmente facultarlo» Cfr. *Reine Rechtslehre, ob. cit.* pág. 5; véase *Teoría pura del derecho,* ob. cit., págs. 19). Para un breve análisis del concepto de «facultad», véase el capítulo IV: La permisión. (Derecho subjetivo y facultad) de mi libro: *Elementos para una teoría general del derecho*, ob. cit., págs. 45-64. Un detallado examen del concepto de facultad desde el punto de vista dinámico es desarrollado por Ulises Schmill (Véase *La reconstrucción pragmática de la teoría del derecho*, México, Editorial Thémis, 1997, págs. 42-50).

39. Véase *infra*: Las variaciones jurídicas.

40. «Una pluralidad de normas forma una unidad, un sistema, un orden, si la validez de las normas pude ser referida a una norma única como último fundamento de validez.» (Hans Kelsen, *Reine Rechtslehre*, *Einleitung in die rechtswissenschaftliche Problematik,* Scientia Verlag, Aalen, con prólogo de Stanley L. Paulson, [reimpresión de la 1. Auflage, Franz Deuticke, Leipzig/Vienna, 1934, pág. 62]. Existe versión en español de Jorge G. Tijerina: *La teoría pura del derecho. Introducción a la problemática científica del derecho*, [Buenos Aires, Editorial Losada, 1946]). Existe una excelente versión inglesa de Bonnie Litschewski y Stanley L. Paulson: *Introduction to the Problems of Legal Theory*, [Oxford, Oxford University Press, 1996], véase pág. 55.

41. «La relación entre una grada superior y una inferior en un orden jurídico –como entre una constitución y una ley o entre una ley y una decisión judicial– es una relación de determinación.... [L]a norma superior regula el acto por medio del cual la norma inferior es creada (o simplemente regula la ejecución del acto de coacción... Al regular la creación de la norma inferior, la norma superior determina no solo el proceso mediante el cual la norma inferiror ha de ser creada sino,

posiblemente el contenido de la misma.» (Hans Kelsen, *Reine Rechtslehre.* [1. Auflage] págs. 90-91; Véase Íd. *La teoría pura del derecho. Introducción a la problemática científica del derecho*, ob. cit., p 127; *Id. Introduction to the Problems of Legal Theory, ob. cit.*, págs. 77-78; Íd. *Reine Rechtslehre* [2. Auflage], págs. 346-349; Véase: *Teoría pura del derecho,* ob. cit., págs. 349-351).

42. Algunos dirían que, como quiera que sea, sería derecho en forma de precedente. Pero los precedentes, como cualquier parte del derecho, son: 1) un *datum* de un derecho que fue y 2) un acto jurídico que constituye una mera propuesta para ser seguida, un acto que tiene que ser «aplicado» por los órganos de aplicación (*por ejemplo*, por los tribunales) en una nueva secuencia por construir.

43. En la exposición de esta segunda lectura sigo de cerca las ideas de Riccardo Guastini (Véase «Interpretative statements», en Ernesto Garzón Valdés; Werner Krawietz; Georg Henrik von Wright, y Ruth Zimmerling, *Normative Systems in Legal and Moral Theory. Festschrift for Carlos Alchourrón and Eugenio Bulygin*, Berlín, Duncker & Humblot, 1997, págs. 279-292. Íd. *Le fonti del diritto e l'interpretazione*, Milán, Guiffrè, 1993).

44. «El proceso interpretativo se aplica a un enunciado y deviene norma. La norma no precede el proceso interpretativo como dato, sino que le sigue como producto». Giovanni Tarello, *Diritto, enunciati, usi. Studi de teoria e metateoría del diritto*, Bolonia, 1974, pág. 395. Tuve conocimiento de este excelente libro por la lectura de «Interpretative statements» de Riccardo Guastini (op. ul. ob. cit., pág. 281).

45. En general todo órgano que tiene que aplicar el derecho.

46. Tomo la expresión «autoritativa» de H. L. A. Hart. (Cfr. «Commands and authoritative Legal Reasons», en *Essays on Bentham. Jurisprudence and Political Theory*, Oxford, Oxford University Press, 1982, págs. 243-268). «He sostenido –dice Hart– que para entender estos rasgos del derecho [...una constitución otorgando facultades legislativas... y las nociones de validez e invalidez....] tiene que introducirse la idea de una razón autoritativa: esto es, un argumento (que en sistemas simples puede incluir la emisión de un mandato) que es reconocido, al menos, por los tribunales de un orden jurídico eficaz...» (Ibíd., pág. 243).

47. Riccardo Guastini, «Interpretative statements», ob. cit., págs. 279-292. *Id. Le fonti del diritto e l'interpretazione*, Milán, Guiffrè, 1993.

48. «Fonction jurisdictionnelle ou pouvoir judiciare?» en *Pouvoirs*, Presses Universitaires de France, 1981, págs. 5-15. (Reimpreso en Troper, Michel. *Pour un théorie juridique de l'état*, París, Presses Universitaires de France, 1994, págs. 95-105). El conocimiento de este texto se debe a la lectura de «Interpretative statements» de Riccardo Guastini (op. ul. ob. cit., pág. 280).

49. *Sit venia verba.*

50. En cuanto a la posición en que se encuentra el órgano de aplicación frente a este predicamento normativo Kelsen señala: «Aquel que ha de ejecutar la norma ha de examinar y decidir también si es una norma regular y, por tanto, ejecutable». (*Teoría general del Estado*, trad. de Luis Legaz Lacambra, Barcelona, Editorial Labor, 1934, pág. 84).

51. Existen formas variadas de omitir. Un tribunal, por ejemplo, puede declararse incompetente, declarar la improcedencia, hasta «rehusar» simple y llanamente la aplicación.

52. La creación jurídica no se produce necesariamente en un momento fijo o en intermitencia regulares. Por el contrario, la creación o innovación jurídica –con todos los cambios y alteraciones que implica— se produce de forma constante. Ahora bien, si el orden jurídico es un continuado proceso de creación, entonces, el orden jurídico no es propiamente un conjunto o sistema (siempre igual a la suma de sus entidades) sino que es solamente *el cuadro de las transformaciones o modificaciones jurídicas unitariamente consideradas*; Véanse mis trabajos: Sobre el sistema jurídico y su creación, ob. cit., pág. 134; Íd., *L'Etat, sujet des transformations juridiques*, ob. cit., págs. 229-233). El orden jurídico no es, pues, más que un flujo constante de variaciones jurídicas –substituyéndose continuamente los órdenes jurídicos momentáneos.

53. Cfr. *sunpra*: figuras 3, 4 y 5.

54. Aunque en los trabajos que acabo de citar, consideré esta distinción, voy a hacer algunos comentarios sobre el particular, introduciendo algunos elementos de Joseph Raz (Cfr. *The Concept of a Legal System*, ob. cit., págs. 34-35).

4

Tres problemas de tres teorías de la validez jurídica

Manuel Atienza y Juan Ruiz Manero*

El objeto de esta intervención es examinar algunos problemas que presenta la reconstrucción de las condiciones que, de acuerdo con el Derecho, debe reunir una norma para ser jurídicamente válida, esto es, jurídicamente obligatoria. Utilizaremos, para ello, las teorías de Hans Kelsen, de Joseph Raz y de Luigi Ferrajoli. Pero no pretenderemos proporcionar una visión aceptablemente completa de las mismas, sino simplemente aislar en ellas algunos problemas (a los que nos referiremos como *el problema de Kelsen, el problema de Raz* y *el problema de Ferrajoli*) que nos parecen capitales para una teoría de la validez y cuyo tratamiento por parte de estos autores nos parece, por las razones que veremos, a la vez equivocado e iluminador.

* Universidad de Alicante. Este texto forma parte de un trabajo más amplio, sobre la noción de validez jurídica, en curso de elaboración conjunta por Manuel Atienza y Juan Ruiz Manero.

1. Los problemas

1.1. El problema de Kelsen o de cómo el Derecho no logra regular su propia (re)producción

La imagen kelseniana del Derecho como pirámide normativa es, desde luego, bien conocida. La metáfora kelseniana pretende presentar su propia concepción como constitutiva de una vía media entre, por un lado, el *formalismo tradicional*, para el que habría una escisión neta entre los actos creadores de normas y los actos de aplicación de las mismas (cuyo contenido vendría completamente determinado por las normas preexistentes) y, por otro, las corrientes del realismo judicialista, para las que las normas generales no serían sino juguetes vistosos que encubrirían la creación puramente discrecional de Derecho por parte de los jueces. Para Kelsen, en cada grada del ordenamiento jurídico, desde la ley a la sentencia, hay, simultáneamente, creación y aplicación del Derecho: pues si bien «la determinación de la producción de una norma inferior por una superior puede tener diversos grados», esta determinación «nunca puede ser tan limitada que el acto en cuestión no pueda ser considerado ya como un acto de aplicación del Derecho, y tampoco puede ampliarse tanto que el acto no pueda ser considerado como un acto de producción del Derecho».[1] Las excepciones se situarían únicamente –por lo que hace a los actos puramente creativos– en el vértice, en «la instauración de la primera constitución histórica», «que no es aplicación de una norma jurídica positiva», sino de «la norma fundante básica, no impuesta positivamente, sino sólo presupuesta» y –por lo que hace a los actos puramente aplicativos– en la base, en los actos de ejecución material, que ya no son normas.

De acuerdo con estas coordenadas, una norma es válida en tanto que su producción «corresponda a la norma superior determinante», esto es, se desenvuelva dentro del marco de posibilidades ofrecido por ésta. Una norma válida es el sentido de un acto de voluntad de un individuo, u órgano, al que una norma de grado superior autoriza (confiere el poder) para producir normas. Ahora bien, esta autorización para producir normas –o «determinación», por utilizar la terminología kelseniana, por parte de las normas superiores, de la producción normativa inferior– puede asumir, de acuerdo con Kelsen, dos modalidades: puede, de un lado, limitarse a señalar el órgano y el procedimiento para producir normas jurídicas de grado inferior, pero puede –también– determinar el contenido de las normas de grado inferior, bien mediante una determinación *positiva* de tal contenido (como suele ser el caso de las normas que disciplinan la producción de sentencias judiciales), bien estableciendo *límites* al contenido admisible de las normas de grado inferior (como suele ser el caso de las normas constitucionales que disciplinan la producción de las leyes).

La cuestión, entonces, es qué ocurre cuando el órgano habilitado para la producción normativa inferior, o bien se aparta del procedimiento establecido para ello, o bien emite normas cuyo contenido se sitúa fuera de la determinación, positiva o negativa, del mismo impuesta por las normas de grado superior. La respuesta que encajaría con mayor naturalidad en los parámetros kelsenianos sería que tales normas, que se han producido con vulneración de lo ordenado respecto de su producción por normas superiores, no son, sencillamente, normas válidas, puesto que, de acuerdo con Kelsen, «una norma sólo pertenece a un determinado orden jurídico porque y en tanto su producción corresponde a una norma superior determinante».[2] Pero tales normas, irregulares por razón del procedimiento de su elaboración o por razón de su contenido, pueden ser, de acuerdo con el Derecho, obligatorias provisionalmente (en tanto no sean anuladas por un órgano de control) o de forma definitiva (siempre que la impugnación de su irregularidad no sea posible de acuerdo con el Derecho, porque provengan de un órgano cuya producción normativa no esté sometida a un control ulterior). Y recuérdese que, para Kelsen, respecto de cualquier norma, las propiedades de «ser obligatoria» y «corresponder a la norma superior determinante» son –bajo el rótulo indiferenciado de «ser válida»– necesariamente coextensivas. Si tales normas irregulares por razón del procedimiento o del contenido son, provisional o definitivamente, obligatorias, habrá que entender, entonces, que «corresponden a la norma superior determinante». Y, para ello, habrá que reformular tales normas superiores determinantes, de forma tal que cualquier contenido y cualquier procedimiento posibles «corresponda» a las mismas. Tal es la solución kelseniana, como se ve en textos como los siguientes:

«[...] no sólo tiene validez la norma general que predetermina el contenido de la sentencia judicial, sino también una norma general según la cual el tribunal puede determinar él mismo el contenido de la norma individual que debe producir. Estas dos normas configuran una unidad».[3]

«[...] el sentido de las normas constitucionales que regulan la legislación no es que las leyes válidas sólo puedan llegar a ser de la manera que la constitución directamente determina, sino también que pueden llegar a ser a través de otra manera que el órgano legislativo mismo establecerá. La constitución faculta al legislador a producir normas jurídicas generales también en un procedimiento distinto del determinado directamente por las normas de la constitución, dándoles otro contenido del que determinen directamente las normas constitucionales [...]. Las disposiciones constitucionales que regulan la legislación tienen el carácter de disposiciones alternativas».[4]

Así, en la teoría kelseniana de la validez jurídica, la dimensión del Derecho como regulador de su propia (re)producción resulta por completo anulada en beneficio de su dimensión constitutiva. Dimensión constitutiva del Derecho que, al menos en los sistemas jurídicos desarrollados, en los que la costumbre se ve relegada a un papel más bien residual en el sistema de fuentes, viene a identificarse con su dimensión autoritativa: la cadena kelseniana de validez viene a resolverse meramente en una cadena de autoridades, cada una de las cuales puede constituir como Derecho cualquier contenido y mediante cualquier procedimiento.

Pues bien: creemos que una teoría adecuada de la validez debe dar cuenta equilibradamente de estas dos dimensiones del Derecho: el Derecho es, desde luego, un sistema de autoridades y competencias, pero es también un sistema de procedimientos y de contenidos normativos que vinculan a estas mismas autoridades en el ejercicio de sus competencias. En Derecho, desde luego, es capital la pregunta de quién puede (o debe) decidir sobre un cierto caso genérico (como lo hace la legislación) o individual (como lo hace la jurisdicción). Pero es también capital la pregunta acerca de cómo –a través de qué procedimiento, con qué contenido– deben ser decididos los casos (genéricos o individuales) para que la decisión pueda considerarse ajustada a Derecho, jurídicamente correcta.

La cuestión es, entonces, suministrar categorías que permitan deslindar estas dos cuestiones, sin disolver (al modo de Kelsen) la segunda en la primera. Para ello, nuestra propuesta consistirá en diferenciar entre, de un lado, cuestiones de *existencia institucional* o *validez constitutiva* (que determinan que una cierta norma genérica o individual sea reconocida por el Derecho como poseedora o no del estatus de juridicidad que pretende tener) y cuestiones de *regularidad* o *validez regulativa* (que determinan que una cierta norma reconocida como jurídica por el Derecho, esto es, como constitutivamente válida, sea juzgada como jurídicamente correcta o incorrecta, regular o irregular).

Se trata, pues, de elaborar categorías que permitan sostener a la vez, por decirlo en términos muy clásicos, que si bien ciertos órganos tienen competencias para determinar provisional o definitivamente qué es lo jurídicamente debido en cierto caso, ello no implica que estos mismos órganos sean provisional o definitivamente infalibles en cuanto a la corrección jurídica de sus decisiones (o que sus propias decisiones sean constitutivas, como vendría a sostener Kelsen, de esa misma corrección).

1.2. El problema de Raz, o de cómo el Derecho contiene mucho menos de lo que razonablemente supondríamos

Joseph Raz es, probablemente, el defensor más conocido de la concepción de la validez jurídica a la que se suele llamar «tesis fuerte de las fuentes sociales». De acuerdo con ella, «la identificación de una norma como norma jurídica consiste en atribuirla a una persona o institución relevante [esto, es, a una fuente], como expresión de su decisión y expresión de su juicio» y «tales atribuciones pueden basarse únicamente en consideraciones de hecho», pues la argumentación moral «puede establecer qué es lo que las instituciones jurídicas deberían haber expresado o sostenido, pero no lo que en realidad expresaron o sostuvieron».[5]

Para comprender el alcance de la tesis de Raz, nada mejor que un ejemplo suministrado por él mismo.[6] Supongamos una norma [7] (N_1) que estipule que «un contrato que propicia la corrupción en la vida pública es ilícito» y una decisión judicial (D) como la siguiente, que se presenta como aplicadora de la norma anterior: «Se considera ilegal un contrato por el cual un contratista inmobiliario conviene en aportar fondos para la campaña electoral de un candidato en las elecciones locales, como retribución por el compromiso de que, en caso de resultar elegido, el candidato propondrá la construcción de una ruta que conecte dos complejos habitacionales». Raz «da por sentado» que esta decisión «aunque se encuentre preparada en el lenguaje específico que se refiere a un caso en particular, se basa en una proposición general que se aplica a una clase de casos»,[8] esto es, en una norma cuyo tenor vendría a ser algo así como (N_2) «se consideran ilegales aquellos contratos en los que alguien proporciona fondos electorales a un candidato a cambio del compromiso de que, una vez elegido, tome alguna decisión específica». Supongamos asimismo que (N_2) una vez usada como *ratio decidendi* de (D), establece un precedente obligatorio, de forma que a partir de (D), (N_2) es, indudablemente, una norma válida del sistema jurídico expresamente formulada. Pues bien, antes del dictado de tal sentencia ¿pertenecía al sistema jurídico una norma, si bien implícita, que establecía lo que establece (N_2)? La respuesta de Raz es negativa: a su juicio, el tribunal, en tal caso, no se limitó a explicitar el contenido del Derecho ya existente, sino que modificó el Derecho. Alguien podría pensar que, efectivamente, así son las cosas por la razón de que (N_1) no determinaba la decisión (D), sino que, de acuerdo con (N_1) era posible alguna otra decisión, por ejemplo la que se fundamentara en la consideración de que el intercambio de dinero a cambio de promesas de medidas políticas específicas no constituye un contrato que fomente la corrupción política y que, por tanto, un contrato tal no debe considerarse ilícito. No es ésta, sin embargo, la posición de Raz: éste asume que, de acuerdo con (N_1) no cabía otra decisión sino la fundada en (N_2). Ello implica que el tribunal en cuestión tenía el deber de usar (N_2) como fundamento de su decisión. Y si esto es así ¿qué sentido tiene afirmar que (N_2) no era una norma válida del sistema antes de la decisión judicial? ¿qué quiere decir que una norma es una norma jurídica válida sino que los tribunales tienen el deber de usarla, en los casos apropiados, como fundamento de sus resoluciones? Y si los deberes judiciales al respecto no han cambiado ¿qué sentido tiene decir que el Derecho ha cambiado?

La respuesta de Raz se encuentra en una concepción acerca de las condiciones de verdad de los enunciados acerca de la validez de normas: un enunciado acerca de la validez de una norma es verdadero, en opinión de Raz, sólo si su verdad puede apoyarse exclusivamente en premisas fácticas verdaderas, sin recurrir a argumentos morales. Pues bien: «antes de la sentencia que estableció la ilegalidad de tales contratos, no había manera de argumentar que existía una norma legal que tachaba a tales contratos de ilícitos, a menos que se buscara apoyo en argumentos morales; por lo tanto, no existía Derecho alguno al respecto».[9]

Ahora bien ¿por qué suscribir una tesis tal sobre las condiciones de verdad de los enunciados acerca de la validez de normas? Esto depende, a su vez, en el planteamiento de Raz, de una concepción acerca del Derecho. Concepción que ve a éste como un mecanismo destinado a prescindir de la deliberación en nuestra determinación de los cursos de acción a adoptar. Las autoridades jurídicas deliberan sobre las razones en pro o en contra de un determinado curso de acción, dadas ciertas circunstancias. Su deliberación produce ciertas instrucciones (o «razones ejecutivas») para los sometidos a ellas (las normas jurídicas) que pueden ser entendidas y seguidas sin tener que reabrir el proceso deliberativo. Esta es la principal ventaja de disponer de autoridades jurídicas y de un sistema jurídico: sus destinatarios pueden ahorrarse los costes de la deliberación. Tal ventaja, como es obvio, se perdería si para establecer el significado de las instrucciones de las autoridades tuviéramos que deliberar, atendiendo a las razones que ellas mismas han tomado en cuenta.

Pues bien: el problema es que las «instrucciones» de las autoridades jurídicas no siempre reúnen las condiciones necesarias para que sus destinatarios puedan sustraerse a la deliberación. Estas condiciones se reúnen cuando las instrucciones autoritativas tienen la forma de reglas, entendiendo por tales las normas que correlacionan un caso genérico, configurado mediante una combinación de propiedades descriptivas, con la obligación, prohibición o permisión de una acción, caracterizada asimismo descriptivamente. Tales normas tienen lo que se ha dado en llamar autonomía semántica, esto es, su significado puede establecerse –y, por tanto, pueden ser seguidas– sin atender a (o incluso sin conocer) las razones que las justifican. Pero no ocurre lo mismo cuando las instrucciones autoritativas configuran el caso o la acción debida mediante propiedades valorativas –como ocurre cuando usan lo que los juristas gustan llamar conceptos jurídicos indeterminados– o cuando esas mismas instrucciones rehúsan configurar el caso y se limitan a establecer la obligatoriedad *prima facie* de determinados principios, la prevalencia de cada uno de los cuales respecto de otros que resulten concurrentes sólo puede ser establecida deliberativamente, atendiendo al peso de las razones que cada uno de ellos incorporen.

Pues bien: el uso de estas modalidades de «instrucciones» –mediante términos valorativos, mediante principios que no establecen ellos mismos sus condiciones de prevalencia frente a otros eventualmente concurrentes– ha alcanzado, en los sistemas jurídicos que responden al llamado «paradigma constitucional», una amplitud que, en comparación con los sistemas jurídicos precedentes, resulta inusitada. De ahí que una teoría del Derecho como la de Raz, que en su reducción del Derecho a reglas resultaría insuficiente para cualquier sistema jurídico evolucionado, resulte palmariamente inadecuada para sistemas jurídicos como el nuestro, plenamente insertados en dicho «paradigma constitucional». En dichos sistemas, una teoría de la validez –que, al menos en uno de sus aspectos centrales, es una teoría acerca de cómo el Derecho regula la conducta de sus órganos de producción y aplicación– deba necesariamente integrar la regulación de la conducta de los órganos de producción y aplicación mediante principios y, en general, mediante estándares sin autonomía semántica: las relaciones de derivación justificativa (y no de mera deducción lógica) de unas normas a partir de otras van a ser, así, uno de los puntos centrales de la teoría de la validez que nos proponemos desarrollar.

1.3. El problema de Ferrajoli, o de cómo el Derecho exige mucho más de lo que razonablemente supondríamos

La obra de Luigi Ferrajoli es, probablemente, una de las de mayor ambición y alcance producidas en la teoría del Derecho de los últimos decenios. Cabría decir que el programa de Ferrajoli consiste en la superación de lo que él mismo llama el «paradigma paleopositivista», asociado, en su opinión, con el Estado liberal de Derecho, en beneficio de un nuevo paradigma capaz de integrar los cambios fundamentales que en la realidad del Derecho ha supuesto el Estado constitucional de Derecho generalizado en Europa a partir de la segunda postguerra. La importancia de este cambio –cuyo punto crucial viene a residir, básicamente, en la introducción de criterios «sustanciales» de validez, derivados de la Constitución, como parámetros de control de la actividad legislativa– ha sido tematizada por pocos teóricos con el vigor y la profundidad con las que lo ha sido en la obra de Ferrajoli, con cuyo sentido general, además, simpatizamos fuertemente.

Ello no obstante, hay en Ferrajoli –y este es el punto que nos interesa discutir aquí– una exageración del alcance de las implicaciones de determinadas cláusulas constitucionales, exageración cuya raíz se halla, a nuestro juicio, en la sobrevaloración de la importancia del uso por el constituyente del lenguaje de los «derechos». Lenguaje de los derechos que hay que tomar, en opinión de Ferrajoli, enteramente en serio: y tomarlo en serio quiere decir interpretar las cláusulas constitucionales que hablan de «derechos» de acuerdo con la teoría del propio Ferrajoli acerca de las implicaciones normativas que el reconocimiento (o la adscripción) de un derecho entraña: de este modo, las constituciones contemporáneas –y también los tratados internacionales en materia de derechos humanos aparecen como conteniendo exigencias normativas situadas mucho más allá de lo que generalmente se considera.

El punto de arranque de la construcción de Ferrajoli reside en la siguiente definición de «derecho subjetivo»: «cualquier expectativa positiva (de prestaciones) o negativa (de no sufrir lesiones) adscrita a un sujeto por una norma jurídica».[10] Dentro de los derechos subjetivos, los derechos fundamentales vienen definidos como «todos aquellos derechos subjetivos que corresponden universalmente a todos los seres humanos en cuanto dotados del estatus de personas, de ciudadanos o personas con capacidad de obrar».[11] Tales derechos fundamentales «tienen su título inmediatamente en la ley, en el sentido de que todos son *ex lege*, o sea, conferidos a través de reglas generales de rango habitualmente constitucional», y se diferencian, por ello, de los «derechos patrimoniales», «que tienen por título actos de tipo negocial o, en todo caso, actuaciones singulares, como contratos, donaciones, testamentos, sentencias, decisiones administrativas, por cuya virtud se producen, modifican o extinguen».[12]

Los derechos fundamentales, como el resto de los derechos, consisten en expectativas (positivas o negativas) «a las que corresponden obligaciones (de prestación) o prohibiciones (de lesión)».[13] Ferrajoli llama *garantías primarias* del derecho a estas obligaciones y prohibiciones y *garantías secundarias* del derecho a «las obligaciones de reparar o sancionar judicialmente las lesiones de los derechos, esto es, las garantías primarias».[14]

Se plantea, entonces, el problema de cuál es el estatus de un derecho fundamental proclamado en una norma jurídica, que no se ve acompañado por el establecimiento, en otra(s) norma(s), de las garantías primarias y/o secundarias que le «corresponden». Como esta es la situación común en muchos de los derechos proclamados en los tratados internacionales y también de muchos de los derechos sociales reconocidos en las Constituciones contemporáneas, la cuestión es todo menos baladí. Si interpretamos la «correspondencia» entre derechos y deberes (positivos o negativos), de la que nos habla la definición de «derecho» de Ferrajoli, en el sentido de que los deberes «correspondientes» están lógicamente implicados por los propios derechos, la respuesta más obvia sería que –como sostiene R. Guastini–,[15] si faltan las «garantías primarias», los derechos sencillamente no existen (al menos, en el sentido definido por Ferrajoli). De este modo, habría que concluir que el legislador, o el constituyente, cuando habla de derechos en tales casos, o bien comete un mero *flatus voci*, bien opera con un sentido de «derecho» distinto del especificado en la definición de Ferrajoli.

No es esto, sin embargo, lo que Ferrajoli sostiene. La tesis de Ferrajoli viene a ser que, si de un lado, el derecho implica lógicamente el deber correspondiente (de forma que su definición de «derecho» es aplicable cada vez que el legislador o el constituyente hablan en términos de derechos), de otro, tal deber existe sólo si hay una norma que lo estatuye. En los sistemas de Derecho positivo, escribe Ferrajoli, «la existencia o la inexistencia de una situación jurídica, o sea, de una obligación, una prohibición, un permiso o una expectativa jurídica, depende de la existencia de una norma positiva que la prevea, que, a su vez, no es deducida de la de otras normas, sino inducida, como *hecho empírico*, del acto de su producción».[16] De esta forma, cada vez que la autoridad normativa proclama un derecho y se abstiene de estatuir el correspondiente deber (como suele ser el caso de numerosos derechos sociales proclamados en las Constituciones), tal autoridad normativa genera una laguna en el sistema. Laguna que, al no ser posible su solución por vía interpretativa, requiere la intervención del legislador para colmarla. El legislador tendría así el deber de «introducir la norma indebidamente ausente»,[17] pues tal ausencia no es sino una «violación por omisión»[18] de la norma que establece el derecho correspondiente.

Como puede verse, la solidez de la tesis de Ferrajoli depende por completo de la asunción de que las autoridades normativas, tales como el constituyente, el legislador o los Estados que celebran tratados internacionales, utilizan siempre el término «derecho» (subjetivo) con la carga de significado que Ferrajoli le asigna. Esta asunción, cuando, en palabras del propio Ferrajoli, «clases enteras de derechos –gran parte de los derechos sociales, la casi totalidad de los derechos humanos internacionalmente establecidos»–,[19] carecen de las garantías primarias que, de acuerdo con la definición de Ferrajoli, les corresponden, parece un tanto aventurada. Prescindiendo del problema de los derechos proclamados en tratados internacionales tales como la Declaración Universal de las Naciones Unidas, entender, en el plano del Derecho interno, que las autoridades normativas se dedican, a gran escala, a proclamar derechos para a continuación violarlos por omisión, asimismo a gran escala, es todo menos una suposición plausible. El propio Ferrajoli señala que la bondad de una teoría «se mide por su capacidad explicativa y reconstructiva del propio objeto de indagación».[20] Pues bien: si tal es el caso, la capacidad explicativa y reconstructiva de la teoría de Ferrajoli resulta, en relación con la conducta de las autoridades normativas, más bien escasa.

Parece, pues, que hemos de concluir que las autoridades normativas no siempre utilizan el lenguaje de los derechos en el sentido que Ferrajoli le atribuye, esto es, en el sentido correspondiente a su definición. ¿Quiere esto decir que cuando proclaman derechos tales como el derecho al trabajo, o al medio ambiente, o a la vivienda, sin estatuir las garantías primarias que, de acuerdo con la definición de Ferrajoli, les corresponderían, cometen meros *flati voci*? Probablemente hay –como luego veremos– una alternativa que encaja mejor con la realidad de los Derechos contemporáneos: entender, que, en tales casos, las autoridades normativas utilizan (quizás algo impropiamente) el lenguaje de los derechos para señalar *objetivos colectivos* cuya persecución se encomienda a los poderes públicos.

2. Algunas lecciones a partir de tres problemas

2.1. El Derecho y el lecho de Procusto de las teorías

Las respuestas a los tres problemas a los que hemos aludido como el problema de Kelsen, el problema de Raz y el problema de Ferrajoli presentan un aspecto común: en todas ellas la teoría respectiva opera como un lecho de Procusto al que la realidad del Derecho, la propia imagen que éste presenta de sí mismo, debe acomodarse. En el caso de Kelsen, la incapacidad de su teoría para dar cuenta de cómo el Derecho regula su propia (re) producción le lleva a negar que el Derecho haga tal cosa. El Derecho se limitaría a constituir autoridades, y el hecho del dictado por éstas basta para constituir como jurídico, sin más, todo aquello que dicten. Las fronteras entre producción jurídica regular e irregular no es ya se difuminen, sino que se borran. En el caso de Raz, su teoría acerca de que la utilidad social del Derecho proviene de que este reemplaza razones deliberativas por razones ejecutivas, le lleva a situar fuera de su consideración aquellos casos en los que la regulación jurídica se lleva a cabo mediante razones deliberativas. En ambos casos, dimensiones centrales del Derecho parecen quedar amputadas para que este encaje sin dificultades en el lecho de la teoría. En el caso de Ferrajoli, la operación es más bien inversa: el esqueleto del Derecho no es ya amputado, sino descoyuntado, para que sus exigencias se extiendan tanto cuanto demanda el concepto de derecho subjetivo incorporado por la teoría.

Frente a estos intentos de acomodar el cuerpo del Derecho al lecho de la teoría, nuestra propuesta tratará de acomodar, más bien, el lecho de la teoría al cuerpo del Derecho: para que en él encuentren adecuado acomodo –frente a Kelsen y Raz– todos los rasgos con los que el Derecho se presenta a sí mismo, pero –frente a Ferrajoli– sólo ellos.

Podríamos decir que los déficits de adecuación a la realidad del Derecho que presentan, a nuestro juicio, las reconstrucciones de Kelsen, de Raz y de Ferrajoli, siendo déficits muy distintos entre sí, tienen, sin embargo, una raíz común: y es que en las teorías de todos ellos hay una visión empobrecida –o no lo suficientemente rica– de la variedad de enunciados que contienen los sistemas jurídicos desarrollados. Por decirlo brevemente, en el caso de Kelsen, la raíz de sus dificultades se halla no tanto en lo que es el aspecto más conocido y criticado de su teoría –la reducción de todos los enunciados jurídicos a enunciados que expresan normas que estipulan sanciones– sino en un presupuesto más básico –e inexpresado– de la misma: a saber, que no hay –no ya en el Derecho, sino en cualquier sistema normativo– más tipos de normas que el de las normas regulativas (esto es, las que ordenan, prohíben o permiten), sin dar cuenta de la presencia en los sistemas normativos de otro tipo de normas –las normas constitutivas y, más específicamente, las normas que confieren poderes– que establecen las condiciones de la producción de resultados institucionales o cambios normativos. En el caso de Raz –que sí integra en su teoría las normas que confieren poderes como un tipo de normas distinto del de las normas regulativas– el origen de sus dificultades para que su teoría se adecue a la realidad de los sistemas jurídicos desarrollados se halla en el empobrecimiento del universo de las normas regulativas. De acuerdo con su concepción, las normas jurídicas regulativas habrían de constituir, todas ellas, razones *ejecutivas* o *perentorias*, esto es, susceptibles de ser aplicadas sin necesidad de deliberación por parte de sus destinatarios, obviando la presencia de normas que, como los principios en sentido estricto y las directrices, sí exigen tal deliberación. Finalmente, el caso de Ferrajoli se halla, en cierto modo, próximo al de Raz: también en él, los déficits de su reconstrucción tienen su origen en una presentación del universo de las normas regulativas pertinentes para la validez de otras normas que lo reduce a aquellas que presentan la forma de reglas, esto es, que estipulan qué consecuencias (en términos de obligaciones, prohibiciones o permisiones) se siguen *concluyentemente* dadas determinadas condiciones de aplicación. La falta de atención a otras formas de normas regulativas (como los principios y las directrices) se halla asimismo en la raíz de los aspectos más extraños de su teoría de la validez. Veamos todo ello con algún detenimiento. Vaya por delante que, en todo caso, la suma de lo que hemos llamado «el problema de Kelsen», «el problema de Raz» y «el problema de Ferrajoli» no proporciona, desde luego, un elenco completo de los problemas que debe tratar de resolver una teoría de la validez en el Derecho. Pero nos parece que son tres problemas centrales, y que su análisis abre el camino para la construcción de una teoría general de la validez jurídica.

2.2. Indagando en la raíz de los problemas

Los problemas que suscita la teoría de la validez de Kelsen no se reducen, por cierto, al antes señalado, pero la solución del mismo, esto es, mostrar de qué manera el Derecho es capaz de *regular* –y no sólo de llevar a cabo– su propia reproducción (si se quiere, mostrar de qué manera y en qué sentido es un sistema autopoiético) requiere abandonar la uniforme visión kelseniana del universo jurídico. Esta visión debe quedar reemplazada por otra que considere que, visto como conjunto de normas, el Derecho no consiste únicamente en normas regulativas (reglas, principios en sentido estricto y directrices), sino también en normas constitutivas y, particularmente, en normas que confieren poder. Las dificultades de la teoría de la validez de Kelsen tienen centralmente (pero no exclusivamente) que ver con la carencia, dentro de su teoría, del concepto de norma constitutiva, esto es, aquellas normas que no establecen que si se dan determinadas condiciones de aplicación, entonces alguien debe, puede o tiene prohibido realizar tal acción o procurar tal estado de cosas (normas regulativas), sino normas que señalan que, si se dan determinadas condiciones, entonces se produce un determinado resultado institucional o cambio normativo como, por ejemplo, que se ha constituido un matrimonio, un acto administrativo, una ley, etcétera. Kelsen no puede dar cuenta del fenómeno de las normas irregulares, entre otras cosas, porque en su teoría no existen categorías para explicar que pueda *existir* en el Derecho una norma (existir *institucionalmente*, en virtud de una norma jurídica constitutiva) que sin embargo es *irregular* (porque contradice alguna norma regulativa). Dado que Kelsen sólo considera la existencia de normas regulativas, se ve abocado a explicar el fenómeno apelando a la famosa «cláusula alternativa tácita», esto es, a una norma regulativa que faculta al legislador (y, en general, a las autoridades normativas) a producir normas jurídicas por procedimientos y con contenidos distintos a los establecidos en la Constitución (o, en general, en las normas de grado superior). Cabría decir que la alternativa a la cláusula alternativa pasa por el concepto de norma constitutiva y por dar cuenta de la imbricación entre normas constitutivas y normas regulativas en la determinación por el Derecho de la producción de normas jurídicas.

Por lo que hace a Raz, lo que falla en su planteamiento es, básicamente, una cuestión de acento y de enfoque.

En primer lugar, Raz tiene, en nuestra opinión, razón al poner el énfasis en el elemento de autoridad del Derecho. La tiene, por ejemplo, en relación con una concepción como la de Dworkin (por lo menos, en alguna de sus posibles interpretaciones) y con lo que al menos en alguna ocasión parece haber sostenido Summers, según las cuales, una norma puede ser una norma jurídica simplemente por razón de su contenido: porque coincide con una norma o con un principio moral. Y, en términos más concretos, parece también obvio que en su ejemplo hay un punto de razón: el establecimiento por una autoridad de N_2 hace que las cosas cambien, en relación con una situación en la que existía N_1 y no N_2: de alguna forma, el Derecho ha cambiado. ¿De qué forma ha cambiado? A nuestro modo de ver, N_2 viene exigida por N_1 por razones de coherencia: no sólo porque N_2 es coherente con N_1 sino también –y sobre todo– porque la negación de N_2 sería incoherente con N_1. Pero esto –que N_2 viene exigida por N_1 por razones de coherencia– es algo que ha de ser argumentativamente justificado por el tribunal que adopta la decisión D basándose en N_2 como *ratio decidendi*. Una vez que N_2 ha sido dictada por una autoridad –ha pasado a ser, por ejemplo, un precedente vinculante–, esta necesidad de justificación argumentativa de su uso como *ratio decidendi* desaparece (pues basta con apelar al hecho del dictado autoritativo de N_2). De otro lado, si bien a partir de N_1 sólo sería posible (sólo estaría justificado) tomar la decisión D, eso no quiere decir –para seguir con el ejemplo– que el tribunal tuviera que basarse en N_2. Podría también basarse, pongamos por caso, en N_3, esto es, una norma que fijara propiedades más abstractas (o más concretas) que las de N_2, pero que igualmente determinaría la decisión D; por ejemplo, N_3: «se consideran ilegales aquellos contratos en los que un candidato recibe fondos a cambio de comprometerse a apoyar cierta medida en materia urbanística».

Las cosas son distintas en relación con dos normas como la propia N_1: «un contrato que propicia la corrupción en la vida pública es ilícito» y N_1': «un contrato que propicia la corrupción en la vida pública municipal es ilícito». N_1' es simplemente una consecuencia lógica de N_1; para que N_1' sea válido no es necesario ningún pronunciamiento de la autoridad; basta con la existencia (validez) de N_1.

En resumen, Raz tiene razón, nos parece, al pensar que las normas tienen, para ser válidas, que tener algún anclaje en la autoridad; digamos (usando la terminología de Summers) que las razones simplemente substantivas (sin ningún elemento autoritativo) no son razones que puedan ser usadas para justificar jurídicamente una decisión. Pero no la tiene al pensar que todas han de tener una conexión, por así decir, inmediata con la autoridad: las normas que se deducen lógicamente de normas establecidas por la autoridad también son normas válidas, así como las normas que puedan derivarse, mediante conexiones de coherencia, de normas establecidas por la autoridad.

En segundo lugar, la imagen que Raz parece tener aquí del Derecho no es la de una práctica social, una actividad, una empresa orientada a resolver de cierta forma problemas prácticos, sino de un objeto dado a priori, una realidad fija y preexistente a la labor del juez o del abogado. Queremos decir que los problemas de validez que se plantean en el Derecho (que se le plantean también al juez del ejemplo) pueden verse desde la perspectiva del Derecho considerado como producto –que es la perspectiva asumida por Raz– o como proceso. Desde esta segunda perspectiva, la pregunta a hacerse no es tanto la de si forma parte del Derecho o desde cuando forma parte del Derecho N_2, sino si N_2 es un material con el que hay que contar (obviamente, junto con N_1) a la hora de justificar la decisión de un caso y qué fuerza se ha de atribuir al mismo. Respecto al ejemplo de Raz, nuestra respuesta sería que si N_2 había sido establecida por alguna autoridad (era un precedente) entonces ese sería el material a usar directamente para apoyar la decisión. Mientras que si no existiera N_2 como precedente, el juez podría utilizar como *ratio decidendi* de su decisión bien N_2 o bien N_3 o alguna otra que sirviera de justificación a D y que pudiera derivarse de N_1 mediante conexiones de coherencia.

Antes de entrar a considerar lo que hemos llamado el problema de Ferrajoli, es preciso formular algunas acotaciones sobre su teoría de la validez. El planteamiento de Ferrajoli, con el que trata de apartarse de lo que llama «concepción paleopositivista» de la validez, se traza a partir de una distinción que, nos parece, no es plenamente satisfactoria. Ferrajoli distingue entre validez en el sentido de vigor o existencia y que se refiere a la forma de los actos normativos y que depende de «*normas formales* sobre su formación»,[21] y validez propiamente dicha (de las leyes o no; si es de las leyes, validez constitucional) que se refiere al significado o contenido y que depende de su coherencia (en el sentido de consistencia o coherencia lógica) con «las *normas substanciales* sobre su producción».[22] La vigencia o existencia sería una cuestión de correspondencia o subsunción; la validez es una cuestión de coherencia (de consistencia); la relación entre las normas producidas y las normas sobre la producción sería en el primer caso (usando la terminología kelseniana) de tipo nomodinámico, y, en el segundo caso, de tipo nomoestático; la observancia (o inobservancia) de las normas sobre la producción se configura en el primer caso como aplicación (o desaplicación), en el segundo, como coherencia (o contradicción).

Pues bien, nosotros creemos que esa distinción entre normas formales y substanciales respecto a la producción de normas (tal y como la traza

Ferrajoli), aunque apunte, en lo esencial, correctamente, no es, sin embargo, completamente satisfactoria. Es cierto que una característica central del Estado constitucional es la importancia de los criterios materiales o substanciales (por cierto, en relación con la validez de las leyes, no de las otras normas o de los actos normativos: la validez de una sentencia depende y ha dependido siempre, de manera muy central, de cuestiones substantivas, de si la decisión se apartó o no de normas substantivas). Pero, a nuestro modo de ver, «normas formales» y «normas substanciales» no pueden conectarse de la forma estricta que lo hace Ferrajoli con las dos nociones o sentidos de validez que él distingue: la existencia –la vigencia– de una norma o de un acto puede depender de cuestiones substantivas, si entendemos, como parece razonable, que la materia sobre la que versa la norma es una cuestión sustantiva, y no formal: una norma que rebasara manifiestamente el ámbito de competencia material de la autoridad que la dicta (pongamos por caso, una Ley de una Comunidad Autónoma que pretendiera regular los términos municipales de otra Comunidad Autónoma) parece que carecería *ab initio* de toda existencia en el sentido de vigencia y si lo rebasara menos manifiestamente lo que sería discutible (y eventualmente impugnable ante el órgano de control correspondiente) no sería ya la *validez sustancial* o regularidad de la norma, sino su mero vigor o existencia.

Entrando ya en el «problema de Ferrajoli», nos parece encontrar en su planteamiento una contradicción de fondo: no creemos que sea posible defender una concepción como la suya acerca de las exigencias del Derecho permaneciendo en el marco teórico del positivismo jurídico: separación estricta entre el Derecho y la moral y (en el caso de Ferrajoli) relativismo en materia axiológica. Este punto no podemos desarrollarlo aquí y habrá de esperar a la argumentación que desarrollaremos al respecto más adelante. Lo que sí podemos anticipar aquí es que la tesis de Ferrajoli respecto de las exigencias que se derivan de la proclamación constitucional de derechos depende de una concepción que nos parece inadecuada de las normas que llevan a cabo esta proclamación. Ferrajoli parece pensar que todas estas normas tienen la forma de *reglas*, de tal forma que cualquier norma que aparezca en conflicto con ellas originaría una antinomia en el sistema. Así, por ejemplo, señala repetidas veces que la existencia del delito de desacato en la legislación italiana es antinómica con la proclamación constitucional de la libertad de expresión.[23] Pero las cosas son así, exclusivamente si pensamos que la disposición constitucional sobre la libertad de expresión constituye una *regla*; si pensamos, por el contrario, que tal disposición constituye un *principio en sentido estricto*, entonces la tipificación del desacato como delito nos puede parecer no necesariamente constitutiva de una antinomia sino más bien indicativa de la presencia en el sistema de algún otro principio que, en relación con ciertos casos, desplaza a la libertad de expresión, sin prejuzgar que el legislador haya efectuado o no la ponderación correcta entre ambos. Y si las normas constitucionales que proclaman determinados derechos sociales como el derecho al trabajo las vemos como expresivas de otras tantas *directrices o normas programáticas*, entonces el deber que se deriva de ellas para el legislador no es, como piensa Ferrajoli, el de instituir sus garantías primarias y secundarias, como sería el caso de un derecho proclamado por una regla constitucional, sino el de trazar políticas (también políticas legislativas) que aseguren la consecución de ese objetivo (el pleno empleo, el trabajo para todos) en el mayor grado posible, en conexión con otros objetivos asimismo constitucionalmente ordenados.

De forma que, de manera semejante al caso de Raz, lo que falta en Ferrajoli es una consciencia de los diferentes tipos de normas regulativas que inciden sobre la validez (en sentido pleno) de la producción normativa inferior: reglas, principios en sentido estricto y directrices operan, en cuanto parámetros de validez, de maneras distintas y no asimilables a un modelo unitario. Por lo demás, y aunque Ferrajoli tuviera razón en su planteamiento de fondo, hay que decir que las lagunas de las que él habla no constituyen en realidad un problema de validez (ni de invalidez). Los juicios de validez son juicios en relación a si un determinado resultado (una norma, un acto, etcétera) se ha producido o se ha producido regularmente, de manera que ese resultado se confronta con los requisitos (de existencia o de regularidad) establecidos por las normas aplicables a la producción de ese resultado.

Notas

1. Cfr. Hans Kelsen, *Teoría pura del derecho*. Versión castellana: R. Vernengo, México: UNAM, 1986, pág. 245.
2. Ibíd., págs. 273-274.
3. Ibíd., pág. 275.
4. Ibíd., pág. 279.
5. Cfr. Joseph Raz, «Autoridad, derecho y moral» en J. Raz, *La ética en el ámbito público*. Versión castellana: María Luz Melón, Barcelona: Gedisa, 2001, pág. 250.
6. Ibíd., pág. 266.
7. Raz, en rigor, no habla, en el ejemplo, de «norma», sino de «doctrina jurídica». Pero una «doctrina jurídica», en la terminología del *common law*, no pertenece al lenguaje *acerca del* Derecho, sino al lenguaje mismo del Derecho. Hemos sustituido, pues, en la exposición del ejemplo, la expresión «doctrina jurídica» por la expresión «norma», para facilitar la comprensión de un lector de formación continental.

8. Ibíd., pág. 266.

9. Ibíd., pág. 270.

10. Cfr. Luigi Ferrajoli, «Derechos fundamentales» en *Los fundamentos de los derechos fundamentales*, Madrid: Trotta, 2001, pág. 19.

11. Ibíd., pág. 19.

12. Ibíd., pág. 35.

13. Ibíd., pág. 26.

14. Ibíd., pág. 26.

15. Cfr. Riccardo Guastini, «Tres problemas para Luigi Ferrajoli» en Luigi Ferrajoli, *Los fundamentos de los derechos fundamentales*, ob. cit.

16. Cfr. Luigi Ferrajoli, «Derechos fundamentales», ob. cit., pág. 46.

17. Cfr. Luigi Ferrajoli, «Los derechos fundamentales en la teoría del derecho», en Luigi Ferrajoli, *Los fundamentos de los derechos fundamentales*, ob. cit., pág. 189.

18. Ibíd.

19. Cfr. «Los derechos fundamentales en la teoría del derecho», ob. cit., pág. 183.

20. Ibíd., pág. 194.

21. Cfr. Luigi Ferrajoli, «Il dritto come sistema di garanzie», en *Ragion Practica* n. 1, 1993, pág. 149.

22. Ibíd.

23. Cfr. Luigi Ferrajoli, «Los fundamentos de los derechos fundamentales», ob. cit., pág. 328.

5

La administración de justicia constitucional

Agustín Pérez Carrillo*

1. Objetivo general

En este trabajo intento definir el significado y el alcance del derecho de los particulares a la administración de justicia constitucional previsto en la Constitución Política de los Estados Unidos Mexicanos (Constitución) y la concepción respecto del mismo derecho sustentada por la Suprema Corte de Justicia de la Nación (SCJN). Ese derecho, estimo, se enmarca en una teoría de la justicia constitucional, razón por la cual es necesario tener un concepto de ella. Quizá sea preciso investigar también sobre la concepción de justicia en general, pero de esta actividad por ahora no me voy a ocupar.[1]

2. Esquemas sobre la justicia en Kelsen

Un acercamiento a una teoría de la justicia constitucional lo presentaré a través del pensamiento de Hans Kelsen que estima imposible responder racionalmente a la pregunta ¿qué es la justicia? Esta posición epistémica es justificada por el autor con base en los resultados que obtuvo después de revisar, de acuerdo con los principios de la pureza metódica, diversas teo-

* Universidad Autónoma Metropolitana.

rías en la historia del pensamiento filosófico-jurídico que han ofrecido respuestas a la citada y permanente pregunta.[2]

En la obra de este pensador se descubren tres enfoques sobre la justicia. El primero de ellos es el derivado de teorías de derecho natural cuyo común denominador es la validez absoluta asignada a los criterios y principios de la justicia; el segundo es la justicia como validez de las normas o la legalidad de las acciones jurídicas y el tercero el relativista que él asume como persona, pero no como una concepción racional: es la justicia de la libertad, la tolerancia, la democracia, del florecimiento de la ciencia.

Kelsen sostiene estas afirmaciones debido a la demarcación epistemológica en la que se desempeña; las derivaciones constituyen una obvia infradeterminación. En la demarcación aludida asume la distinción entre naturaleza y normatividad, en virtud de las categorias de la causalidad y de la imputación, por una parte y, por la otra, en función de la pureza metódica que determina la exigencia de sólo analizar y describir los contenidos de las normas jurídicas y excluir de este análisis cualquier evaluación de aspectos morales, sociales, religiosos, psicológicos, políticos, etcétera.

La parte crítica de las tesis kelsenianas a las teorías de la justicia de carácter absolutista son demoledoras; esa parte alerta sobre las formas de investigación que no serían válidas en el estudio del derecho, de la filosofía o de la teoría del derecho. Uno de los méritos en la historia de la filosofía del derecho es que señala los obstáculos a superar y propone algunas vías por las cuales es posible avanzar en la solución de los problemas surgidos en el mencionado ámbito. Así, se respeta el esfuerzo de la pureza metódica y se reconoce el papel que ha desempeñado en la historia del pensamiento jurídico.

En la teoría pura del derecho, deriva Kelsen, no hay lugar para una teoría de la justicia; es decir, en su teoría no existe una concepción de la justicia que oriente los procesos de elaboración de leyes o de sentencias. El contenido de las leyes y de las sentencias está determinado por las normas de grado superior. Esta afirmación tiene consecuencias al interior de la teoría pura del derecho: la justicia, en todo caso, es la validez de las normas o, en otros términos, la justicia es la legalidad, y existe la presunción de que son válidas las normas creadas por los órganos estatales competentes. La suposición da por satisfechas las tres condiciones de validez: competencia del órgano, observancia del procedimiento para crearlas y respeto del contenido de normas de grado superior.

El jurista kelseniano está limitado a describir las normas creadas en el orden jurídico de que se trate so pena de dejar de ser científico del derecho y convertirse en político en tanto pretende modificar el mundo social. Esta amenaza se lanza desde los principios epistémicos de demarcación previamente indicados. En consecuencia, cuando el jurista no kelseniano formula juicios de valor sólo manifiesta sus emociones –deseos o temores– o alguna posición de derecho natural.

En sus enfoques sobre la justicia hay otros indicios de posibles avances en relación con la democracia, la política legislativa y la interpretación jurídica.[3] De acuerdo con este antecedente su comprensión de la justicia se extiende, además, de acuerdo con alguna de esas posibilidades.

3. Justicia constitucional en Kelsen

El autor de la *Teoría pura del derecho* ha manifestado un interés sobresaliente en relación con la justicia constitucional. Ha desarrollado sus ideas con una metodología ya de derecho comparado o de política legislativa, como una parte de la sociología jurídica, distinta a la de la pureza metódica. El objetivo principal que se plantea en estas actividades es caracterizar las instituciones o normas más adecuadas para ejercer el control constitucional de las leyes a fin de sustentar la supremacía de la Constitución.

Kelsen expone sus pensamientos centrales sobre esta temática en el artículo «La garantía jurisdiccional de la Constitución», uno de cuyos objetivos es buscar los mejores medios para lograr la justicia constitucional.[4] La plataforma para este objetivo es la estructura jerárquica del orden jurídico y el principio de validez, pues asume que los procesos de creación de las normas jurídicas en cualquier etapa de la estructura legal deben ser creadas por el órgano competente, observando el procedimiento prescrito para ese propósito y de acuerdo con los contenidos de las normas superiores, como se mencionó con anterioridad.

En el desarrollo de sus ideas se refiere a una serie de principios y criterios que sustentan las medidas apropiadas para el control constitucional de las leyes. Destaca los principios de la democracia y del federalismo como apropiados para la estabilidad de la organización estatal. La democracia se manifiesta en la participación de quienes estarán sujetos a las normas jurídicas. Una ley proveniente del legislador no debe ser la decisión definitiva e irrevocable que obligue a la población de un Estado. La democracia tiene como una de sus manifestaciones más significativas el libre juego de argumentos y objeciones; así, si alguien, particular o autoridad, no está de acuerdo con la ley emitida tiene el derecho de exponer, a través de un procedimiento, las razones de su desacuerdo. Esta actitud se opone a la autocracia, régimen en el cual la voluntad de los obligados no es relevante para la emisión de la ley y su posterior acatamiento.

El federalismo implica la distribución constitucional de competencias entre autoridades federales y autoridades locales. En ausencia de garantías del control constitucional de las leyes, la invasión de esferas entre las mencionadas autoridades estaría prácticamente permitida.

Señalo a continuación las propuestas centrales de Kelsen para garantizar la justicia constitucional:

i. Establecer instituciones para asegurar la eficacia y validez de la Constitución.
ii. Lograr la seguridad de que se cumplirán las disposiciones constitucionales.
iii. Evitar incoherencias en las decisiones que se emiten para garantizar el control constitucional.
iv. Evitar las injerencias de tipo político en el control constitucional de las leyes.
v. Procurar la integración de un tribunal especial con la competencia exclusiva de garantizar el control constitucional. Al respecto es importante considerar que el tribunal constitucional no es de la Federación ni de las entidades federativas correspondientes, sino del Estado. De esta manera se busca la imparcialidad en sus decisiones y se procura el establecimiento de modalidades para la designación de los integrantes de ese tribunal.

En uno de los puntos finales del artículo en estudio se refiere a la significación política de la garantía jurisdiccional de la Constitución. Al respecto sostiene que si una Constitución carece de la garantía de la anulabilidad de leyes inconstitucionales no es propiamente obligatoria. Si la Constitución determina la forma y contenido de las leyes futuras, estas han de respetar las disposiciones correspondientes. Al no existir un procedimiento de anulación de las leyes inconstitucionales, se asume que todas ellas son válidas y que la Constitución –advierte la paradoja– orienta a que se elaboren leyes con un determinado contenido o con uno contrario. En este último caso con contenidos alternativos que no corresponden a los intereses políticos expresados en la Constitución. La significación política la refiere a las repúblicas democráticas y federales, orientadas a obtener la paz pública en los Estados.[5]

Kelsen distingue en «La garantía jurisdiccional de la Constitución» una concepción de la justicia constitucional diferente a la concepción de justicia como validez normativa. La pregunta que debe ser contestada al respecto es la siguiente: ¿Qué concepción de la justicia sostiene Kelsen en el artículo en estudio? Una respuesta posible sería la siguiente: no la justicia subjetiva y relativa que personalmente sostiene, pues con ella difícilmente se podría debatir y tampoco una concepción de justicia de corte jusnaturalista que tan poderosamente ha criticado. Entonces, ¿será otra concepción de justicia? Lo cierto es que Kelsen afirma: así debería ser la garantía jurisdiccional de la Constitución. Estos enunciados constituyen juicios objetivos relacionados con la administración de justicia en el enfoque de política legislativa. Si se quiere un fin, es racional poner los medios más adecuados para lograrlo.

Me parece obvio que Kelsen podría criticar objetivamente, con apoyo en lo expuesto en su aportación, los órdenes jurídicos que no establecen la garantía jurisdiccional de la Constitución que él considera como la mejor para mantener la eficacia y la validez de la Constitución. Este fue un debate que sostuvo, por ejemplo, con Carl Schmitt, quien pretendía que el control constitucional estuviera a cargo del poder ejecutivo.[6]

De su posición de política legislativa se deriva un modelo de justicia constitucional que tiene como núcleo las siguientes características:

a) El órgano competente para resolver los conflictos en los cuales se estime violada alguna garantía individual es diferente a los órganos pertenecientes al poder judicial; una de las consecuencias de esta modalidad es que la Suprema Corte de Justicia se dedicaría a resolver en última instancia cuestiones de legalidad y no de constitucionalidad.
b) La designación de sus titulares se practica de la forma más democrática posible.
c) La decisión de que una ley inconstitucional es válida para todas las personas y para todos los casos; como consecuencia la ley es derogada, de acuerdo con las modalidades pertinentes.
d) Cualquier órgano estatal puede solicitar la revisión de una ley que estime inconstitucional; incluso, el órgano competente para resolver sobre la constitucionalidad de las leyes puede analizar de oficio las leyes. También tendrían derecho de acción quienes se consideraran lesionados en sus garantías individuales.
e) La revisión constitucional de las leyes se practica en cualquier momento en virtud de que no se estatuye la prescripción para el cumplimiento de dicha actividad; en consecuencia, el transcurso del tiempo no convalida la inconstitucionalidad de la ley.
f) El establecimiento de causales de improcedencia es incompatible con el propósito de garantizar la eficacia constitucional; así, no se incorporan la falta de interés jurídico, la caducidad de la instancia, el cambio de situación jurídica, el consentimiento de la ley por quien resulta perjudicado, etcétera, como causales de sobreseimiento de los juicios.
g) La revisión constitucional, sin lugar a dudas, procedería por violaciones a cualquier precepto constitucional y no exclusivamente por transgresión a las garantías individuales.

Una vez expuesta a grandes rasgos la concepción de justicia constitucional en el pensamiento de Hans Kelsen describiré sintéticamente la correspondiente en la Constitución Política de los Estados Unidos Mexicanos, a fin de iniciar una comparación entre ambas.

4. Concepción de justicia en la Constitución de 1917

Como un antecedente necesario para abordar el significado y alcance del derecho de los particulares a la administración de justicia constitucional en la Constitución Política de los Estados Unidos Mexicanos, es pertinente conocer la concepción de justicia constitucional plasmada en dicho documento normativo e interpretado de manera principal por la Suprema Corte de Justicia de la Nación. En esta tarea me limitaré a los problemas de inconstitucionalidad de leyes y no aludiré a las controversias constitucionales, ni a la acción de inconstitucionalidad, ni a otros casos en los cuales está en duda el respeto a los preceptos constitucionales. Mi análisis podrá servir, en su caso, para evaluar esos y otros medios de defensa de la Constitución, como por ejemplo el otorgado ante la Comisión Nacional de Derechos Humanos.

En los artículos 103 y 107 constitucionales se establece el juicio de amparo como medio de defensa para remediar o impedir las violaciones a las garantías individuales y se determinan los principios que rigen dicho procedimiento. Entre los principios fundamentales en la concepción de justicia constitucional se encuentran los siguientes: la Suprema Corte de Justicia de la Nación, perteneciente al Poder Judicial de la Federación, tiene la competencia de emitir la decisión definitiva; el juicio procede sólo a petición de un particular agraviado, la sentencia tiene efectos exclusivamente respecto de quien haya solicitado la protección de la justicia federal y se establece el sobreseimiento o la caducidad de la instancia en los términos que establezcan las leyes.

El propósito de la revisión constitucional de las leyes está expresamente indicado en los preceptos constitucionales: es la protección de las garantías individuales. Por esta razón se encuentra aceptada la prioridad, *prima facie*, de dichas garantías si entran en conflicto con otros derechos o intereses colectivos.

Esta concepción de justicia constitucional, sin embargo, tiene algunas limitaciones en la misma Constitución. La primera de ellas se advierte porque diversas disposiciones se alejan del objetivo de proteger las garantías individuales: el amparo sólo procede a petición de parte agraviada, la existencia del sobreseimiento o la caducidad de la instancia y la protección sólo a quien solicita el amparo, aun cuando se haya resuelto en casos idénticos la inconstitucionalidad de la ley impugnada. Estas acotaciones impiden el disfrute de las garantías individuales a todas aquellas personas cuya situación coincida con los supuestos de las leyes declaradas inconstitucionales o impiden que se analice si una ley impugnada adolece de algún vicio de inconstitucionalidad. La segunda limitación se encuentra en los textos constitucionales que restringen las garantías individuales y, como una consecuencia, propician su cancelación.

Cuando no hay límites constitucionales el texto permite determinar, con mayor facilidad, la discrepancia entre una ley secundaria y la ley superior, y por ello decidir que la primera es inconstitucional. La situación es diferente si en el texto legal aparecen limites; estos pueden definirse en la misma Constitución o en las leyes secundarias en virtud de la autorización otorgada constitucionalmente. La cantidad y el alcance de las limitaciones establecidas a las garantías individuales configuran otro aspecto de la concepción de justicia constitucional sustentada por el poder constituyente.

Señalaré, para propósitos de claridad de esta comunicación, algunos ejemplos a fin de destacar la utilidad de la clasificación de garantías individuales antes propuesta. En el artículo 6°, parte final, se establece que el derecho a la información será garantizado por el Estado y en el artículo 17 se prescribe que nadie puede ser aprisionado por deudas de carácter civil. Los dos preceptos contienen garantías individuales sin ninguna clase de limitación; en consecuencia, si una ley secundaria estatuye restricciones a esos derechos se tienen buenas razones para calificarla de inconstitucional.

En el artículo 7° se prescribe la libertad de imprenta, que sólo tiene como límites el respeto a la vida privada, a la moral y a la paz pública; en el artículo 8° se exige respecto del derecho de petición se formule por escrito, pacífica y respetuosamente, y en el 9° se determina el derecho a protestar ante las autoridades siempre y cuando no se les injurie ni se haga uso de violencia o amenazas para intimidarlas u obligarlas a resolver en determinado sentido. En estas disposiciones se limitan las garantías individuales en el mismo texto constitucional y el alcance de las restricciones se determinará a través de la interpretación judicial.

En el artículo 5° constitucional se establece la libertad de trabajo siempre y cuando sea lícito; en el 9° se prescribe la libertad de asociación y de reunión si se realiza con con cualquier objeto lícito y en el 17 se estatuye el derecho a la administración de justicia en los plazos y términos que fijen las leyes. Estos son ejemplos de garantías individuales que pueden ser limitadas por el legislador ordinario en las leyes secundarias.

De acuerdo con las explicaciones anteriores se advierte que la concepción de justicia constitucional del poder constituyente está plagada de limitaciones a los derechos que otorga. Esta actitud se confirma claramente en la reforma constitucional a propósito de las comunidades indígenas; la remisión a la ley secundaria se presenta en varias de las disposiciones. Esta situación constituye una invitación al Poder Judicial Federal para determinar, usando la salida por la puerta falsa, que una ley secundaria impugnada es constitucional.[7]

La conclusión obtenida en virtud de las acotaciones formuladas es la siguiente: la caracterización de la justicia constitucional estatuida y derivada de la misma Carta Magna propicia que los jueces se alejen del quehacer responsable de proteger las garantías individuales.

5. Derecho a la administración de justicia constitucional

El derecho de los particulares a la administración de justicia está enmarcado en la concepción de justicia constitucional previsto en la Constitución e interpretado de manera principal por la Suprema Corte de Justicia de la Nación. La justicia constitucional aparecerá tan desarrollada o restringida como limitados o no se encuentren los derechos en la Constitución y la actitud progresista o conservadora de los jueces.

La justicia constitucional del Poder Judicial, es necesario precisar, se construye con base en los textos que establecen las garantías individuales y en los principios básicos de organización política como son el federalismo, la división de poderes y la autonomía municipal, relacionados con las garantías individuales. Los artículos 49, 115 y 124 constitucionales establecen esos principios; en términos generales prescriben, respectivamente, que no se podrán reunir dos o más de los tres poderes –legislativo, ejecutivo y judicial– en una sola persona o corporación; que no habrá autoridades intermedias entre los municipios y las autoridades de las entidades federativas y que las facultades no reservadas a los funcionarios federales se entienden otorgadas a los estados de la Federación.

Los problemas que considero para determinar el significado y alcance del derecho a la administración de justicia son, como se indicó antes, los relativos a la inconstitucionalidad de leyes. El derecho a la administración de justicia se encuentra previsto en el artículo 17 constitucional en los siguientes términos: «Toda persona tiene derecho a que se le administre justicia por tribunales que estarán expeditos para impartirla en los plazos y términos que fijen las leyes, emitiendo sus resoluciones de manera pronta, completa e imparcial».

El alcance del derecho de los particulares a la administración de justicia constitucional se determinará en función del sistema de derechos establecidos con las limitaciones previstas, así como por la actitud de la Suprema Corte de Justicia de la Nación para interpretar los textos constitucionales. La expectativa de la protección es escasa cuando se advierten limitaciones y no tan escasa en ausencia de las mismas.

A continuación voy a aludir brevemente a algunas resoluciones de las cuales se derivan la actitud y la tendencia de la Suprema Corte de Justicia de la Nación en relación con la justicia constitucional, también señalaré algunas consecuencias teóricas de su actuación.

Una de las resoluciones atañe precisamente al derecho a la administración de justicia previsto en el artículo 17 constitucional. En principio, de acuerdo con el texto constitucional, el derecho a la administración de justicia se encuentra limitado formalmente por remisión a las leyes secundarias y no aparecen restricciones de contenido en la propia Constitución.

En la tarea de definir el alcance del derecho a la administración de justicia constitucional surge un problema crucial cuando un particular impugna una ley secundaria que lesiona el principio de administración de justicia. Es el caso, por ejemplo, de la caducidad de la instancia cuando se deja de promover durante un determinado tiempo, entre otros supuestos, para el único propósito de que el juez dicte sentencia.

Ahora bien, la Suprema Corte de Justicia de la Nación ha sostenido la constitucionalidad de la ley impugnada aduciendo que la justicia se administra en los términos y plazos que fijen las leyes y que la caducidad de la instancia prevista en la ley sujeta a revisión es uno de esos plazos o términos. Ha sostenido que «la administración de justicia es un derecho del gobernado de que se le imparta ésta en los términos y plazos que fijen las leyes, sin embargo, ese derecho es correlativo de una obligación consistente en que él se sujete a los requisitos que exijan las leyes procesales, ya que la actividad jurisdiccional implica no sólo un quehacer del órgano judicial, sino también la obligación de los particulares de manifestar su voluntad de contribuir al procedimiento, y por su falta de interés debe actualizarse la caducidad de la instancia, en virtud de que se crearía un problema para el delicado y costoso mecanismo de administración de justicia, además de que los juicios pendientes por tiempo indefinido producen una afectación del orden social».[8]

La petición de principio en que incurre el más alto tribunal del Estado mexicano es un muestra indudable de cómo entiende el derecho a la administración de justicia. Con esta interpretación el particular que solicita se le administre justicia queda en estado de absoluta indefensión, pues cuando una ley es impugnada, su validez está sujeta a juicio, está *sub judice,* y las disposiciones correspondientes no pueden considerarse válidas para resolver el juicio en el cual se solicita la revisión de esa ley.

La argumentación del tribunal debería referirse a la disposición constitucional que establece el derecho a la administración de justicia que se considera transgredido en la ley impugnada e indicar, como un razonamiento elemental, el significado del derecho a la administración de justicia. En este caso no se procedió de esa manera y sólo se indicó que la justicia se administra en los plazos y términos previstos en las leyes secundarias, aun cuando sea una de estas la ley impugnada.

Con las resoluciones y la actitud de la Suprema Corte de Justicia de la Nación se advierte bastante reducida su concepción de justicia constitucional; en ella, por ejemplo, la ley inferior deroga la ley superior.

Si la práctica judicial es recurrente en la falacia de petición de principio en algunas decisiones en las cuales los gobernados han estimado transgredidos garantías individuales cuyas limitaciones se remiten a las leyes secundarias, se actualiza la vieja y vigente idea de que la Constitución otorga un derecho con una mano y lo quita con la otra.[9]

La vigencia de las limitaciones al derecho a la administración de justicia son tan poderosas que llegan a integrar, lo cual es paradójico, una concepción de justicia constitucional que no protege los derechos humanos o garantías individuales.

6. Administración de legalidad, no administración de justicia

Una evaluación de la actitud de la SCJN en las resoluciones de los amparos en los que se reclaman unas leyes relativas por violación del derecho a la administración de justicia conduce a sostener que carece de una concepción de justicia constitucional. En sus actuaciones más bien se advierte la tendencia de administrar la legalidad; es decir, resolver los juicios de amparo contra leyes de acuerdo con la letra de la ley. Esto es lo que enseña.

La decisión de la SCJN de sostener con cierta obstinación el respeto a la letra de la ley imposibilita el desarrollo de una teoría constitucional más allá de la repetición de los preceptos constitucionales, hace muy cómoda su tarea de tomar decisiones y cancela la función de construir un sistema de justicia constitucional que sirva de orientación fuerte a las demás autoridades y a los particulares.

Algunas ideas sobre el juicio político, como virtud intelectual, sirven para explicar y criticar estas actitudes y tendencias. La distinción entre juicios determinantes y juicios reflexionantes son útiles para el entendimiento de la justicia constitucional. Un juicio es determinante, afirma Beiner de acuerdo con el pensamiento kantiano, donde el universal (la regla, principio o ley) se da de antemano para la subsunción; y es reflexionante donde lo universal falta y de alguna manera hay que sacarlo de lo particular. En el primer caso se demuestra que el particular está bajo el universal y en el segundo tal demostración no se presenta pero existen un conjunto de razones que justifican la decisión. En el juicio reflexionante se juzga a personas y se convierte en juicio humanitario el cual es condición para el juicio político. Se juzgan actitudes, acciones, personas y se toman decisiones. Quien juzga ha de tener sabiduría y saber que está en juego la dignidad de las personas; en consecuencia, ha de ponderar, deliberar sobre las variables que rodean las situaciones correspondientes.[10]

En múltiples ocasiones las decisiones de los tribunales son el producto de juicios determinantes y no de juicios reflexionantes; los juicios de legalidad son determinantes, los de justicia son reflexionantes. El camino que se abre a este respecto es el de la reflexión sobre las diferentes variables que se encuentran presentes en los casos sometidos a la justicia constitucional y no simplemente quedarse en la interpretación literal de los textos legales.

Jacques Derrida en la desconstrucción del derecho sobre la relación posible entre derecho y justicia sostiene algunas ideas que ayudan a una mejor comprensión de la justicia constitucional. En relación con una aporía planteada indica que para ser justo se requiere como condición ser libre. Esta aporía la plantea en relación con las sentencias de los jueces, que si bien –sostiene– parten de las normas del derecho, no pueden quedarse en ellas bajo el riesgo de que su actividad sea calificada sólo de legal. Han de tomar la norma, dice, pero asumirla, reinventarla, restaurarla «por un acto de interpretación reinstaurador, como si la ley no existiera con anterioridad, como si el juez la inventara el mismo en cada caso».[11] Esta «interpretación reinstauradora, re-inventiva y libremente decisoria del juez responsable requiere que su "justicia" no consista solamente en la conformidad, en la actividad conservadora y reproductora de la sentencia».[12]

El reto mayor que señala en esta aporía para la justicia de una decisión es que «sea a la vez regulada y sin regla, conservadora de la ley y lo suficientemente destructiva o suspensiva de la ley como para deber reinventarla, re–justificarla en cada caso, al menos en la confirmación nueva y libre de su principio».[13]

Creo también, por otra parte, que no basta la crítica a la concepción de justicia constitucional vigente ni la confección de un ideal de justicia constitucional si no se propicia simultáneamente un cambio en las mentalidades de quienes administran justicia y de quienes participan en la formación de los profesionales en el campo del derecho como son las universidades públicas principalmente. Destaco la importancia de que los jueces amplíen su capacidad de comprensión de los problemas planteados y de las situaciones vitales en que se crea la ley y en las que se aplica. Un objetivo en esta tarea educativa es que los jueces construyan sus teorías constitucionales más allá del dogmatismo asignado a las normas jurídicas, de la obsesión de sólo decir el derecho o de la obediencia a las consignas expresas o sobreentendidas. Una actitud positiva consiste en interpretar de manera progresista los derechos humanos previstos en las disposiciones constitucionales.

Notas

1. En esta colaboración no analizo el problema relativo a las posibles debilidades teóricas y prácticas del control constitucional mediante la actividad judicial. La historia del derecho y de la ciencia jurídica en la nación mexicana no es propicia para plantear y tratar de resolver esa problemática. Para una aproximación a este tema es recomendable la lectura de «La dificultad de defender el control judicial de las leyes» de Roberto Gargarella publicado en *Interpretación jurídica y decisión judicial*, comp. Rodolfo Vázquez, México, Distribuidora Fontamara, S. A., segunda edición, 2001.

2. Cfr. Hans Kelsen, «What is Justice?» en *What is Justice? Justice, Law, and Politics in the Mirror of Science*, Los Ángeles, Londres, University of California Press, Berkeley, 1971. Existe traducción al español de Albert Calsamiglia en Editorial Ariel, S. A., Barcelona, 1982.

3. Considero que los avances al concepto de democracia los presenta Kelsen en «Los fundamentos de la democracia» al discurrir sobre el concepto moderno de democracia en el cual se incluyen distintas libertades. Ver *El otro Kelsen*, comp. Óscar Correas, Universidad Nacional Autónoma de México, México, 1989. En el tema de la interpretación jurídica una apertura se advierte en *La teoría general de las normas*, en cuanto aparece un giro cuando considera la problemática relacionada con el concepto de «seguir la regla» que es una referencia obvia a la tradición hermenéutica y un punto central de las *Investigaciones filosóficas*, de Wittgenstein. En el capítulo 10 «Acto coercitivo, orden y obediencia de la orden» de la misma obra ofrece algunos conceptos relativos a la obediencia de las normas y a la distinción entre los comportamientos explicables causalmente y los procesos internos de aquellos a quienes se dirige la norma. Para obedecer una norma, afirma, es necesario comprenderla y el motivo de su comportamiento es la representación de la orden. Estos argumentos sirven para enfrentar la paradoja de que los jueces pueden emitir decisiones al margen de la norma jurídica relativa al caso.

4. Hans Kelsen, «La garantía jurisdiccional de la constitución» en *Anuario Jurídico-I*, tr. Rolando Tamayo y Salmorán, México, Instituto de Investigaciones Jurídicas, Universidad Nacional Autónoma de México, 1974.

5. Hans Kelsen, «La garantía jurisdiccional de la constitución», ob. cit., págs. 510-513.

6. Cfr. Hans Kelsen, *¿Quién debe ser el defensor de la Constitución?*, tr. Roberto J. Brie, Madrid, Tecnos, 1995.

7. Así, autoriza en el renglón de la autonomía de los pueblos indígenas, por ejemplo, la aplicación de sus sistemas normativos y la limita cuando se determina que la ley establecerá los casos y procedimientos de validación por los jueces o

tribunales correspondientes; sucede algo similar en relación con el acceso al uso y disfrute preferente de los recursos naturales, pues dicho acceso será de acuerdo con formas y modalidades establecidas en las leyes de la materia; en el tema de la elección de representantes ante los ayuntamientos, en los municipios con población indígena, se presenta una limitación igual, porque se elegirá de acuerdo con las Constituciones y leyes de las entidades federativas; en la operación y administración de medios de comunicación se hará también en los términos que establezcan las leyes de la materia.

8. Cfr. Tesis jurisprudencial P. XLI/98 publicada en el Informe rendido a la Suprema Corte de Justicia de la Nación por su Presidente al terminar el año de 1998, Primera Parte, Pleno, págs. 101. En la misma sesión la Suprema Corte de Justicia aprobó la tesis jurisprudencial en el sentido de que cuando únicamente falta dictar sentencia en un juicio no procede la caducidad de la instancia, porque el particular ya no puede tener intervención procesal alguna; en consecuencia, la ley que la establece viola el artículo 17 constitucional. P.XLIII/98 tesis jurisprudencial en el mismo Informe págs. 102-103. Sin embargo, no se pronuncia por una concepción de la justicia que sustente la tesis emitida.

Otro precedente se encuentra en el amparo en revisión 2620/71, resuelto el 15 de enero de 1974. Informe rendido a la Suprema Corte de Justicia de la Nación por su Presidente al terminar el año de 1974. Primera Parte, Pleno, págs. 276-278.

El Pleno de la Suprema Corte de Justicia de la Nación decretó centenas de sobreseimientos por caducidad de la instancia en el año de 1975 cuando sólo estaba pendiente dictar sentencia. En los amparos en revisión se impugnaban leyes por considerarse inconstitucionales. En el Informe del Presidente de la Suprema Corte de Justicia correspondiente a ese año se lee: «El Secretario General de Acuerdos agradece a los Secretarios de Estudio y Cuenta adscritos al Pleno su amplia colaboración en el despacho de los asuntos del propio Tribunal Pleno, especialmente por lo que ve a los asuntos fallados por caducidad de la instancia...» pág. 452.

9. Hans Kelsen, *Teoría general del derecho y del estado*, tr. Eduardo García Máynez, México, Universidad Nacional Autónoma de México, 1969, págs. 314-315.

10. Ronald Beiner, *El juicio político*, tr. Juan José Utrilla, México, Fondo de Cultura Económica, 1987, págs. 217 y ss.

11. Jacques Derrida, «Del derecho a la justicia» en *Fuerza de ley. El fundamento místico de la autoridad,* tr. Adolfo Barberá y Patricio Peñalver Gómez, Madrid, Tecnos, 1997, pág. 52.

12. Jacques Derrida, «Del derecho a la justicia», ob. cit., pág. 53.

13. Ibíd.

6

El indebido monopolio constitucional-electoral de la Suprema Corte de Justicia

José Ramón Cossío D.*

El artículo 133 de la Constitución Mexicana dispone, en su segunda parte, que los jueces de los estados deberán sujetar sus disposiciones a la Constitución, leyes federales y tratados, a pesar de las disposiciones en contrario que estuvieren previstas en sus propios ordenamientos locales. Durante buena parte de nuestra vida nacional, esta disposición se entendió en su sentido natural, de forma tal que a partir de ella ese tipo de órganos aplicaba preferentemente las normas constitucionales frente a las locales.[1] Sin embargo, a partir de la integración de la Suprema Corte en 1934 por el Presidente Cárdenas, tal criterio se modificó de forma sustancial, estableciéndose, en síntesis, que tal control sólo podría ser ejercido por los tribunales federales.[2] Las razones de este cambio hemos pretendido explicarlas en otro trabajo, pero en general giran en torno al proceso de centralización política llevado a cabo por Cárdenas, y al utilizar durante su período a la Corte como un instrumento del cambio político y social que pretendía.[3] Ese criterio permaneció hasta 1941, en el que los integrantes de la Corte establecida por Ávila Camacho, especialmente por el ministro Fraga, lo calificaron como erróneo y establecieron uno diverso. Gracias a este último, se sostuvo que las autoridades judi-

* Instituto Tecnológico Autónomo de México (ITAM).

ciales diversas a los órganos del Poder Judicial de la Federación y estos también fuera del juicio de amparo, tenían competencia para conocer y decidir cuestiones de constitucionalidad de leyes ordinarias.[4] El nuevo criterio se sustentó en unas cuantas resoluciones posteriores,[5] para desaparecer posteriormente en favor de aquel que había sido establecido, literalmente, por la Corte cardenista.

Con motivo de la tesis sustentada a partir de las ideas del ministro Fraga, se suscitó una interesante polémica jurídica, en la que intervinieron, primordialmente, don Antonio Carrillo Flores[6] y don Antonio Martínez Baez. En el trabajo de este último, a nuestro juicio correctamente denominado «El indebido monopolio del Poder Judicial de la Federación para conocer de la inconstitucionalidad de leyes»,[7] destaca la primera de sus conclusiones: «Es infundada y abiertamente contraria a los textos y a los principios constitucionales la tesis que actualmente predomina en México, que atribuye al Poder Judicial de la Federación competencia exclusiva para conocer la regularidad de fondo o constitucional de las leyes ordinarias».[8] Este punto de vista es, a nuestro juicio, totalmente correcto, aun cuando y desde los años cuarenta el Poder Judicial ha operado en un sentido completamente contrario.[9] De este modo, la actual integración de la Suprema Corte ha llegado a sostener lo siguiente:

> CONTROL DIFUSO DE LA CONSTITUCIONALIDAD DE LAS NORMAS GENERALES. NO LO AUTORIZA EL ARTÍCULO 133 DE LA CONSTITUCIÓN. El texto expreso del artículo 133 de la Constitución Federal prevé que «[...] El dicho sentido literal llegó a pronunciarse la Suprema Corte de Justicia; sin embargo, la postura sustentada con posterioridad por este Alto Tribunal, de manera predominante, ha sido en otro sentido, tomando en cuenta una interpretación sistemática del precepto y los principios que conforman nuestra Constitución. En efecto, esta Suprema Corte de Justicia de la Nación considera que el artículo 133 constitucional no es fuente de facultades de control constitucional para las autoridades que ejercen funciones materialmente jurisdiccionales respecto de actos ajenos, como son las leyes emanadas del propio Congreso, ni de sus propias actuaciones, que les permitan desconocer unos y otros, pues dicho precepto debe ser interpretado a la luz del régimen previsto por la propia Carta Magna para ese efecto».[10]

En términos de su última parte, la consecuencia de este criterio consiste en que, por una parte, sólo los órganos del Poder Judicial de la Federación son competentes para conocer de las acciones encaminadas a lograr el control de la regularidad constitucional de las normas generales y, por la otra, en que esos órganos sólo pueden llevar a cabo ese control a través de los procesos previstos en la Constitución (*i.e.*, amparo, controversia constitucional y acción de inconstitucionalidad). Aquello que don Antonio

Martínez Baez estimó como un indebido monopolio, ha terminado de consolidarse, al extremo de que actualmente la Suprema Corte le ha dado un sentido absoluto al control centralizado de constitucionalidad. Desde el punto de vista de los actuales integrantes de nuestra Suprema Corte de Justicia, sólo los órganos del Poder Judicial de la Federación que realicen funciones de control a través del amparo, las controversias y las acciones, están en posibilidad de llevar a cabo actos de «control constitucional».

Con independencia de que tradicionalmente la Corte haya llevado a cabo una indebida interpretación del artículo 133 en el sentido de limitar la posibilidad de control constitucional, es importante destacar que esta expresión admite dos sentidos diversos. Por una parte, la modalidad que podemos llamar «control concentrado», es aquella en la que los órganos del Estado analizan las posibles contradicciones de una norma general frente a la Constitución a efecto de declarar, en la parte resolutiva del fallo, la nulidad de la primera. Por otra parte, aquella que suele denominarse «control difuso», donde el órgano que lleva a cabo el control de constitucionalidad aprecia la posible contradicción entre ley y Constitución en la parte considerativa del fallo, con lo cual llega a desaplicarla para el caso concreto sin hacer una declaración general de nulidad de la misma. A nuestro juicio, los miembros de las sucesivas integraciones de nuestra Suprema Corte no han querido reconocer esta diferencia fundamental entre las formas de control, de modo tal que argumentando desde su posición de indudables órganos de control «concentrado», han terminado por excluir cualquier posibilidad de control «difuso». La cuestión que sobre este particular cabe formularse, consiste en saber si tal confusión es producto de la incapacidad de analizar con detalle los problemas propios del control constitucional o si, por el contrario, se trata más bien de una forma plenamente consciente de construir una solución monopólica de control constitucional. La larga duración del criterio, la amplia rotación de los ministros,[11] su permanencia en una nueva integración y los cambios sociales y políticos habidos en el país, entre otros factores, nos llevan a aceptar la segunda posibilidad. El problema de esta solución radica, jugando con el término de Martínez Báez, en que los monopolistas terminan apropiándose de bienes públicos, excluyendo con ello cualquier tipo de competencia en la producción de soluciones constitucionales alternativas. Es decir, aquello que debiera ser una materia de amplia discusión inicial a fin de posibilitar una elección final completa e informada, termina siendo un ejercicio limitado en donde todas las posibilidades creativas dependen de un proceso único y acotado. Al no abrirse un mercado de las ideas, estas no tienen posibilidad de circular, de competir entre ellas, de lograr que las mejores desplacen a las peores. Por el contrario, lo único que queda es tratar de influir en su producción a lo largo de los litigios concretos, o de esperar a la renovación de los titulares de los órganos.

Las consideraciones realizadas sobre el control difuso y el control concentrado y sus supuestos tienen sentido actualmente debido a que, por una parte, se mantienen la inadecuada interpretación del artículo 133 y a que, por otra, el Pleno de la Suprema Corte resolvió recientemente por unanimidad de nueve votos (mayo 2002), la contradicción de tesis 2/2000. La misma fue planteada en noviembre de 1999 por el Presidente del Tribunal Electoral del Poder Judicial de la Federación, por considerar que había una contradicción de criterios entre lo sustentado por el propio Tribunal al fallar un juicio de revisión constitucional (SUP-JRC-209/99) y lo sostenido por el Pleno de la Suprema Corte al resolver la acción de inconstitucionalidad 6/98. A juicio del promovente, la contradicción derivaba del sentido que cada uno de esos órganos jurisdiccionales le daba al sistema de representación proporcional para llevar a cabo la conformación de los órganos legislativos locales. En este sentido, la Corte sostuvo que el artículo 54 de la Constitución fijaba las reglas a partir de las cuales debía organizarse el sistema de representación en el caso de la elección de los integrantes del órgano legislativo local; por el contrario, el Tribunal Electoral estimó que tales reglas no podían constreñirse a lo previsto en ese precepto, sino que adicionalmente debía atenderse a lo dispuesto, según fuera el caso, en los artículos 56, 115, 116 y 122 constitucionales.

Con independencia de que, a nuestro juicio, el criterio del Tribunal Electoral tiene una mayor pulcritud técnica en tanto atiende a la totalidad de los preceptos constitucionales y los relaciona adecuadamente con el orden jurídico respecto del cual deben regir (federal, estatal o del Distrito Federal), al fallar la contradicción de tesis el Pleno le dio al asunto un giro inesperado. Sencillamente, acrecentó su monopolio interpretativo sobre la Constitución, suprimiendo las funciones que en esa materia se le habían asignado al Tribunal Electoral por el órgano reformador de la Constitución. Para llegar a tal conclusión, la Corte siguió una curiosa argumentación. La misma arranca con la transcripción de los artículos 94, 99 y 105 de la Constitución, para concluir luego que estos determinan que tanto la Suprema Corte como el Tribunal Electoral, forman parte del Poder Judicial de la Federación; que la obligatoriedad de la jurisprudencia que establezcan los órganos de este último se fijará en las leyes; que la única vía para plantar la no conformidad de las leyes electorales con la Constitución es la acción de inconstitucionalidad, y que esta corresponde en exclusiva a la Suprema Corte de Justicia; que el Tribunal Electoral es la máxima autoridad jurisdiccional en la materia, salvo lo que se refiere a las acciones de inconstitucionalidad, y que la Constitución prevé un sistema para que en aquellos casos en que el Tribunal sustente una tesis sobre inconstitucionalidad de un acto o resolución o sobre la interpretación de un precepto constitucional que sea distinta a la que hubiere sustentado la Suprema Corte de Justicia, esta última resuelva cuál debe prevalecer. De la anterior descripción, en principio correcta, la Corte infiere lo que terminará siendo el criterio fundamental de toda la resolución:

> Destaca de lo anterior, que la Suprema Corte de Justicia de la Nación es el único órgano de control de constitucionalidad de leyes en materia electoral; en tanto que el Tribunal Electoral es la máxima autoridad en materia electoral y órgano especializado del Poder Judicial de la Federación, cuya competencia en forma exclusiva es la de garantizar la especialización, objetividad e imparcialidad en el ejercicio de la función jurisdiccional en esa materia, así como la custodia de los derechos políticos electorales de los ciudadanos, verificando que los actos y resoluciones que en esa materia se dicten, se ajusten al marco jurídico constitucional y legal. De lo expuesto se concluye que la facultad de resolver sobre la contradicción de normas electorales y la Constitución Federal, está plenamente dotada por mandato constitucional al Pleno de la Suprema Corte de Justicia de la Nación, siendo que el Tribunal Electoral únicamente puede manifestarse respecto de algún acto o resolución o sobre la interpretación de un precepto constitucional, siempre que esta interpretación no sea para verificar la conformidad de una ley electoral con la Constitución, ya que de lo contrario estaría ejerciendo una facultad que constitucionalmente no le corresponde.

Es interesante el paso que da la Corte para, de la descripción de los contenidos de ciertas normas constitucionales, arribar a la afirmación anterior. Ello es así, sencillamente, porque estamos ante dos problemas serios. Por una parte, ante un *non sequitur*, pues de los preceptos considerados no puede extraerse tal solución, pero, por la otra, porque la Corte dejó de analizar otros preceptos constitucionales que hubieran permitido llegar a una solución diferente. Referente al primer problema, y volviendo sobre lo ya dicho, la Corte no llevó a cabo ningún tipo de distinción entre lo que significa que ella tenga atribuciones para llevar a cabo el control de constitucionalidad de las normas generales en materia electoral a través de la acción de inconstitucionalidad, frente a la posibilidad de que el Tribunal Electoral cuente con las competencias para, en el ejercicio de sus funciones constitucionales, llevar a cabo la desaplicación de las normas electorales que se opongan a la Constitución. Esto es, en ningún caso se pretendió reducir la posibilidad de que el Tribunal pudiera llevar a cabo un control difuso de constitucionalidad, mismo que por lo demás venía realizando en esos términos,[12] sino que desde luego planteó la posibilidad de que el mismo no pudiera llevar a cabo ningún tipo de interpretación de la Constitución a efecto de contrastar normas generales (leyes), sino exclusivamente individuales (actos o resoluciones) en materia electoral.

Esta determinación, y aquí aparece el segundo problema, no sólo es difícilmente desprendible de una interpretación integral de los artículos

94, 99 y 105 de la Constitución, sino que adicionalmente no puede sustentarse a partir de la lectura de otros preceptos constitucionales omitidos en la resolución. Sobre el primer aspecto, tenemos que, efectivamente, el artículo 94 se limita a disponer la pertenencia de la Corte y del Tribunal al Poder Judicial, y la obligatoriedad de la jurisprudencia de los órganos de esta en los términos que fijen las leyes. Lo que aquí resulta interesante es entender que por el hecho de que el Tribunal Electoral pertenece al Poder Judicial, su jurisprudencia puede ser obligatoria, lo cual debe construirse en términos legales y ya no constitucionales. Por lo que ve al artículo 99, tenemos que en él se otorga al Tribunal Electoral el carácter de máxima autoridad en la materia, ello con el propósito de resolver las impugnaciones de actos y resoluciones en las elecciones federales de diputados, senadores y Presidente de la República, así como de los actos y resoluciones de la autoridad electoral federal que violen normas constitucionales y legales, o de actos y resoluciones de las autoridades competentes de las entidades federativas, o las impugnaciones de actos y resoluciones que violen los derechos político electorales previstos en la propia Constitución. Por su parte, en el artículo 105 se dispone que la autoridad competente para pronunciarse sobre la constitucionalidad de las normas generales en materia electoral, es de la competencia exclusiva de la Suprema Corte siempre que la vía ejercida sea la acción de inconstitucionalidad. El precepto omitido es, primordialmente, el previsto en la fracción IV del artículo 41 constitucional, que dispone que para garantizar los principios de constitucionalidad y legalidad de los actos y resoluciones electorales, se establecerá un sistema de medios de impugnación. Dicho sistema, según lo dice nuestra Carta Magna, dará definitividad a las etapas de los procesos electorales y garantizará la protección de los derechos políticos de los ciudadanos de votar, ser votado y de asociación.

Si se analizan en conjunto los preceptos mencionados, resulta que para la Corte el Tribunal Electoral es el órgano del Poder Judicial competente para resolver controversias respecto de actos o resoluciones electorales. La cuestión importante entonces está en saber si las competencias que tiene encomendadas son para llevar a cabo la revisión de esos actos a partir de lo dispuesto en la Constitución, o exclusivamente en las leyes. Es decir, de lo que se trata aquí es de averiguar si el parámetro del control que el Tribunal va a llevar a cabo es la Constitución, la ley o ambos. Si la respuesta es en el primer sentido, es evidente que el ejercicio de sus competencias tendrán que pasar por el análisis de las normas constitucionales, así como por la consideración de las normas legales frente a la Constitución a efecto de saber si las normas que va a aplicar satisfacen o no el estándar constitucional; por el contrario, si su control es de pura legalidad, la cuestión de la constitucionalidad podría quedar de lado salvo, claro está, que la

Corte decidiera modificar su criterio sobre el control concentrado tal como se deriva del artículo 133. A diferencia de este modo de proceder, la Corte siguió otro en el que, una vez que, partiendo de una mala interpretación de lo establecido en los artículos 94, 99 y 105 constitucionales, afirmó que la Constitución no le otorgaba al Tribunal Electoral la capacidad para llevar a cabo el control de constitucionalidad de las normas generales, se dedicó a encontrar elementos que justificaran su posición. De este modo, encontró que en la exposición de motivos de las reformas de 1996 y 1999 y el artículo 10 de la Ley del Sistema de Medios de Impugnación, se confirmaba su interpretación. Además de que con este proceder se invirtió el modo de construir los argumentos, es evidente que en realidad se justificaron las conclusiones. Por lo mismo, y partiendo de la primera conclusión de la Corte sobre la incapacidad del Tribunal para conocer la constitucionalidad de las normas generales, intentaremos un camino distinto para demostrar, primero, que su premisa es errónea y, segundo, que en el sistema constitucional el Tribunal Electoral necesariamente tiene atribuciones para considerar la constitucionalidad de las normas generales electorales, si bien no las tiene para declarar la nulidad con efectos generales de la norma declarada inconstitucional.

A nuestro juicio, la forma correcta de determinar si el Tribunal electoral tiene o no facultades para pronunciarse sobre la constitucionalidad de las normas generales en materia electoral, debe partir de la comprensión de dos cuestiones: primera, si el propio Tribunal tiene o no atribuciones para llevar a cabo un control de regularidad constitucional y, segundo, si al realizarlo, tiene que pronunciarse sobre la contradicción de las leyes electorales para con la Constitución. La primera cuestión debe responderse desde luego de manera afirmativa, debido a que el artículo 99 constitucional establece en sus diversas fracciones que ese órgano debe revisar que los actos y resoluciones en materia electoral se adecuen a lo previsto en la Constitución. De este modo, como ya se apuntó, en materia federal el Tribunal es competente para conocer de las impugnaciones que se den con motivo de las elecciones a diputados, senadores y Presidente de la República, así como de la autoridad electoral federal que «violen normas constitucionales o legales». Igualmente, y respecto de las autoridades locales, los actos o resoluciones definitivos de las autoridades electorales de las entidades federativas, que «puedan resultar determinantes para el desarrollo del proceso respectivo o el resultado final de las elecciones». Finalmente, y con independencia del carácter de la autoridad emisora, de «las impugnaciones de actos y resoluciones que violen los derechos político electorales de los ciudadanos de votar, ser votado y de afiliación libre y pacífica para tomar parte en los asuntos políticos del país». Sobre este punto, y como la Corte lo reconoce expresamente en su fallo, es evidente que el Tribunal

Electoral sí tiene facultades para conocer de la regularidad constitucional de lo actos y resoluciones en la materia electoral. En este sentido, en un párrafo de la sentencia por demás ilustrativo, se afirma: «Al respecto debe señalarse que no existe duda alguna para esta Suprema Corte de que el Tribunal Electoral del Poder Judicial de la Federación, tiene la elevada encomienda constitucional de salvaguardar el respeto de la Constitución Política de los Estados Unidos Mexicanos, en relación con actos y resoluciones en materia electoral y que en esa función tiene carácter de órgano terminal...».

Una vez que ha quedado de manifiesto que el Tribunal cuenta con atribuciones para determinar la constitucionalidad de los actos y resoluciones en materia electoral, queda por resolver la siguiente cuestión: ¿es posible que el Tribunal Electoral lleve a cabo esas funciones sin contrastar normas legales y constitucionales? Planteado el problema en otros términos, ¿es acaso posible que un órgano de control de constitucionalidad de actos y resoluciones realice sus funciones sin tener la capacidad de pronunciarse sobre la constitucionalidad de las normas generales que les dan sentido a aquellos? Dada la estructura jerárquica de nuestro orden jurídico y los procesos de individualización que se realizan en las sucesivas etapas de la dinámica jurídica, el sentido de las normas inferiores únicamente puede determinarse si se consideran las normas que les sean jerárquicamente superiores. Así, por ejemplo, no es posible llevar a cabo el control de constitucionalidad de la ley, si no se entiende el sentido de la Constitución. Sin embargo, en este asunto la Corte trató de construir un puente entre las normas cuya constitucionalidad debe considerarse (actos y resoluciones) y la norma de control (la Constitución), dejando de lado a las normas intermedias entre ambas (leyes). Esta posición de la Corte pareciera querer indicar la posibilidad de enfrentar directamente actos y Constitución, lo que supone aceptar que la ley no juega ningún tipo de configuración de los primeros. En otros términos, lo que la Corte hizo fue estimar que los actos y las resoluciones tienen una especie de sentido natural o propio y que es precisamente a partir de él que se lleva a cabo el contraste con la Constitución. A nuestro juicio, con esta forma de proceder la Suprema Corte cometió un error, en tanto que en modo alguno es posible suponer que los actos tengan un sentido propio, sencillamente porque el mismo depende de la forma en que los órganos estatales que los emitieron lleguen a configurarlos a partir de lo que disponga la ley.

Ahora bien, ¿el hecho de que al realizarse el control de regularidad constitucional de los actos o resoluciones electorales tenga que considerarse lo establecido en la ley, significa que el Tribunal Electoral puede apreciar la constitucionalidad de las propias leyes electorales? Si volvemos sobre lo ya dicho, nos parece que resulta imposible que un órgano del Estado realice cabalmente las funciones de control respecto de ciertas normas, si no se le da la posibilidad de apreciar la regularidad de las normas que configuren el propio acto. En el caso concreto, ¿es realmente posible que el Tribunal Electoral diga, por ejemplo, que el acto X es o no constitucional sin tener la posibilidad de pronunciarse sobre si la ley que configura ese acto resulta o no contraria a la Constitución? A nuestro juicio no, salvo que se pretenda, como de hecho lo hizo la Corte, que existe un sentido propio del acto X, y que el mismo, por ser propio, puede conformarse con total independencia de lo que disponga la ley que un órgano electoral haya individualizado para establecerlo. Si el Tribunal no tiene la capacidad de analizar la ley frente a la Constitución, tendrá que asumir que el acto de autoridad cuestionado es *per se* contrario sólo a la Constitución, para lo cual tendrá que hacer la ficción de que lo abstrae respecto de lo que disponga la ley, o que determine que el acto o resolución es contrario a la Constitución por su conformación legal, pero oculte la consideración a efecto de no incurrir en desacato a lo dispuesto por la Corte en su sentencia. En cualquiera de los dos casos, es evidente que se estará ante una notoria debilidad argumentativa que, a la larga, puede poner en duda al propio Tribunal y a su legitimidad.

La solución a la que finalmente llegó la Suprema Corte puede deberse a dos factores. En primer término, a la repetición mecánica del control concentrado, lo que evidentemente sería un error, sencillamente porque las tesis prevalecientes sobre el artículo 133 constitucional se aplicaron a un órgano que realiza funciones de control de constitucionalidad, cuando las mismas habían sido producidas para limitar las funciones de ese tipo que llevan a cabo los órganos de legalidad. En segundo lugar, a la intención expresa de profundizar en las tesis monopolistas, y así mantener una posición exclusiva en el control de constitucionalidad de las normas generales. Sin embargo, el hecho de que el artículo 105 disponga en su fracción II que las acciones de inconstitucionalidad son la única vía para lograr el control de las normas electorales, en modo alguno puede confundirse con la posibilidad de llevar a cabo un control difuso de las mismas. Así, la Corte hubiera resuelto de un modo más acorde con la Constitución si hubiera reiterado que, por un lado, sólo ella puede declarar la inconstitucionalidad de las normas electorales en las partes considerativa y resolutiva de sus fallos y, simultáneamente, que el Tribunal Electoral podía dejar de aplicar las normas electorales que estimara contrarias a la Constitución al apreciar la constitucionalidad de un acto o resolución en la materia, sin declarar la inconstitucionalidad de las primeras en la parte resolutiva de sus decisiones. Hoy, sin embargo, lo que tenemos es el acrecentamiento del indebido monopolio de la Suprema Corte de Justicia en la materia constitucional-electoral.

Notas

1. Así, por ejemplo, en 1934 la Corte sostenía «De conformidad con el artículo 133 de la Constitución Federal, todos los jueces de la República tienen la obligación de sujetar sus fallos a los dictados de la misma a pesar de las disposiciones que en contrario pudieran existir en las otras leyes secundarias, y siendo así, resultaría ilógico y antijurídico pretender que cumplieran con esa obligación si no tuvieran a la vez la facultad correlativa de discernir si las leyes que rigen los actos, materia de la contienda, se ajustan o no, al Código Supremo de la República, cuando esa cuestión forma parte del debate, ya que de aceptarse la tesis contraria, sería imponer a los jueces una obligación, sin darles los medios necesarios para que pudieran cumplirla» Cfr. *Semanario Judicial de la Federación*, 5ª época, XLI, pág. 644.

2. Hasta donde sabemos, el primer caso apareció publicado en el *Semanario Judicial de la Federación*, 5ª época, XLV, pág. 2042, y XLVI, pág. 947.

3. *La teoría constitucional de la Suprema Corte de Justicia*, México, Fontamara, 2002, págs. 126 y ss.

4. La resolución se encuentra publicada en la *Revista de la Escuela Nacional de Jurisprudencia*, IV, nos. 13-14, págs. 131-148.

5. Por vía de ejemplo, *Semanario Judicial de la Federación*, 5ª época, LXXII, págs. 2087 y 2570.

6. Cfr. su artículo «El Ejecutivo y las leyes inconstitucionales», *Revista de la Escuela Nacional de Jurisprudencia*, IV, nos. 13-14, págs. 255-266.

7. «El indebido monopolio del Poder Judicial de la Federación para conocer de la inconstitucionalidad de leyes», en el mismo ejemplar citado en la nota anterior, págs. 243-253.

8. Ídem, pág. 253.

9. Por vía de ejemplo, véase *Semanario Judicial de la Federación*, 6ª época, CXXXV, Cuarta Parte, pág. 37.

10. *Semanario Judicial de la Federación*, 9ª época, X, pág. 5, agosto 1999.

11. Cfr. Fix Fierro, H. «El Poder Judicial», M. del R. González y S. López Ayllón (coord.), *Transiciones y diseños institucionales*, México, UNAM, 1999, pág. 188.

12. Este criterio, por lo demás, ha sido sostenido con frecuencia por el propio Tribunal Electoral. Por vía de ejemplo, véase «...el Tribunal Electoral del Poder Judicial de la Federación está facultado por la Carta Magna para decidir el conflicto de normas que en su caso se presente, y determinar *que no se apliquen a actos o resoluciones* combatidos por los medios de impugnación que corresponden a su jurisdicción y competencia, los preceptos de leyes secundarias que se invoquen o puedan servir para fundarlos, *cuando tales preceptos se oponen a las disposiciones constitucionales...*» (Justicia Electoral, Suplemento, año 1998, No 2, págs. 87-90).

II

ÉTICA JUDICIAL

7

El papel del poder judicial en la transición a la democracia

Ernesto Garzón Valdés*

1. Desde el punto de vista de una concepción normativa del poder judicial, puede afirmarse que su función principal es la de garantizar la estabilidad del respectivo sistema político.[1] La estabilidad es una propiedad disposicional de un sistema político que consiste en el mantenimiento de su identidad a través de la tendencia de quienes detentan el poder a guiar su comportamiento de acuerdo con las normas básicas del sistema.[2] En el caso del juez en regímenes democráticos ello requiere que cultive, por una parte, una firme adhesión interna a las normas básicas del sistema, es decir, que sea partidario incondicional de las mismas y, por otra, que mantenga una manifiesta imparcialidad con respecto a los conflictos de intereses que tiene que resolver. En lo que sigue consideraré sólo el papel de los tribunales supremos (Corte Suprema y/o Tribunal Constitucional).

2. Parafraseando una conocida fórmula de Herbert Hart, podría decirse que quienes adhieren a las normas básicas del sistema jurídico (i. e., la Constitución) adoptan frente a ellas un «punto de vista interno» que, a diferencia del «punto de vista externo», no se apoya en razones prudenciales de coste-beneficio. Si se acepta la usual distinción entre razones prudenciales y razones morales, cabe concluir que la adopción de un «punto de vista interno» tiene una connotación moral y puede ser interpretada

* Universidad de Maguncia.

como expresión de la autonomía personal a nivel normativo. En este sentido, autonomía del poder judicial significa adhesión no condicionada por factores prudenciales, que suelen incluir la negociación y el compromiso. El ámbito de la política es el de un comportamiento caracterizado por la negociación y el compromiso. Si ello es así, puede también concluirse que el ámbito de las decisiones judiciales no debería, por definición, estar afectado por o depender del de la política. Autonomía judicial significa, pues, independencia de lo político. De aquí puede inferirse también que la autonomía judicial queda lesionada si se permite en ella la irrupción de la política. Y, viceversa, se renuncia a la autonomía judicial cuando el juez incursiona en el ámbito de la política. Esto es lo que suele ser llamado «juridización de la política».

3. La autonomía judicial en el sentido aquí expuesto no puede nunca ser excesiva, de la misma manera que nunca puede ser excesiva la adhesión a los principios constitucionales, que son los que determinan el alcance de aquella. Autonomía no significa, pues, arbitrariedad. Esta adhesión es, además, un antídoto eficaz contra la siempre posible corrupción judicial, que justamente tiene su origen en la aplicación de criterios prudenciales que privilegian el interés personal. La única forma de escapar a la tentación de obtener ganancias extraposicionales es protegerse con la coraza de la adhesión a las reglas y principios básicos del sistema normativo. Ello no es fácil pues todo acto de corrupción tiene una base racional: la promoción del interés personal a través de la obtención de un beneficio superior a los costes que esa promoción requiere. El deseo de obtener beneficios extraposicionales es una buena razón para la acción de quien no se sienta inhibido por la adhesión a las reglas que determinan el alcance de la competencia del juez. El riesgo del predominio de intereses privados existe siempre, cualquiera que sea el diseño institucional que se adopte. Hobbes lo sabía:

> Otra cosa necesaria para el mantenimiento de la paz es la debida ejecución de la justicia que consiste principalmente en la realización correcta de los deberes de los magistrados [...] que son personas privadas con respecto al soberano y consecuentemente en tanto tales pueden tener fines privados y pueden ser corrompidos con regalos o la intercesión de amigos ...[3]

No hay duda que existe una mayor probabilidad de que se dé la «realización correcta de los deberes» cuando la persona sobre quien recae esta obligación está convencida de la corrección de la misma, es decir, adopta el punto de vista interno. No se «siente obligada» a obedecer el sistema normativo sino que considera que «tiene la obligación» de hacerlo, aun cuando ello afecte sus intereses privados. La probabilidad de que se pronuncie una decisión judicial constitucionalmente correcta es, por ello, mucho mayor si el juez sustenta un punto de vista interno con respecto a la Constitución. Sin embargo, no hay que olvidar que así como la verdad de un enunciado no depende de la veracidad de quien lo emite, la corrección de una decisión es lógicamente independiente de la corrección de la convicción interna de que quien la pronuncia. También el hipócrita formula juicios moralmente correctos aunque no se adhiera internamente a ellos (en esto consiste justamente su hipocresía). Este es un dato importante cuando se trata el problema del comportamiento del poder judicial en los procesos de transición dado que allí el número de jueces hipócritamente democráticos suele ser igual o mayor que el de los auténticos demócratas.

4. Si se acepta la definición del ámbito de lo político aquí propuesta y la necesidad de separar el ámbito judicial del político, creo que pierde fuerza el argumento que reprocha al poder judicial supremo su carácter antimayoritario. La función de los jueces supremos no consiste en expresar en sus fallos la voluntad popular sino, por el contrario, en poner límites a los posibles extravíos inconstitucionales de los representantes de esa voluntad. Pero como los jueces tienen que ser designados por el poder político, parece aconsejable, a fin de reducir el peligro de la politización de los tribunales y promover la autonomía judicial, adoptar las siguientes medidas: 1. Especialización: es decir, centrar exclusivamente la actividad del tribunal supremo en cuestiones vinculadas con la interpretación de los principios básicos de la Constitución, o sea aquellos establecidos en los artículos que en algunos diseños constitucionales escapan a la posibilidad de reforma constitucional.[4] Esto promueve un «robusto aislamiento constitucional»[5] y una saludable independencia con respecto a la política cotidiana del parlamento, a la vez que reduce la tentación de la juridización de la política. 2. Elección de los miembros del tribunal por un período determinado, sin posibilidad de reelección, y no por vida. 3. Designación de estos jueces con la aprobación de los dos tercios del Parlamento. Como es probable que ningún partido logre esta mayoría, es necesario entonces proponer candidatos con buena reputación como moderados y ponderados. La Ley del Tribunal Constitucional Federal alemán exige, por ejemplo, que previo a la elección de sus miembros exista un consenso entre los electores (miembros del *Bundesrat* o del *Bundestag*) acerca de las calidades profesionales y morales de los candidatos.

5. Si la estabilidad consiste en el mantenimiento de la identidad del sistema, no cuesta mucho inferir que aquella es también expresión de la «buena salud» del sistema. Y son justamente los jueces, especialmente los integrantes de tribunales constitucionales o de cortes supremas, los encargados de mantenerla impidiendo desviaciones de las disposiciones constitucionales. El juez es, en este caso, una especie de «inspector de calidad», es decir, es el encargado de evaluar y controlar la conducta gubernamental y legislativa de acuerdo con las pautas constitucionales.[6]

6. Este «inspector de calidad» mantiene, por definición, una relación asimétrica con respecto a los órganos ejecutivos y legislativos: son estos últimos los que son responsables frente a aquel. Como los tribunales supremos tienen el poder de la última palabra, se encuentran, por así decirlo, liberados de dar cuenta de sus decisiones. Las cortes constitucionales no son democráticamente responsables. Pero esta situación de irresponsabilidad no es lo decisivo. Lo importante es que sean *confiables* en el sentido de que adoptan buenas decisiones desde el punto de vista democrático-constitucional. La confiabilidad en la corrección de las decisiones depende de la confianza por parte de la ciudadanía (electores y gobernantes) en que los jueces prestan su adhesión incondicionada a la Constitución democrática, que es la que proporciona el «respaldo justificante» de la decisión judicial. La «última palabra» judicial no pende en el aire sino que se apoya en los principios y reglas básicas del sistema político. Esta confiabilidad es puesta a prueba en cada decisión del tribunal supremo (o constitucional) y sólo se da si existe, por lo general, coincidencia entre la interpretación constitucional del tribunal y la interpretación que sustenta la *communis opinio*, al menos de los afectados por esa interpretación.

En algunos casos esta coincidencia puede producirse sólo después de que el tribunal supremo ha explicitado las razones de su interpretación. En este sentido, el tribunal puede, con sus decisiones, influir en el cambio de la cultura político-jurídica de su sociedad. En el caso de la transición española, por ejemplo, es sabido que, sobre todo en los primeros diez años de su actividad, el Tribunal Constitucional desarrolló «un cuerpo de jurisprudencia que demostró ser esencial para la transformación del razonamiento constitucional y jurídico en general en España». La Constitución fue entendida como la «norma jurídica suprema y no como una mera declaración programática o una colección de principios».[7] Sobre este punto volveré más adelante. Lo que me importa subrayar aquí es que con respecto a los tribunales supremos en vez de hablar de *responsabilidad democrática* conviene utilizar el concepto de *confiabilidad judicial*, de una especie de «equilibrio reflexivo» en el sentido de John Rawls. Esta confiabilidad puede verse severamente afectada por dos factores: el procedimiento de designación de los jueces y/o una reiterada o permanente divergencia entre los fallos del tribunal constitucional o de las cortes supremas y la *communis opinio,* que puede conducir a una pérdida de confiabilidad por parte de la ciudadanía. Dos ejemplos al respecto: en España se eligió como primer presidente del Tribunal Constitucional al mejor constitucionalista español y probado demócrata exiliado en Venezuela en los años del franquismo; no puede sorprender que sus textos fueran considerados como firme base doctrinaria para la interpretación judicial. Por el contrario, en no pocos países latinoamericanos los miembros de los tribunales supremos pueden tan sólo aducir como criterio de su designación el parentesco o una anterior colaboración profesional con el jefe del ejecutivo. No es aventurado suponer que en esos países la confianza en la imparcialidad de la justicia es mínima.

7. La confiabilidad se basa, además, en una serie de supuestos, algunos de tipo sociopsicológico de difícil fundamentación racional. Son ellos los que, en parte, inducen a la aceptación de un elemento aristocrático: un tribunal de unos pocos no elegidos por el pueblo y cuya función es confirmar o enmendar las decisiones de los representantes y legisladores democráticamente elegidos en aquellas cuestiones vinculadas con las reglas y principios básicos de la Constitución. En algunos casos, el respeto a los magistrados de tribunales constitucionales o supremos suele hasta conferirles una aureola de infalibilidad que va más allá de la confiabilidad judicial y que induce a no pocos juristas a dedicar sus esfuerzos a una especie de exégesis religiosa de los fallos de esos tribunales. La beatería judicial, lejos de reforzar la autonomía de los jueces, estimula su autocomplacencia acrítica.

8. Es importante delimitar constitucionalmente el alcance de la competencia de control de calidad de los tribunales supremos. Ella se reduce a aquellas disposiciones que afectan los principios y derechos de lo que suelo llamar el «coto vedado» a la discusión y negociación legislativa y/o gubernamental. Este «coto vedado» es el que fija, por exclusión, el ámbito de la decisión política. El ciudadano de un Estado democrático es un *homo suffragans restrictus*: sólo le está permitido negociar y decidir por mayoría aquellas cuestiones que no caen dentro del ámbito del «coto vedado». Este se refiere a aquellos intereses y deseos primarios de las personas que no pueden ser afectados si no se quiere caer en aquello que Hans Kelsen llamaba el «dominio de la mayoría», es decir, el poder totalitario del mayor número: la «enfermedad republicana», según Alexis de Tocqueville. El ámbito de la política es el de los intereses y deseos secundarios de los ciudadanos. Así como al *homo suffragans* le está prohibido el ingreso en el «coto vedado», así también a los tribunales constitucionales les está prohibido ingresar en el ámbito de la negociación y decisiones políticas. Este es el sentido de la abstención judicial en los casos que caen dentro de la categoría de aquello que en la jurisprudencia norteamericana es llamado *political question*.

9. Los límites de la actividad política no deben ser fijados por decisión mayoritaria del Parlamento. Si así fuera, la autonomía judicial se vería sometida a las decisiones de las cambiantes mayorías, con las consiguientes consecuencias desestabilizadoras. Son los padres de la Constitución quienes han de fijar el contenido del «coto vedado». La limitación de actividad del *homo suffragans* no es el resultado de una autosujeción del tipo de las restricciones-Ulises sino que es algo que es impuesto desde afuera. Son

estas limitaciones externas las que hacen viable la vigencia del «principio de la mayoría» e impiden el suicidio de la democracia como consecuencia de lo que James M. Buchanan llamara «el apetito de las coaliciones mayoritarias».[8] Por ello, se preguntaba, con razón:

> ¿Puede el hombre moderno, en la sociedad democrática occidental, inventar o conseguir suficiente control sobre su propio destino como para imponer restricciones a su propio gobierno, restricciones que puedan impedir su transformación en un genuino soberano hobbesiano?[9]

La respuesta que el diseño democrático constitucional da a esta pregunta es la formulación de restricciones constitucionales y la creación de los llamados tribunales supremos y/o constitucionales encargados de asegurar la vigencia de aquellas.

10. En toda democracia entendida como una persona un voto, es decir, guiada por el criterio de decisión por mayoría, el problema es ¿qué hacer con el pueblo? ¿Cómo controlar sus decisiones de forma tal que, respetando el procedimiento democrático, no se llegue a resultados antidemocráticos? Las constituciones modernas (también la americana) han establecido dos tipos de frenos a la decisión por mayoría: 1) la formulación de un *Bill of Rights* (coto vedado, catálogo de derechos fundamentales) inviolable, y 2) organos judiciales de control de no violación de estos derechos. Pero en la formulación de estos derechos, el pueblo estuvo ausente (tanto en Estados Unidos como en la República Federal de Alemania), en buena parte debido a la desconfianza por parte de los propios padres de la Constitución. En el caso alemán, los 65 padres de la Constitución ni siquiera sometieron a referéndum popular la Ley Fundamental sino que tan sólo requirieron la aprobación de los dos tercios de los parlamentos de los Estados federados (*Länder*). Su formulación no fue, pues, democrática. Pero este es un hecho histórico que no tiene mayor relevancia teórica. Lo importante es tener en cuenta que (a menos que se acepte la analogía con las restricciones-Ulises; algo muy dificil de sostener, como lo demuestran los intentos fallidos de Rousseau con su ciudadano angélico, los de Hume con el ciudadano simpático, los de John Rawls y Brian Barry con ciudadanos razonables y los de Amy Gutman con personas deliberativas), la determinación del contenido del «coto vedado» no puede ser función del Parlamento por razones conceptuales: estos derechos fundamentales inviolables son justamente los que trazan el límite de lo moralmente aceptable en la deliberación y en la toma de decisiones democráticas. Negar que tal es el caso es ignorar la diferencia que existe entre política constitucional y política parlamentaria. Es aquella la que determina las restricciones que esta última requiere para no sucumbir a la tentación de la dictadura mayo-

ritaria. Quien confía en la posibilidad de una autolimitación de la mayoría comparte la creencia del infortunado barón que pretendía salir del pantano tirándose de sus cabellos.

11. En sociedades democráticas afianzadas, la fidelidad de los jueces a la Constitución es un hecho empíricamente comprobable y reiterado y la *communis opinio* responde también a una actitud de lealtad constitucional. Existe en ellas lo que suele ser llamado una «cultura cívica» (*civic culture*), en el sentido de Gabriel A. Almond y Sydney Verba. Las correcciones que el tribunal supremo pueda introducir en las medidas del ejecutivo o del legislativo son aceptadas entonces como expresión de una restricción constitucional, como «un medio mediante el cual la voluntad del pueblo asegura su propio ejercicio responsable».[10]

12. Muy diferente es la situación en el caso de sociedades que experimentan un proceso de transición hacia la democracia o que carecen de tradición democrática o el proceso de transición ha conducido a un régimen de democracia imperfecta o deficitaria.[11]

13. Por lo pronto, todo fenómeno de transición significa el abandono de las reglas básicas del sistema totalitario o dictatorial y la adopción de reglas básicas democráticas. Pero si la transición es entendida como proceso, es obvio que esta sustitución es llevada a cabo paulatinamente en el sentido de que el régimen de transición conserva reglas y/o instituciones del sistema anterior que contradicen total o parcialmente las nuevas reglas y/o instituciones democráticas que se incorporan. Aplicando una metáfora, podría decirse que el régimen de transición se encuentra en un estado de enfermo convalesciente, es decir, de salud inestable.

14. Esta salud inestable es la consecuencia no sólo de la pervivencia de elementos normativos del sistema anterior sino también de la composición personal de los organismos de «control de calidad». Lo primero suele dificultar la identificación de las reglas que definen la identidad del sistema y, por definición, su estabilidad; lo segundo reduce la confiabilidad de los organismos de control. Esto último es lo que Bruce Ackerman ha llamado «baja capacidad burocrática» de los regímenes de transición. La burocracia estatal y los tribunales de justicia «están dominados por representantes del viejo régimen, que pueden fácilmente sabotear la implementación de las nuevas políticas».[12]

15. Si en las sociedades democráticas afianzadas existe (en mayor o menor medida) una cultura cívica, los regímenes de transición suelen moverse en un ambiente que conserva no pocos rasgos de la cultura política totalitaria: identificación del poder político con impunidad y práctica generalizada de comportamientos corruptos. Quien con mayor claridad expuso esta situación fue el capomafia argentino Alfredo Yabrán, suicidado el 20 de mayo de 1998, y vinculado con las altas esferas gubernamentales.

En mayo de 2001, el relator especial de la ONU sobre independencia judicial, Param Cumaraswamy, informó que en México la Administración de Justicia había alcanzado un grado tal de corrupción que el 98% de los delitos quedan sin castigo.[13] También en países con una aceptable tradición democrática, como Costa Rica, el problema de la impunidad sigue siendo motivo de preocupación. En abril de 2002, el presidente Abel Pacheco afirmaba:

> la raíz más fuerte de la corrupción se llama impunidad y en este país los delincuentes pagan una baja fianza y andan libres o los dejan escaparse tranquilamente. He propuesto que un juez que permita la salida de un delincuente en situaciones misteriosas sea juzgado y condenado por mala práctica. Debe haber un tribunal especializado en manejar los delitos de corrupción. La corrupción es el problema principal que hay que corregir en este país y debemos brindar un ejemplo de modestia, decencia y honestidad.[14]

Según el informe del *Corruption Perceptions Index 2001*, existen «altos grados de corrupción percibida en los países en transición, en particular en la ex Unión Soviética.». En un índice de clasificación de 1 a 10 (de mayor a menor grado de corrupción percibida en los funcionarios y políticos), Argentina obtuvo la nota 3.5;[15] Venezuela, 2.8; Honduras, 2.7; Bolivia, 2.0; Ucrania, 2.1; Azerbaijan, 2.0. Los menos corruptos fueron Finlandia (9.9) y Dinamarca (9.5). En general, en este índice se muestra muy claramente una correlación entre consolidación de la democracia y corrupción: a mayor consolidación, menor corrupción y viceversa.

En un amargamente irónico ensayo, Arnaldo Kraus se preguntaba hace unos años si México podría funcionar sin el soborno. Su respuesta:

> Parto de la idea de que el vicio de la corrupción es un mal añejo en nuestro medio: se nace y se crece con él y en él. Lo añejo es similar a la herencia: es infranqueable. [...] El cohecho en México es universal: existe en las altas esferas gubernamentales, en la iniciativa privada, en las calles, en las escuelas, en los espectáculos. En todo. Tan arraigado se encuentra [...] que muchas actividades no podrían funcionar sin él: su existencia es indispensable.[16]

En la introducción a un libro que lleva el sugestivo título *A la puerta de la ley. El Estado de derecho en México*, editado por Héctor Fix Fierro en 1994, se dice:

> No es casualidad que los mexicanos veamos a la ley como algo relativo, siempre sujeto a vaivenes y cambios según soplen los vientos. México cuenta con leyes, pero no es un cabal Estado de derecho.[17]

En el otro extremo de América Latina, en la Argentina, Carlos S. Nino, no encontró mejor fórmula para describir su realidad nacional que la de *Un país al margen de la ley.*[18]

En 1999, Guillermo O'Donnell, el posiblemente más agudo observador de la realidad político-jurídica de América Latina, consideraba que en el subcontinente

> la realización de una democracia plena que incluya el *rule of law* democrático es un objetivo urgente [...] inmenso y manifiestamente distante.[19]

16. En el caso de las democracias en transición deficiente (muchos países de América Latina y no pocos de Europa Oriental), la tarea que en las democracias afianzadas suele atribuirse al tribunal constitucional, es decir, «perfeccionar la democracia»[20] suele tropezar con graves obstáculos. Ellos son, por lo menos, los siguientes: 1) En estos países existe una «incierta tradición de independencia judicial». Para el caso de los países del ex bloque oriental vale la siguiente observación de Ackerman: «Para decirlo suavemente, ser juez no era bajo el comunismo una posición que otorgara un estatus social alto».[21] Muy otra era la situación en el Estados Unidos visitado por Alexis de Tocqueville: los jueces norteamericanos poseían un enorme poder político porque tenían (y tienen) el derecho de fundamentar sus decisiones en la Constitución más que en las leyes. Es decir, podían no aplicar las leyes que juzgaban inconstitucionales. En Estados Unidos, observaba Tocqueville, cuando se invoca ante el juez una ley que este considera contraria a la Constitución puede negarse a aplicarla. Y dado que toda ley, por lo general, afecta algún interés particular, después de un largo tiempo casi todas ellas han sido sometidas al examen judicial. Cuando alguna ley no es aplicada, ella pierde parte de su fuerza moral y quienes se sientan afectados por ella iniciarán nuevos procesos hasta que no quede otra alternativa que la de cambiar la Constitución o cambiar la ley. En América Latina, los datos disponibles sobre la impunidad en muchos de sus países testimonian la falta de autonomía judicial en el subcontinente. 2) Desde el punto de vista institucional, esta falta de autonomía se manifiesta en una politización de la justicia cuya función ha solido y suele reducirse a convalidar sin reservas las acciones del gobierno. La interrupción de esta firme tradición es lo que explica el actual conflicto entre el gobierno argentino y la Suprema Corte. Sobre cada uno de los nueve miembros de la Corte pesa actualmente un promedio de 15 solicitudes de juicio político. En caso de que prospere el juicio político decidido el 5 de febrero de 2002, ello se deberá probablemente no tanto a razones de idoneidad sino al hecho de que la Corte falló en contra del «corralito» creado por el decreto 1570/01.[22] Lo único que está en juego ahora es saber hasta qué punto

la Corte estará dispuesta a retormar la senda de obediencia al ejecutivo. En el Perú de Fujimori, en 1997, los magistrados del Tribunal Constitucional que declararon inconstitucional la reelección de este inefable presidente fueron destituidos de sus cargos por «acusación constitucional». Los afectados recurrieron entonces a la Corte Interamericana de Derechos Humanos la que «determinó la violación por el Estado Peruano de los artículos 1, 2 y 8 de la Convención Americana de Derechos Humanos, estableciendo en su sentencia la obligación de dicho Estado de reponer a los magistrados afectados, lo que fue acatado por el presidente posterior a Fujimori, [...] Valentín Paniagua.[23] 3) Iniciado el proceso de transición, las fuerzas democráticas tienen que contar en gran medida con el aparato judicial recibido para iniciar su alejamiento del régimen totalitario o autoritario. Desde luego, es posible sustituir algunos jueces, pero no una reestructuración total del aparato judicial. Esto es lo que pasó en la República Federal de Alemania después de 1949 y en la ex República Democrática Alemana después de la reunificación. Lo mismo vale para el caso de la Argentina post Proceso. Con respecto al caso alemán después de 1949, la actitud de la Corte Federal de Justicia constituye un episodio lamentable de falta de recuperación democrática. Ulrich Klug publicó en 1987 un excelente trabajo sobre «La valoración jurídica de la criminalidad nazi en la jurisprudencia de la Corte Federal de Justicia».[24] Klug se refiere especialmente al tratamiento judicial de los jueces que integraron la llamada «Corte de Justicia del Pueblo» nazi. La ineficacia de la Corte Federal es puesta de manifiesto en un detallado análisis. Las conclusiones de Klug no pueden ser más desalentadoras por lo que respecta a la labor de este tribunal:

> Por lo tanto, en la jurisprudencia de los tribunales penales de la República Federal de Alemania debe haber algo que –dicho suavemente– no está en orden, ya que hasta ahora ningún juez de la Corte de Justicia del Pueblo que participara en esta justicia del terror ha sido condenado por asesinato, a pesar de que estos hechos no han prescrito y mientras tanto han pasado cuarenta años.[25]
>
> Cuando uno reflexiona acerca de esta sorprendente y extrema mesura de la justicia penal, no puede dejar de constatar que aquí se ha producido un silenciamiento de la criminalidad de la justicia nazi.[26]
>
> No puede negarse que mucho es lo que se ha dejado de hacer en los cuatro decenios pasados. Más de 5.000 víctimas judiciales de la «Corte de Justicia del Pueblo» y más de 10.000 personas asesinadas por los demás «tribunales» reclaman justicia. Esto ya no puede ser «superado», pero nadie debería acallarlo u olvidarlo, y una reacción tardía podría –ahora al igual que en el futuro– promover la conciencia de la validez de los derechos humanos, una validez que nuevas violaciones pueden afectar fáctica, pero no idealmente.[27]

17. ¿Significa esto que con este personal judicial es imposible el establecimiento de un régimen democrático? A primera vista, parecería que la respuesta tiene que ser una decidida afirmación de imposibilidad institucional. Sin embargo, la experiencia histórica demuestra lo contrario. En Alemania se dio también el caso de paradigmáticos juristas nazis, como Theodor Maunz, que se convirtieron en constitucionalistas democráticos que, con el tiempo formarían discípulos, como Roman Herzog, quien fuera presidente del Tribunal Constitucional alemán y penúltimo presidente de la República Federal. Y algún llamado «juez-servilleta» argentino[28] puede convertirse en peligrosa amenaza judicial para quienes lo incluyeron en la lista de jueces confiables de un gobierno corrupto. Menem sufre los efectos de esta conversión. Siempre es posible el paso de Saulo a Pablo (siempre que Saulo no sea Carlos Saulo, claro está). Más aun: el paso es frecuente cuando se dan ciertas circunstancias ambientales necesarias. Estas son, entre otras: 1) La existencia de un grupo significativo de magistrados y miembros de los poderes Ejecutivo y Legislativo que practiquen su adhesión a la Constitución. Como lo fundamental es la corrección constitucional de la decisión judicial, puede perfectamente suceder que una parte del poder judicial sea en un primer momento hipócritamente democrática y que luego, lo que comenzó como hipocresía se convierta en convicción auténtica. No pocas veces en la génesis de la moral personal hay un acto inicial de hipocresía. Como decía Kant, «las personas son, en general, cuanto más civilizadas tanto más actores teatrales: adoptan la apariencia del afecto, del respeto a los demás, de la decencia, de la generosidad, sin por ello engañar a nadie; pues cualquiera se da cuenta de que aquí no hay sinceridad y está muy bien que así ande el mundo. Pues si las personas juegan este papel, terminarán adquiriendo poco a poco y enraizando en su carácter las virtudes que durante un cierto tiempo simularon».[29] 2) Que el proceso de transición vaya acompañado de un afianzamiento de los presupuestos económicos y sociales de la democracia, es decir, la existencia de una sociedad económicamente homogénea, no excluyente. 3) Que el ciudadano común perciba la existencia de 1) y viva una realidad que satisface 2). Sólo así estará en condiciones de cultivar una «cultura cívica». Como es sabido, esto sucedió en la República Federal de Alemania: en un lapso de unos 15 años la cultura política alemana pasó de una «cultura de súbdito» (*subject-culture*), propia de un régimen totalitario, a una cultura democrática participativa (*participant-culture*).

18. Una cuestión interesante es analizar hasta qué punto la actividad de un tribunal supremo puede contribuir al establecimiento de una sociedad económicamente homogénea, es decir, no excluyente. No son pocos quienes sostienen que se trata aquí de una tarea eminentemente política que, por definición, le estaría vedada al poder judicial. Creo que esta posi-

ción es falsa. Al respecto dos ejemplos. En España, en cuestiones vinculadas con el derecho fiscal, el Tribunal Constitucional rechazó en una sentencia de 1981 el paradigma puramente formal y adoptó principios que respondían a un paradigma material. Entendía que la realización de un Estado social de derecho dispuesta en la Constitución requería tener en cuenta que «el poder constituyente ha establecido que en cuestiones impositivas no puede existir justicia sin progresividad e igualdad».[30] Esto significaba ir más allá de una concepción puramente formal del Estado de derecho. En la República Federal de Alemania, el artículo 107 de la Ley Fundamental establece el llamado «equilibrio financiero horizontal» entre los Estados federados es decir, una «igualización de la disparidad financiera de los Estados federados (*Länder*)». En una sentencia del 11 de noviembre de 1999, el Segundo Senado del Tribunal Constitucional Federal dispuso que el legislador federal está obligado a concretar y complementar las disposiciones legales correspondientes contenidas en la ley de 1993 (que actualmente regula la equiparación financiera de los *Länder*) antes del 31 de diciembre de 2004. En caso contrario, la ley actual será declarada anticonstitucional y nula a partir del 1° de enero de 2005. La disposición constitucional es de importancia obvia por lo que respecta a la homogeneidad aproximada de los diferentes *Länder* en cuestiones vinculadas con su capacidad financiera para satisfacer sus exigencias presupuestarias. La obligación impuesta por el Tribunal Constitucional apunta a la equiparación de criterios para determinar los indicadores que deben ser tomados en cuenta en la planificación presupuestaria y hacer más transparente la distribución de fondos. Al igual que en el caso español, se trata aquí de una sentencia que apunta no sólo a una igualdad formal entre los *Länder* sino también material en el plano de la política financiera y económica. De lo que se trata también es de asegurar una vía eficaz para «igualar las diferentes capacidades económicas dentro del territorio federal». (art. 104a, 4 LF).

La experiencia de estos dos países demuestra que en la medida en que la sociedad se vuelve más homogénea social y económicamente, aumenta también la confianza en la democracia. Tal es lo que sucedió en las transiciones española y alemana. En ambos casos, los tribunales constitucionales jugaron un papel importante como promotores de una igualdad material.

19. Esto no significa, por cierto, afirmar que la democracia tiene que asegurar el éxito económico. Lo único que sostengo es que un régimen político que promueve la exclusión y la heterogeneidad socio-económica no satisface una condición necesaria para el afianzamiento de la democracia. Una forma de gobierno en donde los ricos ejercen el poder sin que los pobres participen de él es un gobierno oligárquico. La definición no es mía sino de Platón.[31] Me parece una buena definición aplicable a muchos de los países cuyos gobiernos proclaman haber emprendido la vía de la transición

democrática. Según el último informe de Merrill Lynch, en América Latina, el principal grupo de los magnates logró reunir 26 mil millones de dólares, suma que equivale al ingreso de 430 millones de pobres durante 63.000 años. No puede sorprender por ello que una encuesta elaborada por Latinobarómetro revele un pronunciado descenso respecto del apoyo a la democracia en casi todo el subcontinente. El caso extremo es el del Paraguay donde una efectiva mayoría sostiene que sería preferible un gobierno autoritario a una democracia.[32] Segun la encuesta, el descontento por el funcionamiento de la democracia tiene mucho que ver con la reiterada debilidad económica.

20. De lo aquí expuesto, ¿qué recomendaciones concretas pueden inferirse con respecto al papel del poder judicial en una transición hacia la democracia?

Pienso que cautelosamente puede decirse lo siguiente:

a) Dado que en la gran mayoría de los países que se encuentran en proceso de transición sus sociedades están caracterizadas por su heterogeneidad socio-económica, heterogeneidad que, por otra parte, suele estar constitucionalmente prohibida, una función esencial de los jueces de tribunales supremos tiene que ser, si se quiere que sean los garantes de la calidad democrática de las decisiones políticas, la adopción de un paradigma material en la interpretación de los principios constitucionales especialmente de aquellos vinculados con la igualdad, es decir, la no discriminación.

   Ello promueve su confiabilidad y consolida la confianza en las instituciones proclamadamente democráticas.

b) El control de calidad democrática ha de limitarse a aquellas cuestiones vinculadas con los principios básicos del sistema, es decir, no debe intervenir en aquellas que constitucionalmente están libradas a la negociación y el compromiso de los partidos políticos que integran el Parlamento. Una cosa es la aplicación de un paradigma material de igualdad y otra la intervención en asuntos decidibles de acuerdo con el principio de mayoría. Control de calidad democrática no significa juridización de la política.

c) Es obvio que el poder judicial puede asumir estas tareas si y sólo si no depende en sus decisiones de imposiciones políticas, provengan estas del legislativo o del ejecutivo. La independencia del poder judicial es por ello también una resultante de la forma de elección de sus miembros. He sugerido cuál puede ser un método aceptable de designación. Mis propuestas se basan en la experiencia de transiciones exitosas como la española y la alemana. Por lo que respecta a estrategias de transición no es aconsejable pretender reinventar la rueda de diseños institucionales.

21. Si se dejan de lado estas recomendaciones, las consecuencias previsibles son las siguientes:

a) La falta de confiabilidad judicial estimulará la aparición de arreglos parainstitucionales encargados de la distribución de cargas y beneficios al margen del orden constitucional proclamado. Es lo que se llama mafia político-económica: como no vale la pena tomar en serio la Constitución, ni siquiera se da la posibilidad de la decisión hipócritamente constitucional de los jueces; como la sociedad es heterogeneamente excluyente, el ciudadano común opta o bien por la estrategia del naufragio: mantener la autoinclusión a costa de la exclusión del prójimo, o bien por la conservación del clientelismo político y la adhesión a líderes carismáticos vivientes o difuntos con lo que refuerza su cultura de súbdito. El régimen de transición no se encuentra entonces en situación de convalescencia sino más bien de coma permanente.
b) La juridización de la política frustrará la actividad parlamentaria y erosionará el principio básico de la decisión según el principio de mayoría.
c) La politización de la justicia ya en el momento de la designación de sus miembros abrirá una amplia avenida para la corrupción.
d) La suma de estas consecuencias estimulará en el ciudadano el deseo de salir del sistema con lo que la transición se trabará o se prolongará indefinidamente.

22. Como estos factores se condicionan y alimentan recíprocamente, es difícil decir por dónde comenzar. En muchos regímenes de transición la Constitución no es tomada en serio y suele recurrirse a su frecuente reforma como pretexto dilatorio para no aplicar la existente, a la que se considera en permanente estatus de provisoriedad. Así lo debe haber pensado Francisco Vicente Bustos, gobernador de La Rioja (Argentina), quien en 1886 resolvió reformar la Constitución de su provincia «para mostrarse interesado por la problemática institucional».[33] Ricardo Mercado Luna reconstruye el siguiente diálogo –digno de una novela de Gabriel García Márquez o de Alejo Carpentier– entre el gobernador y su ministro de Gobierno, teniente coronel Olímpides Pereyra:

> –Por favor, ministro, prepáreme un proyecto declarando la necesidad de la reforma de la Constitución.
>
> –Pero, si nosotros no la aplicamos, gobernador –repuso sinceramente extrañado el ministro-militar.
>
> –Eso es otra cosa. Yo necesito un buen argumento contra los opositores que me acusan de despreocuparme de las cuestiones institucionales y legales.[34]

Durante veintidós años sesionó la Asamblea Constituyente riojana hasta terminar acordando una Constitución que no se diferenciaba substancialmente de la anterior y que, por supuesto, tampoco fue aplicada. Pero, durante este lapso, se puso periódicamente de manifiesto la importancia política de los constituyentes y su retóricamente proclamada fe en el poder conformador de las constituciones. Un elocuente ejemplo de la ineficacia de las estrategias reformistas. Dejo librado a la imaginación del lector y a su conocimiento de la historia constitucional latinoamericana el instructivo ejercicio de cambiar el nombre de los personajes y el lugar de los acontecimientos; me permito vaticinar que los resultados de la respectiva reforma no habrán de diferenciarse substancialmente de los que ya preveía Olímpides Pereyra.

En todo caso, pienso que para un jurista democrático el grito de lucha debería ser: «¡Basta de reformas, tomemos la Constitución en serio!». Esto no es fácil en un continente en donde hay fuertes indicios de que sigue vigente la cínica frase del personaje de una memorable novela de Alejo Carpentier: «Como decimos allá, "la teoría siempre se jode ante la práctica" y "jefe con cojones no se guía por papelitos"».[35]

23. Si se toma en serio la Constitución y se aceptan las consideraciones formuladas al comienzo en el sentido de la relevancia del poder judicial como garantía de la vigencia de los principios constitucionales, no parece muy desacertado afirmar que la existencia de un régimen judicial de robusta autonomía es condición necesaria para el establecimiento y afianzamiento de la democracia.

Quizás entonces pueda dejar de ser verdad en nuestra América la observación formulada hace más de un siglo, en 1888, por Manuel González Prada:

> Hay un hecho revelador: reina mayor bienestar en las comarcas más distantes de las grandes haciendas, se disfruta de más orden y tranquilidad en los pueblos menos frecuentados por las autoridades.[36]

Notas

1. Aunque esta afirmación vale para todo sistema político, habré de referirme aquí sólo a regímenes democráticos afianzados o en transición.

2. Con respecto al concepto de estabilidad, véase Ernesto Garzón Valdés, «El concepto de estabilidad de los sistemas políticos» en del mismo autor, *Derecho, ética y política*, Madrid, Centro de Estudios Constitucionales 1993, págs. 573-609.

3. Thomas Hobbes, *De Corpore Politico* del mismo autor, The English Works, Aalen, Scientia Verlag, 1966, vol. IV. págs. 77-228, pág. 217.

4. La llamada «cláusula de eternidad» está establecida, por ejemplo, en el artículo 79 (3) de la Ley Fundamental alemana que reza: «No está permitida ninguna modificación de la presente Ley Fundamental que afecte la organización de la Federación en *Länder*, o el principio de la participación de los *Länder* en la legislación, o los principios enunciados en los artículos 1 y 20».

5. Cfr. Bruce Ackerman, *The Future of Liberal Revolution,* New Haven and London: Yale University Press 1992, pág. 113. Sigo aquí las sugerencias de Bruce Ackerman.

6. Cfr. Lawrence Sager, «The Domain of Constitutional Justice» en Larry Alexander (ed.), *Constitutionalism. Philosophical Foundations*, Cambridge, University Press 1998, págs. 235-270, pág. 238.

7. Agustín José Menéndez, *Justifying Taxes. Some Elements for a General Theory of Democratic Tax Law,* Dordrecht/Boston/Londres, Kluwer 2001, pág. 251.

8. James M. Buchanan, *The Limits of Liberty. Between Anarchy and Leviathan,* Chicago, The University of Chicago Press, 1975, pág. 151.

9. Ibíd., pág. 162.

10. Cfr. Jeremy Waldron, *Law and Disagreement,* Oxford University Press 1999, pág. 260.

11. A las democracias latinoamericanas se han aplicado –con buenas razones– los siguientes calificativos: no consolidadas, formales, delegativas, tuteladas, iliberales, degradadas, cleptocráticas, restringidas, incompletas.

12. Bruce Ackerman, ob. cit., pág. 72.

13. Cfr. *El País* del 28 de mayo de 2001, pág. 9.

14. Cfr. *El País* del 9 de abril de 2002, pág. 8.

15. En el informe 2002, Argentina bajó su calificación a 2,8. Con respecto a la persecución judicial de la corrupción en Argentina, es interesante recordar las recientes declaraciones del director de Políticas de Transparencia de la Oficina Anticorrupción (OA): «La sensación de impunidad tiene una base objetiva: desde la OA presentamos 500 denuncias, no hubo ni una condena y ninguna fue desestimada» (véase *La Nación* del 29 de agosto de 2002, pág. 9).

16. Arnoldo Kraus, «Soborno: mal endémico» en *La Jornada,* México DF, del 4 de octubre de 1995, pág. 14.

17. Héctor Fix Fierro (ed.), *A la puerta de la ley. El Estado de derecho en México*, México, Cal y arena, 1994, pág. 10.

18. Buenos Aires, Emecé 1992.

19. Guillermo O'Donnell, «Polyarchies and the (Un)Rule of Law in Latin America» en Juan E. Méndez, Guillermo O'Donnell y Paulo Sérgio Pinheiro (eds.), *The (Un)Rule of Law & the Underprivileged in Latin America,* Nôtre Dame, Indiana, University of Nôtre Dame Press, 1999, págs. 303-337, pág. 326.

20. Cfr. Lawrence Sager, ob. cit., pág. 265.

21. Bruce Ackerman, ob. cit., págs. 100 s.

22. Entre las imputaciones dirigidas contra los jueces de la Corte destacan: asociación ilícita, traición a la patria, incompetencia ética y moral, abuso de autoridad y prevaricato. Conviene, sin embargo, tener en cuenta que el enfrentamiento del poder ejecutivo con la Corte es de naturaleza político-económica. En efecto, según fuentes bien informadas, el gobierno habría sugerido a los jueces que podría

intentar «frenar» el enjuiciamiento siempre y cuando la Corte dispusiera, por ejemplo, que una medida cautelar en favor del ahorrista «acorralado» no implica la devolución del dinero sino que este deberá quedar depositado en una cuenta bancaria hasta la finalización del juicio (véase *La Nación* del 23 de marzo de 2002, pág. 10). En octubre de 2002 parece sumamente probable que el Partido Justicialista logre en la Cámara de Diputados archivar el juicio político atendiendo así las presiones del gobierno y satisfaciendo las exigencias de «seguridad jurídica» en las que insiste el FMI. Dicho con otras palabras, la paradójica consigna reza: «a la seguridad jurídica a través de la impunidad de la Corte». Cfr. *Clarín* del 3 de octubre de 2002.

23. Cfr. Humberto Nogueira Alcalá, «La defensa de la Constitución, los modelos de control de constitucionalidad y las relaciones y tensiones de la judicatura ordinaria y los tribunales constitucionales en América del Sur» en *Contribuciones*, Buenos Aires, Nº 3/2002, págs. 153-230, pág. 228.

24. Ulrich Klug, *Problemas de la filosofía del derecho y de la pragmática del derecho*, versión castellana de Ernesto Garzón Valdés, Barcelona, Alfa, 1989, págs. 149-174.

25. Ulrich Klug, ob. cit., pág. 150.

26. Ulrich Klug, ob. cit., pág. 151.

27. Ulrich Klug, ob. cit., pág. 174.

28. La expresión «juez servilleta» se usa en Argentina para designar aquellos jueces cuyos nombres fueron anotados en un bar de Buenos Aires en una servilleta de papel por uno de los adláteres de Carlos Menem. Se trataba de magistrados en los que el gobierno podía «confiar».

29. Immanuel Kant, «Antropologie in pragmatischer Hinsicht» en del mismo autor *Werke*, 6 vols., Darmstadt, Wissenschaftliche Buchgesellschaft 1964, vol. VI, pág. 442.

30. Cfr. Agustín José Menéndez, ob. cit., pág. 252.

31. Cfr. Platón, *La República*, 550 d.

32. Cfr. *La Nación* del 11 de agosto de 2001, pág. 4.

33. Cfr. Ricardo Mercado Luna, *Solitarias historias del siglo que nos deja*, La Rioja, Canguro, 1998, pág. 15.

34. Ibíd., loc. cit.

35. Alejo Carpentier *El recurso del método*, Madrid, Siglo XXI, 1976, pág. 31.

36. Manuel González Prada, «Nuestros indios» en Manuel González Prada, *Páginas libres. Horas de lucha*, Caracas, Ayacucho, 1987, págs. 332-343, pág. 343.

8

La ética de la función judicial

Martin D. Farrell*

1

La filosofía moral presenta tres niveles que pueden ser perfectamente diferenciados. La metaética da cuenta de la naturaleza de los juicios morales y del razonamiento moral. La ética normativa se entiende –en un nivel abstracto– con las nociones de lo bueno y lo correcto. La ética aplicada, finalmente, concreta en algún área determinada las nociones estudiadas por la ética normativa. La ética de la función judicial, desde luego, es un caso –importante, por cierto– de ética aplicada.

Las relaciones que existen entre los tres niveles de la filosofía moral no son uniformes. La metaética ejerce alguna influencia sobre la ética normativa. Si yo sostengo –en el nivel metaético– que existe una verdad moral sustantiva, y participo de un realismo moral (en sentido fuerte), es difícil que mi ética normativa contenga a la vez el valor de la tolerancia. ¿Por qué habría de ser yo tolerante con el error?

Supongamos que yo adhiera a una metaética que sostiene la existencia de hechos morales: los juicios morales que se ajustan a esos hechos son verdaderos, y los que no lo hacen son falsos. Tan falsos, por ejemplo, como la proposición que sostuviera que los españoles arribaron por primera vez a América en el año 1820. Ahora bien: si un profesor de historia enseña a sus alumnos que los españoles arribaron por primera vez a América en la

* Universidad de Buenos Aires.

segunda década del siglo XIX, el director del colegio debe despedirlo por ignorante. Y si el profesor reclamara tolerancia por parte del director respecto de sus ideas, el director no debería tenerla: el profesor está simplemente equivocado, y a los alumnos no se les debe enseñar historia de forma equivocada. Pero si hay juicios morales que son tan falsos como la afirmación histórica a la que acabo de referirme, entonces respecto de ellos deberíamos ser igualmente intolerantes.

Si deseamos incorporar a la tolerancia como un valor al nivel de la ética normativa –entonces– debemos adoptar una metaética que no postule la existencia de hechos morales. Una metaética, por ejemplo, que sostenga que los juicios morales son expresiones de sentimientos. Pero, más allá de lo que acabo de decir, no voy a proseguir ahora con este tema, pues él se aleja de mi objetivo principal. Sin embargo, es bueno recordar esto: más allá del ejemplo que acabo de mencionar, la influencia de la metaética sobre la ética normativa no se presenta tanto en el caso del *contenido* de los juicios éticos cuanto en el de la *naturaleza* de los mismos. El caso de la tolerancia es la excepción, y no la regla. Usualmente, la metaética no nos dice qué principios éticos debemos defender, sino cuál es la naturaleza de los principios éticos que defendemos. Es perfectamente posible (e incluso frecuente) que dos personas sostengan los mismos principios éticos, pero que –a la vez– les atribuyan una naturaleza diferente. Dos personas pueden creer, por ejemplo, que es inmoral la esclavitud, pero mientras una cree que esto se corresponde con un hecho moral, la otra puede pensar que se trata de un juicio moral relativo, acotado a la sociedad en la que vive. Respecto de la esclavitud estas dos personas sostienen entonces el mismo principio de ética normativa, aunque –como vemos– sus metaéticas son notablemente divergentes.

La situación cambia drásticamente, sin embargo, cuando examinamos la relación entre la ética normativa y la ética aplicada. Si existe –como he señalado– una influencia de la metaética sobra la ética normativa, principalmente en el nivel de la naturaleza de los juicios éticos la influencia de la ética normativa sobre la ética aplicada es en cambio total. El nombre es lo suficientemente claro: la ética aplicada se limita a aplicar, a un área determinada, las nociones de la ética normativa. Consecuentemente, el contenido mismo de los principios de la ética aplicada está determinado por la ética normativa que se adopte.

Acepto que no todos los filósofos de la moral piensan de este modo. Los partidarios del equilibrio reflexivo –como Rawls, por ejemplo– creen que de la aplicación de una teoría ética pueden surgir ciertas intuiciones, discrepantes con ella, que obliguen a reformular la teoría para que ella armonice con esas intuiciones. Por una parte tendríamos la teoría, en el nivel de la ética normativa. Pero al aplicar la teoría a los casos concretos, en el nivel de la ética aplicada, podríamos descubrir ciertas intuiciones que se oponen a la teoría. Deberíamos volver entonces al nivel de la ética normativa para reformular la teoría, ajustándola a las intuiciones, y –recién entonces– regresar al nivel de la ética aplicada, con la teoría corregida. Y es posible –además– que tuviéramos que repetir este proceso varias veces.

Sin embargo, yo creo que la teoría debe primar sobre las intuiciones una vez que la teoría ha sido aceptada, y por razones de simplicidad asumo aquí que esta es la posición correcta, sin proporcionar argumentos para ello, pues tampoco este tema constituye aquí mi objetivo principal. Lo que hay que establecer, entonces, es cuál de las teorías de ética normativa es la que debe aplicarse en el ámbito de la función judicial.

Porque si la ética normativa determina las soluciones de la ética aplicada, no hay otra manera de conocer ética aplicada que conociendo antes las distintas teorías disponibles en ética normativa, de modo de poder decidir cuál de ellas corresponde aplicar en un ámbito determinado, en este caso la función judicial. La ética aplicada se enfrenta a problemas graves cuando olvida esta obviedad: que es sólo la aplicación de una teoría ética determinada. Cuando olvida, en otras palabras, el orden jerárquico que enuncié al comienzo: primero la metaética, luego la ética normativa, y –recién entonces– la ética aplicada. Este orden jerárquico debe interpretarse también como un orden cronológico: no puede realizarse ningún trabajo en ética aplicada sin conocer previamente ética normativa. No existe una ética de la función judicial que pueda determinarse antes de conocer ética normativa. Los que intentaron realizar directamente esta tarea, sin deternerse antes a examinar la ética normativa, fracasaron por ignorar el orden –jerárquico y cronológico– que acabo de mencionar.

2

Veamos entonces cuáles son las teorías éticas que pueden competir para aplicarse a la conducta de los jueces. Hay tres teorías éticas normativas que dominan el panorama de la filosofía moral: dos son éticas del deber, y la tercera es una ética del carácter. Las éticas del deber, así llamadas porque establecen un catálogo preciso de nuestros deberes morales, son el consecuencialismo y el deontologismo. La ética del carácter, así llamada porque no pretende proporcionarnos un catálogo de deberes sino concentrarse en lograr el mejor carácter moral para el agente, es la ética de la virtud. Para la ética de la virtud –como he dicho– lo central es el carácter del agente moral: un individuo no es bueno porque hace cosas buenas, sino que ciertas cosas son buenas porque las hace ese individuo, que posee un carácter virtuoso.

Voy a descartar desde un comienzo a la ética de la virtud como una teoría que pueda aplicarse en el campo de la función judicial. (En realidad, Platón dio por tierra con la afirmación anterior con un argumento decisivo que proporcionó en el *Eutifrón*: ciertas cosas no son buenas porque las quieren los dioses, sino que los dioses las quieren justamente porque son buenas.) En este ámbito los deberes cuentan decisivamente, y el juez virtuoso es –sencillamente– aquel juez que cumple mejor con sus deberes morales. No es que una sentencia sea justa porque la dicta un juez virtuoso, al contrario: un juez es virtuoso porque dicta sentencias justas, lo que indica que debe existir algún criterio independiente para juzgar la justicia de las decisiones judiciales. Aristóteles podía identificar a los individuos virtuosos con los aristócratas atenienses, pero hoy en día nos domina un mayor grado de escepticismo. Esto nos deja entonces con dos candidatos potenciales para establecer los deberes del juez: el consecuencialismo y el deontologismo.

El consecuencialismo es una teoría ética que sostiene la prioridad de lo bueno sobre lo correcto. En su versión más conocida –el utilitarismo– lo bueno es la felicidad. Lo correcto no sólo está subordinado a lo bueno, sino que en el consecuencialismo ni siquiera se define de manera independiente de lo bueno: lo correcto para un consecuencialista consiste sencillamente en maximizar lo bueno. Para un utilitarista, lo correcto consiste entonces en maximizar la felicidad. (Descarto, sencillamente porque la creo errónea, la versión satisfaccionista del consecuencialismo.)

Nótese un resultado de gran importancia en esta subordinación de lo correcto a lo bueno: cualquier conducta que maximice lo bueno es correcta. No hay límites morales a la persecución de lo bueno. Si usted demuestra que la conducta *x* produce el estado de cosas A, y que ese es el estado de cosas posible en el cual hay más felicidad, entonces la conducta *x* es la conducta correcta. Y punto.

Lo característico del consecuencialismo –entonces– es la ausencia de restricciones a la persecución de lo bueno, lo cual se deriva –precisamente– de la ausencia de una concepción de lo correcto como algo distinto de lo bueno. Expresado en términos populares, para el consecuencialismo el fin justifica los medios. Puesto que esta frase está ampliamente desacreditada en la moral del sentido común, me apresuro a aclarar que los consecuencialistas no creen que *cualquier* medio esté justificado para *cualquier* fin. Ante todo, el fin en sí mismo debe estar justificado; de lo contrario, su relación con los medios sería irrelevante en el ámbito de la justificación moral. (Por más que yo insista en que matar a mi madre es el único medio para heredarla, el consecuencialismo se resistiría a aprobar mi conducta.) En segundo lugar, para que el medio esté justificado debe tratarse del medio que mejor produce el fin, esto es, del medio que produce la mayor cantidad del fin al menor costo; de lo contrario, la sola circunstancia de que produzca el fin también sería irrelevante. (Si ir caminando al colegio es un medio para que mi hijo asista a clase, de esta sola circunstancia no se sigue que está justificado para el consecuencialismo que yo envíe a mi hijo caminando al colegio. Porque si la distancia a recorrer es enorme, y los medios de transporte en la zona son baratos y están a mi alcance, el segundo medio tiene un menor costo que el primero.) Pero, incorporando estas puntualizaciones, es cierto que para el consecuencialismo el fin justifica los medios.

La estructura deontológica no puede ser más distinta. El deontologismo sostiene la prioridad de lo correcto sobre lo bueno, y caracteriza a lo correcto de un modo independiente de lo bueno. El deontologismo, por ejemplo, no discute que la felicidad es buena, pero sostiene que no cualquier conducta que maximice la felicidad es correcta. El deontologismo puede entenderse como una teoría moral que establece restricciones a la persecución de lo bueno. Por más que la conducta *x* produzca el estado de cosas A, y por más que el estado de cosas A sea el que contenga la mayor felicidad posible, todavía debo preguntarme si *x* es la conducta correcta, y si no lo es, entonces no puedo llevar a cabo A, porque al deontologista no le preocupan sólo los estados de cosas, sino –muy especialmente– la relación del agente con los estados de cosas.

Para el deontologista es muy claro que el fin *no* justifica los medios. En realidad, para él los medios empleados son más importantes que el fin a lograr. Aunque matar a una persona sea el medio más idóneo para evitar cinco muertes, el deontologismo sigue prohibiendo el matar (porque le interesa más que *yo* no mate, y no que se produzca un estado de cosas con un menor número de muertes). Matar no es un medio permitido, y ni siquiera el fin de evitar cinco muertes –o cincuenta, o quinientas– puede justificarlo. No importa solamente la consecución del fin sino cómo yo, en tanto agente moral, me relaciono con la consecución del fin. (No estoy sosteniendo que los números no importen *nunca* para el deontologista. Puede ser que no lo conmueva la muerte de cinco, de cincuenta o de quinientas personas, pero siempre existirá un número lo suficientemente elevado como para conmoverlo, salvo que se trate de un deontologista irracional.)

3

Con estas breves nociones previas, me parece claro que la teoría ética que se aplica a la función judicial es el deontologismo. Al menos esto es así, sin duda, en aquellos países que, como los Estados Unidos y la Argentina (para citar los dos casos que conozco mejor) tienen constituciones con derechos firmemente establecidos en ellas.

¿Qué se le pide moralmente a un juez cuando actúa? Creo que esta pregunta (que es el interrogante central de la ética aplicada a la función judicial) podemos entenderla mejor si comenzamos por formularnos la pregunta opuesta: ¿qué *no* se le pide que haga? Claramente, no se le pide que lleve a cabo el mejor estado de cosas posible, no se le pide –por ejemplo– que maximice la felicidad general con su decisión. No es que el sistema jurídico desprecie la felicidad; al contrario: se supone que el legislador diseña las normas jurídicas preocupado por la obtención de la felicidad. Se trata, en cambio, de que el sistema jurídico está preocupado especialmente por el *modo* como se obtiene la felicidad. Y el modo –esto es, el respeto de los derechos– tiene más importancia que la felicidad misma. Esto descarta a primera vista al consecuencialismo –y al utilitarismo, como especie dentro del género consecuencialista– como la teoría ética a aplicarse en el ámbito de la función judicial. Pero, como luego veremos, constituiría un grave error creer que estas consideraciones excluyen definitivamente al consecuencialismo de la ética judicial.

¿Qué se le pide a un juez, entonces, cuando actúa? Sencillamente que haga respetar los derechos en juego, sea cual fuere la felicidad que se derive de ello. (El legislador puede creer que si los jueces actúan de esta manera el resultado final consistirá en un incremento de la felicidad general, pero esta es una cuestión distinta.) Supongamos que un juez debe adoptar una decisión en un caso que se refiere a la libertad de expresión, concretamente la publicación de un artículo de contenido político. Y supongamos también que quien desea publicar el artículo tiene derecho a hacerlo, de acuerdo a la mejor interpretación constitucional posible (que no diré ahora cuál es). Pero el artículo en cuestión, sin duda, provocará un gran conflicto del cual surgirá un estado de cosas que tendrá menos felicidad que el estado de cosas en el cual el artículo fuera censurado. El juez, obviamente, no sólo no debe producir aquí el estado de cosas en el que existirá mayor felicidad, sino que ni siquiera debe tener en cuenta esta posibilidad. El juez, sencillamente, debe hacer respetar el derecho a publicar el artículo, puesto que sería incorrecto perseguir la felicidad por medio de la censura de la prensa, ya que ello implicaría una violación de derechos. La constitución, al consagrar el derecho a la libertad de expresión, coloca la incorrección de censurar a la prensa en un nivel jerárquicamente superior al de la persecución de la felicidad.

Ronald Dworkin ha examinado un ejemplo similar, y voy a citarlo por eso con cierta extensión. En los Estados Unidos, dice Dworkin, se supone

> que los ciudadanos tienen ciertos derechos fundamentales contra su gobierno, ciertos derechos morales convertidos en derechos legales por la Constitución. Si esta idea tiene sentido, y vale la pena proclamarla, entonces estos derechos deben ser derechos en el sentido fuerte [...] La pretensión de que los ciudada-

> nos tienen un derecho a la libertad de expresión debe implicar que sería incorrecto para el gobierno impedirles hablar, incluso cuando el gobierno cree que lo que ellos dirán causará más daño que bien.[1]

Dworkin cree que este punto es especialmente importante, puesto que en algunos casos la invocación a la utilidad podría ser un argumento suficiente, incluso para limitar la libertad de los ciudadanos. Normalmente –por ejemplo– es suficiente con alegar

> que el acto está concebido para incrementar lo que los filósofos llaman la utilidad general; que está concebido para producir más beneficio que daño. Así, aunque el gobierno de la ciudad de Nueva York necesita una justificación para prohibir a los automovilistas el recorrer Lexington Avenue hacia el norte, constituye una justificación suficiente si los funcionarios competentes creen, sobre la base de una evidencia firme, que la ganancia para la mayoría sobrepasará los inconvenientes de la minoría. Cuando se dice en cambio que los ciudadanos individuales tienen derechos frente al gobierno, como el derecho a la libertad de expresión, esto debe significar que este tipo de justificación no es suficiente. De otra manera, la pretensión no argumentaría que los individuos tienen una protección especial en contra de la ley cuando sus derechos están en juego, y este es precisamente el punto de la pretensión.[2]

Como puede verse, los casos en los cuales la utilidad es suficiente como justificación son los casos que podríamos considerar como secundarios en un ordenamiento jurídico: determinar la dirección del tránsito vehicular, por ejemplo. En los casos primarios, como el de proteger la libertad de expresión, el papel de la utilidad es sólo indirecto. Se supone que el legislador consideró útil el respeto a la libertad de expresión, pero no es necesario que resulte útil el respeto a la libertad de expresión en cada caso concreto en que ella se encuentra en juego. Y el juez –como es obvio– se ocupa sólo de los casos concretos.

De modo que lo que Dworkin muestra, con toda claridad, es esto: los derechos son cartas de triunfo. ¿Y sobre qué triunfan los derechos? Precisamente sobre las consideraciones de utilidad. Para dejar de lado un derecho no basta con mostrar que este desplazamiento del derecho produce un estado de cosas tal que contenga más felicidad. El juez debe hacer respetar los derechos, no preocuparse por consideraciones de utilidad.

4

Tal vez, sin embargo, existe todavía una manera de reivindicar el papel del consecuencialismo como ética de la función judicial. Aceptemos que los derechos son importantes, y aceptemos incluso que son más importantes aún que las consideraciones de utilidad. Todavía podemos emplear sin embargo aquí la estructura consecuencialista, sosteniendo que el papel del juez consiste en maximizar los derechos. Si los derechos son lo bueno, lo correcto es maximizar el respeto a los derechos, sin estar sujetos para ello a restricción alguna.

Recordemos otra vez que la estructura consecuencialista no contiene ninguna caracterización de lo correcto como algo independiente de lo bueno. Por lo tanto, cualquier cosa que haga el juez, tal que ella maximice el respeto a los derechos, será correcta. Incluso, y esto es lo importante, si debe violar algún derecho para lograr la maximización del respeto a los derechos, entonces es correcto que lo haga.

Lo que acabo de exponer es una versión de lo que se denomina el consecuencialismo de derechos. ¿Es ella una versión aceptable de la ética de la función judicial? Por desgracia para el consecuencialismo, claramente no lo es. Supongamos que un juez sabe que el acusado por un delito determinado es –en realidad– inocente de él y no participó en su comisión. No obstante, el juez sabe que si decide absolver al acusado esta situación puede provocar motines y disturbios, con la consecuencia de que muchos derechos, tal vez a la vida, tal vez a la propiedad, resultarán violados. El sistema jurídico está diseñado de modo tal que el juez no puede condenar en este caso a un inocente, ni siquiera aunque esta condena produzca el mejor estado de cosas posible respecto de las violaciones eventuales de derechos.

Robert Nozick ha proporcionado argumentos convincentes para reforzar esta conclusión. Él recuerda que una teoría puede incluir en un lugar importante el tema de la no violación de derechos, y sin embargo

> incluirla en el lugar incorrecto y de la manera incorrecta. Porque supongamos que dentro del fin deseable a ser obtenido se incluye alguna condición acerca de minimizar la suma total (sopesada) de violaciones de derechos. Tendríamos entonces algo así como un «utilitarismo de derechos»; las violaciones de derechos (que van a ser minimizadas) reemplazarían simplemente a la felicidad total como el fin relevante en la estructura utilitarista.[3]

Paso por alto, ante todo, un error terminológico que es en realidad irrelevante. El utilitarismo es sólo una especie dentro del género consecuencialismo, donde lo bueno se identifica con la felicidad. Si lo bueno se identifica en cambio con el respeto por los derechos, lo que tenemos como resultado no es un utilitarismo de derechos, sino –como he preferido llamarlo antes– un consecuencialismo de derechos.

Pero esto no es importante, como dije. Sí lo es el hecho de que Nozick identifique el problema con toda corrección: los derechos aparecen ubicados en el fin que la teoría se propone obtener. Y el sistema jurídico no está diseñado de este modo, por supuesto, tal como Nozick continúa explicando. Recuerda que, en este caso,

> violar algunos derechos puede desviar a otros individuos de su acción intencional de violar gravemente los derechos, o puede eliminar el motivo para que lo hagan, o puede distraer su atención, y así sucesivamente [...] En contraste con incorporar los derechos en el fin a ser alcanzado, uno puede colocarlos como restricciones laterales respecto de la acción a ser realizada: no viole la restricción R. Los derechos de los demás determinan las restricciones sobre nuestras acciones.[4]

De esta última forma funciona efectivamente el sistema jurídico. El juez no tiene como misión maximizar el respeto general por los derechos, sino respetar *él mismo* los derechos sometidos a su consideración. Si los derechos son cartas de triunfo frente a consideraciones de utilidad, los derechos obran como una restricción a la persecución de la utilidad. Ellos obran, entonces, como restricciones deontológicas a la persecución de lo bueno, y no como parte de lo bueno que debe ser perseguido (de cualquier manera, y sin restricciones, como piensa en cambio el consecuencialismo).

Si el juez obrara como un consecuencialista, le interesaría únicamente el estado de cosas que resultara de su intervención. Y si el estado de cosas resultante fuera uno en el cual se ha maximizado el respeto de los derechos, el juez hubiera obrado correctamente en llevarlo a cabo, incluso a costa de la violación de algún derecho. Pero el sistema jurídico no está diseñado –precisamente– para que el juez obre como un consecuencialista, sino para que el juez se considere un agente moral que está obligado a respetar ciertas restricciones, aún a expensas de la utilidad del estado de cosas resultante. El sistema jurídico –en otras palabras– exige que el juez obre como un deontologista.

5

Parece entonces que la única teoría ética que describe adecuadamente la función judicial es el deontologismo, y esto es justamente lo que ya he dicho al comienzo. Sin embargo, encuentro al menos un importante papel (aunque tal vez residual) para el consecuencialismo (y, más específicamente, para el utilitarismo), al menos en dos aspectos centrales de la decisión judicial.

El primer aspecto es el siguiente: si examinamos cualquier sistema jurídico, advertiremos de inmediato que se trata de un sistema que otorga más de un derecho. Se trata, entonces, de un sistema pluralista. Pero hay algo más todavía: se trata de un sistema pluralista en el cual los derechos no están usualmente ordenados de una manera jerárquica.

Esta última observación debe ser explicada de un modo más adecuado. Por supuesto que existe una jerarquía entre derechos constitucionales, por una parte, y derechos legales, por la otra, en la que el lugar superior –obviamente– lo ocupan los derechos constitucionales. Lo que no existe es una jerarquía entre los derechos constitucionales mismos. La constitución otorga, entre otros, los derechos de propiedad y de libertad de expresión, por ejemplo, pero no dice en cambio que uno de ellos sea superior al otro. Todos los derechos constitucionales se consideran como de igual jerarquía.

Si el sistema jurídico es pluralista –y sin una jerarquía de derechos– entonces ninguno de los derechos que otorga puede ser absoluto (en el sentido de que siempre deba ser respetado), por la sencilla razón de que cualquier derecho puede entrar en conflicto con otro derecho y –en un caso concreto– ser desplazado por este (cuando ambos no pueden ser satisfechos simultáneamente). Los derechos, entonces, son sólo derechos *prima facie*.

¿Qué ocurre, pues, cuando dos derechos entran en conflicto, y son ambos –por ejemplo– derechos constitucionales, y –consecuentemente– derechos de igual jerarquía? Puesto que la Constitución no establece –como dije– ninguna jerarquía de derechos, el que debe decidir cuál derecho desplaza al otro en este caso concreto es el mismo juez. Y mi tesis es que, puesto que no existe ninguna jerarquía de derechos, él debe optar por hacer respetar uno de esos derechos basándose en consideraciones de utilidad. En caso de conflicto de derechos, el juez debe practicar el cálculo consecuencialista, y optar por el estado de cosas que produzca la mayor felicidad.

Este rol asignado al consecuencialismo no implica de ninguna manera una refutación de la idea de Dworkin de que los derechos son cartas de triunfo frente a las consideraciones de utilidad. Supongamos que en un caso determinado exista un conflicto entre el derecho de propiedad y la utilidad: el juez debe optar en este caso por respetar el derecho de propiedad. Supongamos ahora que existe un conflicto entre el derecho a la libertad de expresión y la utilidad: también en este caso el juez debe optar por el respeto al derecho a la libertad de expresión. Pero supongamos, finalmente, que existe un conflicto entre el derecho a la propiedad y el derecho a la libertad de expresión. Aquí Dworkin no tiene nada que decir, ya que los derechos son cartas de triunfo respecto de la utilidad, pero no –obviamente– respecto de otros derechos. Y es en este tipo de casos que yo sugiero precisamente que el juez debe aplicar el razonamiento consecuencialista.

Como puede advertirse con claridad, el papel del consecuencialismo es aquí subsidiario. Primero deben identificarse los derechos en juego, apreciar que ellos se encuentran en conflicto, y que no pueden todos ser satisfechos en el caso concreto. Entonces, y recién entonces, el juez está autorizado a hacer jugar consideraciones consecuencialistas para resolver el conflicto de derechos.

6

El segundo aspecto en el cual el razonamiento judicial debe inspirarse en el consecuencialismo es más controvertido. La ética deontológica misma no descuida totalmente la apelación a las consecuencias. Rawls, innegablemente un filósofo partidario del deontologismo moral, dice que una teoría que no toma en cuenta a las consecuencias sería irracional y loca. Y Nozick, que tampoco oculta su preferencias deontológicas, acepta que las restricciones impuestas por su teoría sean dejadas de lado en casos de «horror moral catastrófico».

Por lo tanto, cualquier deontologista debería aceptar que hay casos extremos en los cuales, ante la gravedad de las consecuencias que se seguirían del respeto de un derecho, ese derecho debe ceder ante consideraciones de utilidad, y esto es lo que el juez debe advertir (y decidir de acuerdo a ello).

Voy a ilustrar este aspecto de la cuestión con dos fallos tomados de la jurisprudencia argentina. El primero de ellos es el caso *Peralta*. En diciembre de 1989 la economía argentina –como suele ocurrir– se encontraba en una situación muy difícil, con una fuerte amenaza hiperinflacionaria. Aprovechando la gran cantidad de dinero depositada a corto plazo en los bancos, pues los ahorristas habían sido atraídos en esa oportunidad por tasas muy altas de interés, el gobierno se apropió de los depósitos bancarios mediante un decreto presidencial, anunciando que iba a devolver a los ahorristas bonos en lugar de dinero.

Llegado el caso a la Corte Suprema, el Tribunal convalidó el proceder del gobierno, con un razonamiento estrictamente consecuencialista. La Corte dijo, entre otras cosas, que

> cuando los sucesos que conmueven a la vida de la sociedad amenazan llevarla a la anomia y la inviabilidad de la vida política organizada, como puede ser hoy el resultado del descalabro económico generalizado [...] allí deben actuar los poderes del estado.

Agregó el Tribunal que

> la tarea permanente de constituir la unión nacional tiene por problema central hoy asegurar la supervivencia de la sociedad argentina.

Y la Corte concluyó con una tesis definidamente realista:

> Las constituciones son fuentes de derechos. Las realidades políticas son hechos. Cuando las primeras no interpretan a las segundas ... fracasan.

Obsérvese que en este caso no había ningún derecho que se opusiera al ejercicio del derecho de propiedad. Lo único que se oponía aquí al derecho de propiedad eran consideraciones de utilidad. Y la Corte, precisamente, otorgó primacía a la utilidad, *pace* Dworkin. Pero la influencia del deontologismo es muy grande en la ética judicial, como ya he dicho. Al mismo tiempo de emplear argumentos consecuencialistas la Corte se preocupó por sostener que no lo estaba haciendo. Y dijo, entonces, que su razonamiento «no implica subordinar el fin a los medios, preferencia axiológica que es conocida fuente de los peores males».

Aún cuando existan circunstancias que impongan la adopción de la tesis consecuencialista los tribunales, como vemos, son renuentes a reconocer que han actuado de este modo. Considero que éste es un defecto importante en el razonamiento judicial, y voy a explicar por qué. Si el Tribunal no hace explícito que su decisión se basa en consideraciones consecuencialistas, el precedente que deja sentado es indudablemente peligroso: es posible que –en cualquier circunstancia– el gobierno se apodere de depósitos bancarios y los cambie por bonos, puesto que se supone que esa conducta no viola ningún derecho. Puede hacerlo en cualquier circunstancia, porque la Corte no dijo que la única excusa para ese proceder en este caso fue la de evitar una catástrofe. Si la Corte razona explícitamente sólo en términos de derechos, entonces aparentemente reconoce que hay –siempre– un derecho a apoderarse de los depósitos bancarios. Si la Corte admite en cambio que razona en este caso –por excepción– en términos consecuencialistas, entonces reconoce que no hay un derecho que justifique ese apoderamiento, pero que –en circunstancias muy especiales, y para impedir una catástrofe– puede actuarse sin derecho. El precedente deja de ser peligroso, puesto que queda rigurosamente acotado.

Ningún individuo racional razona, a lo largo de toda su vida y en todas las situaciones posibles, exclusivamente como consecuencialista o exclusivamente como deontologista. Razona primordialmente, en la inmensa mayoría de los casos, como uno o como otro, pero en situaciones periféricas adopta justamente la doctrina opuesta: el consecuencialista acepta restricciones y el deontologista acepta el cálculo de consecuencias. Los Tribunales son como los individuos: en la inmensa mayoría de los casos razonan como deontologistas, y esto es –justamente– lo que deben hacer. Pero en situaciones periféricas adoptan el consecuencialismo para evitar catástrofes, y esto es también lo que deben hacer. No hay nada de malo en reconocerlo expresamente y hay mucho de bueno en hacerlo: acotan en este caso el precedente, y lo dejan reducido a situaciones de catástrofe.

La ética consecuencialista es tan digna de respeto como la deontológica. Por eso resulta extraña la renuencia de los Tribunales a reconocer públicamente su razonamiento consecuencialista en circunstancias de excepción. Si bien la ética predominante en la decisión judicial es la deontológica, no es desdoroso aceptar que hay casos en los cuales el juez debe comportarse como un consecuencialista.

Cuando el presidente Lincoln restringió el derecho de *habeas corpus* al comienzo de la guerra civil utilizó para hacerlo consideraciones consecuencialistas, y con esa actitud preservó al *habeas corpus* para condiciones más normales que las de una guerra civil. Ni siquiera Kant descartaba completamente el razonamiento consecuencialista, como lo prueba su interpretación del principio *fiat iustitia, pereat mundus*. Comienza sosteniendo, de un modo impecablemente deontológico, que –cualesquiera sean las consecuencias físicas– la máxima política que se adopte no debe ser influenciada por cualquier beneficio o felicidad que pueda corresponder a la situación que se sigue de ella: ella debería ser influida solamente por el concepto puro del deber correcto. Nada más deontológico, hasta ahora (en realidad, como puede verse, nada más kantiano). Pero de inmediato Kant toma en cuenta las consecuencias. El mundo ciertamente no llegará a su fin –dice– si hay algunos hombres malos de menos. Y lee el principio aludido como sosteniendo: dejemos que la justicia reine, incluso si deben perecer todos los seres deshonestos del mundo.[5] Esta última versión tiene muy poco que ver con el principio original, y es una a la cual bien podría adherir un consecuencialista. Mi exhortación a los Tribunales, entonces, bien puede ser calificada de modesta: no sean más kantianos que Kant.

El segundo de los fallos que voy a considerar es el caso *Smith*. En enero de 2002 la economía argentina –otra vez, como vemos– se encontraba en una situación muy difícil, en esta ocasión con una fuerte amenaza de quiebra del sistema financiero. El gobierno volvió a inmiscuirse con los depósitos bancarios, y el caso llegó nuevamente a consideración de la Corte. Las mismas razones que justificaron emplear un razonamiento consecuencialista, priorizando el estado de cosas con una mayor utilidad por sobre el respeto de los derechos, aparecían nuevamente en este caso, igual que en *el caso Peralta* (aunque no estoy sosteniendo, ciertamente, que ambos casos fueran idénticos). Pero, a diferencia de *Peralta,* la Corte decidió aquí aplicar el razonamiento deontológico, y cuestionó la medida, sosteniendo que ella vulneraba el derecho de propiedad (lo que efectivamente hacía).

El Tribunal no desconoció que existía una situación de emergencia. Por el contrario, dijo expresamente que se encontraba

> fuera de discusión en el caso la existencia de una crisis económica por lo que no cabe cuestionar el acierto o conveniencia de medidas paliativas por parte del Estado.

Pero esta vez la Corte enfatizó que la crisis misma no implicaba

> que se admita, sin más, la razonabilidad de todos y cada uno de los medios instrumentales específicos que se establezcan para conjurar los efectos de la vicisitud.

Porque, dijo el Tribunal, la restricción que impone el Estado

> al ejercicio normal de los derechos patrimoniales debe ser razonable, limitada en el tiempo, un remedio y no una mutación en la sustancia o esencia del derecho adquirido.

Como resultado de todo ello, la Corte entendió que condicionar, o limitar, el derecho a disponer libremente de los fondos invertidos o depositados en entidades bancarias y financieras afectaba a la intangibilidad del patrimonio, y que el efecto producido por las normas impugnadas excedía el ejercicio válido de los poderes de emergencia. El Tribunal, entonces, privilegió el respeto de los derechos por sobre el cálculo de consecuencias.

El gobierno no quedó convencido por cierto con este razonamiento dworkiniano e impulsó el juicio político de todos los integrantes de la Corte (incluso de aquellos de sus miembros que no habían firmado la decisión cuestionada). Hay oportunidades, habrá pensado la Corte, en que es bueno tomar en cuenta las consecuencias posibles de nuestras propias acciones.

En el caso *Smith*, como he dicho, existía efectivamente la violación de un derecho. El posible error de la Corte fue el de no haber mencionado el cálculo de consecuencias: el Tribunal podría haber dicho, por ejemplo, que este no era un caso de catástrofe posible, y que –por esa razón– no había motivos como para apartarse del razonamiento deontológico.

En realidad, todo Tribunal hace –o debe hacer siempre– un cálculo de consecuencias. Lo que ocurre es que la inmensa mayoría de los casos no son casos en los cuales el respeto de los derechos conduce a una catástrofe. Por esta razón el cálculo de consecuencias es implícito y no se incluye abiertamente en la decisión del Tribunal. Pero en los casos periféricos, cuando se avizora la posibilidad de que el respeto de un derecho produzca una catástrofe, el Tribunal debe hacer explícito su cálculo consecuencialista, sea que se haya decidido por el respeto del derecho o por su violación.

7

Lo que he tratado de mostrar hasta aquí puede resumirse entonces de esta forma:

a) La ética de la función judicial es, normalmente, una ética deontológica. Es una ética que privilegia el respeto a los derechos sobre las consideraciones de utilidad, y que cree que existen restricciones a la persecución de lo bueno, restricciones que surgen de la prioridad de lo correcto (los derechos) sobre lo bueno.
b) Los derechos, de acuerdo a esta ética deontológica, son cartas de triunfo frente a consideraciones de utilidad. Producir el mejor estado de cosas posible, a costa de la violación de un derecho, es algo que el juez no puede llevar a cabo.
c) Si los derechos cuentan como restricciones a la persecución de la felicidad, no constituyen un fin a ser maximizado, por lo cual no es admisible un consecuencialismo de derechos. Por lo tanto, el juez no está autorizado a convalidar la violación de un derecho con el argumento de que –como resultado de esa violación– será respetado un número mayor de derechos.
d) Pero el consecuencialismo tiene un papel importante que desempeñar en la decisión judicial, en dos situaciones diferentes.
e) La primera de esas dos situaciones aparece en casos de conflicto de derechos de igual jerarquía. En esos casos, el juez debe decidir cuál de los derechos prevalece aplicando un razonamiento consecuencialista. Prevalece aquel derecho cuyo respeto produzca las mejores consecuencias.
f) La segunda de las situaciones aparece en casos en los cuales el respeto de un derecho provocaría trágicas consecuencias. En estos casos –excepcionales, por cierto– prevalecen directamente las consideraciones de utilidad.

Si tuviera entonces que resumir muy apretadamente mi opinión sobre la ética de la función judicial, diría que se trata una ética deontológica, pero con dos importantes resquicios para el consecuencialismo. Y pondría énfasis en una circunstancia: he tratado de hacer ética aplicada, y de indicar cómo deberían comportarse los jueces al dictar sentencia. Pero lo he hecho respetando estrictamente el orden mencionado al comienzo, esto es, partiendo –como corresponde hacerlo– de nociones de ética normativa.

Una última palabra sobre mi posición personal acerca de este tema. Lo que he estado intentando hacer aquí es *describir* cómo funciona el sistema jurídico (argentino o norteamericano, en mis ejemplos) respecto de las exigencias que él impone a la función judicial. No he tratado, en cambio, de mostrar cómo diseñaría yo las exigencias del juez en un sistema jurídico ideal. Puesto que nunca he ocultado mis simpatías por el consecuencialismo, tal vez el diseño sería diferente. Pero no *tan* diferente, sin embargo, y ello por una razón que no es difícil de percibir. El legislador (al menos el legislador ideal) tiene siempre en cuenta a las consecuencias cuando sanciona una ley que consagra ciertos derechos. Si la ley se considera como una regla, hay buenas razones consecuencialistas para que el juez la obedezca, puesto que es probable que de la obediencia estricta del juez a la ley se sigan, precisamente, las mejores consecuencias. De donde el deontologismo de la ética judicial serviría en definitiva al consecuencialismo más general que se encuentra ínsito en el propósito del legislador. El juez debería seguir comportándose como un deontologista, pero ahora lo haría por motivos consecuencialistas.

Notas

1. Ronald Dworkin, *Taking Rights Seriously*, Londres, Duckworth, 1977, pág. 190.
2. Dworkin, cit., pág. 191.
3. Robert Nozick, *Anarchy, State, and Utopia*, Oxford, Basil Blackwell, 1974, pág. 28.
4. Nozick, cit., pág. 29.
5. Kant, «Perpetual Peace», en Hans Reiss (ed.), *Kant's Political Writings*, Cambridge University Press, 1970, págs. 123-124.

9

La vida privada de los jueces

Jorge F. Malem Seña*

Introducción

Es habitual observar que los ciudadanos demandan para sí un ámbito de privacidad que no están dispuestos a permitir que disfruten cierto tipo de personas, especialmente si son determinados funcionarios públicos. Como ciudadanos, exigen que se respete su propio derecho a la intimidad; esto es, reclaman, entre otras cosas, que no se conozcan datos sobre su vida privada, sobre su propio cuerpo, emociones, creencias morales y religiosas o que no se interfiera en la formulación de sus planes de vida; mientras que al mismo tiempo alzan sus voces cada vez con una mayor asiduidad solicitando informaciones acerca de las actitudes individuales, las relaciones personales, los bienes y las acciones de las personas públicas, de los funcionarios, de los políticos y también de los jueces, sobre todo cuando ocupan las más altas instancias judiciales de un país.[1]

La indagación sobre los aspectos personales de los funcionarios públicos es tan vieja como la propia vida política. Pero en la actualidad, este tipo de práctica se ha visto considerablemente aumentado debido a factores tales como la relativa indefensión en la que se encuentran los funcionarios frente a los ataques de la prensa, a la nueva forma de hacer política a través del uso de los medios de comunicación que permite que estos avancen

* Universidad Pompeu Fabra.

sobre ámbitos de intimidad cada vez mayores, a los políticos que utilizan los escándalos privados para desacreditar a sus opositores o a los jueces que los indagan y, en fin, aunque no menos importante, a la negativa a reconocer una separación tajante entre el ámbito público y el privado.[2]

Pero no sólo es un hecho empíricamente verificable que los ciudadanos piden una mayor publicidad sobre las finanzas y modos de vida de los funcionarios, sino que se sostiene incluso que, desde un punto de vista normativo, así debe ser, que éstos deben resignar parte de su intimidad como una obligación impuesta por la función que desarrollan o por el cargo que ocupan, que su privacidad es del todo inferior a la de los demás.

Una de las razones que se ofrece para fundamentar esa afirmación es que dado que los funcionarios toman decisiones que afectan al conjunto de la sociedad, los individuos tienen el derecho a conocer sus competencias físicas y sicológicas, sus aptitudes personales y los rasgos más relevantes de su carácter por la influencia que ellas pudieran ejercer en tales decisiones. Tienen derecho a saber si padecen alguna enfermedad invalidante, si consumen algún tipo de drogas, si las amistades que frecuentan pueden significar un obstáculo para el desempeño de sus funciones o si su ideología afectará su juicio de un modo acusado. Tienen derecho a saber, en fin, en manos de quién están depositadas sus vidas y sus haciendas.

Esta exigencia de publicidad no se manifiesta con igual rigor, naturalmente, respecto de todo funcionario público. No se debe pedir idénticas informaciones a un cartero que a un ministro o que a un miembro de la suprema corte de justicia. Esta diferencia en el trato se debería establecer, según Dennis Thompson, de acuerdo al grado de autoridad ejercido por el funcionario público, conforme al tipo de deberes que tiene que cumplir y por los efectos de sus decisiones.[3] El conocimiento del que se ha de disponer sobre ciertos aspectos personales que pueden ser muy relevantes en algunos casos puede tener nula importancia en otros. En Estados Unidos, por ejemplo, en 1976, «la confirmación de Griffin Bell como procurador general de la nación despertó duras críticas cuando se supo que era miembro de varios clubes privados donde se excluía a las mujeres y a los negros... Bell... renunció a esas instituciones, concediendo que ello era incompatible con la función de procurador general, a la que consideraba «un símbolo de la igualdad ante la ley». El Secretario de Estado Cyrus Vance y el Secretario de Defensa Harold Brown también pertenecían a clubes privados discriminatorios, pero aquí no se suscitaron objeciones...»[4] Esto mostraría que la información que se podría reclamar de un procurador general de la nación para evaluar su idoneidad para el cumplimiento de sus funciones no es idéntica a la que podría solicitarse de un ministro, y lo mismo vale para el resto de los funcionarios públicos.

Respecto de jueces y magistrados, advertir algunos aspectos de sus vidas privadas adquiere un valor especial en la medida en que tales funcionarios deben aplicar el derecho de una forma independiente e imparcial y hay que asegurar que sus acciones institucionales no se vean torcidas por aspectos idiosincráticos o por sus relaciones personales o sociales.

Un ejemplo extraído de la práctica judicial española tal vez pueda ser útil para ilustrar lo afirmado. En España, los jueces se deben apartar si tienen un interés directo o indirecto en la causa. ¿Pueden las convicciones más íntimas del juez constituir una causal de apartamiento o de recusación? Creo que sí, aunque esté dispuesto a admitir que tal respuesta no genere un consenso general. Según Joan Picó y Junoy, «el interés moral o religioso, en supuestos excepcionales, puede ser de tal trascendencia para el juzgador que ponga en duda su objetividad, por lo que adquiere sentido su sustitución. Así, podemos pensar en el caso del juez que perteneciendo activamente a una asociación religiosa debe resolver una controversia que, atendiendo en conciencia a los postulados de su creencia, ha de resolverla inexorablemente de una determinada manera... Al respecto, podemos citar el caso de un juez de Málaga, cuyas creencias religiosas contrarias al aborto eran conocidas, que fue recusado por el abogado de un imputado por delito de aborto al amparo del interés indirecto del juez en la causa. Este aceptó el motivo y fue separado del asunto...»[5] En ese sentido, conocer la vida privada y las creencias de los funcionarios en general y de los jueces en particular puede contribuir a ajustar las predicciones sobre decisiones institucionales.

Por cierto, es posible pensar que determinadas actitudes personales, aunque reprensibles desde el punto de vista moral, son sin embargo consideradas de un modo positivo o ejerzan una influencia beneficiosa cuando son asumidas por personajes públicos. No es necesario retrotraerse a Maquiavelo. «En Indonesia, la indiscriminada preocupación sexual del presidente Sukarno era objeto de admiración y no de vilipendio; quizás la demostración de su continua virilidad ratificaba también su potencia política.»[6] Y algo similar sucedió en la República Argentina respecto de la valoración que merecía el comportamiento en ocasiones escandaloso del ex presidente Carlos Menem o la indulgencia con la que se miraba los continuos escándalos amorosos de Trudeau, el ex primer ministro de Canadá. En estos tres casos, los desvaríos amorosos de dichos mandatarios, que en principio pertenecen a su ámbito privado, eran vistos como acciones de personalidades exitosas y, por lo tanto, con el carácter y la decisión necesarios para conducir las riendas políticas de sus respectivos países. No requiere ser señalado que este tipo de valoraciones depende por completo del contexto social y ético vigente.

Pero no todos estarían dispuestos a admitir que la vida privada de una persona es un elemento que ha de ser tomado en consideración para evaluar la competencia de un candidato a ocupar un cargo público o para juzgar su profesionalidad. Hay quienes sostienen que llevar una vida poco ordenada, mantener posiciones teórico-ideológicas rígidas o extremas, o rechazar los convencionalismos sociales no es óbice para que se ejerza una función pública con probidad y acierto. Para abonar estas tesis se suele mencionar que cuando en 1987 Ronald Reagan propuso a Robert Bork como miembro de la Suprema Corte de Justicia la conmoción social que se produjo fue enorme. Bork, antiguo profesor de Yale, era bien conocido por sus severas críticas contra el derecho a la privacidad, contra la legislación a favor de los derechos civiles, contra las normas que permitían el uso de anticonceptivos o contra las leyes y políticas de desegregación racial en las escuelas públicas de Washington. Se decía que, dadas las convicciones de Bork puestas de manifiesto repetidamente en numerosos trabajos científicos y académicos no podía desarrollar adecuadamente la función para la cual había sido propuesto.

Sin embargo, en la audiencia correspondiente del Senado previa a su designación, Bork recibió la inestimable ayuda de un colega de Yale, el profesor George Priest, quien a pesar de conceder que los trabajos de Bork eran radicales e hipercríticos, afirmaba que tales trabajos, y las creencias y actitudes que a ellos subyacían, no debían ser tomados como indicadores de su temperamento judicial. Priest sostenía que un profesor universitario debe asumir una posición teórica y mantenerla con firmeza, si es necesario debe extremar los argumentos con el fin de mostrar más adecuadamente las tesis en juego. Un buen profesor universitario incluso debe rechazar los argumentos de autoridad, los precedentes y la legislación y proponer nuevos criterios. Esto le exige en ocasiones formular objeciones despiadadas hacia sus contrincantes. Ser capaz de dirigir ataques intelectualmente feroces, ser dogmático y radical se transforma así, según Priest, en una virtud académica. Pero esto que era propio de Bork en su comportamiento como profesor, no lo era en absoluto en su comportamiento como juez federal de apelaciones donde sus posiciones y decisiones eran meditadas, mesuradas y conforme a las leyes y precedentes.[7] En ese sentido, el Bork «privado» podría ser sometido a ciertas críticas políticas, morales o incluso científicas que no serían aplicables al Bork «juez». La práctica y la moral profesional en el ejercicio de la potestad jurisdiccional servirían para frenar o excluir en los jueces los embates de su moral y de sus creencias privadas y, por lo tanto, éstas no se manifestarían relevantes en la toma de decisiones conforme a derecho. Casos como éste demostrarían que es del todo innecesario conocer la vida privada de los funcionarios públicos en general y de los jueces en particular para su designación o para su control, ya que el impacto que tendría en sus respectivas actividades profesionales sería prácticamente irrelevante. Así, la probidad en la vida privada de los jueces no sería una condición necesaria para que dicten resoluciones adecuadas a derecho y moralmente aceptables.

Por otra parte, los diseños institucionales que regulan la figura del juez y su comportamiento como tal tienden a presentarlo como un agente sin demasiadas aristas individuales, a diferencia de los políticos o de otros funcionarios públicos. El uso obligatorio de la toga de alguna manera representa simbólicamente, entre otras cosas, lo superfluo de quién es efectivamente el juzgador. La toga al decir de Carnelutti «no es un vestido de trabajo», «invita al recogimiento»,[8] «la toga, dijo el extraordinario jurista, despersonaliza tendencialmente al juez, simboliza la exigencia de uniformidad en las actitudes y los comportamientos, como garantía de objetividad e igualdad en la aplicación de la ley».[9] La toga también protege al juzgador frente a los demás participantes en el proceso y su propio estatus procesal le sitúa en una situación de privilegio, «esta existencia protegida y respetada termina literalmente en la puerta del edificio de tribunales; afuera, el juez despierta poco la atención, aquí es más bien un hombre insignificante».[10] Por estos motivos no se debería prestar mayor atención a la vida privada de los jueces.

Naturalmente, cualquier indagación sobre la vida privada, y sobre las normas morales que son su sustento, de los jueces y de los magistrados estaría admitida y tendría trascendencia únicamente si el marco institucional en el que desarrollan la potestad de juzgar permite que dichos aspectos ejerzan influencia de un modo negativo en sus decisiones. Hay que impedir que los jueces en el proceso de interpretación y de aplicación del derecho, debido a sus caracteres idiosincráticos, tomen decisiones que dañen indebidamente a terceros o no protejan legítimamente la generación o el mantenimiento de bienes públicos. Conviene recordar que, «la prohibición de dañar al prójimo y la obligación de contribuir a la generación de bienes públicos, es decir de renunciar a comportamientos parasitarios» son dos de los principios centrales que han de regir un Estado democrático y social de derecho.[11]

Pero el difícil anclaje entre independencia e imparcialidad con responsabilidad y el de la obligación de decidir conforme a derecho con la discrecionalidad hace que al menos en algunos casos el juez haga uso de su moralidad y de sus creencias personales en el momento de resolver las cuestiones sometidas a su conocimiento. Esto explica, en parte, la afirmación de A. Lovegrove respecto de que «si pones a dos magistrados sentados uno junto a otro ante el mismo conjunto de hechos, las mismas circunstancias, la misma persona, pueden dictar dos sentencias enteramente diferentes.»[12]

Naturalmente, la cuestión a dilucidar ahora es qué parte de la vida privada de un juez adquiere significación cuando tiene que decidir. Este es un aspecto difícil de establecer de una manera dogmática. Previo a ello habría que definir qué se entiende por vida privada.

Una noción de vida privada

La noción de vida privada genera tales problemas que en la jurisprudencia se ha preferido en ocasiones no dar una definición precisa. Así, el Tribunal Europeo de Derechos Humanos (TEDH), en una sentencia de 1992, sostiene que «el Tribunal no considera posible ni necesario ofrecer una definición exhaustiva de la noción de "vida privada". Sin embargo, sería demasiado restrictivo limitar la noción a un "círculo interior" en el que el individuo puede desarrollar su propia vida personal como él elija y excluir por completo de él el mundo exterior no integrado en ese círculo. El respeto de la vida priva debe, también, englobar hasta cierto punto el derecho a establecer y desarrollar relaciones con otros seres humanos».[13] Tampoco es posible ofrecer el conjunto de acciones necesarias o suficientes que constituyan el ámbito de lo privado para un ciudadano particular, y tampoco es posible mencionar el conjunto de las acciones que los funcionarios deban someter al escrutinio público en razón de su cargo. Carecemos de una teoría adecuada y confiable al respecto. Tan es así que el TEDH ha denotado con la expresión «vida privada» una serie diversa aunque no exhaustiva de intereses. Señala, por ejemplo, «la vida e identidad sexuales, la elección del propio nombre, la garantía frente al almacenamiento, registro y comunicación de datos personales o la protección frente a inmisiones nocivas y molestas de ruidos y olores en los espacios donde se desarrolla vida privada».[14]

A estas dificultades conceptuales hay que sumarle el peligro de que con un acto de revelación de un rasgo caracterológico o de ciertas acciones personales se comience a transitar por una pendiente resbaladiza que se sabe dónde comienza pero no dónde termina. Y no hay que olvidar que el juez, como cualquier otro funcionario público, es también un ciudadano y que el desvelamiento de su intimidad ha de ser lo menos invasivo posible, dejando intocadas aquellas áreas de privacidad que carecen de significación para la función pública. Y la cuestión se complica aún más si se piensa que defender la privacidad ante los tribunales de justicia puede tener como contrapartida un mayor conocimiento por parte del público del asunto que allí se discute dado el carácter abierto de este tipo de procesos.[15]

Por todo ello, a continuación se mencionarán algunos aspectos personales de los jueces que pueden tener unos efectos directos o indirectos sobre su actividad juzgadora. Pero si estos aspectos son relevantes, entonces deberían poder ser conocidos por el justiciable, ya que en caso contrario situaríamos a los usuarios del servicio público de justicia en una clara situación de indefensión. Depender ya de aspectos idiosincráticos del juzgador en lugar de estar sometido a leyes claras y precisas no constituye el mejor modo de garantizar los derechos de los ciudadanos, y esto se ve agravado aún más si cabe cuando se desconoce por completo cuáles son estos aspectos.

El comportamiento privado de los jueces

Ahora bien, no existe consenso sobre qué aspectos de la persona del juez se ha de tener conocimiento. Las informaciones que son relevantes dependen muchas veces del contexto. Por ese motivo, el listado de los aspectos caracterológicos que a continuación se ofrecerá no tiene la pretensión de exhaustividad, y ha de ser analizado, además, dentro de cada contexto particular.

1. Usualmente se sostiene que las personas tienen el derecho a mantener el control de la información sobre sus propios cuerpos, sus estados de salud y sobre los problemas físicos y síquicos que padecen. Alrededor de estos aspecto existiría una especie de coraza que impediría a los demás acceder a su conocimiento. Este es uno de los fundamentos que sustenta el secreto médico, por ejemplo. Parecería pues que nadie tiene el derecho a conocer el estado físico y síquico de jueces y funcionarios en tanto que ciudadanos. Su derecho a la intimidad así lo garantizaría.

Sin embargo, no parece que este derecho a la privacidad triunfe siempre sobre el derecho que los ciudadanos tienen a informarse. Se debe asegurar que tales funcionarios gozan del estado de salud suficiente como para desempeñar correctamente su misión. Con ese objetivo, los candidatos a funcionarios deben presentar los correspondientes certificados médicos de salud antes de acceder a su cargo. Esto se exige para evitar que los ciudadanos puedan ser dañados por resoluciones dictadas por personas física o síquicamente incompetentes.

Además, tener un conocimiento veraz sobre el estado de salud de los jueces evita interpretaciones erróneas o suspicaces que pueden llegar a erosionar el respeto por el tribunal. «Cuando el juez Rehnquist se internó en 1981, los médicos se negaron a dar el nombre de la droga que le causó una reacción adversa, diciendo que era una de las que usaban para tratar su lumbago crónico. Como en reiteradas ocasiones el juez había confundido y articulado mal las palabras en el tribunal, algunos observadores (los médicos inclusive) sospecharon que estaba sufriendo un *delirium tremens* como síndrome de abstinencia del alcohol. Una revelación más completa hubiera evitado esta conclusión.»[16]

Otro tanto ocurre con la salud mental de las personas. Aquí la cuestión se complica un poco más si se piensa que existen diferencias entre los profesionales de la salud para definir con exactitud los parámetros de normalidad sicológica. Muchas veces los jueces suelen padecer depresiones u otras alteraciones que afectan en diversos grados su capacidad para cumplir con sus tareas. Y excepto que sea el propio juez quien pida licencia por enfermedad no suelen haber mecanismos para pedir su apartamiento temporal o definitivo hasta que se han producido gravísimos daños en el justiciable. La independencia judicial suele imponer barreras a este tipo de investigaciones sobre el estado mental de los jueces.

2. Tampoco está claro cuáles son las causas que pueden provocar dichas alteraciones. A veces pueden deberse a un exceso de trabajo o de responsabilidad. Las llamadas «enfermedades profesionales» de un juez no constituyen hechos extraordinarios. En muchas ocasiones, en cambio, es un acontecimiento que en principio puede ser considerado puramente privado el que produce un cambio radical en la vida de un funcionario que afecta su capacidad de trabajo socavando su independencia e impidiéndole cumplir su función. La pérdida de un familiar directo, el conocimiento sobre el padecimiento de una enfermedad grave o incurable puede producir este tipo de conmoción personal que afecta directamente el ejercicio de un cargo público. Este tipo de conmoción, por otra parte, no tiene por qué producirse necesariamente por acontecimientos negativos. Para dar un ejemplo de la política, en 1885, después de haber ocupado con honestidad y provecho el puesto de senador de los Estados Unidos, Charles Jones desapareció durante dos años de las sesiones senatoriales incumpliendo todas sus funciones porque había perdido la cabeza por una rica y joven mujer, y se pasó todo ese tiempo en Michigan cortejándola.[17]

En ese sentido, los jueces, para poder juzgar con acierto, deben ser sobrios, equilibrados, pacientes, trabajadores, respetuosos, con capacidad para saber escuchar los argumentos que las partes les ofrecen en el proceso y con la habilidad suficiente como para poder superar sus propias limitaciones personales.[18] Pero no suelen existir mecanismos institucionales para controlar estos aspectos.

Una posible solución para conocer el estado de salud física y mental de los jueces sería que éstos se sometieran periódicamente a exámenes clínicos y sicológicos, y a un reconocimiento médico en general. El conocimiento sobre el padecimiento de problemas de salud en el juez puede contribuir a evitar que sus decisiones dañen injustificadamente a terceros.[19]

3. También se suele sostener que el consumo de ciertas sustancias, como el tabaco, el alcohol u otras drogas de distintos tipos puede formar parte del diseño que hacen los ciudadanos de sus respectivos planes de vida. Se suele afirmar que tal consumo no daña a terceros y que, en consecuencia,

no habría razón para prohibirlo. Nada habría de objetable si un ciudadano decidiera satisfacer sus preferencias por la droga. Pero el alcoholismo y la drogadicción hacen que quienes los padezcan pierdan el control sobre sí mismos y puedan tomar decisiones injustificadamente nocivas para terceros. Por ese motivo, quienes sufren tales adicciones deben ser apartados de su cargo. Naturalmente, para que ello sea posible hay que tomar conocimiento público primero de dicho estado. El escudo protector de la intimidad aquí simplemente no existe.

4. Las prácticas sexuales también son consideradas de un modo generalizado como un ámbito propio de la intimidad. Hay muchas cosas que el ser humano tiende a ocultar al público: curiosamente son las cosas que más placer suelen causarle, el sexo entre ellas. Según C. Schneider, «el comer y su eliminación, como el sexo, son actividades físicas que pertenecen al reino privado y, por lo tanto, necesitan una cubierta protectora simbólica. Los animales involucrados en tales actividades son físicamente vulnerables a un ataque, los seres humanos son vulnerables a una violación simbólica».[20]

Sin embargo, en no pocas ocasiones, comportamientos sexuales no ortodoxos o, simplemente, no aceptados por la población han sido utilizados como un arma para criticar a oponentes políticos o a jueces. Hace relativamente poco, en la Argentina, un juez fue muy criticado, entre otras cosas, por asistir con frecuencia a locales homosexuales y donde se practicaba la prostitución masculina. Crítica que normalmente no se dirige a ciudadanos comunes.

La crítica a ciertas prácticas sexuales de los funcionarios por parte de la ciudadanía no se debe únicamente a un cierto sentido pacato de la población. Es común que los políticos, por ejemplo, hagan pública su sexualidad para reivindicar ciertos comportamientos que en ese momento son reprimidos o que producen marginación en quienes los practican. Ya no es inusual que personajes públicos declaren abiertamente sus preferencias sexuales como un modo de mostrar que tales preferencias no constituyen un impedimento para el ejercicio de cargos estatales. Aquí las preferencias y los comportamientos sexuales adquieren un marcado cariz público. «Cuando el presidente Clinton designó a Roberta Achtenberg como secretaria asistente de la secretaría de vivienda y desarrollo urbano, el hecho de que ella fuera abiertamente lesbiana hizo de su vida privada íntima una cuestión pública. Dado el clima político, Achtenberg y el presidente Clinton escogieron airear la cuestión con el objetivo de romper las barreras para acceder a la función pública impuestas por los prejuicios contra los homosexuales y las lesbianas que exponían su orientación sexual. Buscaban confirmar en un fórum público que un homosexual podía ser un profesional competente y eficaz y que la cuestión privada de su orientación sexual no debería ser central para tomar la decisión de despedirla, elegirla o designarla.»[21]

Alguien podría sostener que cuestiones como ésta tan propias de la vida política carecen de sentido en el mundo judicial. Sin embargo no parece que así sea. Se puede pensar en el caso de una mujer que ya siendo estudiante de la facultad de derecho forme parte de las asociaciones universitarias de gay y lesbianas haciendo pública su sexualidad no heterosexual. Que en su profesión como abogada siempre hubiera defendido a colectivos lésbicos no sólo en los tribunales sino también en numerosos y diferentes foros: en la prensa escrita, a través de la televisión, impartiendo conferencias, etcétera. En todas sus manifestaciones deja constancia de su apoyo decidido hacia las asociaciones de homosexuales y a la necesidad de su reconocimiento jurídico. Y que luego de acceder al puesto de juez, tiene que decidir un asunto que trata sobre el cierre de determinados locales donde se fomenta el asociacionismo homosexual. ¿Estaría esta persona en condiciones de decidir con imparcialidad? ¿O se encuentra en la misma situación a la del juez, miembro del Opus Dei, que había vertido innumerables veces su opinión contraria al aborto y cuando tuvo que conocer un caso en virtud de su competencia fue recusado –y aceptó apartarse– según se vio con anterioridad?

Si de lo que se trata es de evitar toda posibilidad de sesgo en las decisiones judiciales, de asegurar la independencia y la imparcialidad del juzgador y de garantizar los derechos de los ciudadanos, habría que estar atento a determinadas formas de comportamiento sexual de parte de los jueces que pudieran tener una influencia desproporcionada en sus fallos.

5. La situación económica de la que gozan –o sufren– las personas es un aspecto que suele ser mantenido en un clima de opacidad. Es común aceptar que el estado patrimonial de los individuos no puede ser desvelado a menos que presten su consentimiento. El secreto bancario se apoya en parte en esta afirmación. No obstante ello, en la actualidad, se pide a ciertos funcionarios, y debería extenderse a todos los jueces, que realicen una declaración sobre su patrimonio y situación financiera en el momento de asumir el cargo. Este tipo de declaraciones financieras deberían realizarse con periodicidad a lo largo de toda la vida profesional.

Estas declaraciones cumplirían dos objetivos básicos. En primer lugar, permitirían conocer si existen conflictos de intereses que pusieran al juez en una posición de parcialidad. Y, en segundo lugar, permitirían evaluar si sus ingresos profesionales condicen con la evolución de su patrimonio o si, por el contrario, se ha enriquecido de manera inusual. Esta idea no es nueva, ya se practicaba en las Indias con los juicios de residencia.

Hasta aquí algunos aspectos de la vida de las personas que no dudaríamos en sostener que pertenecen a su ámbito privado, pero en cambio tendríamos buenos argumentos para pensar que su conocimiento debería estar a disposición del público en el caso del juez debido a que tales características podrían influir en su toma de decisiones. Nadie discute que la salud física y síquica de los jueces es básica para que cumplan adecuadamente su función. Y, sin embargo, no se suelen ofrecer mecanismos para corroborar estos extremos. El alcoholismo y la drogadicción constituyen ejemplos típicos de enfermedades que producen alteraciones en el carácter con previsibles consecuencias en la actividad de juzgar. Estos aspectos no deben ocultarse bajo la excusa del derecho a la intimidad de los jueces.

También adquiere significación el conocimiento sobre la ideología y las creencias morales del juez, dado que pueden constituir elementos que tuerzan la independencia y la imparcialidad que han de regir en el ejercicio de juzgar. Es importante asimismo conocer, en ciertos supuestos, cuáles son las actitudes sexuales de los magistrados, ya que a veces superan el ámbito de lo estrictamente íntimo para formar parte del estado de cosas que merecería ser conocido por el público.

En todos estos casos, los rasgos personales del juez tienen un impacto directo en su labor profesional. Pero la vida privada del juez puede tener también consecuencias indirectas en el ejercicio de la potestad jurisdiccional.

Una de las razones que con mayor insistencia se aduce para exigir que los jueces lleven una vida privada ordenada es que no sólo deben tomar decisiones conforme a derecho y cumplir con los demás deberes impuestos por el sistema del juez, sino que deben evitar cualquier comportamiento impropio o que tenga la apariencia de incorrección. Así parece establecerlo el Código de Conducta para los jueces en los Estados Unidos que en su Canon 2 dice: «Un juez debe evitar comportamientos impropios y la apariencia de comportamientos impropios en todas las actividades».

Esto se debe a que el sistema judicial se asienta en parte en la confianza que tienen depositada los ciudadanos en que los jueces tomarán decisiones imparciales, independientes y fundadas sólo en derecho. Por ese motivo, deben eludir cualquier comportamiento que tienda a debilitar ese convencimiento. Este razonamiento ha permitido dictar distintas normas de carácter disciplinario para regular las actividades no oficiales de los magistrados.

La noción de comportamiento impropio o incorrecto es vaga y ambigua. Obviamente, es una noción que depende del contenido de normas morales y sociales. Lo que se considera impropio en un lugar y en un momento determinado puede no serlo en otro lugar o en una época diferente. Esto explica en parte que haciendo uso de esta noción se haya llegado a sancionar a los jueces por una serie de comportamientos muy diversos. En los Estados Unidos, por ejemplo, en el ámbito de la sexualidad, se ha sancionado disciplinariamente a jueces que se encontraron realizando actos sexuales dentro de un automóvil en un estacionamiento público con una mujer que no era su esposa, o a un juez que llevaba pornografía e iba acompañado de prostitutas a las fiestas de sus amigos, o a un juez que realizaba viajes acompañado por señoritas con quienes aparentaba estar casado sin estarlo.[22]

En otras ocasiones se prohíbe a los jueces que participen en juegos de azar o que concurran a lugares destinados a esas actividades. Los jueces no pueden ir a casinos o a hipódromos aún cuando sean meros espectadores y no realicen apuesta alguna.[23]

A veces se ha tenido en cuenta ciertos actos privados que una persona realizó con anterioridad a su pretendido acceso a la carrera judicial para denegarle el cargo. Cuando Douglas Ginsberg fue presentado como candidato a ocupar un lugar en la Suprema Corte de Justicia de los Estados Unidos por el presidente Ronald Reagan en 1987, los periodistas, sin citar fuentes, publicaron que Ginsberg había fumado marihuana repetidamente con anterioridad. Este hecho motivó el retiro de su candidatura. Quienes propugnaron tal decisión afirmaron que los jueces de la Suprema Corte no sólo deben dictar sentencias conforme a derecho sino que tienen que ser un símbolo, un modelo que muestre que se ha de obedecer la ley. Y ello queda en entredicho si el público observa que el propio juez transgrede a menudo las propias normas jurídicas.[24]

Otro tanto sucede con las descalificaciones de candidatos que han contratado a personas, generalmente inmigrantes, para realizar las tareas del servicio doméstico en su domicilio particular sin darles de alta en la seguridad social, no pagándoles los salarios que corresponden o simplemente incumpliendo con la legislación sobre migración. O el caso de quien permanentemente comete infracciones de tráfico.

En todos estos casos se afirma que nadie debe desobedecer la ley. «Es más, las personas que ocupan ciertos tipos de cargos públicos –jueces de la Suprema Corte, Procurador General de la Nación, por ejemplo– deben ser excepcionalmente proclives a obedecer la ley precisamente porque es la ley. Esta tendencia debe ser mayor de la que debemos esperar de otros ciudadanos y mayor de la que debemos esperar de las personas que ocupan otros cargos públicos.»[25]

El descrédito de un tribunal ante la opinión pública de su país y la desconfianza que sus sentencias producen se ha generado a veces porque sus integrantes carecen de las aptitudes intelectuales para ejercer el cargo que ocupan. Julio Nazareno, presidente de la Corte Suprema de Justicia de la República Argentina logró su nombramiento con el único antecedente de haber sido socio de su mentor, el ex presidente Carlos Menem, y Moliné

O'Connor también miembro de ese alto tribunal presenta como mérito ser un dirigente de la Asociación Argentina de Tenis. En otras ocasiones, sucesos luctuosos que acompañan a la vida particular de un juez contribuyen también a su menoscabo como juzgador. Augusto Belluscio hizo surgir dudas sobre su integridad personal cuando se supo que su ex socia y amante se suicidó arrojándose desnuda desde la ventana de un hotel de París.[26]

No son estas todas las situaciones que implican comportamientos impropios imaginables. Los jueces deben abstenerse de mantener lo que en otra oportunidad denominé «amistades peligrosas»; esto es, deben evitar relacionarse con personas del ámbito de la delincuencia, con personas muy cercanas al poder, hacer demostraciones de amistad con un alto grado de familiaridad con letrados que abogan en su tribunal, mantener relaciones íntimas con ex testigos o ex imputados en causas en las cuales intervinieron, etcétera. También deben evitar situaciones donde se vean comprometidos aparentemente su veracidad y su honestidad y su equilibrio como persona.[27] Lo que se trata de evitar es la apariencia de parcialidad o de favoritismo a la vez de mantener la confianza pública en los miembros que componen el poder judicial.

Naturalmente, crear normas para castigar disciplinariamente a los jueces por actividades no oficiales que socavan la confianza de los ciudadanos en el poder judicial supone que es posible establecer una vinculación causal entre dichos estados de cosas. Pero esto, desde luego, no siempre resulta fácil. Por eso en ocasiones se ha debilitado tal exigencia y se ha preferido utilizar el criterio de «la persona razonable» o del «hombre medio» para determinar si un acto es impropio o mina el candor público. Y aunque se reconozca que este criterio no es del todo objetivo no hay que olvidar que es bien conocido por los propios jueces y se ha utilizado con provecho en otros contextos jurídicos como el de las indemnizaciones por daños extracontractuales.[28]

Pero hay un peligro manifiesto en fijar la atención de un modo excesivo en la vida privada de los funcionarios. Se puede llegar a desatender de esa manera lo verdaderamente importante, esto es, su desempeño en la función pública. En cualquier caso, los funcionarios públicos en general y los jueces en particular necesitan mostrar que sus vidas privadas son sólidas como una forma de apoyar su integridad pública. La vida privada ofrece el apoyo social y emocional necesario para los compromisos morales que toda profesión implica y también es un reducto para que los individuos reflexionen acerca de la función pública que desempeñan. Debido a que la vida privada refuerza la imagen pública, la vida privada importa. Si esto es así, entonces el escrutinio sobre algunos aspectos de la vida privada de los jueces y de los funcionarios está justificada.[29]

Consideraciones adicionales

Existe además una razón adicional para ser un poco más exigente respecto de los comportamientos de la vida privada de jueces y magistrados. Y es que las sentencias no únicamente tienen un valor jurídico, sino que cumplen una función simbólica: la de afirmar, promocionar y reforzar los valores que el derecho defiende.

Pero para que la sentencia cumpla esa función simbólica es necesario que se den una serie de condiciones. Una de ellas adquiere especial relevancia para el tema que aquí se analiza y que ha sido señalada por Gerald Dworkin. Supongamos, dice G. Dworkin, que dos ladrones están cometiendo un robo y que el de más edad le dice a su compañero que aquello que está haciendo, robar, es incorrecto moral y jurídicamente. El ladrón más joven sorprendido al escuchar esa reprensión contesta a su compañero no sólo que él está haciendo lo mismo, sino que es un ladrón habitual con más años en esa profesión. Y que por ese motivo no tiene el derecho a formularle esa crítica. A lo que el veterano ladrón responde que ese dato es irrelevante, que el acto que el joven está llevando a cabo, robar, está mal.[30]

La cuestión aquí, dice Dworkin, no es si la crítica formulada por el asaltante más viejo a su joven compañero es por su contenido correcta según algún sistema de normas. La cuestión a dilucidar es si quien formula la crítica, en ese contexto, está en posición de hacerla. Ello es así, porque en el diálogo moral, ambas partes, quien critica y quien es criticado, han de reconocerse mutuamente como agentes morales pertenecientes a una misma comunidad moral. Este elemento es relevante debido a que, pragmáticamente, las sanciones morales operan de un modo efectivo sólo cuando el sancionado siente que se distancia de la persona que le ha criticado o de la comunidad moral a la cual pertenece, y que él valora como legítima o merecedora de respeto. No es suficiente pues, desde un punto de vista pragmático, que la crítica sea correcta, es necesario que la crítica o la sanción produzca un sentimiento de vergüenza o de arrepentimiento en el criticado o reprendido. Si quien es sancionado observa que su sancionador realiza los mismos actos por los cuales se hace merecedor a la crítica, ese apartamiento, ese sentimiento de pérdida de pertenencia a la comunidad, esa vergüenza o arrepentimiento tan propia del fenómeno ético no se producirá. Y la crítica moral habría perdido parte de su fuerza motivante.[31]

Por esa razón, los jueces han de tener un especial cuidado en no realizar aquellas acciones que serían consideradas como merecedoras de crítica moral. Si uno de los deberes impuestos por el sistema del juez es que los jueces deben abstenerse de realizar conductas que disminuyan su cargo y su función o que ofrezcan la apariencia de parcialidad o impropiedad entonces es necesario que mantengan una actitud virtuosa. Esto es, debe actuar también en su vida privada con mesura, sensatez y autocontrol.

Comencé mi exposición señalando que la intimidad de la que deberían gozar los funcionarios públicos y los jueces es inferior a la de los demás ciudadanos. En el caso de los jueces esto se debe al contexto institucional donde desarrollan su profesión, que está gobernado básicamente por la independencia, la imparcialidad y la discrecionalidad. No ocupa un lugar menor en este contexto la necesaria confianza que los ciudadanos han de tener en los jueces y en sus decisiones para que la vida jurídica en su conjunto opere adecuadamente. Espero haber mostrado que algunos aspectos personales de los jueces como la salud física o sicológica; ciertos caracteres de su personalidad como el equilibrio, la paciencia o la sobriedad; determinadas actitudes o creencias morales y una serie de estados de cosas muy diversas tienen consecuencias directas e indirectas en el ejercicio de la potestad de juzgar y de hacer cumplir lo juzgado. Se debe crear el diseño institucional para que el conocimiento de estos aspectos a los que tiene derecho el justiciable sea posible.

Necesitamos buenos jueces. Jueces que conozcan el entramado legal y que sean capaces de fundar bien sus sentencias. Necesitamos jueces honestos, alejados de toda corrupción económica o política. Y también necesitamos jueces que sean capaces de apartarse voluntariamente de una causa cuya decisión puede quedar sesgada por un prurito o un prejuicio personal. Un buen juez ha de ser consciente de los datos que conforman su propia personalidad. Sin ello, la imparcialidad difícilmente será garantizada. Y sin imparcialidad no hay oportunidad para la justicia.

Notas

1. Cfr. Dennis F. Thompson, *La ética política y el ejercicio de los cargos públicos*. Versión castellana: G. Ventureira. Barcelona, Editorial Gedisa, 1999, pág. 185.

2. Cfr. Patrick Dobel, *Public Integrity*. Baltimore, The John Hopkins University Press, pág. 171.

3. Cfr. D. Thompson, ob. cit. pág. 188

4. Cfr. D. Thompson, pág. 193

5. Cfr. Joan Picó y Junoy, *La imparcialidad judicial y sus garantías: la abstención y recusación*. Barcelona, J. Bosch, 1998, pág. 85

6. Cfr. D. Thompson, ob. cit. pág. 191.

7. Cfr. David Luban, *Legal Modernism*. The University of Michigan Press, 1994, págs. 1 y ss. No me interesa señalar tanto aquí el vacío que pareciera existir,

según Priest, entre la tarea académica y la judicial; ni tan siquiera poner de manifiesto la relativa inutilidad que la teoría jurídica tendría para la práctica judicial, sino solo mostrar que hay quienes defienden la existencia de dicotomías de creencias y actitudes en una persona que están determinadas por las diferentes funciones que cumplen. Para una acertada crítica a la posición de Priest, véase Luban, ob. cit.

8. Citado por Perfecto Andrés Ibáñez, «El "velo" de la justicia», *Claves*, n.° 102, pág. 7.

9. Cfr. Perfecto Andrés Ibáñez, «El "velo" de la justicia», ob. cit. pág. 8.

10. Cfr. Rüdiger Lautmann, *Sociología y jurisprudencia*. Versión castellana: Ernesto Garzón Valdés. Buenos Aires, Editorial Sur, 1974, pág. 90.

11. Cfr. Ernesto Garzón Valdés, «Privacidad y publicidad», *Revista jurídica de la Universidad de Palermo*, año 1999, pág. 14.

12. Citado por Eugenio Garrido Martín, «La psicología de las sentencias judiciales en materia de delitos sexuales», *Poder Judicial*, nº 37, pág. 94.

13. Cfr. TEDH, Nimietz c. Alemania. Sentencia de 16 de septiembre de 1992. Citada por Luis J. Mieres Mieres, *Intimidad personal y familiar*. Madrid, Aranzadi Editorial, 2002, pág. 34.

14. Cfr. Luis J. Mieres Mieres, ob. cit. pág. 34.

15. Cfr. D. Thompson, ob. cit. pág. 186.

16. Cfr. D. Thompson, pág. 200.

17. Cfr. P. Dobel, ob. cit. pág. 185.

18. Para un ejemplo de las propiedades que deberían ser satisfechas por un juez, véase Juan Carlos Mendonça, *Los mandamientos del juez*. Asunción del Paraguay, Ediciones del autor, 1986.

19. La importancia de que los jueces estén en posesión de un buen estado de salud tanto desde un punto de vista físico como sicológico se pone de manifiesto con la obligación que tienen de hacerse las pruebas de aptitud antes de jurar el cargo. Pero luego se asume, curiosamente, que el resultado de esos exámenes médicos se mantienen inalterados durante la vida profesional porque no se exige que se vuelvan a practicar en ocasiones posteriores.

20. Cfr. C. Schneider, *Shame, Exposure and Privacy*. W. Norton & Co., 1977, pág. 67.

21. Cfr. P. Dobel, ob. cit. pág. 189.

22. Cfr. Robert Martineau, «Disciplining Judges for Nonofficial Conduct: A Survey and Critique of the Law», *University of Baltimore Law Review*, vol. 10, nº 2, 1981, pág. 241.

23. La legislación argentina establece este tipo de prohibiciones, véase, Roberto Dormí, *Los jueces. ¿Es la justicia un tercio del poder?* Buenos Aires, ediciones Ciudad Argentina, 1992, pág. 60.

24. Cfr. Frederick Schauer, «Can Public Figures Have Privates Lives?», *Social Philosophy and Policy*, vol 17, nº 2, 2000, pág. 298.

25. Cfr. Frederick Schauer, ob. cit. pág. 299.

26. Cfr. Ernesto Garzón Valdés, *Cinco tesis sobre la situación política en Argentina*, inédito.

27. Cfr. Jorge F. Malem Seña, «¿Pueden las malas personas ser buenos jueces?», *DOXA*, nº 24, 2001, págs. 379 y ss.

28. Cfr. R. Martineau, ob. cit. pág. 243.

29. Cfr. Patrick Dobel, ob. cit. pág. 171.

30. Cfr. Gerald Dworkin, «Morally Speaking», en Edna Ullmann-Margalit (ed.) *Reasoning Practically*. Oxford, Oxford University Press, 2000, pág. 184.

31. Ibíd., pág. 187.

10

Decisiones judiciales y desempeño institucional

Julia Barragán*

1. Introducción

Los jueces, sea que actúen individualmente o como integrantes de un órgano colegiado, son elementos del conjunto de los llamados decisores normativos, que se caracterizan porque en el ejercicio de sus funciones toman decisiones que los sujetos a quienes van dirigidas están en la obligación de acatar, independientemente de cual sea su opinión acerca de las mismas. Esta característica de obligatoriedad adquiere tonalidades aún más definidas en el caso de las instancias máximas del ordenamiento jurisdiccional en las que tales decisiones revisten un carácter definitivo, es decir que no son recurribles. La privilegiada condición que como decisores tienen los jueces se origina en el acto de su investidura, el cual consiste básicamente en la atribución de una supraordinación que les es otorgada cuando se cumplen ciertas condiciones sustantivas y formales establecidas por el cuerpo normativo.

Vistas así las cosas, el acto de investidura y el encuadramiento de sus acciones dentro de las restricciones establecidas por el derecho constituyen condición necesaria/suficiente para la exigibilidad legal de las decisiones que tomen los jueces; pero desde el punto de la Teoría de la Decisión

* Universidad Central de Venezuela.

hay que añadir otras condiciones adicionales (también necesarias) que se relacionan con la responsabilidad que tienen tales decisiones en el desempeño de las instituciones. Como es lógico, para la Teoría de la Decisión siendo todas estas condiciones necesarias, ninguna de ellas es individualmente suficiente.

En este marco, en el que por una parte el orden jurídico los inviste como decisores institucionales jerarquizados y que por la otra les exige una justificación de sus decisiones, desarrollan los jueces sus tareas, las cuales implican entonces dos tipos de responsabilidades cuya visualización demanda también dos diferentes puntos de vista. Uno de ellos, que por referirse a la responsabilidad explícita de los jueces nos resulta el más familiar, fija su atención en las tareas asociadas a la solución de los contenciosos que enfrentan a partes antagónicas, bien sea cuando se efectúa de manera directa a través de las sentencias o bien indirectamente por medio de la elaboración de interpretaciones que son portadoras de la autoridad y el prestigio derivados de la condición jerárquica de la magistratura. Este aspecto de la tarea de los jueces posee una importancia social indiscutible ya que involucra el uso de un mecanismo para la resolución de los conflictos que elimina o minimiza la arbitrariedad, haciendo también mínimos los costos de transacción derivados de la incertidumbre procedimental. La segunda perspectiva permite la visualización de responsabilidades de los jueces que no son tan explícitas aunque no por eso menos importantes, y cuya diferenciación de las anteriores demanda un cuidadoso trabajo analítico; se trata de aquellas asociadas a la construcción de un lenguaje de confianza social en las instituciones, lo cual implícitamente contribuye también a hacer más bajos los costos de transacción. Mientras que la responsabilidad del primer tipo, asociada a la resolución de conflictos específicos entre partes en pugna, se enmarca y desarrolla en el espacio formal conocido como «orden jurídico» y utiliza reglas claramente establecidas, el segundo tipo de responsabilidades concierne a la totalidad de la urdimbre social que hace funcionar los arreglos institucionales, terreno en el que se carece de reglas formales preestablecidas. Aunque cada una de estos tipos de responsabilidad requiere de mecanismos de justificación específicos, y la evaluación de su eficiencia responde también a criterios diferentes, ambas se interrelacionan de manera estrecha, y finalmente convergen al único objetivo de hacer mínimos los costos de transacción mediante el incremento de los niveles de confianza colectiva, valor este que constituye el corazón de todas los arreglos institucionales.

2. El camino hacia la confianza colectiva: tres enfoques conceptuales

Sin importar cual sea el objetivo específico de una institución determinada, todas ellas tienen en común el propósito de preservar el valor de la confianza colectiva, ya que el mismo constituye una condición de autopreservación de la propia sociedad. Sin embargo, y a pesar del empleo de cuidadosos diseños institucionales,[1] se encuentra peligrosamente generalizada la ausencia de confianza entre los actores sociales, situación que lleva a interacciones como las modeladas en el llamado Dilema de los Prisioneros[2] que producen resultados sociales subóptimos. Estos resultados han constituido un poderoso incentivo para que importantes autores coloquen su mira en los puntos más relevantes de este problema, y definan perspectivas divergentes. Expondremos muy brevemente los puntos de vista de Robert Axelrod, John Harsanyi y John Nash no solo por el carácter influyente de su pensamiento sino porque han contribuido de manera decisiva a construir originales vías de acceso a los puntos más intrincados del tema.

En un escenario en el que el mundo deseaba ardientemente resolver problemas de ausencia de confianza y falta creciente de interés en la cosa pública, el trabajo seminal de Robert Axelrod sobre una eventual evolución y triunfo de la cooperación[3] produjo un notable impacto teórico y una ráfaga de optimismo en el mundo práctico. La tesis de Axelrod establece que si el Dilema de los Prisioneros es jugado repetidamente (como de hecho lo es en el juego social), la opción del altruismo resulta estratégicamente conveniente, y lleva en el largo plazo a obtener mejores pagos individuales que con la opción egoísta, al tiempo que refuerza el espacio de confianza colectiva. Lo interesante para nuestro trabajo es que Axelrod pretende mantener inalterada la estructura de los incentivos establecida por el modelo original del Dilema, aunque relaja implícitamente la condición de incomunicación, ya que las sucesivas interacciones operan como un mecanismo informacional que hace saber a los actores acerca de los patrones de comportamiento de los demás miembros. En efecto, Axelrod considera que en los casos concretos que se dan en la realidad social, el hecho de que los jugadores deban encontrarse reiteradamente, permite generar espacios de confianza recíproca donde la cooperación puede desarrollarse de manera espontánea. Pero la tesis va algo más allá al afirmar que tales comportamientos son «ganadores» en términos de utilidades, esto es que constituyen la mejor opción para un decisor racional; desde este punto de vista, quedarían satisfechos simultáneamente tanto el interés individual como el colectivo.

Con el fin de probar esta última afirmación Axelrod realiza una serie de simulaciones en las que se enfrentan diferentes estrategias que pudieran calificarse de manera general como «altruistas» o «egoístas», cuya formalización en sendos programas de computación fueron provistas por estudiosos del campo de la teoría de los juegos y de la programación. Resultó ganadora la estrategia conocida como TIT FOR TAT, que fuera programada por un gran conocedor del Dilema de los Prisioneros, el Profesor Anatol Rappaport. Esta estrategia consiste en comenzar cooperando (comportamiento altruista) con la intención de generar un espacio de confianza que estimule la generalización de tales comportamientos; a partir de ese momento, el actor social hará aquello que le hagan: es decir será altruista con los altruistas y será egoísta con los egoístas.

En rigor, el objetivo central de Axelrod en su trabajo es el de demostrar que sin la intervención de factores externos al juego social mismo, es posible alcanzar soluciones cooperativas generales estables, ya que el propio juego puede actuar como un incentivo no institucionalizado generador de confianza. En este aspecto hay que acordar que no logró el éxito esperado; pero el propio fracaso de su intento ha contribuido de manera sustancial a hacer evidente por una parte los aspectos que se deben tomar en consideración en un diseño institucional que pretenda alcanzar la meta de un equilibrio cooperativo, y por la otra, el enorme poder constructivo que puede alcanzar la interacción individual en un marco institucional apropiado. En relación con el diseño que hizo posible lo que Axelrod llama «el triunfo de la cooperación», queda completamente claro el papel que juegan la estabilidad de las reglas, el carácter acumulativo de las ganancias y el manejo democrático de la información, factores institucionales sustanciales en la toma de decisiones interactivas, y que constituyen una buen terreno en el que el nacimiento de la confianza recíproca sea posible.

El segundo enfoque sobre el tema de cómo generar confianza en el escenario del juego social viene de la mano de John Harsanyi.[4] Para Harsanyi la teoría de la decisión reconoce la existencia de tres planos: por una parte el que concierne a las decisiones individuales que son el objeto de la Teoría de la Utilidad, en segundo lugar el de las decisiones interactivas dentro de un sistema de reglas que son tratadas por la Teoría de los Juegos, y por último el de las decisiones cuya finalidad es la de establecer las reglas del juego, que caen en el terreno de la ética. Resulta claro que las decisiones del primer tipo afectan de manera directa y exclusiva a quien las toma, y en consecuencia no llegan a constituir un tema central desde el punto de vista social. En referencia con el segundo tipo, estas son las decisiones que toman los actores sociales en el marco institucional en el que interactúan, y desde luego poseen importancia social ya que siempre es deseable que tales decisiones se ajusten a las reglas establecidas, y contribuyan al mantenimiento y equilibrio del juego; estas son las decisiones que toman cada uno de los prisioneros involucrados en el marco estructural del ya considerado dilema. Finalmente, el tercer tipo de decisiones son aquellas que un decisor investido de autoridad toma para constituir las reglas que regularán las decisiones que se tomen en el nivel dos; esas decisiones son de una inmensa importancia social, ya que de alguna manera serán las responsables de las opciones de acción que se ofrezcan en el juego social. Estas decisiones que en otros trabajos hemos llamado normativas, tienen la característica especial de que obligan no sólo a quien las toma sino también a aquellos que en virtud del principio de subordinación deben acatarlas aunque no hayan intervenido en su formación.[5] A través de las mismas la autoridad está en condiciones de modificar la estructura de los pagos creando los incentivos para que la convergencia en la solución cooperativa no constituya un acto supererogatorio, ni haga vulnerable a quien elige cooperar; es más, a través de decisiones normativas de este tipo la autoridad puede llegar a disolver el dilema.

El problema del diseño de las instituciones y determinación de los incentivos se ubica para Harsanyi en el tercer tipo, y el decisor está obligado a respetar ciertas reglas en la construcción de tales decisiones. En primer lugar, y siendo fiel a su tradición utilitarista, Harsanyi considera que deben ser tomadas en consideración las preferencias de los sujetos a los cuales afectará la institución; en segundo lugar, y como un modo de garantizar ecuanimidad en el tratamiento de dichas preferencias, se debe asignar a todas ellas equiprobabilidad en la función de bienestar colectivo; y como última condición, el decisor que construye la institución y los incentivos asociados debe ser un decisor bayesiano en el sentido de que las probabilidades subjetivas asignadas a un hecho son siempre condicionales y sujetas a corrección a la luz de toda nueva información.

Harsanyi cumple parcialmente con el ambicioso objetivo trazado, ya que en efecto deja completamente clara la incidencia de las decisiones de la autoridad en el resultado y la equidad del juego, poniendo en evidencia la fuerza del mensaje normativo de tales decisiones y el carácter valorativo de las mismas. Sin embargo también se pone en evidencia la fragilidad de su solución cuando debe hacer frente a las dificultades derivadas de la inclusión y/o exclusión de algunas preferencias en la función de utilidad colectiva, lo cual le obliga no solo a desconocer aquello que es base de su propia teoría es decir el carácter autónomo del sujeto de las decisiones, sino que también lo lleva a subestimar el hecho de que los mensajes normativos de la autoridad no inciden de una manera homogénea sobre la totalidad de los sujetos, y en consecuencia su capacidad generadora de confianza tampoco es homogénea.

Finalmente pasamos a considerar el enfoque de los problemas que estamos analizando desarrollado en los trabajos de John Nash y que es ampliamente conocido en la literatura como el Programa Nash;[6] el mismo parte del concepto de negociación, escenario que coloca a los actores en condiciones de intercambiar autónomamente sus utilidades con el propósito de obtener una solución que sea aceptable por todas las partes; para una mejor comprensión de las intensiones de Nash es bueno recordar que toda negociación es en un cierto sentido un juego, es decir que consta de una serie de interacciones reguladas por un cuerpo de reglas. Según Nash los modelos de cooperación presuponen una negociación prejuego cuya finalidad es la de producir acuerdos *irrevocables y obligatorios* acerca de las reglas que regirán en el nivel del juego; desde este punto de vista el juego «se constituye» en el momento del prejuego, ya que todas las negociaciones prejuego quedan incorporadas en las reglas del juego, las cuales son las piezas normativas consolidadas que determinan tanto las estrategias permitidas y prohibidas, como así también la estructura de pagos o incentivos para cada alternativa. Si observamos detenidamente esta actividad prejuego y sus objetivos es fácil reconocer en ellos la tarea, que sin apelar a procesos de negociación, ha cumplido el fiscal en el modelo del Dilema de los Prisioneros.

En el nivel del juego, las selecciones posibles para los actores quedan circunscritas a aquellas que son admitidas por las reglas, y el cálculo de utilidades esperadas se encuentra definido por la estructura de pagos asignados. A este tipo de juego que parte del concepto de que todos los acuerdos y decisiones prejuego entre los actores quedan incorporados y consolidados en las reglas, y que en consecuencia no pueden ser tomados en consideración nuevamente en el momento del juego se los denomina «contienda» (contest),[7] y en ellos es posible predecir los resultados.

La pretensión del llamado programa Nash es también ambiciosa; si de alguna manera mediante un enfoque no-cooperativo de las negociaciones prejuego fuera posible establecer la solución para cualquier contienda (en el sentido expresado), se habrían resuelto los problemas de los juegos cooperativos; esto implica superar las diferencias entre los enfoques cooperativos y no-cooperativos, en un intento por aprovechar los aspectos más fértiles de ambos. Apoyados en este punto de vista, mediante el análisis de los equilibrios de los modelos de negociación no cooperativos los cuales se evidencian capaces de capturar la verdadera naturaleza de los procesos de negociación, podríamos verificar la plausibilidad de un determinado modelo de solución cooperativa en lugar de confiar en el mismo de una manera ciega. En otras palabras, al momento de proponer un determinado concepto de solución cooperativa en un escenario específico, deberíamos poner a prueba cuanto sabemos acerca de las instituciones de negociación en tal entorno social y cultural, a fin de promover aquellos arreglos que sean efectivamente realizables. Esto implica acceder al conocimiento del nivel de confianza colectiva predecible en un escenario determinado, y permite a su vez calcular la probabilidad de éxito que tiene un determinado arreglo institucional.[8]

Sin dudas la solución propuesta por el Programa Nash representa un aporte inestimable al tema de la plausibilidad y de la realizabilidad de los modelos[9] y del nivel de confianza predecible, además de constituir un recurso metodológico ingenioso y eficiente en la exploración de los mecanismos institucionales de intercambio realmente existentes; pero en lo relativo a la generación de confianza, a pesar de que representa un sensible avance teórico recíproca resulta frágil, ya que la sola existencia de una regla consolidada mediante un proceso de negociación no parece suficiente para garantizar que los acuerdos que han producido las reglas en el nivel prejuego sean efectivamente irrevocables y obligatorios, y sobre todo que en el nuevo nivel del juego sean realmente respetados por los actores sociales.

3. Confianza colectiva e instituciones

Como es fácil observar, los tres enfoques conceptuales que hemos analizado ofrecen respuestas de importancia a cuestiones cruciales para superar los escenarios de desconfianza que tanto erosionan la trama social contribuyendo a hacer inviables los bienes públicos y comunes. En los tres autores se evidencia claramente el interés por caracterizar los factores que conspiran contra el logro de soluciones que sean aceptables en el nivel individual y al mismo tiempo óptimas desde el punto de vista colectivo, ya que en tales factores se encuentra el germen de los escenarios de desconfianza.

A su vez es tambien evidente que los tres autores analizados han tenido que recurrir, aunque con diversa transparencia y modalidad, a la idea de que la llamada autoridad normativa puede ser considerada como el mediador más eficiente en la generación de la confianza necesaria para superar la encerrona del Dilema de los Prisioneros. En el caso planteado por Axelrod, aunque este punto no se hace expreso, es claro que cuando va corrigiendo las restricciones de su modelo hasta lograr un escenario en donde el altruismo pueda florecer y desarrollarse actúa como autoridad normativa; en el caso de Harsanyi la presencia de la autoridad normativa se hace expresa, y asume claramente su papel de generador de confianza, hasta el punto de poder modificar las estructuras de pagos y excluir preferencias perversas que atentarían contra la credibilidad de la propuesta institucional realizada. Y por último en el caso de Nash, la autoridad normativa asume la forma de pre-jugadores que mediante procesos de negociación procuran establecer reglas institucionales que sean capaces de generar seguridad y confianza en el nivel del juego.

Este enfoque que considera a las instituciones como la instancia mediadora que más eficazmente puede ayudar a la generación de confianza colectiva ha cobrado un importante espacio intelectual; sin embargo hay voces disonantes que apuestan por una solución apoyada en la existencia y desarrollo de la llamada confianza individual.[10] Tal como se ha hecho evidente en el análisis precedente, parece claro que a pesar de los buenos deseos y del meticuloso trabajo intelectual de Axelrod acerca de que la construcción del espacio de confianza social pueda ser desarrollado a partir del nivel de la confianza individual, detrás de todas las soluciones que él propone siempre encontramos la presencia de una decisión normativa que representa un diseño institucional y de incentivos dirigido a apuntalar la confianza colectiva.

La genuina relación entre confianza individual y confianza social puede ser más fácilmente entendida si se considera la diferencia entre conocimiento individual y «conocimiento común», que fuera brillantemente capturada en un ya clásico artículo por Bob Auman.[11] Con frecuencia se piensa erróneamente que la confianza individual es una condición para la existencia de la confianza colectiva; en realidad el sentido de esta relación es inverso, ya que la confianza individual es siempre una consecuencia de la existencia de un «conocimiento común» entre los jugadores; este «conocimiento común» (que no es sino una consecuencia de los llamados eventos públicos),[12] se presenta cuando todos los actores sociales o jugadores conocen plenamente todos los a-prioris y a-posterioris del juego, y adicionalmente cada uno de ellos sabe que el otro sabe que el primero los conoce:

> When we say that an event is «common knowledge», we mean more than just the both 1 and 2 know it; we require also that 1 knows that 2 knows it, 2 knows that 1 knows it, 1 knows that 2 knows that 1 knows it, and so on.[13]

Esto significa tanto como decir que los actores sociales no solo «comparten» toda la información relevante sobre el juego sino que han hecho de esta circunstancia un conocimiento de todos, lo cual configura un escenario propicio para la confianza colectiva, la que a su vez permite que la confianza individual pueda ser ejercida sin que el actor que la practica quede en una situación de alta vulnerabilidad. Es decir que el «conocimiento común» constituye la única base sobre la cual es posible prever resultados y soluciones ya que bajo las condiciones definidas por el «conocimiento común», no podría suceder nada en el marco del juego que no fuera conocido por todos los jugadores. Si consideramos las propuestas de Axelrod, Harsanyi y Nash que hemos analizado comprobamos que en todas ellas se encuentra implícito el supuesto de un «conocimiento común» que de alguna manera es el que hace posible la previsión de los equilibrios y las soluciones. Esta situación se pone en clara evidencia cuando en la realidad se encuentran ausentes las condiciones de «conocimiento común» teóricamente supuestas, produciéndose en términos generales tres consecuencias encadenadas; en primer lugar se efectúan previsiones equivocadas sobre los equilibrios, en segundo lugar se ignora el origen de tales equivocaciones y finalmente se tiende a considerar como arbitrarias o irracionales las selecciones efectuadas por los actores.[14]

A esta altura no resulta difícil aceptar que la autoridad normativa no solo está en condiciones de imponer los arreglos institucionales y los sistemas de incentivos, sino también de producir las conductas que califiquen como «evento público». Si a su vez tomamos en consideración que el «conocimiento común» deriva de los «eventos públicos», tendremos que aceptar que sólo la autoridad normativa puede crear las condiciones que den lugar al «conocimiento común» capaz de hacer nacer la confianza colectiva, y en consecuencia permitir que el ejercicio de la confianza individual no implique asumir los riesgos de una alta vulnerabilidad y de importantes pérdidas de utilidades.

Por el momento es posible afirmar sin mayores dudas que la sola actividad o voluntad individuales resultan insuficientes para generar el llamado «conocimiento común» necesario para instalar un clima de confianza colectiva. Aún cuando un grupo social comparta una misma plataforma histórica, y una herencia cultural que le haga a su vez partícipe de un lenguaje común,[15] esto no resulta suficiente para producir una trama de confianza colectiva que permita el ejercicio no riesgoso de la confianza individual. Esta insuficiencia del nivel individual para generar por sí mismo un clima de confianza colectiva deriva del hecho de que la capacidad para producir «eventos públicos» radica fundamentalmente en la autoridad. Pero, si las cosas fueran tan simples, no sería difícil eliminar todas las ineficiencias derivadas de la ausencia de confianza mediante el recurso de seguir unas ciertas reglas en la elaboración de los arreglos institucionales y el diseño de los incentivos de modo que los mismos fueran en todos los casos «eventos públicos». Sin embargo, a juzgar por los resultados que a diario se observan, es evidente que o bien tales reglas no existen o bien las dificultades de esta empresa son mayores de las que en principio se hacen visibles. Una cosa sí queda clara y es que el éxito de una solución institucional en la producción de confianza colectiva no depende exclusivamente del diseño de su estructura sino que se encuentra también asociado a una serie de factores y patrones de comportamiento que subyacen en los tejidos sociales.[16]

Con el propósito de comprender mejor los procesos de producción y modos de funcionamiento de las condiciones subyacentes que parecen incidir de manera definitiva en el desempeño de un diseño institucional, será conveniente considerar analíticamente los factores asociados a aquellas condiciones. En primer lugar hay que tener en cuenta el hecho de que la confianza es básicamente una actitud interna de los sujetos basada en percepciones complejas; en consecuencia no sería suficiente con que las instituciones y los incentivos procuren una convergencia generalizada de los comportamientos alrededor de la regla, sino que deben dirigir su objetivo hacia la construcción y consolidación de esa actitud interna. En este sentido no sólo se deberían establecer sanciones para las conductas divergentes sino que habrían de tender a crear una atmósfera de defensa de la confianza recíproca, para lo cual hay que tomar en consideración el punto de vista, las percepciones y las preferencias de los jugadores sociales.

Definido ese objetivo central, lo cual implica asumir un punto de vista que privilegia ese valor sobre otros, se ha dejado suficientemente claro que la autoridad es la destinada a producir los llamados «eventos públicos», los que a su vez tienen la capacidad de inducir el «conocimiento común» sobre el cual se apoya la confianza. En tal plano es posible trabajar utilizando los mecanismos de negociación propuestos por el Programa Nash, o bien los mecanismos propios de un decisor ético propuestos por Hansanyi; sin embargo, en cualquier caso las reglas producidas deberán poseer rasgos tales que sirvan al logro del objetivo, es decir deben ser generadoras de confianza. La mayor o menor eficiencia para alcanzar tal objetivo servirá asimismo como criterio de evaluación de la calidad de la regla.

En el entendido de que la confianza es una actitud interna basada en percepciones complejas, en el nivel valorativo es necesario sostener en primer lugar el principio de respeto por la autonomía de los sujetos. Acerca de este punto no parece difícil ponerse de acuerdo en un plano conceptual, aunque en el terreno práctico los diseños de instituciones no siempre logran articular acertadamente los mecanismos más idóneos para hacerlo efectivo. Esto tampoco debe sorprendernos, ya que el problema fundamental a que siempre se enfrentan quienes procuran establecer instituciones e incentivos es el de lograr enlaces consistentes entre el plano de los principios que resultan sostenibles y el de las consecuencias concretas que es posible aceptar.

Para darle forma tangible al valor implicado en el principio de respeto por la autonomía de los sujetos, la regla no puede ser considerada por la autoridad como una razón que queda plenamente protegida y que será eficaz sólo por su capacidad de imponer sanciones, ya que estas, además de tener un alto costo social de aplicación, se dirigen básicamente a lograr conductas de acatamiento que no servirían al propósito de generación de confianza. En efecto, toda vez que el cálculo de utilidades así se lo aconseje, el jugador que está dispuesto a seguir las reglas solo en base a una actitud de acatamiento derivada del temor a la sanción, estará igualmente dispuesto a violarlas, ya que en caso contrario iría en contra del criterio de racionalidad. Esto indica que los mecanismos de sanción no son eficientes para generar actitudes internas, y tampoco preservan adecuadamente el principio de autonomía de los sujetos.

Un sistema de incentivos que intente preservar el principio de autonomía de los sujetos debe ofrecerles a los mismos razones que sean aceptables por un jugador racional el cual por definición debe privilegiar en sus decisiones sus propias preferencias. Para que una solución de este tipo sea posible y estable es necesario que la regla entre a formar parte de la deliberación práctica de los sujetos, circunstancia esta que sólo se produce cuando la autoridad normativa incorpora bayesianamente a sus probabilidades subjetivas a priori las correcciones derivadas de las preferencias de los sujetos sociales que participarán en el juego. Asimismo, en respeto por la autonomía de los sujetos, el cuerpo de incentivos no puede obligarlos a asumir comportamientos supererogatorios o que impliquen exigencias que por razones culturales o materiales no están en condiciones de cumplir.[17] En síntesis, el diseño institucional y los incentivos asociados deben constituir un balance de las razones y preferencias de los actores llamados a utilizarlos.

Habría aun un segundo principio normativo que junto al de respeto por la autonomía de los sujetos constituyen las piedras angulares sobre las que reposa un diseño institucional y de incentivos que quiera producir en los jugadores una actitud interna de aceptación de las reglas; se trata del principio que obliga a la regla a constituir un «evento público». Tal como sucede con el principio que anteriormente hemos considerado, también aquí es más fácil aceptar su importancia en la teoría, que articular los recursos apropiados para llevarlo a la práctica. Suele suceder que en muchos casos se supone que la confianza constituye una creencia de origen sicológico que puede ser activada mediante recursos emocionales, y no es infrecuente asistir a diversas formas de «campañas publicitarias» para aumentar los niveles de confianza. En el contexto teórico que estamos utilizando hemos establecido que la confianza deriva del «conocimiento común» y éste a su vez deriva de los «eventos públicos»; de modo que los arreglos institucionales y de incentivos que dan lugar a las reglas, deberían ser «eventos públicos». Esto supone que el nivel informacional que proporcionen las reglas debe ser superior al que individualmente poseen los jugadores, y debe ser compartido de manera no sesgada por la totalidad de ellos. Este nuevo marco informacional tiene la capacidad de generar en los actores la confianza necesaria para aceptar las restricciones que les imponen las reglas; tal es el sentido de las modificaciones efectuadas por Axelrod a las reglas iniciales, modificaciones que condujeron a una generalización de la confianza y de los comportamientos socialmente constructivos.

Finalmente, el otro elemento que en el diseño institucional y de incentivos es consistente con la preservación de la confianza colectiva, se refiere a que el cuerpo de incentivos debe estimular de manera coherente en los actores sociales los sentimientos de respeto hacia este principio; es evidente que en este sentido el propio diseño de las instituciones y la estructura de los incentivos constituye un mensaje acerca de la creencia que tiene la autoridad normativa en la vocación de corrección de tal principio. Si se analiza el cuerpo de incentivos establecido por el fiscal para la versión original del Dilema de los Prisioneros es fácil inferir que el mismo está regido por el principio de incentivación de la desconfianza recíproca, lo cual se expresa en la restricción de la información y la estructura de las utilidades esperadas por los jugadores. Inversamente, el diseño de Axelrod hace evidente su creencia en la fuerza constructiva de la confianza, creencia que se expresa en la remoción de los obstáculos para la comunicación, y en la promoción de una estrategia amigable entre los participantes.

Considerando todo lo hasta aquí analizado, podemos inferir que además de establecer prohibiciones, permisiones y obligaciones que son reforzadas por sistemas de incentivos, las instituciones producen un mensaje tácito acerca de aquellos principios en cuya corrección la autoridad normativa cree, y también acerca de su disposición en aceptarlos y contribuir a que los mismos sean practicados por todos. Si analizamos el mensaje del fiscal en el Dilema de los Prisioneros, no nos puede extrañar que el mismo sea un generador de desconfianzas, ya que tanto las restricciones establecidas como los pagos propuestos hablan el lenguaje de la desconfianza; por las mismas razones tampoco es de extrañar que la confianza se haya generalizado en el marco institucional y de incentivos construido por Axelrod.

Sobre la base de todo lo que acabamos de señalar, podemos afirmar que el diseño de la estructura de una institución representa el punto de partida en el camino que conduce hacia la construcción de la confianza colectiva; pero los operadores de esa estructura (alimentados desde un plano valorativo) son los que permiten efectivamente alcanzar esa meta. En efecto, existe un conjunto de comportamientos, usos, costumbres y mecanismos informales que comparten con el diseño la responsabilidad en el éxito del desempeño institucional.[18]

4. Las responsabilidades de los jueces

Conforme a los conceptos que se han expresado, la estructura de la institución judicial puede ser considerada como un cuerpo de arreglos, restricciones e incentivos cuya finalidad explícita es la de resolver contenciosos, mientras que implícitamente su función se dirige a incrementar los niveles de confianza social, para disminuir los costos de transacción. Las decisiones judiciales son entonces el componente operativo que mediante la promoción del «conocimiento común» mantiene a la estructura en funcionamiento y puede llevarla al éxito o al fracaso. Si aceptamos este punto de vista, los jueces cumplen esta importante función de promotores de la confianza colectiva mediante el cumplimiento de tareas que pueden ser analizadas en dos niveles: por una parte está el nivel que considera a las tareas como productoras de soluciones a controversias entre intereses divergentes, y por la otra, el nivel que las analiza como «eventos públicos» generadores de espacios de confianza.

Si se las considera asociadas a la resolución de conflictos entre partes antagónicas, las decisiones de los jueces quedan sometidas, tanto en los aspectos sustantivos como de procedimiento a las restricciones establecidas por el marco del denominado proceso; este se desarrolla mediante el cumplimiento de una secuencia de pasos que deben ser satisfechos en lapsos predeterminados y bajo reglas específicas. En esta primera dimensión la decisión de los jueces debe ser validada en el terreno de la legalidad con el propósito de establecer si los procedimientos seguidos para construir la decisión son aquellos que han sido oportunamente establecidos como patrones de formación, y si se han respetado las premisas y reglas de derivación aceptadas por el sistema de normas. Evidentemente con esto queda protegido el respeto por la cadena de legalidad, la cual garantiza que la decisión sea válida desde un punto de vista jurídico. En efecto, si las restricciones sustantivas y de procedimiento son debidamente acatadas por el juez, su decisión deberá ser a su vez acatada por las partes, independientemente de que la compartan o no; es decir que en sus funciones de resolver conflictos entre partes en litigio, los jueces cuentan con el auxilio y cobertura del sistema de normas, por lo que sus sentencias constituyen «razones protegidas».

Si bien cuando consideramos a las tareas de los jueces como productoras de soluciones a conflictos hemos aceptado que la instancia legal constituye una justificación suficiente, tenemos que admitir que este hecho deriva de un acuerdo que busca minimizar los costos de tales soluciones mediante la aceptación del valor decisional de los procedimientos legales. Sin embargo, no habría manera de admitir que los criterios de legalidad constituyan una justificación suficiente cuando se considera a la decisión como un vehículo transmisor de valores tal como lo es la confianza colectiva en las instituciones. Este hecho pone en clara evidencia la necesidad de evaluar las decisiones de los jueces sobre una estructura más compleja que la ofrecida por el solo criterio de legalidad.

La presencia de esta nueva instancia de justificación cuando consideramos las tareas de los jueces en su función de promotoras de la confianza colectiva obedece a dos razones fundamentales. Por una parte, está claro que este tipo de decisiones poseen la capacidad de atribuir estatus deóntico a las acciones de los sujetos de un colectivo, y esta atribución es hecha necesariamente desde un punto de vista valorativo, lo cual incorpora una dimensión difícilmente justificable desde la sola legalidad; por otra parte, tales atribuciones deónticas afectan a actores que no son los productores directos de las decisiones, pero que están igualmente obligados a acatarla. Esta respuesta no es controvertible en el terreno legal, pero resulta insuficiente cuando se trata de determinar si tal decisión contribuye positivamente a generar confianza colectiva en las instituciones.

Consideradas desde este último punto de vista las sentencias de los jueces no son sólo piezas formales protegidas por el principio de legalidad, sino que constituyen el vehículo mediante el cual se procura que agentes sociales que tienen intereses muy diferentes y aun antagónicos logren construir un espacio de convivencia colectiva mediante el uso de recursos racionales. Siendo así las cosas, estas decisiones deberían estar basadas en la aceptación de un código que sea considerado normativamente correcto porque expresa las preferencias de aquellos a quienes va dirigido; este código no puede ser justificado como un cuerpo de condiciones que se acuerdan para establecer las restricciones de un modelo, ni tampoco como una norma supuesta que cierra el tema de la validez formal de un sistema. Su validación debe fundarse en un análisis de la solidez, cobertura y versatilidad del entramado normativo que se ha logrado acordar, y en la capacidad del mismo para convocar en los destinatarios de la decisión no sólo sentimientos de acatamiento sino de adhesión y confianza. Si así consideramos a las decisiones judiciales, ellas tendrían necesariamente que retrotraerse de manera consistente al código aceptado como correcto, del mismo modo que las normas positivas se retrotraen a la norma soberana. Adicionalmente, para el caso de conflicto entre ambas instancias de referencia, y considerando que la norma soberana es ella misma una decisión normativa, debe subordinarse al código valorativo socialmente aceptado.

Esta estructura de justificación que proponemos para las decisiones de los jueces es indudablemente compleja, sobre todo si se considera que cada una de las instancias propuestas acepta principios lógicos diferentes; sin embargo no hay manera de prescindir de ninguna de estas dimensiones, ya que cualquier intento de reducir la una a la otra produce efectos socialmente nocivos. Pero, cabría aun preguntarse cual es la razón por la que las decisiones de los jueces que según ya se ha indicado deben ser acatadas de manera necesaria merezcan todo el esfuerzo adicional que demanda la articulación de esta compleja estructura.

Este tema cobra pleno sentido en el marco de las modernas democracias, ya que sólo en los regímenes que aceptan la autonomía de la voluntad de los actores sociales se hace presente la llamada paradoja de la autoridad. Esta paradoja pone en contradicción dos condiciones: 1) Los agentes racionales deben escoger autónomamente los cursos de acción que maximizan sus preferencias y 2) En el marco de una estructura de autoridad los agentes deben obedecer las decisiones de los jueces aunque ellas se opongan a sus preferencias. En un régimen autoritario esta contradicción se disuelve de manera automática, ya que la condición 1) prevalece sobre la condición 2). Sin embargo, si deseamos ser consecuentes con la filosofía y la ética de la democracia, esta paradoja debe ser racionalmente superada; y tal superación pasa por una justificación compleja de las decisiones judiciales la cual incluya una validación tanto en base a criterios de legalidad y como a los aplicables a los eventos públicos. La necesidad de una justificación de esta índole deriva del hecho de que las decisiones de los jueces (a diferencia de la decisiones individuales o en escenarios de juegos) suponen un decisor en posición de árbitro o autoridad que escoge cursos de acción que afectan a los sujetos que están en obligación de acatarlas; es decir que el juez no restringe solo sus propios cursos de acción, sino que establece restricciones sobre las acciones de otros sujetos, en muchas oportunidades en contra de la opinión y de las preferencias de los mismos. Bajo estas condiciones lo menos que puede pedirse a la autoridad es que a través de sus comportamientos haga suyas sus propias decisiones normativas.

Este tipo de decisiones interrelaciona tres elementos que se vinculan de una manera dinámica; en primer lugar está el juez como autoridad normativa (AN) que mediante un acto de voluntad, y dotada del poder que le ha sido otorgado mediante un procedimiento legítimo, establece a las conductas de otros actores un determinado estatus deóntico (prohibición, permisión u obligación) circunstancia esta que restringe la libertad de los que están llamados a obedecer a esa autoridad. Un segundo elemento es el soporte expresivo de la voluntad de (AN) al que conocemos como sentencia (S) la cual sirve para comunicar a los usuarios el contenido normativo de dicha voluntad; finalmente, encontramos al destinatario (D) de la sentencia que es quien debe obedecer la voluntad de (AN) expresada a través de (S). Según lo señalado, desde nuestro punto de vista este tipo especial de decisiones requiere de una doble justificación; por una parte la que concierne a su papel como árbitro del conflicto que ha considerado, y una segunda que concierne a su carácter de evento público.

Si se observa la estructura de este tipo de decisiones se comprueba que la razón por la cual (D), está llamado a obedecer (S), no puede basarse solamente en el criterio de su legalidad. Esta afirmación distancia nuestra posición de la algunos prestigiosos autores que como Raz sostienen que las razones jurídicas constituyen un tipo especial de razones autónomas, las cuales se originan en la existencia misma de la pieza normativa (S), y constituyen razones protegidas que obligan al sujeto (D) a actuar conforme a ellas, con absoluta independencia de cuáles sean sus preferencias.[19] Según esta postura, la existencia de (S) (que define su validez) no sólo obliga a obediencia en base a criterios de legalidad, sino que constituye la razón suficiente para que los agentes a quienes va dirigida acepten ajustar su comportamiento a la misma. Sin embargo, Raz admite la existencia de razones subyacentes a (S), las cuales a través de un proceso de deliberación sobre razones previas, dotan de contenido a esa pieza normativa; pero una vez que (AN) ha producido (S) esta asume un carácter autoritativo que la constituye en una razón excluyente de las razones subyacentes, por lo que estas últimas no podrían influir sobre la deliberación práctica del destinatario (D). Esto parece aceptable, ya que las razones subyacentes estarían incorporadas a (S), y esta pasa a ocupar el lugar de aquellas; pero puede suceder que (AN) no haya tomado en consideración alguna de las razones relevantes para el asunto concreto que concierne a un (D), en cuyo caso el pretendido carácter autoritarivo de (S) no podría aplicarse a las razones relevantes para (D) que no han sido consideradas por (AN). Una situación de matices aún más marcados se presentaría en el caso (nada infrecuente) en que (AN) seleccione razones subyacentes que están en conflicto con razones relevantes para un asunto que concierne a (D); en una tal situación la paradoja de la autoridad se hace plenamente evidente, y la reconstrucción de Raz no está en condiciones de ofrecer un camino conceptual para superarla ya que es obvio que si se trata de un conflicto entre las razones contenidas en (S) y las razones que (D) considera relevantes para el asunto regulado por (S), no sería aceptable que la propia (S) que se encuentra en conflicto sea la que reivindique el privilegio de ser ella misma considerada una razón protegida que obligue al sujeto a renunciar a sus preferencias.

El análisis de esta postura por una parte pone en evidencia la importancia que revisten las razones subyacentes como generadoras del carácter autoritarivo de (S); por otra parte, muestra la complejidad inherente a la selección de los componentes de dichas razones, y finalmente prueba que el carácter autoritativo de (S) puede variar dependiendo de un análisis de relevancia de las razones basado en hechos contingentes, y aún de preferencias condicionadas[20] por factores extralegales. No es necesario remarcar el efecto que esta circunstancia tiene sobre la tesis de las razones autónomas o protegidas asociadas a (S) que estamos criticando.[21]

Desde nuestro punto de vista, no habría manera de superar la paradoja de la autoridad sin otorgar una atención muy especial al proceso de formación de las razones subyacentes o razones internas de los jueces, y estas razones no pueden ser reducidas sólo a los criterios de validez formal utilizados. Indudablemente, la paradoja de la autoridad se hace presente cuando las preferencia de los destinatarios de la sentencia entran en conflicto con la asignación deóntica que la misma ha establecido; sólo desde la dudosa plataforma de las razones externas para actuar se podría considerar legítima esta salida.[22] Las mencionadas razones internas de los jueces se ponen en evidencia a través de (S), si (S) es considerado como un evento público.

Pero cabría preguntarse acerca de cuál es la necesidad de preocuparse por ese tema, si en cualquier caso una sentencia debe ser acatada por las partes independientemente de cuál sea su opinión acerca de la misma. La respuesta a esta pregunta la encontramos en el hecho de que si bien la función de los jueces asociada a la resolución de conflictos queda plenamente satisfecha con una sentencia que adjudique el derecho en el caso puesto a consideración, en lo relativo a la función asociada a la generación de confianza colectiva en las instituciones, es necesario que la sentencia trasmita de manera eficiente una sensación de corrección normativa, de transparencia decisional y de mecanismo eficaz en la resolución de los conflictos, al punto de que sea aceptable como tal aun por quienes no han resultado favorecidos por la decisión.

Cuando se tiene a la vista esta segunda responsabilidad implicada en la tarea de los jueces, se pueden comprender la dificultades a las que deben enfrentarse si buscan asumirla sin pérdida de coherencia con la función de adjudicación del derecho en una controversia específica.

5. Las decisiones de los jueces y la confianza colectiva

Para definir a las decisiones de los jueces como asociadas a la producción de confianza colectiva es necesario basarse en la construcción de una perspectiva analítica que permite definir un plano de significados de las tareas que los jueces cumplen habitualmente. Esta afirmación pretende destacar el hecho de que no estamos frente a un tipo diferente de actividades, y menos aún en presencia de una constante disyuntiva que obliga al decisor a optar entre resolver adecuadamente los contenciosos puestos a su consideración o atender los procesos de formación de confianza. El punto de vista sostenido quiere asimismo poner de relieve que si bien el conjunto de los elementos de justificación de una y otra esfera, no son coextensivos tampoco son disyuntos, y en términos generales las herramientas fundamentales en ambos casos residen en el uso adecuado de los recursos proporcionados por el Derecho como regulador de las relaciones intersubjetivas.[23]

Cuando el juez tiene a la vista las funciones que le atañen como productor de los «eventos públicos» que conocemos como sentencias debe considerar que está contribuyendo a la formación del «conocimiento común» sin el cual por una parte toda confianza colectiva es imposible, y por la otra todo acto de confianza individual coloca a quien lo practica en una situación de alta vulnerabilidad.[24] Este «conocimiento común« es el núcleo de la parte informal de las instituciones y se refiere al cuerpo de conocimientos y valores necesarios para que la parte formal de esas instituciones funcione adecuadamente; por regla general dicho «conocimiento común» es construido de una manera no expresa (a diferencia del proceso clásico de educación formalizada), principalmente a través de las decisiones normativas de las autoridades. El mecanismo normalmente utilizado en la consolidación de este «conocimiento» consiste en desalentar todas las conductas oportunísticas que promueven la desconfianza, alentando simultáneamente aquellas generadoras de confianza. Entre estas conductas, las que son ejercidas por la propia autoridad adquieren la máxima importancia en virtud de su muy especial poder normativo y su inevitable destino de «eventos públicos».

Señalábamos anteriormente que en el cumplimiento de estas funciones el juez no puede apelar a reglas inequívocas que le marquen un camino seguro hacia su objetivo; sin embargo, los desarrollos teóricos junto a las experiencias políticas vividas por las modernas democracias permiten trazar algunas rutas de acceso que hacen que el cumplimiento de esta función sea menos errático. Aceptar el tránsito por estas rutas implica asumir un punto de vista valorativo que se distancia de la posición que considera que toda decisión judicial es una razón suficiente en sí misma, y estar dispuesto a aceptar la necesidad de producir razones convincentes no sólo concernientes a la legalidad del asunto en consideración (condición necesaria en la resolución de los contenciosos) sino también acerca de su legitimidad. Para recorrer las rutas señaladas las tareas de los jueces deben tomar en consideración dos objetivos, que constituyen las piedras angulares sobre las que descansa la confianza colectiva.

El primer aspecto que en el ejercicio de la actividad judicial debe ser considerado cuando se intenta contribuir al «conocimiento común» es el de la transparencia informacional, ya que como lo señalamos anteriormente citando a Bob Auman este tipo de conocimiento se produce cuando 1 y 2 saben acerca de un evento y 1 sabe que 2 lo sabe, 2 sabe que 1 lo sabe, 1 sabe que 2 sabe que 1 lo sabe, etcétera, etcétera. Ahora bien ¿cómo se puede desde una decisión judicial contribuir a que esta situación se produzca y se estabilice? Consideramos que el recurso más adecuado para lograr este objetivo lo encontramos en el llamado enfoque bayesiano del proceso,[25] que considera a este como un espacio en el cual las partes incorporan información relevante al asunto, mediante lo que se denomina la producción de la prueba. Bayesianamente hablando la prueba entonces consiste en el conjunto de piezas informacionales que van dirigidas a incidir sobre la decisión judicial o sentencia. Así considerado el proceso comienza con la definición de una probabilidad subjetiva a priori que representa la opinión preliminar que tiene el juez sobre el asunto acerca del cual debe sentenciar, mientras que el conjunto de la información aportada procura, exponiendo los hechos y el derecho desde la perspectiva subjetiva de cada una de las partes, modificar tal probabilidad. Como es natural, la decisión judicial en la mayoría de los casos otorga la razón a alguna de esas partes, y se la deniega a la otra; aunque es perfectamente comprensible que esta última no quede satisfecha con esa denegación, lo menos que ella puede esperar para mantener su confianza en la institución es que se hayan considerado adecuadamente las piezas informacionales que aportó, y que los argumentos del decisor indiquen claramente la medida en que su probabilidad subjetiva a priori ha sido afectada con cada evidencia que ha tenido a la vista. Desde el punto de vista del bayesianismo solo podrían mostrarse como argumentos aquellos que se basan en la información efectivamente considerada e incorporada al razonamiento. Con este procedimiento se logra en primer lugar que la sentencia contenga un nivel informacional superior al que posee cada una de las partes individualmente, lo cual les permite contrastar sus propios puntos de vista, y además se constituye en un «conocimiento común» en el sentido que hemos expuesto, es decir un potencial generador de confianza colectiva, ya que cada uno sabe que el otro sabe que él sabe porque se decidió de tal y tal manera.

El segundo aspecto que debe ser tenido en cuenta por una sentencia que pretenda generar confianza colectiva, es el de la autonomía de los sujetos a los cuales está siendo dirigida. Esta autonomía no solo autoriza sino que exige a ese sujeto construir su propia función de utilidades, la cual debe ser considerada en la decisión judicial aun cuando el juez desde su propia autonomía pueda considerarla impropia e incluso aberrada. Desde luego, un contencioso siempre enfrenta al menos a dos funciones de utilidad que son antagónicas, cada una de las cuales pretende ser superior, y el juez debe construir una decisión que puede satisfacer parcialmente a ambas, o bien satisfacer totalmente a la una desestimando la otra. En cualquiera de los casos, las razones expuestas en la sentencia deben considerar extensivamente las funciones de utilidad construidas por los contrincantes, y erigirse en el factor que sobre la base de una ponderación de ambas construye el equilibrio; esta ponderación del juez es sin duda el corrector de las utilidades pretendidas por las partes, y en consecuencia el criterio empleado en el mismo debe constituir un «evento público», para lo cual debe satisfacer dos requisitos básicos: por una parte ser consistente con el criterio de legalidad del que no puede en ningún caso apartarse en la resolución de los conflictos, y por otra parte respetar la transparencia o publicidad de los mecanismos utilizados en su producción. Sólo de esa manera el factor de ponderación puede incorporarse perfectamente a la deliberación práctica de los destinatarios de la decisión, y es esta la única manera en que, a pesar de disentir con el resultado, la parte derrotada puede comprender las razones de su derrota, y mantener la confianza en el funcionamiento de la institución, ya que entiende perfectamente cuál es su semántica, y sabe que bajo otras condiciones puede ser ella la ganadora.

6. Conclusiones

Una de las mayores dificultades para articular la racionalidad individual y la racionalidad colectiva deriva de los problemas que conlleva la generación de confianza recíproca entre los actores sociales; como lo evidencia el Dilema de los Prisioneros tal ausencia de confianza es la responsable de que acciones individuales que buscan maximizar las utilidades esperadas conduzcan inexorablemente a resultados sociales subóptimos. Con el diseño del escenario y el sistema de incentivos establecidos en lo que hemos llamado la institución del Dilema (que modela muchas situaciones de la realidad) no es para nada sorprendente que cada uno de los actores sociales se resista a asumir actitudes altruistas, ya que esto los haría vulnerables frente a los demás actores, con riesgos de importantes pérdidas. Cuando ese temor se generaliza se producen severos daños para el tejido social, los cuales se hacen particularmente evidentes en los llamados bienes comunes y bienes públicos.

Esta situación que es colectiva e individualmente poco deseable produce altos costos de transacción, ya que todos los actores sociales se ven obligados a introducir en las relaciones interpersonales fricciones derivadas de la ausencia de confianza. El objetivo de las instituciones es el de abaratar dichos costos mediante una serie de arreglos pre-acordados que son reforzados por sistemas de incentivos que básicamente procuran desalentar las conductas oportunísticas. Los arreglos institucionales pre-acordados corresponden a lo que se ha llamado el aspecto formal de las instituciones y en general quedan plasmados en alguna forma de decisión de la autoridad normativa; por su parte el aspecto informal corresponde a lo que hemos llamado «conocimiento común» que deriva de los «eventos públicos» cuya generación parte inicialmente en esa misma autoridad. Mientras que para la construcción de la esfera formal es posible apelar a diseños capaces de perfilar instituciones bien estructuradas, las reglas de generación del «conocimiento común» son más difusas.

Algunos estudiosos de la materia han insistido en que es posible lograr una solución al problema de construcción del «conocimiento común» a través de un estímulo sicológico apoyado en la exaltación del carácter «virtuoso» de los comportamientos altruistas. Por el contrario sostenemos sobre la base del análisis de autores de ideas tan divergentes como Axelrod, Harsanyi y Nash que la autoridad, a través del mensaje implícito de las instituciones es la única que está en condiciones de promover los «eventos públicos» y en consecuencia el «conocimiento común» como generador de confianza. Desde esta perspectiva la autoridad normativa no sólo es responsable del diseño de la estructura de las instituciones (su aspecto formal) sino que también es la que trasmite y estimula el desarrollo y consolidación de las conductas que constituyen el aspecto informal de las mismas.

En el caso de la institución judicial, las tareas de los jueces implican una doble responsabilidad: por una parte se dirigen a resolver los contenciosos entre partes, y por la otra poseen la capacidad de incidir sobre el clima de confianza colectiva. A pesar de que analíticamente ambas responsabilidades pueden (y es conveniente que así sea) separarse, en el terreno práctico, el modo en que se resuelven los contenciosos y los mecanismos de argumentación que se empleen en las sentencias constituyen las mejores herramientas para la transmisión y estímulo de la confianza. A este respecto es bueno tomar en consideración ciertos rasgos que pueden contribuir decididamente al logro de este objetivo. Por una parte, se encuentra la transparencia informacional que se expresa en la disposición del juez a considerar exhaustivamente las piezas probatorias, y asociar tal consideración con los argumentos utilizados en la sentencia; y por la otra, está el respeto por la autonomía de los sujetos que se manifiesta en la capacidad de tales sentencias para incorporarse a la deliberación práctica de los destinatarios, a pesar de que los mismos puedan disentir con su contenido.

Estos rasgos no constituyen, ni pueden constituir, reglas inequívocas que garanticen que una decisión judicial sea efectivamente apta para producir «eventos públicos» con capacidad para generar «conocimiento común» y en consecuencia confianza, pero sí constituyen mensajes suficientemente claros acerca de la creencia fundamental de la autoridad normativa en la superioridad valorativa de un enfoque de las relaciones sociales frente al otro, y su determinación a defender esa creencia.

Es imposible negar la enorme importancia y el alto nivel de desarrollo alcanzado por los especialistas en el diseño de instituciones; sus logros en el seguimiento y caracterización de los problemas han hecho posible la incorporación de notables mejoras tanto en el nivel estructural como en lo referido a los cuerpos de incentivos. Sin embargo, se ha podido comprobar que un diseño perfecto (hasta donde esto es posible) no constituye garantía suficiente de buen desempeño, ya que los aspectos informales tienen una fuerte incidencia en el modo en que funcionan las instituciones. Creemos que en ausencia de una sólida voluntad expresada en los comportamientos institucionales de la autoridad no hay posibilidad de pensar en la obtención de éxito en la construcción de las llamadas esferas informales de las instituciones. Esta es la razón por la cual cada vez que un juez decide un contencioso, a la par de producir una sentencia que cierra el caso, envía simultáneamente un mensaje cuya capacidad de incidencia se extiende a las relaciones de toda la sociedad.

Notas

1. Entre la rica bibliografía sobre el tema del diseño de las instituciones me permito sugerir la lectura de R. Goodin, *The theory of institutional design*, Cambridge Universsity Press, 1998 [trad. cast.: *Teoría del diseño institucional*, Barcelona, Gedisa, 2003] y del clásico E. Ostrom, *Governing the commons: the evolution of institutions for collective action*, Cambridge University Press, 1990.

2. La estructura del Dilema de los Prisioneros tal como fuera inicialmente presentada responde fundamentalmente a un propósito analítico que procura señalar las dificultades para armonizar la racionalidad individual y la colectiva; sin embargo, desde un punto de vista normativo corresponde claramente a una institución diseñado por el Fiscal, ya que se trata de un cuerpo de restricciones y un conjunto de incentivos que responden a la forma típica de un arreglo institucional.

3. El caso fue inicialmente planteado en R. Axelrod, *The Evolution of Cooperation*, Nueva York, Basic Books, 1984, y en una serie de desarrollos posteriores realizados por el mismo autor entre los que se destaca *The Complexity of Cooperation*, Princeton University Press, 1997.

4. Puede verse J. Harsanyi, *Rational Behaviour and Bargaining Equilibrium in Games in Social Situations*, Cambridge University Press, 1977 y «Razón, Moralidad y Teoría Utilitarista» en *Decisiones Normativas. Ensayos en Homenaje a Julia Barragán*, Caracas, Ed. Sentido, 1999.

5. Para una exposición más detallada de este tipo de decisiones y su influencia en la vida social me permito sugerir la lectura de J. Barragán, «La paradoja de la autoridad y los problemas de formación de capital social» en ISONOMIA, 16, 2002.

6. Sobre el llamado Programa Nash pueden consultarse los tres artículos seminales: J. Nash, «The bargainning problem», *Econometrica*, 1950, «Non-cooperative games» *Annals of Mathematics*, 1951 y «Two-persons cooperative games», *Econometrica* 1953. Adicionalmente para una cuidadosa exposición de los teore-

mas que sostienen el Programa Nash, puede consultarse K. Binmore, *Just Playing*, MIT Press, 1998, pág. 544.

7. Puede verse K. Binmore, «Nash bargaining theory» en K. Binmore y P. Dasgupta (comps.) *Economics of Bargaining*, Cambridge University Press, 1987.

8. Algunos programas de ajuste económico establecidos por organismos multilaterales van frecuentemente acompañados de arreglos institucionales que buscan apuntalarlos. Es muy frecuente comprobar que tales arreglos, que por lo general vienen precedidos de una larga historia de éxitos, y han sido diseñados conforme a los patrones técnicos más avanzados, fracasan estrepitosamente en virtud de que no se puesto a prueba previamente la plausibilidad del ajuste con el estilo cultural propio del escenario en el que será aplicado.

9. Para quienes tengan interés en profundizar la función que desempeña la «realizabilidad» en la estructura de justificación de los sistemas éticos me permito sugerir la lectura de J. Barragán, «Ethical Issues in Public Decision Making», *Rechtstheorie*, 29, 1998.

10. Los más importantes aportes en relación con el tema de la generación de confianza pueden ser revisados en V. Braithwaite y M. Levi (comps.), *Trust and Governance* Nueva York, Russell Sage Foundation, 1998 y R. Zeckhauser (comp.) *The Strategy of choice*, MIT Press, 1991.

11. El tema del «common knowledge» se encuentra formalmente caracterizado en R. Auman, «Agreeing to disagree». *Annals of Statistics,* 4, 1976 y ha recibido tratamiento axiomatizado en P. Milgrom, «An axiomatic characterization of common knowledge», *Econometrica*, 49, 1981.

12. Veáse P. Milgrom, ob. cit.

13. Ver R. Auman, ob. cit., pág. 1236.

14. Estas consecuencias son especialmente relevantes en casos referidos a predicciones relativas a culturas diversas con las que los que efectúan las previsiones no han desarrollado «conocimiento común»; para quien esté interesado en estos casos, puedo sugerir la lectura de J. Barragán, «El lugar de la tolerancia en las decisiones normativas» en el volumen *Retos de la razón práctica: tolerancia, pluralismo y banalidad*, Universitat de Barcelona, 2002.

15. El compartir una herencia y un lenguaje es sin duda una condición necesaria pero no suficiente para el establecimiento del llamado «conocimiento común», ya que este no depende sólo de la presencia de tales variables sino de un acto normativo consistente en la generación de un «evento público».

16. Esta perspectiva ha sido extensamente trabajada por la llamada Economía Institucional basada en las tesis sostenidas por Douglass North. Sobre este punto me permito sugerir la lectura de los seminales trabajos de North: *Structure and Change in Economic History,* Nueva York, Norton, 1981 y *Institutions, Institutional Change and Economic Performance*, Nueva York, Cambridge University Press, 1990.

17. Una de las herramientas más poderosas que es utilizada en el moderno diseño de incentivos es el de los impuestos; ellos constituyen la contribución que los miembros de una sociedad determinada realizan con la finalidad de satisfacer los costos de los bienes comunes y públicos que son fundamentales para la vida social. En este sentido, para ser eficientes, las cargas impositivas demandan de una

aceptación interna por parte de los jugadores, aceptación que está condicionada por la confianza que tales jugadores tengan en la justicia de los montos de las cargas asignadas y en la efectiva equidad de su distribución. Para uno de los más importantes análisis de las implicaciones del problema teórico que nos ocupa puede verse el trabajo seminal de R. Auman y M. Kurz, «Power and Taxes» en *Econometrica*, vol. 45, nº 5, 1977

18. Este conjunto ha recibido en la literatura la denominación de «capital social»; para una visión completa de su evolución se puede consultar R. D. Putnam (comp.) *Democracy in flux: the evolution of social capital in contemporary society*, Oxford University Press, 2002. Asimismo, en el estudio de R. la Porta, F. López de Solanes, A. Shleifer, y R. Vishny: «Trust in large organizations», en *American Economic Review Papers and Proceedings*, 87, 1997, se puede apreciar la influencia del llamado «capital social» sobre la eficiencia de las instituciones judiciales.

19. Si consideramos la distinción hecha por H.L.A. Hart entre el aspecto externo de la regla que consiste básicamente en una práctica convergente de conductas, y el aspecto interno manifestado en la aceptación por parte de los destinatarios de la regla como razón suficiente para actuar, nuestro interés se dirige al segundo aspecto. Puede verse H.L.A. Hart, *El concepto de Derecho*, Buenos Aires, Abeledo Perrot, 1963.

20. Puede confrontarse J. Raz, *Practical Reasons and Norms*, Princeton University Press, 1990 y J. Raz, «Authority and Justification» en J. Raz (comp.) *Authority*, Oxford, Basil Blackwell, 1990.

21. El punto relativo a una regla de decisión acerca de las razones que deben prevalecer en un enfrentamiento entre la regla y las razones morales C.S. Nino se inclina a favor de las últimas. Puede consultarse, C. Nino, «Normas Jurídicas y Razones para la Acción» en *La Validez del Derecho*, Buenos Aires, Astrea, 1985.

22. Adherimos a la tesis y argumentos de Bernard Williams sobre el carácter de las razones externas, a las que consideramos una base muy frágil cuando se pretende superar la paradoja de la autoridad. Tales tesis y argumentos están desplegados en B. Williams, «Internal and External Reasons», *en Moral Luck. Philosophical Papers 1977-1980*, Cambrige University Press, 1981.

23. En el llamado Análisis Económico del Derecho se sostiene la tesis, a mi juicio espurio, de que la búsqueda de la eficiencia apoyada en la legalidad no es en general compatible con los principios de legitimidad, equidad, y otros igualmente normativos. En J. Barragán. «Eficiencia y Legitimidad en las Decisiones Normativas», *Telos*, vol. VIII, 2, 1998 hemos evidenciado que ambos aspectos no solo no son incompatibles sino que ninguna de ellos puede ser explicado sin el otro.

24. En un meticuloso estudio llevado a cabo por E. Glaeser et al. ha quedado demostrado que la acumulación de confianza conocida como capital social es consistente con los patrones de la inversión económica, lo cual hace que los individuos acumulen capital social cuando los incentivos personales para tal acumulación son altos. Cfr. E. Glaeser, D. Laibson, B. Sacerdote, « The economic approach to social capital» *Working Papers, 7728*, Cambridge, National Bureau of Economic Research, 2000.

25. Apoyándose en los conceptos y axiomas de la probabilidad condicional este enfoque asume que toda nueva información incorporada contribuye a corregir la probabilidad subjetiva «a priori» del decisor convirtiéndola en «a posteriori». Esta última pasa a su vez a ser «a priori» hasta tanto surja una nueva pieza informacional que la corrija, y así sucesivamente.

III

JUECES Y DEMOCRACIA

11

El poder judicial y la democracia*

Michel Troper**

A primera vista, este título cubre una cuestión muy simple: ¿se conforma al principio democrático que los procesos no sean resueltos por el pueblo, como en ciertas democracias antiguas, sino por jueces? Esta pregunta generalmente se plantea como si uno estuviera en una situación original y, en el entendimiento que se quiere instituir un régimen democrático, como si se dudara conferir la resolución de los procesos a los jueces mejor que al pueblo mismo. Consecuentemente, se busca la esencia de la democracia, después la del poder de los jueces, para afirmar o negar la compatibilidad.

Una hipótesis así, evidentemente, es del todo irreal. Nosotros no nos encontramos en una situación de este tipo. No existe ningún sistema en el mundo en que los procesos jurisdiccionales sean resueltos por el pueblo. Por el contrario, existen jueces profesionales en todos los sistemas que se proclaman democráticos. Ocurre, pues que los redactores de esas Constituciones consideraron que las dos cosas eran compatibles. Se podría, por supuesto, examinar si estas opiniones están bien fundadas. Sin embargo, tal actitud debe ser desechada claramente porque las conclusiones del examen dependen de concepciones relativas a la esencia de la democracia y del poder judicial.

Si consecuentemente se quiere evitar la metafísica, conviene limitarse a un plan puramente descriptivo y partir de una constatación: en razón de las disposiciones constitucionales los juristas se sienten obligados a soste-

* Traducción del original en francés por Rolando Tamayo y Salmorán.

** Universidad de París X-Nanterre.

ner la compatibilidad y, por ello, defender ciertas tesis y proponer algunas definiciones. Son esas tesis las que se trata de examinar, para analizar las estrategias y las limitantes argumentativas que conducen a adoptarlas y a defenderlas.

Se puede sostener –y, de hecho, se sostiene– la compatibilidad gracias a tres grupos de argumentos:

1) Los jueces no forman un poder orgánico, puesto que no hay un poder judicial único, como hay un poder legislativo o un poder ejecutivo.
2) Los jueces ejercen una función y no un poder verdadero.

Como estos dos primeros argumentos están vinculados y fracasan, se propone hoy un tercer grupo de argumentos:

3) La democracia no es lo que un pueblo llano piensa. La democracia no podría ser identificada vulgarmente con el poder de la mayoría. La verdadera democracia es el poder judicial.

I. Poder judicial orgánico

La expresión «poder judicial» tiene en el lenguaje jurídico dos sentidos principales: un sentido funcional: «el conjunto de los actos por los cuales son substanciados los procesos» y un sentido orgánico: «un conjunto de tribunales que presentan ciertas propiedades estructurales». ¿Existe un poder judicial en sentido orgánico?

Es necesario desechar de inmediato un medio habitual de abordar la cuestión, basado en los usos lingüísticos. Algunos quieren derivar argumentos de ciertas prácticas y, particularmente, del hecho de que, en el lenguaje de ciertas constituciones se utiliza o, por el contrario, se evita cuidadosamente la expresión «poder judicial». En Francia, por ejemplo, muchas discusiones tratan del hecho de que el título VIII de la constitución se denomina: «De la autoridad judicial» y no «del poder judicial» pero, si estos términos tienen posiblemente una connotación más o menos favorable a la extensión de competencias o a la independencia de los tribunales, no obstante no designan conjuntos de normas jurídicas diferentes. Es así que el artículo 64 de la constitución francesa actual dispone: «El Presidente de la República es el garante de la independencia de la autoridad judicial», mientras que la constitución de la Segunda República (1848) tiene realmente un título «Del Poder Judicial», sin embargo no contiene normas diferentes a las otras constituciones. De modo que estas expresiones no tienen más que importancia simbólica.

Si el lenguaje no es de gran ayuda, se puede proceder de la misma manera que para determinar la existencia del poder legislativo o del poder ejecutivo. Se dice que hay un poder legislativo o un poder ejecutivo si hay una autoridad, encargada a título principal de una función para la cual ellas están especializadas. Es necesario, por tanto, que cada una de tales autoridades realice todos los actos de una función (legislativa o ejecutiva) y que las realice sola. Sin duda, no hay jamás una especialización perfecta, sin embargo, se habla de poder ejecutivo si casi todos los actos de ejecución, y los más importantes, son realizados por una misma autoridad. Es pues fácil identificar el poder legislativo en el Parlamento.

Por el contrario, no se puede traspasar esta solución al poder judicial porque no hay jamás un solo tribunal, sino muchos. Por tanto, es necesario razonar cómo se hace para identificar otros poderes, cuando hay varias autoridades. Las prácticas lingüísticas no son uniformes. Hay muchos alcaldes en un mismo país que toman decisiones administrativas, pero no se dice que por esa razón haya en el país un poder administrativo en sentido orgánico o poder municipal. A la inversa, se dice que hay un poder legislativo, aunque haya dos cámaras o un poder ejecutivo, aunque haya varios ministros. En realidad esta diferencia se explica. En primer lugar, en el caso del Parlamento o del poder ejecutivo, las diversas autoridades que la componen, es decir, las cámaras y los ministros, no realizan actos jurídicos paralelos, sino que concurren a producirlos; son sus coautores. Las cámaras no hacen leyes cada una por su lado, sino que votan un mismo texto que, por ello, se convierte en ley. Los ministros concurren en la emisión de decretos. Los alcaldes, por el contrario, toman decisiones independientes las unas de las otras, que en derecho francés toman el nombre de acuerdos (*arrêtes*).

Por otra parte, los actos de las cámaras o de los ministros se imputan o se adscriben no a esas autoridades, sino al grupo de autoridades a la que ellas pertenecen, esto es, al Parlamento o al Gobierno.[1] Por el contrario, los actos de los alcaldes son adscritos a ellos mismos y no a un pretendido poder administrativo o municipal.

Por tanto según este esquema, se tendría que hablar de poder judicial si, y sólo si:

1) Los tribunales colaboraran en la producción de actos, de los cuales serían coautores, en lugar de emitir decisiones de las cuales ellos son los respectivos autores.
2) Los actos que realizaran fueran adscritos no a los mismos tribunales, sino al poder judicial en su conjunto.

Es evidente que ninguna de estas condiciones es satisfecha. Sin embargo, si no se pueden traspasar al poder judicial los procesos por los cuales se identifica un poder legislativo o un poder ejecutivo, se podría, no obstante, hablar de poder judicial en otro sentido.

a) Si las autoridades están jerarquizadas. Evidentemente debe hacerse referencia a una concepción flexible y no estricta de la jerarquía. Según la concepción estricta, la autoridad inferior está jurídicamente obligada a obedecer las instrucciones de la autoridad superior bajo pena de sanciones disciplinarias. Este es un modelo jerárquico como se le encuentra en el ejército o en la administración. Según la concepción débil, es suficiente que la autoridad superior disponga de medios para ejercer una influencia determinante sobre el contenido de las decisiones tomadas por las autoridades inferiores. Es claro que existe entre los tribunales una jerarquía entendida de conformidad con la concepción flexible, puesto que las cortes supremas, sea que se trate de cortes supremas propiamente dichas o de cortes de casación, pueden influir realmente sobre las decisiones de los tribunales inferiores.

b) Si las autoridades disponen de un poder discrecional en la toma de decisiones. En efecto, no es suficiente la existencia de una jerarquía, sea en sentido amplio o en sentido estricto, para que se pudiera hablar de un poder judicial. En efecto, en una administración fiscal, donde existe una jerarquía en sentido estricto, las autoridades pueden solamente determinar el monto del impuesto realizando la operación aritmética prescrita por la ley fiscal, de suerte que, no obstante la jerarquía, no se puede decir que las autoridades superiores dispongan del poder fiscal. No se dirá por tanto que hay un poder judicial que si, al ejercer una influencia sobre las decisiones de las autoridades inferiores, las cortes supremas hacen algo más que aplicar un derecho preexistente o imponer esta aplicación.

De este modo, no hay poder judicial en el sentido orgánico, pero sí hay un poder judicial en sentido funcional. Pero, precisamente, este punto es el objeto de discusión. En efecto, el problema de la conciliación con la democracia no se plantea, a menos que realmente exista un poder judicial tal y como lo acabamos de definir y si la democracia es un sistema en el cual las normas generales sean creadas por el pueblo.

II. ¿La cuestión del poder de los jueces?

Para sostener que el papel de los tribunales se conforma con la democracia es necesario negar que estos dispongan de un poder discrecional y sostener que se limitan a aplicar un derecho preexistente, sin poder expresar preferencias ideológicas o axiológicas, o bien, implantar una organización para que los tribunales no dispongan de este poder discrecional.

1. La negación del poder de los jueces

Para negar que los jueces dispongan de un poder discrecional habitualmente se fundamenta en una u otra de las variantes del silogismo judicial, cuyo origen se encuentra en Montesquieu. Esta teoría, por tanto, no está ligada exclusivamente con la teoría democrática, aun si ciertas teorías democráticas se sirven de ella.

No es necesario exponer la teoría del silogismo, la cual es bien conocida. Se conoce las célebres fórmulas de Montesquieu: «Si los tribunales no deben ser fijos, las sentencias deben serlo de tal manera que sean siempre más que un texto preciso de la ley» *(El espíritu de las Leyes*, XI, 11). Él encuentra que el margen de poder discrecional del juez varía según se acerque o se aleje del despotismo:

> en los Estados despóticos no hay ley; el juez es su propia regla... en el gobierno republicano, es de la naturaleza de la constitución que los jueces sigan la letra de la ley... igualmente, en Inglaterra los jurados deciden si el acusado es culpable o no, del hecho que ha comparecido ante ellos, si es declarado culpable, el juez pronuncia la pena que la ley inflige para dicho acto y, por ello, no requiere más que ojos. (VI, III). [En estas condiciones el poder de juzgar] es, en cierto sentido, nulo [y los jueces no son] mas que la boca que pronuncia las palabras de la ley; seres inanimados que no pueden moderar ni la fuerza ni el rigor. (XI, VI)

La teoría del silogismo ha sido retomada por Beccaria en términos muy claros. «En presencia de todo delito, el juez debe formar un silogismo perfecto: la premisa mayor debe ser la ley general; la menor el acto conforme o no conforme con la ley; la conclusión sería la absolución o la condena.[2] Uno precisamente encuentra su eco en la *Declaración de los Derechos del Hombre*, claramente en los artículos 5°: «Todo aquello que no está prohibido por la ley no pude ser impedido y nadie puede ser obligado a hacer lo que ella no ordena»; 7°: «Ningún hombre puede ser acusado, arrestado, ni detenido más que en los casos determinados por la ley y de conformidad con las formas por ella prescritas» y 8°: «nadie puede ser penado más que en virtud de una ley establecida y promulgada con anterioridad al delito. Ella [la teoría del silogismo] será aún evocada en numerosas ocasiones en el curso de los debates de la Asamblea Constituyente, por los oradores de todos lados, por ejemplo, por Cazales: la sentencia no es más que el acto material de aplicación de la ley»,[3] por Duport, o por Clermont-Tonnerre:[4] «el poder judicial, eso que se llama impropiamente poder judicial, es la aplicación de la ley o voluntad general a un hecho particular, no es por tanto en último análisis más que la ejecución de la ley».[5] Así, claramente resulta de la fórmula de Clermont-Tonnerre que si la sentencia no es más el producto de un silogismo, no hay poder judicial.

Se sabe que la misma idea ha sido retomada y desarrollada por numerosos autores y hombres políticos, Kany, Condorcet, Robespierre, y es claro que si no está ligada exclusivamente a la teoría democrática, está perfectamente en armonía con ella.

Su justificación reside en el principio de legalidad, igualmente ligado estrechamente a la concepción que se tenía de la libertad en el Siglo de las Luces. La expresión "libertad política" tiene, en efecto, dos sentidos en esta época. En sentido amplio, es la libertad de aquel que se encuentra sometido únicamente a la ley. Es libre porque, en la sociedad, como en el mundo físico, está en posibilidad, si conoce las leyes, de saber, por lo mismo, todas las consecuencias de sus acciones y, así, de tomar decisiones con claridad. La libertad es pues, simplemente, la previsibilidad o seguridad jurídica.

La libertad política *lato sensu* sería destruida si existiera, por parte de la autoridad ejecutora, el más mínimo margen de apreciación, porque entonces sería imposible prever las decisiones de esta autoridad. Por el contrario, la libertad es perfectamente preservada si la sentencia no es más que la conclusión de un razonamiento silogístico que deja al juez sin ningún poder y que le da un papel de autómata. Beccaria expresaba esta idea de manera muy clara:

> Cada ciudadano debe poder hacer todo aquello que no es contrario a las leyes, sin preocuparse de otro inconveniente que de aquel que pueda resultar del acto mismo; he ahí el dogma político en el que los pueblos deberían creer y al que los magistrados supremos deberían proclamar y mantener con el mismo cuidado que las leyes.[6]

Por tanto, la libertad política así comprendida existe, aun si la ley no es democrática y aunque sea injusta y cruel. Entre otras cosas, esto es lo que, para Montesquieu, distingue la monarquía del despotismo. En los dos casos, uno solo gobierna, pero en la monarquía gobierna por leyes fijas, en tanto que en el despotismo gobierna a su capricho. En la monarquía, si los jueces no hacen más que aplicar una ley anterior, el ciudadano es libre porque, obedeciendo al juez, obedece indirectamente a la ley. En el despotismo el súbdito no sabe jamás cuáles serán las consecuencias de sus acciones. Esto es porque si el juez pudiera hacer otra cosa en vez de aplicar las reglas, si, por ejemplo pudiera crear o recrear las normas al momento de aplicarlas, viviríamos bajo un régimen despótico. El despotismo o gobierno por capricho se define, por tanto, por la ausencia de separación de poderes, esto es, el sistema en el cual aquel que ejecuta la ley puede también hacerla o rehacerla, según las circunstancias. El despotismo no es solamente un sistema dentro del cual haya un déspota único, el régimen en el cual se estuviera sometido a una multitud de jueces que harían otra cosa que aplicar las leyes, sería, según esta concepción, un régimen despótico. Por otro lado, en la Francia anterior a la Revolución, el poder de los tribunales soberanos, los Parlamentos, era considerado despótico.

Todos estos argumentos son todavía más fuertes si la ley es adoptada de manera democrática, porque entonces es la libertad política en sentido estricto la que es así preservada, esto es, la libertad que resulta del hecho de estar sometido a leyes a las que uno ha consentido.

No obstante las aparentes diferencias, el modelo de Kelsen se distingue muy poco de ese. Sin duda, rechaza la distinción entre creación y aplicación del derecho y admite que los jueces crean normas, puesto que la sentencia es una norma. Sin duda admite, también, que las leyes, con frecuencia, dejan un margen de apreciación importante, por ejemplo, cuando en derecho penal le permiten escoger entre una pena máxima o una pena mínima o, en derecho civil, cuando le confieren el cuidado de determinar el monto de una indemnización o de ordenar las medidas que servirán mejor a un tipo de interés: el interés del menor, de la empresa, de la sociedad, etcétera.

Kelsen mantiene, empero, que el juez no crea normas generales y que, por tanto, no hay jurisprudencia, salvo en caso de que la ley autorice la creación de normas generales por vía judicial. La teoría democrática es, por tanto, resguardada, porque, aunque no toma decisiones deducidas lógicamente de las leyes, el juez toma decisiones que, sin duda, son discrecionales, pero son, al menos, compatibles con las leyes adoptadas de forma democrática.

Otra variante de la tesis de que los jueces no disponen de poder discrecional es la teoría dworkiniana de la «respuesta correcta» (*one right answer*) porque si, según Dworkin, el juez no aplica la ley en términos de un silogismo, descubre, por lo menos, la solución a partir del conjunto del sistema jurídico. Y no ejerce poder creador. Error.

Ahora bien, esta teoría del silogismo no es satisfactoria en absoluto. Se presenta como una teoría normativa, pero se trata, más bien, de una norma técnica: para asegurar el reino de la ley, es necesario limitar al juez a la producción de silogismos. Esta regla técnica es también la traducción de una proposición que describe una relación causal: si el juez se limita a la producción de silogismos, eso tendrá por consecuencia el reino exclusivo de la ley.

Como norma técnica la teoría fracasa si resulta imposible que el juez se limite a esta actividad. Precisamente nunca es verdadero y no puede ser verdadero que la decisión sea sólo la conclusión de un silogismo, cuyas premisas sean independientes del juez. Para comenzar, la ley no prescribe nada para un caso, sino, como lo ha demostrado bien Eugenio Bulygin, prescribe para una clase de casos.[7] Por tanto es necesario determinar a qué clase de casos pertenece el que se tiene que juzgar. Esto es, es necesario comenzar por determinar la premisa menor, que no es un dato, sino el resultado de una operación intelectual. Un mismo acto, por ejemplo, puede ser perseguido, como violación o como atentados al pudor. La decisión de subsumirlo en una u otra categoría es discrecional. En otros términos, debe decidirse aplicar tal ley u otra. Más aun, una vez determinada cual será la ley aplicable, es necesario, además, interpretarla. La premisa mayor tampoco es un dato, sino una «construcción». En efecto, la ley no es una norma general, sino un enunciado cuya significación es una norma general. Por tanto, es necesario interpretar este enunciado para determinar cuál es la norma general que éste expresa. Ahora bien, la interpretación es una actividad de la voluntad, esto es, discrecional.

Por otro lado, las operaciones sobre la premisa mayor y sobre la menor se encuentran relacionadas, puesto que no se puede determinar que un caso pertenezca a cierta clase sin tener, al menos, una idea del significado del enunciado que define esta clase.

De esta manera, aun si uno razona bajo la hipótesis, del todo imaginaria, de un derecho penal perfectamente codificado que previera una pena única, fija e inmutable para cada categoría de crímenes, quedaría, no obstante, un margen de poder discrecional. Pero, por supuesto, una hipótesis tal no se encuentra jamás y la ley nunca ordena al juez una conducta precisa sino, como se ha visto a propósito de Kelsen, la ley le deja siempre un margen de apreciación. Es por lo que, aun si la ley ha sido elaborada de forma democrática, debería haber sido deducida de la ley.

Pero, aun hay más, si el juez puede «rehacer» la ley, la misma ley deja de ser democrática. Ahora bien, el juez puede «rehacerla» mediante interpretación e, incluso, «rehacerla» con efectos retroactivos, puesto que si considera que ella tiene la significación que se le ha atribuido por el juez no el día de la interpretación, sino el día de su adopción por el Parlamento. Y como las interpretaciones dadas por las cortes supremas son respetadas por los tribunales inferiores, simplemente por la jerarquía de los tribunales, de la cual ya hemos hablado anteriormente, se tiene un poder legislativo en las manos de los tribunales.

La conclusión es que no se puede considerar que los jueces puedan ser limitados a la producción de silogismos. Puesto que estos jueces disponen de un margen de poder discrecional y, sobre todo, del poder de elegir la ley aplicable y de determinar su significado, los ciudadanos están sometidos a normas individuales que no son deducidas de leyes democráticas y a normas generales que no son adoptadas democráticamente.

Se puede entonces tratar de imaginar procedimientos que limitaron el poder de los jueces.

2. Mecanismos para impedir el ejercicio del poder discrecional

Existen dos mecanismos para impedir el ejercicio del poder discrecional, que, además, están relacionados. El primero consiste en proveer códigos: enunciados claros, completos, coherentes; así, no habrá ya lugar para el poder discrecional. Error. Por gran cantidad de razones. Las lagunas, las contradicciones, no pueden ser evitadas. El legislador no puede prever la evolución técnica o social. El lenguaje de los códigos es el lenguaje natural, necesariamente vago y ambiguo.

Algunos han pretendido impedir a los jueces interpretar las leyes. Esta idea propuesta por Beccaria, fue expresamente formulada por Federico II:

> Prohibámosles a los jueces interpretar en los casos dudosos... queremos que, cuando algún punto de este cuerpo de derecho parezca a los jueces ser dudoso y tener necesidad de aclaración, se tengan que dirigir al Departamento de Justicia...

El Departamento de Justicia aquí es indicado como oficina del rey legislador y el fundamento de esta prohibición es el principio del derecho romano: *eius est interpretari legem cuius est condere*. Bajo la Revolución Francesa, una regla análoga fue adoptada y acompañada de sanciones penales severas.

El sistema, sin embargo, no es satisfactorio y resulta necesario dar otro paso. Por una parte, esta obligación de referir al Departamento de Justicia muestra que se está bien consciente del hecho que subsisten casos dudosos, cualquiera que sea el cuidado que se tome en redactar las leyes. En segundo lugar, porque los jueces pueden estar aterrorizados y someter al legislador la interpretación. Pero, también, puede ocurrir que los jueces, pretendiendo que la ley es clara, encubran una interpretación y rehagan la ley.

Entonces se imaginó, en la Revolución Francesa, una solución bastante ingeniosa que, sin embargo, no tuvo éxito. Esta consistía en una distinción entre interpretación *in abstracto* e interpretación *in concreto.* La primera, en tanto que tiene lugar fuera de todo asunto concreto, se presenta como una norma general; por tanto, es una usurpación del poder legislativo por parte del juez y, en tal virtud, está estrictamente prohibida. La segunda no vale, en principio, más que para el caso concreto. Esta interpretación es inevitable y, por tanto, está permitida. Como esta se limita a la decisión de aplicar o no aplicar la ley al asunto en curso, presenta no como una interpretación, sino como una aplicación de la ley. Se va solamente a establecer un tribunal de casación que va a ejercer un control sobre la aplicación y va a «casar» las decisiones de los tribunales de apelación que hayan realizado una «falsa aplicación» de la ley, es decir, una aplicación que no está conforme con el sentido verdadero. Si la decisión es «casada» se reenvía a otro tribunal de apelación. Este segundo tribunal de apelación puede pronunciar una decisión idéntica a la primera. Esta decisión puede, igualmente, ser objeto de un recurso de casación y ser también «casada». Pero si un tercer tribunal de apelación adopta una posición idéntica a la de los dos primeros, entonces habrá que referirla al legislador y esta referencia es obligatoria. La justificación es simple: hasta entonces el tribunal de casación sancionaba la falsa aplicación, en principio sin que él interpretara. Por tanto, la ley era clara sólo que los tribunales inferiores hacían una falsa aplicación de ella. Después, la resistencia de los tribunales de apelación hace presumir que la ley es obscura. El tribunal de casación no puede, por tanto, interpretarla y es necesario dirigirse al legislador, de conformidad con la máxima citada de *eius est interpretari legem cuius est condere*.

Sin embargo, el sistema fracasó rápidamente, porque la distinción entre aplicación e interpretación está desprovista de toda pertinencia. Lo que hace la corte de casación, en realidad, es imponer su propia interpretación y el legislador está desprovisto de todo poder de control si los tribunales de apelación se someten y, lo que, de lejos, es el caso más frecuente. Los casos de conflicto entre la corte de casación y los tribunales de apelación son, en efecto, muy raros. De suerte que, en la práctica, lo que se hace es delegar a la corte de casación un poder de interpretar, un poder que, en realidad, es abstracto y general. En efecto, todos los tribunales inferiores van a alinearse y aplicar la ley de conformidad con las directrices de la corte de casación. Se renunció al sistema rápidamente; pero, al mismo tiempo, se perdió todo control sobre las decisiones de la corte de casación.

El Código Napoleón se fundamenta en la misma concepción y no hace más que prolongar este sistema jurídico. Por un lado, se prohíbe a los tribunales dejar de juzgar bajo el pretexto de «silencio, oscuridad o insuficiencia de la ley», lo que significa que se consideró que ellos pueden encontrar siempre una disposición clara, aplicable al caso que se les somete.[8] En otros términos, los tribunales deben entregarse a una interpretación *in concreto*, pero se cuida bien de no llamar a esta operación «una interpretación». Además, el código no contiene ningún artículo relativo a la interpretación de las leyes. Por otro lado, les está «prohibido... pronunciarse por vía de disposición general o reglamentaria sobre los casos que les son sometidos».[9] Los jueces, se supone, siempre aplican la ley sin interpretarla y sin crear normas generales.

En realidad, lejos de limitar el poder de los jueces, el sistema lo refuerza y se sabe perfectamente que todo el derecho sobre la responsabilidad, por no tomar más que ese ejemplo, ha salido de cinco artículos del código civil.[10]

El resultado, por tanto, es que los jueces producen normas generales. Existe pues un poder judicial y este poder está entre las manos de las cortes supremas.

Se puede aun intentar evitar esta primera conclusión subrayando que los mismos jueces supremos se encuentran sometidos a múltiples limitaciones: los jueces no pueden iniciar un proceso; deciden al término de un determinado procedimiento; tienen que justificar sus decisiones, de manera que no se pronuncien como puede hacerlo una mayoría parlamentaria, simplemente afirmando su voluntad. Por otro lado, todos los testimonios de los jueces confirman que tienen el sentimiento no de un poder discrecional sino el de aquel que está ligado, que ocurre frecuentemente que se pronuncien en un sentido opuesto al de sus convicciones políticas, porque el derecho les impone la solución.

Todo esto posiblemente es perfectamente exacto, pero no cambia nada. Todo poder tan absoluto como pueda ser está sometido a limitaciones de hecho. Ni Luis XIV hizo lo que quiso. Ahora bien, las limitaciones de las que se habla aquí son precisamente limitaciones de hecho. La cuestión no es saber si los jueces justifican sus decisiones y si estas justificaciones reflejan realmente el razonamiento que ha sido seguido o si se trata únicamente de un ropaje. La cuestión es saber si, a condición de quererlo, podrían tomar esta decisión u otra. La respuesta me parece perfectamente clara: hay un rasgo de esta posibilidad en el hecho que, en el seno de los tribunales se vota y que con un desplazamiento del voto la decisión contraria podría haber sido tomada. En la medida en que no hay recurso posible, la decisión, cualquiera que sea, aun absurda, es jurídicamente válida y se impone en el orden jurídico.

Se puede incluso llegar a decir que aun si la teoría de la «respuesta correcta», fuera correcta, esto no cambiaría nada al hecho de que la «respuesta incorrecta» tiene jurídicamente el mismo valor, así como, igualmente, una mala ley se impone tanto como una buena.

Hay, por tanto, un poder judicial.

Una última observación se impone: he sostenido que había un poder en sentido orgánico, porque había un poder judicial en sentido funcional y que los jueces pueden crear normas generales bajo el control de la Corte de Casación. Pero yo lo he hecho sólo porque para negar la existencia de un poder judicial, se afirma que no hay unidad y, por tanto, no un poder judicial como hay un poder legislativo. Pero este elemento, a decir verdad, no es esencial. El problema de la compatibilidad con la democracia se plantearía en los mismos términos si no hubiera un sistema de tribunales centralizado. En la Francia del «antiguo régimen» no existía ninguna jerarquía entre los Parlamentos, los cuales podían en [el ámbito de] su competencia crear normas generales sin preocuparse de lo que hicieran los otros.

Poco importa que haya un poder judicial si como quiera que sea hay poder judicial. ¿En tanto que estamos sometidos a normas generales creadas por los jueces, podemos decir que vivimos en una democracia? Evidentemente no si se emplea la definición tradicional de la democracia como un sistema en el cual las normas generales son creadas por el pueblo o por los representantes elegidos por el pueblo. Si se quiere mantener la tesis de la compatibilidad es necesario modificar esta definición.

III. La definición de la democracia

Recordemos que aquí no se trata de confrontar el poder judicial a la democracia verdadera, sino de examinar algunas teorías de la democracia que pretenden hacer de los jueces una institución democrática. Las diferentes teorías que se van a examinar no serán analizadas como verdaderas o falsas. Se trata sólo de demostrar que son necesarias y que realizan más o menos bien su función, la cual, a falta de poder negar la existencia de un poder judicial, como las teorías precedentes, es justificarlo. En realidad, ninguna lo realiza perfectamente y, de hecho ninguna se impone porque uno siempre retrocede ante las contradicciones internas o las ideas que implican. Pienso en dos grupos principales de teorías. Se puede sostener que los jueces ejercen su poder de crear normas generales en nombre del pueblo o bien que la democracia no es, en absoluto, poder del pueblo, sino un conjunto de principios o, todavía, que el pueblo es un ente más complejo de lo que se podía creer.

1. A nombre del pueblo

Según una primera versión de esta doctrina, los jueces forman una institución democrática porque la democracia no exige que el pueblo ejerza su poder por sí mismo o por representantes electos. Es suficiente que sea ejercida por delegación y esta delegación no es necesariamente explícita.

Así, se puede sostener que hay siempre un referente legislativo implícito: en efecto, el poder legislativo siempre puede, si la Corte de Casación ha creado una norma que él desaprueba, crear una nueva ley y echar abajo la jurisprudencia. Esto es lo que, por ejemplo, ha hecho el Parlamento francés en un asunto reciente: el asunto Perruche.[11] Pero si no lo hace, entonces aprueba la norma general creada por el juez. Consecuentemente, el juez crea estas normas gracias a una delegación implícita otorgada por el poder legislativo.

A esta justificación se pueden oponer tres objeciones, de ahí se sigue que esta tesis no soluciona el problema de la compatibilidad con la democracia.

En primer lugar se está en presencia de una modificación considerable de la democracia. La democracia no es más un sistema en el cual el pueblo crea las normas generales. Esto no es ya como en Kelsen[12] un sistema de autonomía, ni siquiera, como en la democracia representativa, un sistema en el cual la mayoría de los electores delega el poder de hacer normas generales a una autoridad legislativa electa, sino un sistema en el cual los delegados electos delegan. El pueblo no es más el conjunto de ciudadanos, que son, a la vez, autores y destinatarios de normas, ni siquiera el conjunto de aquellos que escogen a los que lo ejercerán, sino sólo la entidad en nombre de la cual el poder es ejercido, aquel cuyo nombre es invocado, como puede serlo Dios, eso es, sin que haya ninguna relación entre la voluntad que es expresada y la voluntad real.

Se dirá que los jueces, en ciertos casos, son elegidos. Pero, a diferencia de los elegidos al Parlamento, ellos no pueden ser elegidos en base a un programa de creación de normas generales.

La segunda objeción es práctica. El poder legislativo no está jamás seguro de poder imponer su voluntad, puesto que la nueva ley puede ser objeto, ella también de una interpretación, que reproduzca la jurisprudencia anterior. Hay muchos ejemplos en la jurisprudencia francesa.

La tercera objeción es también práctica. En numerosos casos, el control no puede ser realmente ejercido y difícilmente puede serlo. No se piensa aquí sólo el caso en que el Parlamento no se ha mantenido informado de la jurisprudencia, sino aquellos en que la creación de una norma por el juez se hace en fundamento de un principio supra legislativo, que el Parlamento no puede tocar. Así, la Corte de Casación francesa ha resuelto en 1975 que las leyes contrarias a una norma internacional pueden ser desechadas por cualquier juez. Esta decisión es una verdadera revolución puesto que los jueces franceses, que no pueden controlar la constitucionalidad de las leyes, pueden controlar su conformidad con respecto a las normas internacionales, lo que les confiere un poder equivalente. Ahora bien, esta resolución ha sido tomada en fundamento de una interpretación del artículo 85 de la Constitución, validada por el Consejo Constitucional. Esto significa que si el Parlamento hubiera sido consciente de esta revolución –de hecho no lo estuvo– no hubiera podido adoptar una ley para oponerse, porque esta ley hubiera sido considerada contraria a la Constitución.

Existe una variante kelseniana de esta teoría. Kelsen admite –es una concesión en relación con lo que afirma en general a propósito de la creación de derecho por el juez– que el juez constitucional crea normas generales, puesto que la anulación de una norma general es una norma general. El juez constitucional –dice– es un legislador negativo. Kelsen admite también que estas decisiones son políticas y, por otro lado, se funda en este carácter político para preconizar que los jueces sean electos por el Parlamento. Pero, como quiera que sea, intenta sostener que no es un freno sino un instrumento de la democracia.

Lo hace mediante una teoría que es llamada con frecuencia en Francia «teoría del cambiavía» por una metáfora imaginada por Luis Favoreu, retomada después por George Vedel.[13] Según esta teoría, la Corte no se pronuncia realmente sobre el contenido de la ley, sino solamente sobre el procedimiento. En efecto, si la Corte la anula, la Corte se limita a indicar al Parlamento que, para adoptar la medida deseada, conviene emplear no el procedimiento legislativo ordinario sino aquel previsto para la revisión constitucional. El juez constitucional sería entonces comparable a un cambiavía de ferrocarriles que se limita a meter los trenes sobre una u otra vía según la naturaleza del convoy o el destino.

Lejos de ser una institución antidemocrática, la Corte se muestra como un elemento esencial del sistema democrático. Las leyes constitucionales, en efecto, sólo pueden adoptarse de conformidad con un procedimiento largo y complejo y, lo más frecuentemente, requiriendo mayorías más importantes que las leyes ordinarias. La mayoría política del momento no podrá alcanzarlas más que obteniendo el apoyo de la minoría. No sólo la Corte aparece así como el protector de la minoría, sino se puede llegar a decir que, si la democracia se define como «autonomía», un sistema en el que las leyes son adoptadas según este procedimiento es más democrático que otro, porque una más grande proporción de ciudadanos serán sometidos a normas a las que ellos habrán consentido.

El argumento, sin embargo, padece tres debilidades mayores. En primer lugar, el argumento reposa sobre el presupuesto de que una decisión adoptada por una fuerte mayoría es más democrática que otra adoptada por una mayoría más débil. La democracia ideal sería, entonces, un sistema en el cual todas las decisiones deberían ser tomadas por unanimidad. El principio mayoritario no sería, por tanto, más que un mal menor: en razón de la imposibilidad de obtener el consentimiento unánime de los ciudadanos, sería necesario contentarse con la mayoría simple para las decisiones menos importantes, pero se continuaría exigiendo, a falta de unanimidad, una mayoría más grande para las decisiones más graves.

Ahora bien, esta concepción del principio de mayoría es discutible y Kelsen mismo ha presentado contra ella un argumento convincente: el sistema de unanimidad no es la democracia. Más bien, es lo contrario de la autonomía, puesto que permite que uno sólo se oponga a una ley querida por los demás. Por tanto, es un sistema de heteronomía. Igualmente, la norma que exige una mayoría calificada, permite a una minoría impedir una decisión querida por la mayoría. El único sistema democrático, el que asegura la autonomía del mayor número, es el de la mayoría simple.

La segunda debilidad de la «teoría del cambiavías» reside en otro presupuesto: que la vía indicada por la Corte puede ser realmente ficticia. Basta con notar que ciertas revisiones constitucionales son prohibidas (por ejemplo en Alemania) y que otras son simplemente imposibles. Esto puede obedecer a razones de hecho. La Constitución puede exigir, por ejemplo, que una revisión que se refiera a cierto grupo o a una cierta autoridad obtenga el consentimiento de este grupo o de esta autoridad. Así, la Constitución Francesa de 1958, no puede ser revisada sin el consentimiento del Senado, de suerte que ninguna reforma tendente a limitar los poderes del Senado podría lograrse. Igualmente, es probable que se ose proponer la revisión de disposiciones relativas a los derechos fundamentales, si una ley ha sido anulada por atentar contra tales derechos. Pero estos límites pueden también ser jurídicos, como sería el caso si la Constitución impidiera toda revisión referida a ciertas materias. Por ejemplo, en numerosos países está prohibido tocar la forma republicana del régimen. Pero se puede, también, como de hecho ha ocurrido en Italia, en Alemania, en la India, que la propia Corte se declare competente para examinar la conformidad de las leyes constitucionales a ciertos principios supra constitucionales, juzgados intangibles como, por ejemplo, aquellos que buscan la ampliación de los poderes del juez constitucional.[14]

En fin, la «teoría del cambiavía» reposa sobre el presupuesto de que la Corte se limita a constatar la conformidad o la no conformidad de las leyes a la Constitución. Esta conformidad o esta no conformidad sería así de carácter objetivo y la Corte no ejercería ningún poder de apreciación lo que es evidentemente erróneo, como se ha visto, puesto que ella debe necesariamente interpretar las disposiciones de la Constitución y esta actividad es una función de la voluntad.

Pero, sobre todo, la teoría es difícilmente conciliable con la concepción de la representación que domina en estos sistemas, como el sistema francés. La idea kelseniana de que el poder constituyente es más democrático porque no puede ejercerse más que mediante un gran compromiso entre un gran número de diputados, presupone que estos diputados representan a un gran número de electores. Pero, según la concepción francesa, los diputados no representan a los electores, sino al pueblo o nación, de manera que este pueblo es igualmente representado cualquiera que sea la mayoría que se haya pronunciado en el seno de una asamblea electa.[15]

Una variante de la teoría kelseniana se debe al decano Vedel quien pretende, él también, demostrar que el control de la constitucionalidad refuerza la democracia. En realidad, la conclusión a la que conduce involuntariamente su demostración es precisamente la inversa: el control es un límite a la democracia.

La teoría de George Vedel hace referencia a la institución de *lits de justicia* de la antigua monarquía francesa. Cuando el rey dictaba las leyes, estas eran trasmitidas a los Parlamentos que debían registrarlas para hacerlas ejecutables. Si los Parlamentos se oponían a estas leyes, es decir, al soberano, le dirigían *remontrances*. El rey podía intentar hacer caso omiso enviando *lettres de jussion*, pero si estas se mantenían sin efecto, se presentaba él mismo al Parlamento sobre un *lit de justice* y emitía un acuerdo ordenando el registro. El rey ejercía así su soberanía.[16]

Según el decano Vedel, la revisión constitucional es comparable al *lit de justice*:

> El obstáculo que la ley encuentra en la constitución puede ser eliminado por el pueblo soberano o por sus representantes si recurren al modo de expresión supremo: la revisión constitucional. Si los jueces no gobiernan, es porque en todo momento, el soberano, a condición de aparecer en toda majestad como constituyente, puede, en una forma de *lit de justice* ignorar sus sentencias.[17]

Así, el Consejo Constitucional no sería en absoluto una institución antidemocrática, porque el pueblo soberano tiene siempre la última palabra. Si el juez se ha opuesto al legislador, sus decisiones siempre pueden ser superadas por el poder constituyente.

La metáfora del *lit de justice* es claramente superior a la del cambiavía, puesto que es conciliable con la idea de que la ley es la expresión de la voluntad del soberano, una idea presentada como una presunción relativa. Si la ley se conforma a la constitución, ella es la expresión de la voluntad general. Cuando el juez constitucional declara que la ley es contraria a la Constitución, basa su presunción en que la ley, realmente, no es la expresión de la voluntad general, pero esta presunción es destruida si el soberano aparece en persona para manifestar su verdadera voluntad.

Sin embargo, la teoría no funciona sin problemas y constituye una doble confesión involuntaria. Es una confesión involuntaria por el hecho de que la Corte Constitucional ha ejercido no una función constitucional, sino una función legislativa. Si Kelsen lo admitía, la doctrina jurídica francesa, por lo contrario, sostiene el carácter estrictamente constitucional del juez constitucional y se esfuerza en negar que este participe en la legislación. Ahora bien, los antiguos parlamentos que se negaban a registrar un acto real ejercían una función indiscutiblemente legislativa. Por lo demás, cuando el rey intervenía para deshacer una oposición de los parlamentos referida no a una ley sino a un problema de orden jurisdiccional, el rey hacía no un *lit de justice*, sino una sesión real.[18]

Es sobre todo una confesión involuntaria por el hecho de que el Consejo Constitucional se ha opuesto al soberano. A diferencia del cambiavía, quien, según esta justificación, no hace más que ejercer una función de conocimiento –constata que la medida es de naturaleza legislativa o constitucional– el Parlamento del Antiguo Régimen expresa una voluntad al negarse a registrar una ley, no obstante el mandato expreso manifestado por la *lettre de jussion*. El Parlamento se había opuesto a la voluntad del rey y se requería la voluntad superior del rey mostrándose en toda majestad en la ceremonia del *lit de justice* para deshacer la oposición del Parlamento. Ahora bien, todo el esfuerzo del Consejo Constitucional ha consistido, precisamente –se ha visto–, en negar que al oponerse a una ley que emana del Parlamento él se oponga a la voluntad del soberano. Pero, si se acepta la justificación del *lit de justice*, se tiene que admitir que al oponerse al legislador es ciertamente al legislador al que se ha opuesto y que el soberano debe manifestarse en toda majestad, esto es, en constituyente, para deshacer esta oposición. Pero, ¿cuál es la naturaleza del *lit de justice*? En la institución del Antiguo Régimen, es el propio soberano que actúa para deshacer la voluntad de los Parlamentos que se le han opuesto. Aquí, uno duda entre dos interpretaciones. O bien el legislador y el poder constituyente representan dos grados diferentes de soberanía; pero, en tal caso, sería necesario comprender por qué la soberanía puede ser concebida, a la vez, como un poder absoluto y como conteniendo graduaciones.

En realidad, lo que muestra esta teoría no es, por tanto, que el control constitucional sea un instrumento de la democracia, sino por lo contrario, que es un límite a la democracia.

Según una segunda versión de la teoría que quiere que el juez hable en nombre del pueblo, el juez no es su delegado, sino su representante. La teoría de la representación más difundida es simple: como la democracia directa es imposible, el pueblo designa representantes para ejercer el poder en su nombre. La Constitución determina la manera por la cual estos representantes son designados, las competencias que les son atribuidas y los límites a sus competencias. Si ellos sobrepasan estos límites, no puede entonces considerarse que ejerzan el poder en nombre del pueblo. Ellos dejan de ser representantes. El control de la constitucionalidad tendría así por función la de garantizar la soberanía del pueblo.

Esta tesis se presenta bajo diversas variantes; una, que pone el acento sobre el autor de la ley; otra, sobre la propia ley. Primeramente, se puede considerar la cualidad de representante y asegurar que la existencia del control garantiza que las leyes estimadas válidas han sido correctamente adoptadas par los autoridades que se han mantenido dentro de los límites de sus competencias y que emanan, por tanto, de representantes. Esto refuerza el carácter representativo de estas autoridades.

Sin embargo, se puede también considerar a la ley misma y sostener que el texto adoptado por los representantes fuera de los límites de su competencia no ha podido ser en nombre del pueblo. Tal es la actitud del Consejo Constitucional francés cuando declara que «la ley no expresa la voluntad general más que en uniformidad con la Constitución». En los dos casos, se presupone que la democracia representativa no es una forma política empírica, sino una categoría jurídica definida por la Constitución. No es representante aquel que es así denominado por la Constitución, sino aquel que actúa dentro de los límites de esas competencias. No es ley más que el texto que ha sido adoptado de conformidad con la Constitución.

Pero ahí está precisamente la fuente de una dificultad considerable. El acto por el cual una corte constitucional afirma que los límites de la competencia de los representantes han sido transgredidos no es tampoco el producto de una constatación empírica, sino de una interpretación, por tanto, es un acto de voluntad y la corte puede decidir discrecionalmente que una ley exprese o no exprese la voluntad general y que aquellos que la han votado son representantes. La corte participa, entonces, en la formación de la ley. No es, por tanto, nada sorprendente que algunos lleguen a sostener que el propio juez constitucional contribuye a la expresión de la voluntad general y que, aunque no haya sido electo, es un representante.

Una tesis tal puede fundarse en la teoría de la representación desarrollada en la Asamblea Nacional Constituyente en 1791, particularmente por Barnave. La ley, se dice, es la expresión de la voluntad general. Lo cual quiere decir que todos los que adoptan la ley expresan no su propia voluntad sino la voluntad general. Son ellos los representantes del sujeto de esta voluntad, los representante del soberano. La representación no está así vinculada con la elección y el rey debe ser llamado representante, puesto que con su derecho de veto, participa en la formación de la ley. El argumento puede ser traspasado: si el juez participa en la formación de normas generales, él también es representante. Esto es cierto para el juez constitucional que puede anular las leyes adoptadas por el Parlamento, pero también para el juez ordinario que puede interpretarlas.[19]

Se ve bien que este modo de justificación consiste simplemente en un cambio de definición de la democracia que no es ni un sistema de autonomía ni tampoco el poder ejercido por el pueblo a través de sus representantes electos, sino sólo un poder ejercido en nombre del pueblo por representantes de los cuales sólo algunos son electos. Pero hay otras maneras de modificar la definición de la democracia.

2. La democracia no es la voluntad del pueblo, es un conjunto de principios: el Estado de derecho

Estamos en presencia de un producto de limitaciones de la argumentación político-jurídico. Ciertamente, declaran los defensores de la ideología del Estado de derecho, el sistema que preconizamos choca contra el principio democrático, pero solamente si ese principio es identificado con el dominio de la mayoría. Ahora bien, la democracia no podría ser reducida a esto, puesto que la voluntad del pueblo no es la voluntad de la mayoría del pueblo, menos aún, la de la mayoría parlamentaria. A falta de poder identificar la voluntad del pueblo, es necesario considerar que ella se manifiesta en un cierto número de principios fundamentales que se llama también «Estado de derecho». Esta idea se presenta y se justifica de varias formas.

Se puede, de entrada, asimilar pura y simplemente la democracia y el Estado de derecho y sostener que la democracia consiste no en el poder de la mayoría, sino en un sistema de garantías de derechos fundamentales, aseguradas gracias al control de la constitucionalidad. Sin embargo, esta concepción puede entrar en conflicto con la justificación de la supremacía de la constitución, si se estima que los derechos fundamentales deben ser garantizados en razón de su valor intrínseco, esto es, como derechos naturales y no porque ellos hayan sido explícitamente mencionados en el texto constitucional. En estas condiciones, si algunos de esos derechos no han sido mencionados en la constitución, no deben dejar de estar protegidos.

O bien la corte constitucional garantiza la democracia así entendida, esto es todos los derechos considerados y no necesariamente asegura la supremacía de la constitución o bien, la corte asegura esta supremacía y no garantiza la democracia o, en todo caso, no todos los derechos fundamentales que se considera que esto implica. Esta debilidad de la justificación explica que sea raramente empleada. No puede ser útil más que en algunos casos extremos para sostener que una revisión de la constitución realizada de conformidad con las disposiciones de revisión es, sin embargo, contraria a los valores fundamentales de la democracia.

Se puede concebir entonces el Estado de derecho como un Estado que ejerce su poder en la forma jurídica, esto es, un Estado en el cual toda decisión es tomada de conformidad con una norma superior. Este Estado de derecho será entonces definido como democrático en la medida en que la constitución garantiza los derechos fundamentales y se podrá sostener que el control de la conformidad de las leyes a la constitución es necesaria para la democracia así entendida.

Sin embargo no es posible mantener esta definición porque conduciría a llamar «democracia» al «Despotismo Ilustrado», siempre que sea respetuoso de los derechos establecidos en alguna carta fundamental. Los autores no pueden, por tanto, eliminar por entero el principio mayoritario de la definición.

Pero entonces, o bien la democracia es un sistema en el que la mayoría tiene que respetar los valores fundamentales y se regresa a la concepción de una democracia limitada por el control de la constitucionalidad o bien, más que presentar el principio mayoritario y los derechos fundamentales como contrarios, se busca una fórmula por la que el principio mayoritario sea un medio que permita garantizar los derechos fundamentales. Rebecca Brown escribe así: «*a better understanding of the system we have is that majoritarian government exists to support the Bill of Rights*» [el mejor entendimiento que tenemos del sistema es que el gobierno mayoritario existe para asegurar la Carta de Derechos].[20] Quienes sostienen la primera concepción deben entonces explicar en qué difiere el sistema de una democracia limitada y los simpatizantes de la segunda por qué un sistema en el que el poder de la mayoría del pueblo no es más que un medio al servicio de los fines más elevados debe aún ser llamado «democracia». Por lo demás, algunos autores, como la misma Rebecca Brown, están bien conscientes de esta dificultad y consideran que el sistema que la constitución de Estados Unidos ha tratado de establecer no es la democracia sino la libertad.

Sin embargo, otros autores relacionan los principios a la voluntad del pueblo. Se puede, por ejemplo, sostener que los principios fundamentales han sido enunciados en la constitución y que, por consecuencia, es precisamente el pueblo el que los ha querido. Habría así, según la terminología de Bruce Ackerman, una democracia dual. El pueblo se expresaría en la política ordinaria por la elección de los representantes encargados de legislar y, bajo una forma más elevada, imponiendo un cambio a la constitución.[21] La democracia ordinaria reposa sobre la ficción de que la mayoría parlamentaria representa al pueblo. Al anular una ley por inconstitucionalidad, los tribunales disipan esta función e imponen la voluntad real del pueblo, tal y como aparece en la constitución. Si el pueblo está en desacuerdo con la interpretación dada por los tribunales, entonces el pueblo modifica la constitución, sea por la vía de la revisión, sea por otros medios, como lo ha hecho durante el período del New Deal. El respeto de los principios sería, por tanto, el respeto de la voluntad del pueblo soberano.

La idea es ingeniosa, pero es difícilmente exportable para justificar, por la teoría democrática, el poder de los jueces que aplican los principios del derecho europeo.

La idea de una democracia como Estado de derecho, igualmente considerado como un conjunto de principios fundamentales, ha sido, en efecto, largamente desarrollada en el marco de la construcción europea. En este caso, no es fácil relacionar estos principios con la voluntad del pueblo soberano. Se podría sostener que están establecidos en los tratados, igualmente ratificados por los pueblos soberanos de los diferentes Estados, pero se subraya muy frecuentemente que estos expresan valores idénticos a los que rigen en las constituciones nacionales, de suerte que la sumisión a los tratados sería análoga a la sumisión a la constitución. En este sentido se cita la jurisprudencia del Tribunal de Luxemburgo que se refiere a las tradiciones constitucionales comunes a los Estados miembros. La construcción europea –y más generalmente, la construcción de una sociedad internacional– manifestaría así la construcción de un derecho común europeo, fundado sobre los principios del Estado de derecho y la protección de los derechos fundamentales. No habría más lugar para la decisión política puesto que estos principios transnacionales serían impuestos mediante procedimientos estrictamente jurisdiccionales, por tanto, neutros e imparciales.

Es por lo que otros autores, en Estados Unidos y en Francia, buscan una nueva definición de la democracia, de tal manera que repose siempre sobre el viejo criterio del poder del pueblo. Pero es esta última noción que entonces debe ser modificada. Existen varias tentativas en este sentido, pero todas ellas deben admitir que la soberanía no se ejerce sólo por la función legislativa, sino, también, por el poder constituyente, dicho de otra manera: que la soberanía tiene distintos grados.

Por otro lado, incluso en los Estados Unidos, esta justificación paga un precio elevado.

En efecto, para admitir que la corte garantice el respeto a la voluntad del pueblo establecida en la constitución es necesario presuponer que esta se limita a aplicar la constitución, sin ejercer poder discrecional, porque la interpretación no es más que una función del conocimiento o que el pueblo está realmente en situación de corregir las interpretaciones dadas de su voluntad.

Otra dificultad se refiere al estatuto de los gobernantes: si se considera como representantes, en el sentido francés del término, los que expresan la voluntad del pueblo soberano, no se comprendería que esta voluntad estuviera subordinada a la voluntad establecida en la constitución, porque esta es también la voluntad del pueblo soberano y que este no puede tener dos voluntades diferentes, Si, por el contrario, se les considera como los elegidos, [pero] que no tienen el carácter de representantes al ser sometidos por la corte a la voluntad constitucional del pueblo, de ahí se sigue que el pueblo no está llamado a participar en la legislación ordinaria. El pueblo sólo ejerce el poder constituyente de suerte que la democracia no es en ningún sentido dualista y que difiere sensiblemente de la democracia en el sentido habitual. Jürgen Habermas compara este sistema político con aquel en el que un regente ejerce el poder tanto tiempo que el soberano no puede o no quiere ocupar el trono. Esta democracia es un gobierno en el que el pueblo es titular de la esencia del poder, que puede evidentemente retomar, pero que no lo ejerce, ni siquiera por sus representantes.

De esta manera está uno obligado a considerar que la voluntad expresada por la legislación ordinaria se encuentra subordinada a la voluntad del pueblo, establecida en la constitución y que ella no es la voluntad del pueblo. La democracia dualista es una democracia donde la ley es, posiblemente conforme con la voluntad del pueblo, pero no es la expresión de esta voluntad. Esta concepción sería, por tanto, totalmente inadecuada para justificar el control de la constitucionalidad en los países que, como en Francia, la ley es considerada la expresión de la voluntad general.

3. El pueblo no es lo que usted creía

Uno no puede escapar a esta dificultad si no es al precio de una construcción aún más compleja. El dualismo afecta aquí no a la democracia, sino al pueblo mismo. Se tendría que sostener que el pueblo que ejerce el poder legislativo a través de sus representantes es diferente del que ejerce el poder constituyente. Tal es la visión que propone Marcel Gauchet y, detrás de él, Dominique Rousseau.[22] Estos autores consideran que el juez constitucional hace prevalecer la voluntad del pueblo «trascendente» o «perpetuo», el único verdadero soberano, por encima del pueblo actual.

> El pueblo actual, aquel que escoge y que vota –escribe Marcel Gauchet– no es más que el representante momentáneo del poder del pueblo perpetuo que perdura idéntico a sí mismo a través de la sucesión de generaciones y que constituye el verdadero titular de la soberanía.[23]

Esta presentación es sensiblemente diferente a la de Bruce Ackerman, porque aquí la voluntad del pueblo perpetuo, evidentemente, no se ha expresado jamás directamente. Ni siquiera es representado por el juez constitucional, el cual se limita a recurrir a la voluntad del pueblo actual.[24] Además de las dificultades que nacen de la idea misteriosa de un pueblo así duplicado, donde uno solo de los componentes es el soberano, pero no puede ejercer por sí mismo esta soberanía ni tampoco ser representado, esta tesis encubre una contradicción interna. La soberanía no es una cualidad que se pueda descubrir en la naturaleza del pueblo. Es sólo un poder que la constitución atribuye al pueblo, sin hacer ninguna distinción entre un pueblo actual y uno perpetuo. No se puede, por tanto, sostener, a la vez, que el juez constitucional aplica la Constitución y que su poder se justifica sólo porque el pueblo no es el verdadero titular de la soberanía. Se objetará, sin duda, que si es la Constitución la que atribuye la soberanía al pueblo y determina las modalidades de su ejercicio, ella misma debe emanar de otro ser, lo cual sería el signo indiscutible de la presencia de una jerarquía. Posiblemente se agregará que los actos del pueblo soberano no se reconocen más que cuando han sido realizados de conformidad con la Constitución, lo que el Consejo Constitucional expresa con la fórmula: «la ley no expresa la voluntad más que de conformidad con la Constitución». Sin embargo, estas disposiciones de la Constitución son únicamente definiciones y en ningún sentido habilitaciones conferidas al pueblo por un ser superior a él. Por lo demás, el argumento conduciría a una regresión al infinito, puesto que si se pretendiera que el pueblo actual no puede ser soberano más que en virtud de una atribución conferida por un pueblo perpetuo, de donde deriva este pueblo perpetuo su soberanía.

*

* *

Me interesa recordar que todo lo que precede no es más que el análisis de los discursos y no de la realidad y que hasta ahora yo no me he pronunciado sobre la realidad del carácter democrático. Parece evidente que si uno se mantiene dentro de la concepción clásica de la democracia: un sistema en el cual el poder es ejercido exclusivamente por medio de normas generales adoptadas directamente por el pueblo o por sus representantes electos, la mayor parte de los sistemas reales no son democracias, puesto que un gran número de normas generales son creadas por jueces, que no son representantes electos. ¿Cuál es entonces la naturaleza de esos sistemas? Se puede escoger entre dos calificaciones.

O bien se considera que los parlamentos electos son democráticos y se debe llamar a estos sistemas «regímenes mixtos» puesto que el poder es ejercido conjuntamente por una autoridad democrática y una autoridad aristocrática.

O bien se considera que los parlamentos no son más que una aristocracia electa y es necesario, por tanto, considerar que los sistemas en los que vivimos son repúblicas aristocráticas.

Notas

1. Aquí no se emplea «imputación» en su sentido técnico habitual. En ese sentido técnico se tendría que decir que los actos son siempre imputados al Estado, no al Parlamento o al Gobierno. Pero en el lenguaje corriente, un órgano se identifica como el actor del acto y es de esta manera que el Parlamento o el Gobierno son identificados.

2. *Des délits et de peines*, Genève, Droz, 1965 (primera edición 1764).

3. El 6 de mayo de 1790.

4. Citado por Antonio Padoa Schioppa. La Guiria all'Assamblea Constituente francese, en Antonio Padoa Schioppa (comp.), *The Trial Jury in England, France, Germany, 1700-1900*, Berlín, Duncker und Humbolt, 1987, págs. 75 y ss.

5. A.P. t. 15; pág. 425.

6. Beccaria, ob. cit.

7. Cfr. Eugenio Bulygin «Sentencia judicial y creación del derecho» en C. Alchourrón y E. Bulygin, *Análisis lógico y derecho*, Madrid, CEC, 1991, pág. 361.

8. Artículo 4.

9. Artículo 5.

10. Cfr. Michel Troper. «La forza dei precedente e gli effetti preverse del diritto», en *Ragion pratica*, Núm. 6, 1996, págs. 65 y ss.

11. En una sentencia de 17 de noviembre de 2000, la Corte de Casación decidió reconocer, a favor de un niño nacido con una fuerte tara congénita, el derecho a una indemnización a cargo del médico, cuya falta de diagnóstico impidió abortar a la madre. El 4 de marzo de 2002, el Parlamento adopta una ley cuyo artículo primero proclama que «Nadie puede aprovecharse de un perjuicio por el solo hecho de su nacimiento», lo que significa que un niño nacido con una tara congénita ya no puede reclamar una indemnización en reparación de la falta que ha causado este nacimiento anormal.

12. *La democratie, sa nature, sa valeur*, trad. de Charles Eisenmann de la 2ª. edición alemana, París, Sirey, 1932; segunda edición francesa, con Presentación de Michel Troper, París, Económica, 1988 (Existe versión en español de Rafael Luengo Tapia y Luis Legaz y Lacambra, Editora Nacional, México, 1974).

13. Cfr. Louis Favoreu. «Les decisions du Conseil Constitutionnel dans l'affaire des nationalization», en *Revue du Droit Public*, 1982, págs. 419 y ss.

14. La Suprema Corte de la India ha anulado en dos ocasiones enmiendas hechas a la constitución, en 1976 una enmienda, que había validado una elección (Smt. Indira Nehru Gandhi *v.* Raj Narain), en 1980 (Minerva Mills *v.* Union of India) una enmienda que suprimía todas las limitaciones al poder de revisar la constitución, de tal manera que habría sido posible modificar la estructura fundamental de la constitución. (Cfr. Hidayatullah, M. *Constitutional Law of India*, Liverpool, Lucas Publication, 1986.).

15. Cfr. en este sentido: F. Michelman, «Can Constitutional Democrats be Legal Positivist? or Why Constitutionalism?», en *Constellations*, Vol. 2 (3), 1996, 1996, págs. 293 y ss.

16. Cfr. F. Olivier-Martin, *Histoire du droit français des origines à la Révolution*, París, 1948, (obra reimpresa por el Centre National de la Reserch Scientifique, 1984), págs. 543 y ss; D. Richet, *La France moderne: l'esprit des institution*, París, Flammarion, 1973, págs. 32 y 157; Di Donato. «Introduction en un costuzionalismo di antico regime? Prospettive socio-istituzionali di storia giuridica comparata», en D. Richet, *La Francia moderna: lo spirito degl'istitutioni*, Roma/ Bari, Laterza, 1998 (Introducción).

17. «Schengen et Maastricht», *précit.*

18. S. Hanley, *Le «lit de justice» des rois de France. L'idéologie constitutionnelle dans la légende, rituel e le discour*, París, Aubier, 1991.

19. A veces se me ha imputado erróneamente la idea de que el Consejo Constitucional debería realmente ser considerado como un representante (Cfr. por ejemplo Patrick Wachsman, «Volonté du juge contre volonté du constituant? Dans un débat americain», en *Le rôle de la volonté dans les actes juridiques. Etudes à la memoire de Professeur Alfred Rieg*, Bruselas, Bruylant, 2000, págs. 855 y ss.) En realidad yo no he pretendido proporcionar una justificación del control de la constitucionalidad en Francia, sino solamente hacer el análisis del significado de la expresión contenida en el artículo 1° de la constitución francesa: «Francia es una república democrática» para conciliarla con el control [constitucional]. La conclusión de este análisis fue que, si se quería justificar el control [constitucional], dando un sentido a esta expresión, era necesario sostener que el juez constitucional, que participa en la formación de la ley, esto es, a la voluntad general, era un representante. Entre los autores que han efectivamente sostenido esta tesis se encuentra D. Rousseau, (véase: *Droit du contentieux constitutionnel*, París, Montchrestien, 1999 y «La jurisprudence constitutionelle, quelle «nécesité démocratique»?», en G. Drago. Y. B. François, N. Molfessis (comps.), *La légitimité de la jurisprudence du Conseil Constitutinnel*, París, Economica, 1999, págs. 363-376 con mi comentario y la réplica de D. Rousseau [cfr. ibíd., págs. 377-382]). La misma idea es defendida por Pierre Rosanvallon, quien escribe: «ciertamente, los representantes del pueblo son, aquellos que él ha elegido. Pero, no únicamente. Pueden igualmente ser considerados como representantes aquellos que hablan, actúan y que deciden «en nombre del pueblo». Éste es, claramente, el caso de los jueces, sean judiciales o constitucionales, pero es, también, por extensión, el carácter que revisten múltiples autoridades de regulación.» (Pierre Rosanvallon. *La démocratie inachevé. Histoire de la suveraineté du peuple en France*, París, Gallimard, 2000. pág. 407).

20. En J. H. Garvey y A. Aleinikoff. págs. 235 y ss.

21. Bruce Ackerman. *We the People*, vol. I, Cambridge, Mass., Harvard University Press, 1991.

22. Marcel Gauchet, *La révolution des pouvoirs. La souveraineté, le peuple et la répresentación, 1789-1799*, París, Gallimar, 1995 ; Dominique Rousseau. *Droit du contentieux constitutionnel*, París, Montchetien, 1999, en especial: págs. 469-470.

23. *La Révolution des pouvoirs. La souveraineté, le peuple et la représentation, 1789-1799*, *cit.*, pág. 45.

24. Marcel Gauchet escribe así: «el juez constitucional no está encargado de representar la soberanía del pueblo... él está encargado de poner en representación el hecho de que ella [la soberanía] debe tener la última palabra.» (*Ibid.* pág. 42). Igualmente Dominique Rousseau: «el juez constitucional permite al pueblo verse como soberano gracias a un espejo, la constitución-carta jurisprudencial de los derechos fundamentales que refleja al pueblo su soberanía y a los delegados electos su subordinación al soberano. La justicia constitucional hace visible, así, lo que el modelo representativo hace olvidar: poniendo la representación en representación» (*Droit du contentieux constitutionnel*, *cit.*, pág. 470).

12

Independencia judicial y democracia

Carlos Ernst*

Independencia negativa

Me ocuparé del problema de la independencia de los jueces, porque creo que es una de las herramientas necesarias para el afianzamiento de un sistema democrático.

Desde luego hay otras herramientas que sirven a igual propósito. No afirmo que sea la única, ni tampoco la más importante. Pero sí creo que es una condición necesaria porque un Poder Judicial carente de independencia no posibilita construir una democracia sólida y seria.

Por independencia de los jueces entiendo la condición en que éstos se encuentran cuando pueden repeler o rechazar cualquier intromisión o presión externa de los otros poderes del Estado con relación a que las causas judiciales sean resueltas (o no resueltas) en un determinado sentido.

La presión o la intromisión, en general, es encubierta, aunque existen ocasiones en que se plantea de modo franco y abierto, y comprende tanto la que se ejerce desde los otros poderes del Estado, como la que se ejerce desde grupos de presión, factores de poder económico, etcétera.

Tendemos a afirmar la independencia porque pensamos que en un Estado democrático los jueces deben hallar motivos y razones para resolver las causas sometidas a su conocimiento dentro del sistema de reglas, no fuera de él. Vemos en ello una garantía de la voluntad popular que elige sus

* Universidad de Buenos Aires.

representantes y a través de ellos debate las leyes, en la expectativa de que éstas (y no otros criterios) sirvan como pauta para resolver causas judiciales.

Cuando las presiones funcionan y dan resultado, los jueces resuelven causas por motivos o razones que se hallan fuera del sistema de reglas preestablecido, aun cuando procuren disimular la situación con fundamentos encubiertos y aparentes. Los dos párrafos anteriores muestran la conexión necesaria entre democracia e independencia judicial. Una justicia no independiente defrauda regularmente a la voluntad del pueblo.

No se trata de que un juez independiente deba hacer algo determinado, sino que esté en condiciones de no hacer algo determinado, a saber, incluir en la deliberación mental que precede a sus decisiones la consideración de motivos extraños al sistema jurídico.

Para lograr esta condición de independencia los sistemas jurídicos construyen distintas herramientas que consisten en protecciones legales; por ejemplo, los jueces suelen ser inamovibles (sean vitalicios o con mandato a término), garantía mediante la cual se protege la posibilidad de su cambio por razones políticas; la garantía de una remuneración intangible aleja la posibilidad de presiones o necesidades económicas; otras, son relativas al modo y forma de nombramiento, esto es, al ingreso en la función por mecanismos que resulten desvinculados de los otros poderes del Estado, como un modo de evitar que se deban favores por el nombramiento, para evitar que se deban favores políticos; otras, son relativas al modo de decidir el cese en las funciones, etcétera.

Estas son las herramientas usuales, aunque los Estados pueden arbitrar algunas más o algunas menos. Llamaré, en adelante, a este conjunto de normas las *garantías* de la independencia judicial.

En un Estado en que no existan estas garantías, los jueces no necesariamente carecerán de independencia; ello dependerá de la actuación respetuosa de los demás poderes del Estado. Pero se trataría de una situación en la que los jueces podrían no resultar independientes, en caso de que los órganos de gobierno o el mismo Parlamento abandonen su conducta respetuosa y ejerzan presiones por un determinado orden de resultados. En tal estado de situación tendríamos un poder judicial potencialmente no independiente.

Llamaré a la anterior, a falta de otra denominación, la *independencia negativa* de los jueces. En términos generales se trata de la potestad de rechazar las presiones y sugerencias que procuran sustituir las reglas preestablecidas por pautas extralegales que sirven a razones de interés o conveniencia política de ciertos individuos o grupos sociales. En términos estrictos se trata del deber de los jueces de decidir de conformidad a razones y motivos del sistema de reglas preestablecido.

Con la expresión «independencia negativa» se procura mostrar la autonomía de decisión de los jueces pertenecientes a un determinado servicio de justicia. Creo que en el caso de la autonomía o independencia negativa, estamos hablando de una cualidad que pueden exhibir en distinto grado una buena parte de los sistemas judiciales contemporáneos. Y si pensamos en la autonomía como ideal a alcanzar, al menos en Occidente, se trata hoy de un valor universal. En este sentido, Brusiin señalaba ya hace algunos años que «la independencia de la jurisdicción está reconocida en todos los países civilizados y es considerada como presupuesto fundamental de toda cultura jurídica superior».[1]

Las mismas consideraciones formuladas respecto de la actividad de los jueces son susceptibles de hacerse respecto de la actividad del Ministerio Público y los fiscales. No importa que unos dicten sentencias y otros ejerzan la acción pública; ambos son parte necesaria del servicio de justicia que recibe la población. Tampoco importa que en algunos países (por ejemplo, Argentina) el Ministerio Público resulte un órgano independiente, incluso respecto del Poder Judicial, o que en otros dependa de un Ministerio. En cualquier hipótesis todos pretenden que la actuación fiscal en causas individuales es y debe ser independiente de toda presión o injerencia de los demás poderes.

Independencia afirmativa

Junto con ella, pero no ya de modo general o universal, sino en algunos países, los jueces tienen también una suerte de independencia de otro rango, que a falta de otra denominación llamaré *independencia afirmativa*. Por virtud de esta, los jueces pueden repeler la consideración en sus decisiones de leyes o decretos que estimen contrarios a la Constitución. En este caso no se trata ya de una presión o intromisión extralegal, sino de una ley sancionada y promulgada por los mecanismos y procedimientos habituales que –sin embargo– los jueces extraen del sistema de reglas por considerarla inválida. Ejemplos de este tipo de potestad son organizaciones judiciales como las de Estados Unidos y las de aquellos países que la siguieron, como es el caso de la República Argentina. En este último supuesto los jueces tienen esta potestad porque deben aplicar en última instancia –siempre– la Constitución.

La denominada independencia afirmativa tiene su parecido con la independencia negativa: ambas rechazan cierto orden de motivos o razones para decidir en causas judiciales, sólo que la primera se aplica a los casos en que la motivación es no legal y la segunda es más fuerte, porque llega hasta el rechazo de reglas que, prima facie, deberían ser tenidas en consideración por los jueces a la hora de fallar.

Críticas a la independencia afirmativa

Este segundo tipo de independencia es hoy –desde algunas posiciones– criticado. No voy a referirme en este contexto a los debates que pudieran haber tenido lugar en aquellos países (principalmente europeos) que hayan establecido otros tipos de órganos para el control constitucional. Voy a referirme, en cambio, a las posiciones críticas que en nuestro continente identifican y caracterizan al poder judicial como contramayoritario y cuestionan el mantenimiento del control de constitucionalidad en sus manos. Contramayoritario significa, con relación al poder judicial, «el hecho de que sus miembros no resulten electos directamente por la ciudadanía en la mayoría de los casos ni tengan que revalidar periódicamente sus cartas credenciales frente al pueblo».[2]

En forma general señalo que la crítica se compone de dos órdenes de argumentos. Uno tiene relación con la teoría de la interpretación. Otro se vincula a consideraciones de orden político institucional. Comenzaré por el primero.

A) Crítica fundada en la teoría de la interpretación

La tesis crítica señala que, cuando los defensores del control judicial de constitucionalidad se refieren a la interpretación de la Constitución, lo hacen presuponiendo su carácter no problemático: «asume que la tarea de los jueces frente a la Constitución es una tarea más bien automática. Al parecer, para conocer qué es lo que dice la Constitución, bastaría con tomar el texto fundamental y leerlo».[3] Los jueces, en su tarea de interpretación y aplicación de la Constitución, se limitarían a «leer la carta magna a viva voz», haciéndonos saber qué decían los constituyentes y que nosotros podríamos haber olvidado.

Ocurre, según la crítica, que los jueces hacen mucho más que llevar adelante una mera lectura de la Constitución. En algunos casos, afirma el autor, los jueces «incorporan» al texto soluciones normativas que no estaban –al menos explícitamente– incorporadas en el mismo. Por eso, en la mayoría de los casos, los jueces se abocan a la tarea de «desentrañar» posibles respuestas a los dilemas interpretativos, respuestas que se hallan en los intersticios de la Constitución.

El argumento crítico es presentado también como el argumento de la denominada «brecha interpretativa», al señalarse que ahora se advierte que los jueces, a través de su inevitable tarea de interpretación, terminan silenciosamente tomando el lugar que debería ocupar la voluntad popular.[4]

De este modo, los jueces asumen una tarea distinta de la que decían o dicen realizar, porque en verdad reemplazan a los legisladores y a la voluntad ciudadana en general.

El autor ejemplifica esta afirmación con el aborto. La mayoría de las constituciones no dicen nada acerca de esto. Sin embargo, una minoría de jueces, en nombre y en lugar del resto de la ciudadanía, decide sobre la política abortista. En otro ejemplo, según el autor, podría ocurrir que una Constitución haga clara referencia a una determinada solución normativa, pero que sin embargo no sepamos cómo interpretarla frente a un caso concreto. Si se garantiza nuestra libertad para expresar nuestras ideas por la prensa, ¿qué entender si se trata de publicar una proclama terrorista o un escrito pornográfico?

Así, Gargarella intenta mostrar cómo hasta los artículos más claros de la Constitución se tornan relativamente imprecisos frente a casos concretos. Luego si los jueces quedan legitimados para dar con carácter final la interpretación adecuada de la Constitución, entonces imperceptiblemente pasan a concentrar en sus manos un enorme poder de decisión. Y es este poder de decisión extraordinario que quedaría concedido a los jueces y no al pueblo, lo que resulta puesto en duda por el argumento de la interpretación.

Réplica

Analizando brevemente la crítica, comenzaré señalando que coincide con las posturas que ven en la interpretación judicial un ejercicio de potestades discrecionales, dispositivas.

Ahora bien, conforme a lo anterior, uno podría concordar con la apreciación del autor acerca del carácter voluntario y no de conocimiento del acto interpretativo. La que no parece correcta, sin embargo, es la conclusión que se pretende fundar en ello, es decir, que por esta razón deba limitarse la potestad judicial de ejercer el control de constitucionalidad de las leyes.

Deseo señalar a esta como la primera tesis de este trabajo, a saber: como todos los actos de interpretación constituirían en cierta medida actos de voluntad, la conclusión que se intenta sostener como consecuencia no se sigue de las premisas.

Si se toma en cuenta el argumento interpretativo (en la versión presentada, de una teoría dispositiva, discrecional, creativa de derecho) y se desea prohibir este tipo de potestades a los jueces, habría que privarlos de la posibilidad de decidir en todo tipo de causas, y no sólo en las constitucionales. Sólo deberíamos tolerar que fallen en asuntos tan simples en que no haya interpretación alguna.

Si seguimos este temperamento, en la interpretación de todo texto legal se producen de igual modo traducciones de la norma general al caso individual que revelan la necesidad de complementar las pautas generales con elementos no proporcionados por aquella y que son en realidad puestos por el intérprete.

Pero ello ocurre entonces en la legislación civil y también en la legislación comercial e igual ocurriría en todos los ámbitos del derecho, no sólo en los asuntos constitucionales.

En tales condiciones, los resultados de la teoría interpretativa sugerirían considerar los actos jurisdiccionales por igual. Si con pie en el argumento interpretativo privamos a los jueces sólo de su potestad de entender en causas relativas a los actos legislativos de los representantes, pero mantenemos su potestad de juzgar a todos los ciudadanos, sin que nos preocupe ante ellos su inevitable poder de disposición, pareciéramos estar consagrando una cierta diferenciación discriminatoria.

En materia de interpretación, creación y aplicación de normas, se pueden sostener distintas y diferentes posiciones. Si seguimos una teoría tradicional, donde diferenciamos claramente la función de creación del derecho y su aplicación por los jueces, las consecuencias pretendidas por la tesis crítica no se derivan de sus premisas, porque en tal condición los jueces no modificarían el contenido de las normas constitucionales.

Si, en cambio, siguiéramos un modelo kelseniano de interpretación, en tanto los actos jurisdiccionales siempre importarían el agregado de un nuevo contenido, la tesis crítica tampoco podría validar las consecuencias que pretende, ya que en tal supuesto debieran prohibirse todos los actos jurisdiccionales, sean interpretación de normas constitucionales o no lo sean.

Si, por fin, siguiéramos un modelo interpretativo complejo, como el propuesto por Eugenio Bulygin, para el cual los jueces normalmente no crean normas,[5] salvo en los casos de lagunas, las consecuencias de la tesis crítica tampoco se derivan de sus premisas, ya que en los casos en que los jueces no crean derecho serían aplicables las consecuencias de la tesis tradicional y en los casos de lagunas –en que crean normas generales– debiera cuestionarse toda actividad jurisdiccional, no sólo la vinculada a la Constitución.

La circunstancia de que el enfoque crítico suponga que –con base en la teoría interpretativa– lo único que deba proscribirse sea la declaración de inconstitucionalidad y no otro acto jurisdiccional muestra que entre el argumento y la conclusión se interponen premisas de otra índole, por ejemplo consideraciones de política institucional, lo que nos lleva al segundo bloque de argumentos críticos.

B) Crítica fundada en consideraciones de política institucional

Analizaré ahora la segunda clase de argumentos en favor de la tesis limitativa del control judicial de constitucionalidad. Se trata ahora de argumentos de naturaleza política que están dirigidos a mostrar la inconsecuencia institucional de otorgar tal potestad a un poder no elegido popularmente, a un poder normalmente constituido por una elite profesional, técnica, a un poder que opera en forma contramayoritaria.

Sucintamente, la tesis sostiene que un poder judicial con estas características podría rápidamente convertirse en un obstáculo a las políticas votadas por la mayoría de los ciudadanos, por la vía de declarar no válidas las reformas legislativas que quisieran ponerse en marcha.

Todos recordamos, y se cita en apoyo de esta tesis, el clásico ejemplo de Franklin Delano Roosevelt y la Corte de Estados Unidos envueltos en una disputa por las reglas de la política económica con que el Presidente quería combatir la profunda depresión y las respuestas negativas de una Corte conservadora.

Se trataría entonces, con relación al control de constitucionalidad, de una potestad conferida a los jueces a la manera de un contrapeso o contrabalanceo de los poderes conferidos al Parlamento como parte de una estrategia de sospecha y recelo ante los desmanes a que podrían dar lugar las asambleas populares.

De este espíritu receloso habría sido parte la clase política redactora de la Constitución de Estados Unidos en 1776, y por obra de la copia que hemos hecho de ella, habría terminado pasando en igual grado a las constituciones latinoamericanas.

Réplica

Ahora bien, este es el momento en que me veo en la necesidad de mostrar una condición curiosa que vincula las dos nociones de independencia, la negativa y la afirmativa. De paso, esto me permitirá explicar por qué he tratado juntas dos cuestiones (la de la independencia de los jueces y la del control de constitucionalidad) que en general son consideradas en forma separada.

Ocurre que las que he denominado garantías de la independencia, a saber, las normas relativas a la inamovilidad, la intangibilidad salarial, el ingreso no político sino por concurso, etcétera, son condiciones evaluadas en modo favorable, positivo, a la hora de considerar la independencia de los jueces frente a las presiones, es decir, su independencia negativa.

Pero es el mismo conjunto de circunstancias que a la hora de analizar el poder judicial en función de su independencia afirmativa son consideradas como disvaliosas: la inamovilidad pasa a constituirse en una condición no democrática; el modo de ingreso en la función y el carácter técnico de la misma también, por no ser propios de un mandato representativo, sino antes bien de una elite, y así con cada una de las demás.

Procuro identificar a esta como la segunda tesis de mi trabajo, a saber: entiendo que existe una cierta y relativa incongruencia en tratar de manera no análoga un mismo conjunto de herramientas normativas que en un caso son vistas como medio para constituir una jurisdicción autónoma e independiente y, en el otro, para constituir una jurisdicción contramayoritaria.

Sostengo que esta incoherencia es producto de no haber advertido que la independencia afirmativa es en realidad, en parte, uno de los medios para el logro de la independencia negativa.

Imaginemos que los órganos legislativos deroguen o simplemente afecten, por vía de reglamentación, las normas que garantizan la independencia negativa y que los órganos encargados del control constitucional, no siendo jurisdiccionales, no vean en ello un problema. Esta sería una jurisdicción potencialmente débil ante cualquier presión.[6]

¿Afirmo que en tal caso los jueces son efectivamente menos independientes? No necesariamente. Pueden ser más o menos independientes, de hecho, según razones contingentes y de conformidad a las prácticas efectivas de las restantes instituciones; si estas están gobernadas por representantes sabios y prudentes, la jurisdicción podrá mantener márgenes apreciables de independencia.

Pero si las autoridades electivas deciden presionar a la judicatura para obtener decisiones favorables a una cierta política instrumentada en leyes y los jueces carecen a un tiempo del control de constitucionalidad y de las herramientas normativas que garantizan su independencia negativa, esa es una jurisdicción débil y en situación de indefensión frente a las presiones.

Conclusiones

Creo poder mostrar un cierto resultado paradojal a la que denominaré *la paradoja de la independencia judicial.* Por un lado, la independencia de los jueces es vista como una exigencia democrática. Al mismo tiempo, los jueces no son un poder representativo y por lo tanto habría razones para restarles algunos poderes. Pero si se hace esto, bajo ciertas condiciones se corre el riesgo de afectar a su independencia y con ello también a la democracia.

¿Intento sostener que en todos los casos en que el control de constitucionalidad no corresponde a los jueces, estamos frente a una jurisdicción potencialmente débil? No, en modo alguno. Sólo lo estaríamos en el caso de que los demás poderes decidan avanzar sobre las garantías que refuerzan y fortalecen la independencia negativa.

Tampoco me propongo, al menos en este trabajo, pronunciarme con relación a la cuestión del control de constitucionalidad, ni en forma positiva, ni en forma negativa, ni en relación al modo o forma que podría arbitrarse en la Argentina en reemplazo del actual sistema difuso de control. La cuestión del control de constitucionalidad, por otra parte, no es el punto central en discusión aquí. La cuestión básica es la crítica al poder judicial por no ser representativo y, en tales condiciones, por no ser democrático. Consecuencia de tal punto de vista es la pretensión de restar poderes a los jueces, entre ellos, el del control de constitucionalidad.

No discutiría tampoco que puedan revisarse las reglas que he denominado de garantía de la independencia judicial; creo que se trata de reglas discutibles y perfectibles. Y menos aún discutiría que tales reglas deben garantizar la independencia de la función jurisdiccional y no servir de protección para cierto tipo de impunidad personal en el caso de jueces que amparen en ellas comportamientos personales inescrupulosos o corruptos.

Me interesa mostrar, en cambio, las condiciones razonables en que el debate de esta cuestión debiera darse, sobre todo si en el futuro próximo ocupara parte de las preocupaciones y discusiones en mi país.

En este orden de cosas, intento mostrar también que si hoy el poder de los jueces es visto como técnico, elitista, no representativo y contramayoritario, ello no es un resultado casual. Tampoco es el resultado de que los jueces por sí se hayan constituido en una casta. Se trata en realidad de un resultado que en buena medida quisimos cuando construimos un cierto arreglo institucional para dotar a los jueces de independencia y decidimos organizar un sistema de reglas que lo garantizasen.

Y deseo mostrar además que, si en la actualidad o en el futuro inmediato el cambio de punto de vista nos lleva a rediscutir la situación institucional de los jueces en orden al control de constitucionalidad, no perdamos de vista la cuestión de su independencia, que se encuentra ligada a aquella, de modo que podamos debatir consciente y racionalmente en qué medida queremos todavía un poder judicial independiente.

Notas

1. Cfr. Otto Brusiin, *La objetividad de la jurisdicción*. Versión castellana: Ernesto Garzón Valdés. Córdoba, Universidad Nacional de Córdoba, 1966, pág. 31.

2. Cfr. Roberto Gargarella, «La dificultad de defender el control judicial de las leyes», *Isonomía,* n.° 6, 1997, pág. 64. En particular habré de referirme a algunas de tales críticas, circunscribiéndome a los artículos «Crisis de representación y constituciones contramayoritarias», *Isonomía*, n.° 2, 1995, y «La dificultad de defender el control judicial de las leyes». Tendré en cuenta también algunos capítulos del libro *La justicia frente al gobierno*. Barcelona, Ariel, 1996.

3. Cfr. Roberto Gargarella, «La dificultad de defender el control judicial de las leyes», ob. cit., pág. 59.

4. Cfr. Roberto Gargarella, *La justicia frente al gobierno,* ob. cit., pág. 59.

5. Los jueces no crean normas individuales, porque «la norma individual (parte dispositiva de la sentencia) no es creada por el juez, sino deducida de la norma general fundante, las definiciones en juego y los hechos del caso [...] Por lo común, el juez tampoco crea normas generales [...] sin embargo, pueden darse casos no previstos por el orden jurídico, es decir, casos para los cuales no existe una norma general aplicable. En tales situaciones el juez puede estar autorizado a crear una norma general que permita fundamentar su decisión. El más corriente de los procedimientos que los jueces usan para crear normas nuevas es el razonamiento analógico [...]». Cfr. Eugenio Bulygin, «Sentencia judicial y creación del derecho», en C. Alchourrón y E. Bulygin, *Análisis lógico y derecho*. Madrid, 1991, págs. 360-361.

6. Un ejemplo de este tipo podría darse en cualquier circunstancia y orden jurídico. Bien valdría como tal la situación del Ministerio Público argentino que, por un lado y a nivel constitucional, tiene garantizada su independencia de los otros poderes del Estado (CN, Art. 120), pero las normas relativas a la estabilidad en el cargo, al ingreso por concurso, a las condiciones de cese en la función de los fiscales, etcétera, es decir, las llamadas garantías de la independencia, están ubicadas en una ley común (Ley 24.946). Imaginemos ahora un gobierno que disminuya tales garantías mediante la simple modificación de la ley respectiva, en condiciones en que no pueda plantearse ante el poder judicial su inconstitucionalidad por afectar a la independencia. Queda claro que, en tales condiciones, ningún fiscal estaría en igual situación de independencia de actuación que la anterior. Queda en claro también que la modificación de las cláusulas de garantía de la independencia podría incluso justificarse en cualquiera de los argumentos que sirven de apoyo a la tesis del carácter contramayoritario. Ello ocurriría, por ejemplo, si se resolviera que los jurados para la selección de fiscales, con miras a su ingreso, o los integrantes del jury de enjuiciamiento, con miras a su cese, estuvieran constituidos por senadores o diputados, como un modo de garantizar cierto cumplimiento de la voluntad popular a través de sus representantes.

13

Democracia con jueces

Perfecto Andrés Ibáñez*

Aproximación al tema

La relación entre los polos del par que da título a este trabajo ha sido, es y está destinada a ser siempre inevitablemente conflictiva; de distintos grados y calidades de conflicto, según los momentos de referencia.

En el Estado liberal de derecho, y no sólo cuando este es expresión de un contexto sociopolítico «monista» o «monoclase»,[1] sino prácticamente a lo largo de todo su desarrollo,[2] la administración de justicia es apenas una mera articulación burocrática, político-culturalmente compacta, entre las demás integrantes del aparato estatal. Cierto que con algunas particularidades diferenciales, carentes de trascendencia en lo sustancial, pues nunca fueron obstáculo para su eficaz integración/sumisión a la disciplina del ejecutivo, por el trámite de un ministerio *ad hoc*. A este contribuyó de manera decisiva, como se sabe, el modelo napoleónico de organización judicial,[3] que, a partir de un proceso de selección inicial muy condicionado políticamente, organiza a los jueces en un entramado vertical, férreamente jerarquizado, con el efecto de una práctica anulación de la capacidad de independencia en la aplicación del derecho y la resolución de las causas.

* Magistrado del Tribunal Supremo Español.

En semejante marco, la relación juez/democracia es inexistente, o más bien de signo negativo. En efecto, los valores que esta implica resultan esencialmente ajenos a la judicatura, tanto en el plano orgánico como en el cultural. Por otro lado, la institución presta el servicio político de limitar, cuando no criminalizar generosamente, una amplia gama de conductas que, en contextos democráticos normalizados, constituyen, precisamente, un ejercicio de derechos básicos universalmente reconocidos a los ciudadanos.[4] Pues, en efecto, es bien sabido que, históricamente, el desarrollo y afianzamiento de aquellos en el aludido marco estatal tuvo que producirse en oposición a criterios jurisprudenciales siempre significativamente limitativos en la materia.

Se da incluso la circunstancia de que la compacidad ideológica y la consistente homogeneidad de la burocracia judicial así constituida, la dota de una estabilidad e impermeabilidad a los cambios de signo progresivo que, en momentos de crecimiento democrático, cuando este se da en situaciones de continuidad institucional, puede plantear problemas de importancia. A veces, incluso, por la resistencia activa y militante de la magistratura o de significados sectores de la misma a la aplicación de la legalidad avanzada.[5]

En todo caso, ya sea porque los jueces –titulares de una forma de poder– no deben su nombramiento al sufragio y permanecen al margen del sistema de partidos, como es el caso de los países de la Europa continental; o bien, en la opción angloamericana, porque los integrantes de la jurisdicción, aún designados por elección popular o por el ejecutivo, tienen atribuida, en mayor o menor medida, una función de freno o contrapeso, su relación con el circuito democrático de formación de la voluntad política es de inevitable tensión y siempre potencial (y *fisiológicamente*) conflictual.

Pues bien, lo expuesto sirve para identificar dos ámbitos en los que, a mi juicio, debe hoy abordarse el tema, realmente sugestivo, de la relación entre jueces y democracia. Esto es, el que tiene que ver con la colocación institucional de aquellos y su relación con los órganos de la democracia política en el marco estatal; y el relativo al papel que el principio democrático juega o debería jugar en la propia organización de la magistratura y en la cultura del juez.

El juez en el Estado constitucional de derecho: el plano de la legalidad

En el Estado legislativo de derecho, la ausencia de una constitución normativa más allá del plano orgánico, y la organización de la dependencia del juez en los términos aludidos, limita la función de este al tratamiento de la micro-conflictualidad (civil y penal) propia de las relaciones entre particulares. En el Estado constitucional de derecho se produce, como es bien sabido y consta por experiencia reciente, un significativo reforzamiento de la presencia de aquel como *poder judicial*, en el sentido de *jurisdicción*, esto es, de aplicación del derecho *erga omnes*, incluidas las instancias de poder, y en condiciones de independencia.

En efecto, en los ordenamientos constitucionales de la segunda posguerra cabe registrar una consistente expansión del papel del derecho con la consiguiente ampliación, también, del papel de la jurisdicción.

La razón de este paso es bien conocida: la experiencia de los fascismos puso claramente de manifiesto que el mero juego de la democracia representativa y el consenso popular no garantizan por sí solos la calidad de la democracia y la bondad de los resultados de la política. Según esto, el Estado liberal de derecho habría demostrado su incapacidad o la falta de condiciones para hacer efectiva la garantía jurídica,[6] que, en consecuencia, se trataría de reforzar en el plano normativo y dotando a éste de los necesarios soportes institucionales.

Se debe a Luigi Ferrajoli[7] la formulación que mejor ilustra este proceso de transformación (verdadero «cambio de paradigma de la política y del derecho»); producido, esencialmente, a través de la consagración de los derechos fundamentales como «dimensión sustancial de la democracia», también «esfera de lo indecidible», que en las constituciones rígidas están llamados a operar de manera efectiva en la forma de un sistema de límites y vínculos a la acción de los poderes públicos. De todos ellos, incluido, pues, el legislativo.

Los derechos fundamentales reciben por esta vía el tratamiento jurídico que corresponde a su calidad de «fundamento funcional de la democracia», porque es sólo «a través del ejercicio individual de los derechos fundamentales como se realiza un proceso de libertad que es elemento esencial de la democracia» (Häberle);[8] para la que antes aquéllos apenas habían pasado de ser un mero referente externo.

Semejante transformación no podía dejar de repercutir decisivamente en la posición del juez en sus relaciones con la política y con el derecho. De una parte, al hacer posible su acceso a un estándar de independencia antes impensable, que, en algunos casos (el italiano es emblemático), se materializa en la puesta a punto de una nueva institución de garantía de ese valor –el *Consiglio Superiore della Magistratura*[9]–. Y también por la sustancial modificación de la relación del juez con la ley en el momento de la interpretación/aplicación, que ahora comporta necesariamente un juicio de constitucionalidad, puesto que «existencia» y «validez»[10] no son ya la misma cosa, al contrario de lo que sucedía en una democracia de corte eminentemente procedimental; y, en consecuencia, el juez sólo queda sometido a la ley válida y está obligado a cuestionar la legitimidad constitucional que, a su juicio razonado, no guarde la necesaria relación *material* de coherencia con la Constitución.

El juez en el Estado constitucional de derecho: la «intervención» sobre «la política»

Una de las particularidades estructurales más salientes del modelo de Estado de referencia es la ampliación de sus funciones –en particular las propias del ejecutivo– al ámbito de la economía. De permanecer fuera de sus límites pasó a intervenir en ella de manera directa, de diversas formas, una de las cuales, ciertamente relevante, es la derivada de la gestión de las prestaciones en que se traducen los derechos sociales.

El crecimiento de lo público en la dirección indicada tuvo como consecuencia la conversión del Estado en poderoso empresario y también en importante consumidor y productor de bienes y servicios. Esto trajo consigo el desarrollo hipertrófico de una inédita capacidad de adoptar decisiones con importante contenido económico.

La gestión político-administrativa de tales nuevos espacios, situados en la zona de confluencia del sector público y el mercado, dio lugar a la emergencia de nuevos sujetos, *empresarios públicos* ciertamente atípicos desde la perspectiva del orden jurídico que, por falta de previsiones legales eficaces al respecto y por la propia naturaleza de la actividad, pudieron operar en un marco de discrecionalidad casi ilimitada, contando con información privilegiada y con la capacidad de asumir riesgos que, en general, no estarían al alcance de los agentes económicos convencionales.

La administración del poder y el dinero en un ámbito de práctica desregulación, por parte de sujetos en condiciones ideales para sustraerse a las reglas del derecho y a las del mercado, hizo emerger en esta clase de actuaciones, en el marco, pues, del Estado constitucional de derecho, una nueva modalidad, ciertamente paradigmática, de la clase de situaciones de ilegalidad cuya posibilidad se había querido conjurar.

Es así como surgen y se difunden en años todavía recientes los fenómenos conocidos como de corrupción, que, por su extensión e importancia, distan de representar una anécdota de ilegalidad para constituir un nuevo fenómeno macroscópico de degradación criminal del poder.[11] En efecto, no se trata de episodios más o menos aislados de irregularidad en el manejo de los recursos estatales, sino de la apertura de un espacio *público* subterráneo, realmente franco de derecho, en el que una parte sustantiva de aquellos se desvían a zonas opacas de la actividad política en las que son objeto de apropiación por los partidos de gobierno, convertidos así en verdaderas agencias de gestión de intereses corporativos y, a veces, en paradójicos agentes difusores de ilegalidad en ámbitos institucionales. De este modo, bien puede decirse, una parte significativa de la política real se hace *clandestina*, y, por su importancia, condiciona desde ese plano las vicisitudes formales de la política en acto en los espacios formal-constitucionales.

Tales nuevas formas de criminalidad del poder han tenido una difusión extraordinaria y, como no podía ser de otro modo, han acabado por ser objeto de la intervención judicial.[12] Es cierto que la incisividad de esta ha sido mayor o menor según el grado de independencia de la magistratura y del ministerio público en los distintos países.[13] Pero, en todo caso, las correspondientes actuaciones habrían resultado impensables –y de hecho nunca se dieron– en marcos constitucionales de la precedente *generación*.

¿La democracia política «colonizada» por la jurisdicción, desde el derecho?

Las nuevas formas de presencia judicial representadas por el cuestionamiento de la constitucionalidad de las leyes y, sobre todo, por la persecución criminal de sujetos públicos –con la extraordinaria carga de deslegitimación que implica para estos el sometimiento al proceso– han producido notables sobresaltos y encendidas reacciones[14] en el plano de la política práctica y también algunas consecuencias en el de la teoría política.

En el primero de estos, podría hablarse sin exageración de la conformación de un verdadero *partido transversal*,[15] si no de una auténtica *internacional* de políticos *perjudicados* por la jurisdicción, que bajo la enseña del título de la clásica obra de Lambert,[16] *oportuna* y apresuradamente rescatado, y debidamente descontextualizado, proclaman los riesgos de un «gobierno de los jueces». Desconociendo las poderosas razones con que Bachof[17] había demostrado la inviabilidad de esa demagógica alternativa irreal, ya en 1959, frente a las suspicacias levantadas en algunos sectores de la opinión jurídica y política alemana por la Ley Fundamental de Bonn.

Demasiado derecho, demasiados derechos, demasiado rígidos, parece ser el lema y el problema, con el resultado –se dice– de una especie de cancelación de la autonomía de la política, que habría acabado por ser *sofocada* por el orden jurídico y, sobre todo, por las prácticas judiciales que este, en su modo de ser actual, hace posibles.

En tal contexto no faltan expresiones de añoranza de formas más férreas de organización de los jueces, conforme al patrón de la jerarquía administrativa, que sometieran eventuales iniciativas *de alto riesgo* al *prudente* tamiz de instancias de vértice, con *mayor sentido del Estado*.[18]

La objeción, sin embargo, no puede tenerse en pie, cuando lo cierto es que en el modelo de Estado que se contempla la política democrática tiene reservado un espacio tan amplio como que sus límites van desde lo jurídicamente indiferente hasta lo inconstitucional y lo ilegal y, en particular, hasta el Código Penal. Y no debe perderse de vista que –sintomáticamente– la reacción frente al actual sistema cuando realmente se ha producido con mayor beligerancia es frente a la apertura de causas por actuaciones de sujetos públicos de evidente y gravísima relevancia criminal.[19] La línea de oposición al modelo constitucional pasa, pues, sobre todo, por la impugnación del Código Penal como frontera de las acciones de gobierno. De ahí la reivindicación del viejo concepto de soberanía como *suprema potestas* propio de un poder que se quiere a sí mismo *legibus solutus*.

Al fin, lo contestado no han sido defectos de legalidad que pudieran haberse producido en actuaciones judiciales concretas. Lo verdaderamente cuestionado de manera frontal es el marco y el diseño de Estado que hace posible la intervención jurisdiccional como tal –la penal en particular– allí donde afloren indicios de delito en el operar de los sujetos públicos. Y, sistemáticamente, la denuncia es de invasión abusiva de la esfera política,[20] así como suena, con la pretensión de hacer pasar el dato altamente significativo de que, en tales supuestos, la única extralimitación denunciable es la de quien trasciende los límites de la legalidad, con frecuencia de la legalidad penal. Ante supuestos de esta clase, resulta aberrante que pueda ponerse en duda la legitimidad del juez para actuar, y más aún que esto se haga en nombre de la democracia. Cuando lo cierto es que, en vicisitudes procesales de ese género, toda la legitimidad democrática está de parte de quien aplica la ley conforme a la Constitución –ambas, la más decantada expresión de la soberanía popular– frente a los malversadores del poder que esta les había conferido.

Debe rechazarse, pues, la insidia consistente en presentar a la jurisdicción como instancia ajena, cuando no antagónica, de la institución parlamentaria.[21] De manera que, mientras el político corrupto e incluso delincuente convicto seguiría ungido por el fluido legitimador de las urnas, el juez sería siempre un operador deficitario en materia de legitimidad por su ajenidad a aquellas. Y, por tanto, su intervención *ilícitamente* perturbadora del curso y del pulso de la democracia política.

Cuando así se discurre se lleva a cabo una intolerable reducción procedimental de la democracia que, en el Estado constitucional, es cuestión no sólo de formas sino también de principios y contenidos, de derechos fundamentales, que deben ser respetados y realizados para que aquellas alcancen su verdadero sentido, que radica en servir de garantía a la plena vigencia universal de estos últimos.

Así, pues, no sólo existe un amplísimo espacio constitucionalmente asegurado para el desarrollo de la política, sino que, además, está en manos de quienes ejercen la posibilidad de restringir radicalmente con medios lícitos la incidencia de eventuales actuaciones judiciales sobre la misma. En efecto, basta considerar que las que más preocupan de estas –las de carácter penal– suelen producirse después de que se haya dado una crisis masiva de todos los controles parlamentarios y político-administrativos previstos, que es lo que permite la degradación criminal de las actuaciones públicas. De manera que bastaría una madura disposición a *tomar en serio* esa parte de la política, para que esta pudiera mantener exento de intervenciones *ajenas* su propio espacio, y, además, de la manera más *fisiológica*. Es decir, haciendo innecesarias las actuaciones de restauración del orden jurídico, que habría sido preservado de forma previa. Ahora bien, producida la acción delictiva en el sector público y por un sujeto de este carácter, sólo la reacción judicial puede *poner las cosas en su sitio* y, sobre todo, hacer que las instituciones concernidas asuman su responsabilidad y, en especial, su papel con objeto de hacer imposibles en el futuro situaciones de esa índole. La función general-preventiva de la respuesta penal tiene aquí un importante campo de desarrollo.

En contra de lo que, también con frecuencia, se ha sugerido en estos años, en el diseño de Estado que se contempla, la jurisdicción –con todo– no tiene atribuida una función de contrapeso político en sentido fuerte. Pues no ejerce una fiscalización capilar ni superpone su actuación de forma sistemática a las de las otras instancias de poder, con las que no mantiene una interlocución crítica permanente. Antes bien, sus intervenciones son ocasionales y de carácter puntual, tienen que ver con actos concretos, a los que también se limitan los efectos de aquellas; y se producen sólo a instancia de parte (¡ay! generalmente privada)[22] y nunca de manera caprichosa. Más aún, las causas penales únicamente se inician en presencia de aparatosos indicios de delito; y, de existir alguna inercia en la materia, esta –por razones culturales y de *complicidad* institucional (piénsese en la general inhibición del fiscal)– operará en el sentido más favorable a la impunidad de los delitos producidos en ámbitos públicos, como ha sido históricamente la regla. Regla que, incluso hoy, tiene un elevado índice de vigencia, puesto que hay buenas razones para afirmar que la *cifra oscura* de la criminalidad en esos medios sigue siendo bien alta.

Lo que la democracia constitucional da y reclama al juez

El Estado constitucional de derecho, es verdad, comporta cierta *redistribución* de poder en favor del judicial, como consecuencia de la mayor relevancia del papel de este y de la consiguiente revitalización de su independencia. También conlleva un replanteamiento del criterio de legitimidad de la jurisdicción. Ahora bien, de una correcta inteligencia y consideración de estos rasgos estructurales del modelo se sigue no sólo el reforzamiento de la capacidad legal de intervención del juez, sino, asimismo, una serie de exigencias en materia de profesionalidad y de control (obviamente, de carácter no político) de responsabilidad por sus actuaciones que, por cierto y es de lamentar, en general, no han sido objeto de la debida atención y desarrollo.

El juez no es un sujeto político y tampoco un órgano de representación, pues le compete el desempeño de una función de garantía en última instancia de la efectividad de los derechos fundamentales y, en general, de la observancia de la legalidad; de lo que se sigue, como corolario, la exclusiva sujeción a la Constitución y a la ley y la ajenidad al sistema de partidos. Es por lo que su legitimación no puede depender del sufragio; sino que, cumplidas las exigencias legales precisas para el acceso a la función, la legitimación se tiene (*o no*) por el correcto ejercicio de aquella dentro de los parámetros constitucionales y legales. Es decir, mediante la observancia de las prescripciones estatutarias y de las reglas del proceso contradictorio, y, de estas, muy en particular, el imperativo de motivación de las resoluciones en materia de hechos y en derecho.

Así las cosas, la legitimidad del juez no es formal sino *materialmente* democrática, en cuanto su función está preordenada y es esencial para la garantía de los derechos fundamentales, que constituyen la «dimensión sustancial de la democracia», y debe ajustarse estrictamente a la legalidad constitucionalmente entendida, siendo, así, esta su vía de conexión con la soberanía popular. Se trata de una clase de legitimidad que no es asimilable a la derivada de la litúrgica investidura de las magistraturas del Estado liberal: *sacramental* y para siempre; sino *condicionada* y estrechamente vinculada a la calidad de la prestación profesional, sometida a la crítica pública y a eventuales exigencias de responsabilidad previstas en el ordenamiento.

El régimen estatutario del juez que demanda el modelo de referencia es, desde luego, rigurosamente incompatible con los criterios de articulación jerárquica que atentan contra su independencia; y también con las modalidades de disciplina que pudieran hacerlo contra su libertad ideológica y de conciencia en la valoración de las pruebas y en la aplicación de la ley al caso. Así, en cuanto a lo primero, y dicho en positivo, la organización judicial debería responder a criterios de *horizontalidad*, es decir, adoptar como imagen plástica de referencia la del *archipiélago* en lugar de la *pirámide* (Beria di Argentine),[23] para evitar que el momento jurisdiccional resulte interferido por el momento político-administrativo, como es la regla en el diseño napoleónico.[24] Y por lo que se refiere a la cuestión, central, de la disciplina, la reacción de esta clase sólo debería estar asociada a los incumplimientos profesionales, suficientemente tipificados y, además, por lo general, fácilmente detectables y objetivables con las necesarias garantías, para evitar manipulaciones inaceptables.[25] En tal sentido, democracia en el ámbito de la jurisdicción quiere decir ausencia de jerarquía como criterio de articulación política incompatible con la independencia, máxima difusión territorial del poder de juzgar, y cultura de la independencia como exclusiva sujeción a la ley.

La verdad es que en estas materias, no obstante su relevancia, suele haber un serio déficit de desarrollo de las aludidas exigencias constitucionales. Y el resultado es que, en la práctica, y tanto en el tema de la organización como en el de la disciplina, por lo general, siguen estando vigentes reglas legales y pautas bien poco compatibles con el actual perfil constitucional de la función jurisdiccional y del juez.[26] Más aún, cuando se producen planteamientos críticos sobre el particular a raíz de alguna actuación judicial incómoda o cuestionable, no es raro que surjan demandas de restauración del viejo modelo burocrático, que aseguraría la correspondencia de cada resolución a los criterios, siempre más fiables, *del superior*. Así, tampoco es infrecuente la irresponsable añoranza, como factor de certeza, de cierto tipo de vinculación al precedente judicial, sólo posible al precio de la falta de independencia del juez. Es la que concurre cuando este debe asumir mecánicamente los criterios del *superior en el orden procesal y jerárquico*, como única forma de hallar satisfacción en sus expectativas *de carrera*. Sistema que presupone una magistratura esencialmente cortada por el patrón de la administración, sustancialmente impermeable al pluralismo político-cultural, y que produce *certeza*, sí, pero sólo para el grupo social dominante y al precio de una justicia inequívocamente *de clase*.

Con todo, no cabe negar que demandas incluso como la de formulación tan impropia a que acaba de aludirse, apuntan a un problema real de la jurisdicción en el actual modelo de Estado. Y es que, en efecto, la mayor libertad operativa del juez en que se traduce su reforzada independencia y el inadecuado tratamiento de la responsabilidad profesional, sobre todo, cuando van acompañados de algún déficit de formación, pueden ser, y de hecho son, claros factores de inseguridad jurídica.

Ahora bien, este no es un resultado que deba cargarse en la cuenta del principio de independencia del juez rectamente entendido según el modelo constitucional, puesto que sólo se debe a un inadecuado tratamiento y desarrollo de este último. En efecto, la clase de *certeza del derecho* y de *seguridad jurídica* resultantes de la vigencia del sistema napoleónico de organización judicial no tenían que ver con la constitucional sujeción del juez a la ley, sino con su dependencia político-administrativa y la consiguiente homogeneidad ideológica, producidas en los términos antes ilustrados. Pero lo cierto es que los vínculos derivados de la sumisión a la jerarquía y del control ideológico capilar de los jueces como factor de *certeza* y *seguridad jurídica*, no han sido eficazmente sustituidos por mecanismos compatibles con el sentido constitucional de la independencia realmente aptos para producir la razonable y necesaria armonía y estabilidad en los criterios jurisprudenciales, de la calidad que demanda un Estado que sea efectivamente de derecho y, sobre todo, de derechos. Estos mecanismos son, en lo sustancial, una consistente dotación cultural,[27] un bien articulado sistema de instancias y recursos, que impida la dispersión de criterios jurisprudenciales;[28] y un tratamiento adecuado y riguroso de la responsabilidad disciplinaria por los incumplimientos profesionales. Todo en un marco permeable y abierto a la crítica pública de las resoluciones judiciales.

Las cuestiones problemáticas suscitadas por el papel del juez en el modelo constitucional de referencia tienen también una importante dimensión cultural que no puede ser desatendida. Las reticencias de raíz política frente al poder de aquel con su reforzado estatuto, favorecidas por la inercia en materia de formación, han llevado a hacer que los jueces sigan viéndose a sí mismos preferentemente en el espejo heredado del jurista del positivismo dogmático. Es decir, como intérpretes privilegiados del único sentido de la ley, cual mecánicos y *naturales* productores de certeza. Ello a consecuencia de una deficiente comprensión del orden jurídico, cuyo modo de ser actual no tiene la necesaria presencia en los textos de preparación del ingreso en la magistratura y tampoco aparece debidamente incorporado al *sentido común profesional* de sus operadores. Así, no es exagerado afirmar que el juez de estos años padece, en la materia, cierto *síndrome del burgués gentilhombre*, es decir, un mal conocimiento o incluso desconocimiento de la verdadera calidad de los instrumentos que emplea, por ejemplo, cuando pondera en la aplicación de principios sin plena conciencia del alto margen de discrecionalidad que se abre ante él y de la necesidad de justificar adecuadamente su uso.

Curiosamente, a producir el resultado que se expresa en este fenómeno han contribuido no poco –desde el ámbito académico– autores que, preocupados por el *extrapoder* del juez y por los riesgos del activismo judicial, han tratado de mantener a aquel en su adscripción al más rancio de los paleoformalimos. Esta actitud tiene un buen exponente en posiciones como la de Requejo Pagés, para quien «el juez debe limitarse a recoger en el continente de sus resoluciones el producto que le llega desde las primeras fases del ordenamiento».[29]

Por esta y otras vías de similar inspiración, se contribuye a generar y perpetuar el tipo más peligroso de juez: el que opera desde la falsa conciencia de los perfiles reales del propio papel, de la naturaleza del poder que ejerce. La insistencia –burda o más elaborada– en la apología del formalismo interpretativo y hasta del paradigma exegético, lleva directamente a la difusión de actitudes judiciales irresponsables presididas por el uso irreflexivo, por inconsciente, de la discrecionalidad inevitable.

Creo, sinceramente, que en este plano, frente a las distintas formas de defraudación de las exigencias del vigente modelo constitucional en materia de jurisdicción que habitualmente se ponen en juego, con sus lamentables consecuencias de diversa índole, sólo cabe, por ineludible imperativo de respeto al mismo y porque, además, es el único modo de conjurar riesgos como los apuntados, procurar que los jueces sean operadores plenamente conscientes de la centralidad de su función y de la verdadera calidad de su poder. Sólo así podrán ejercerlo del único modo legítimo que cabe, es decir, con estricta sujeción a la ley, con el adecuado sentido de la responsabilidad, con pleno respeto de las reglas procesales del juego, con conciencia informada del alcance de sus decisiones y dotando a estas de justificación racional en todos sus aspectos, que las haga suficientemente comprensibles.

Las garantías jurídicas constitucionalmente fuertes en cuanto presididas por la vocación de efectividad que les confiere el hecho de ser judicialmente accionables, comportan, según se objeta en algunos casos, cierta hipoteca para la libertad de acción de las mayorías actuales, impuesta por una mayoría, un día constituyente, que ahora no existe, con la *no-democrática* mediación judicial. Pero la cuestión no está en la existencia de la hipoteca en sí misma, sino en lo que realmente garantiza y en la calidad de la alternativa que representaría su inexistencia como tal. Y a este respecto hay buena constancia histórica y actual de la clase de hipotecas que el constitucionalismo débil y la falta de garantía jurisdiccional de los derechos supone para las ciudadanías presentes y por venir. Y, asimismo, experiencia sobrada de hasta dónde puede y suele llegar el poder político, incluso democrático y progresista, librado a su propia dinámica: esto es, sin límites de derecho, jurisdiccionalmente accionables, a su actuación.

El judicial no responde, obviamente, a la tópica imagen de *poder bueno per se* que durante tanto tiempo ha difundido de sí mismo. Está sujeto a idénticos riesgos de degradación que el ejercido por cualquier otra instancia y toda su bondad posible depende del juego eficaz de las garantías, que son formas institucionalizadas de legítima desconfianza frente al juez. Por tanto, es claro que sin garantías procesales –que a su vez presuponen las orgánicas– no hay ejercicio de poder judicial constitucionalmente aceptable. Del mismo modo que sin poder judicial que ocupe el espacio que la Constitución le asigna no hay democracia efectiva, es decir, de sujetos con derechos.

Notas

1. Uso estas expresiones en el sentido de G. Zagrebelski para referirme a las sociedades liberales del siglo XIX y primera parte del XX, en las que «las fuerzas antagonistas, en lo esencial, aparecían neutralizadas y no encontraban expresión en la ley», en las que «el proletariado y sus movimientos políticos eran mantenidos alejados del Estado mediante la limitación del derecho de voto» (*El derecho dúctil. Ley, derechos, justicia*, trad. de M. Gascón Abellán, Madrid, Trotta, 1995, págs. 31-32).

2. La justicia, en el modelo estatal de referencia, ha resultado ser un mundo especialmente integrado y compacto; un «cuerpo separado», con fuerte tendencia a la endogamia, culturalmente cerrado y muy poco sensible a las transformaciones del entorno social (véase Salvatore Senese, «Aparato judicial y lógica del sistema», en *Política y justicia en el Estado capitalista*, de varios autores, ed. de P. Andrés Ibáñez, Barcelona, Fontanella, págs. 159 y ss.).

3. A la iniciativa de Napoleón Bonaparte –para quien «le plus grand moyen d'un gouvernement, c'est la justice»– se debe el modelo de organización judicial vigente en los distintos países de la Europa continental y su área de influencia a partir de las primeras décadas del siglo XIX. La primera piedra del nuevo edificio es la Constitución del año VIII, que «en dos artículos bastante discretos, el artículo 41 y el artículo 68 [...] fija el marco de un *estatuto de la magistratura* que en sus grandes líneas ha llegado hasta nosotros» (Royer). Ese marco está dado, en principio, por la atribución del nombramiento de los magistrados al poder ejecutivo con la contrapartida de la inamovilidad. De él formarán parte esencial también la articulación de los jueces en *carrera*, férreamente gobernada desde el vértice (el Tribunal de Casación, la Corte Suprema) que junto a las funciones jurisdiccionales de última instancia asumirá las de control, es decir, de promoción y disciplina, esto es, de administración de las expectativas profesionales de los funcionarios judiciales, en un régimen de altísima discrecionalidad, bajo «la autoridad soberana, absoluta, del ministerio de justicia» (Flandin).

El modelo *de carrera* fue ya contestado en los primeros momentos de su instauración. Frente a él, el propio Flandin (en un discurso de 10 de febrero de 1894) reinvindicó un procedimiento en el que el *avancement* no dependiera *de la faveur*, para que la carrera pudiera salir «de la sombra de los corredores ministeriales» y su desarrollo se hiciera transparente.

Tales sensatas reclamaciones no tuvieron ningún éxito y, como es sabido, el esquema napoleónico gozó de una enorme difusión, al extremo de que aún permanece, prácticamente intocado, en muchos países, o en algunos de sus mecanismos organizativos centrales en otros que han introducido cambios en el sistema de gobierno judicial, conservando, sin embargo, la *carrera* y la más alta discrecionalidad en la política de nombramientos.

Como contrapunto a la opción napoleónica, es de señalar lo sucedido en la Italia republicana, en el desarrollo de la Constitución actualmente vigente. Precisamente para conjurar «los peligros de la carrera» (Calamandrei), aquel texto estableció en su artículo 103.3 que «los magistrados se distinguirán entre sí solamente por la diversidad de sus funciones». Sobre el desarrollo de este precepto con el resultado de la abolición de la carrera, puede verse A. Pizorusso, *L'organizzazione della giustizia in Italia. La magistratura nel sistema politico e istituzionale*, Einaudi, 3ª ed., 1990, págs. 45 y ss.; también, E. Bruti Liberati y L. Pepino, *Autogoverno o controllo della magistratura? Il modello italiano di Consiglio Superiore*, Milán, Feltrinelli, 1998, págs. 100 y ss. Estos autores recogen una cita de F. Cordero sobre la significación práctico-política del paradigma de *carrera* que vale la pena transcribir: «Cada magistrado dependía de algún modo del poder ejecutivo en cuanto a carrera; los seleccionadores eran altos magistrados con un pie en la esfera ministerial; tal estructura piramidal orientaba el código genético; el *imprinting* excluía opciones, gestos, gustos que repugnasen a la *bienséance* filogubernativa; y al ser una desgracia resultar discriminados, como en toda carrera burocrática, reinaba el impulso mimético» (*I poteri del magistrato*, en «L'Indice penale», 1986, 1, pág. 31). (Las referencias a las vicisitudes francesas están tomadas de J-P. Royer, *Histoire de la justice en France*, París, Presses Universitaires de France, 1995, págs. 407, 425-426, 608 y 610. La cita de Calamandrei es de *Proceso y democracia*, trad. de H. Fix Zamudio, EJEA, Buenos Aires, 1960, pág. 98).

4. Sobre esta dimensión del papel de la magistratura puede verse: G. Neppi Modona, *Sciopero, potere politico e magistratura 1870/1922*, Bari, Laterza, 1969. Como señala muy bien el prologuista de la obra, A. Galante Garrone, a través de sus páginas y mediante el análisis de la jurisprudencia en materia tan emblemática como el tratamiento del derecho de huelga, el autor demuestra que la magistratura y el ministerio público, al vaciar de contenido el concepto de «causa razonable» que haría legítimo su ejercicio, actuaban «no sólo y no tanto por las interposiciones y las presiones gubernativas, como por una íntima, espontánea propensión, que reflejaba los requerimientos de una opinión dominante resentida y perturbada, y de particulares ambientes sociales» (págs. X-XI). Y es que, en efecto, una de las *virtudes* del contemplado modelo organizativo es su capacidad de generación de un cierto *sentido común* en los jueces que los convierte en un medio extraordinariamente eficaz de control social, a través incluso de la interpretación reductiva de las normas dotadas de algún contenido progresivo en materia de derechos.

5. Tal fue el caso que en Italia se conoce como «guerra de las Cortes», producido por la negativa de la Corte Suprema a aplicar la Constitución reinterpretando la legalidad preconstitucional, que hizo que sus sentencias tuvieran que ser llevadas reiteradamente ante la Corte Constitucional, lo cual hizo prevalecer los preceptos constitucionales (algunas indicaciones al respecto pueden verse en R. Canosa y P. Federico, *La magistratura in Italia dal 1945 a oggi*, Bolonia, Il Mulino, 1974, págs. 327 y ss.). Esa decisión de la alta magistratura de «congelar la Consti-

tución» produjo un interesantísimo movimiento *de base* entre los propios jueces, de reivindicación del respeto a la jerarquía normativa y dirigido a introducir la norma suprema en el circuito interpretativo (sobre el particular, véase S. Senese, ponencia recogida en *Atti del seminario su «La magistratura italiana nel sistema politico e nell'ordinamento costituzionale»*, Milán, Giuffrè, 1978, págs. 46-48).

6. Es bien ilustrativo al respecto el papel jugado por las distintas magistraturas en los países europeos durante la experiencia de los fascismos, así como en otros supuestos, más recientes, de involución totalitaria en los países del Cono Sur de América Latina. Resulta la mar de elocuente comprobar cómo –con excepciones de carácter individual– aquellas evolucionaron de forma *natural* con los respectivos contextos para integrarse con plena funcionalidad en los *nuevos Estados*. Y, por cierto, contestar, con mayor o menor beligerancia, a las nuevas constituciones en el momento de la restauración de la democracia.

7. Entre otras obras del autor pueden consultarse al respecto: *Derechos y garantías. La ley del más débil*, prólogo de P. Andrés Ibáñez, trad. de P. Andrés Ibáñez y A. Greppi, Trotta, Madrid, 1999, en particular, págs. 15 y ss.; y «Lo stato di diritto fra passato e futuro», en P. Costa y D. Zolo (comps.), *Lo Stato di diritto. Storia, teoria, critica*, Milán, Feltrinelli, 2002, págs. 349 y ss.

8. P. Häberle, *La libertad fundamental en el Estado constitucional*, trad. de C. Ramos y A. Luya, Lima, Pontificia Universidad Católica del Perú, 1997, pág. 71.

9. El *Consiglio Superiore della Magistratura* nace con la Constitución italiana de 1947. Está integrado por magistrados (2/3) elegidos por sufragio directo dentro de la propia magistratura y por juristas (1/3) que lo son por las cámaras parlamentarias. El diseño de la institución respondía al propósito de asegurar la tutela de la independencia judicial, evitando al mismo tiempo tanto el riesgo de cierre corporativo a que tendría que llevar una composición exclusivamente judicial, como el heterogobierno político en que podría derivar la alternativa opuesta. El primer efecto de la entrada en vigor de la nueva institución fue extraer las funciones *de gobierno* del ámbito de la judicatura, de manera que la alta magistratura tuvo a partir de ese momento un cometido exclusivamente jurisdiccional.

La Constitución española de 1978 introdujo el modelo de Consejo en su versión italiana original. Sin embargo, el diseño constitucional no fue suficientemente respetado en su primer desarrollo legislativo por la mayoría de centro-derecha, lo que provocó una reacción drástica por parte de la mayoría socialista tras su victoria electoral, consistente en disponer la elección parlamentaria de todos los miembros del Consejo, incluidos, por tanto, los judiciales. Después de veinte años de experimentación de este sistema, el resultado ha sido de una clara sobrepolitización partidista de la institución, que soporta por ello una notable carga de deslegitimación. Este resultado ya lo había previsto el Tribunal Constitucional que a pesar de haber declarado compatible ese tratamiento legal con el imperativo constitucional (cabría, al menos, dijo, una lectura en tal sentido), advertía de los riesgos de que por esa vía el órgano de gobierno de los jueces pudiera verse arrastrado a la lógica del Estado de partidos, como, en efecto, ha sucedido. Es por lo que el propio Tribunal Constitucional aconsejaba la vuelta al sistema original.

En muchos países de América Latina, en años todavía recientes, se han instituido Consejos de la Magistratura, con diversas variantes en los respectivos diseños, en los que invariablemente se reitera el mantenimiento de atribuciones de gobierno en poder de las Cortes Supremas, con lo que implica de continuidad del viejo sistema.

(Sobre el Consejo italiano puede verse, en la bibliografía en castellano, A. Pizzorusso, «La experiencia italiana del Consejo Superior de la Magistratura», en *Jueces para la Democracia. Información y debate*, nº 24/1995. Sobre las aludidas vicisitudes del Consejo Español, P. Andrés Ibáñez y C. Movilla, *El poder judicial*, Tecnos, Madrid, 1986 y P. Andrés Ibáñez, *Justicia/conflicto*, Tecnos, Madrid, 1988. Sobre el desarrollo de la implantación de la institución en América Latina, H. Fix-Zamudio y H. Fix-Fierro, *El Consejo de la Judicatura*, México, UNAM, 1996.)

10. Sobre el particular, véase L. Ferrajoli, *Derecho y razón. Teoría del garantismo penal*, trad. de P. Andrés Ibañez, A. Ruiz Miguel, J. C. Bayón, J. Terradillos y R. Cantarero Bandrés, Trotta, 5ª ed. 2002, págs. 357 y ss.

11. Al respecto, pueden verse: D. Della Porta, *Lo scambio occulto. Casi di corruzione politica in Italia*, introducción de A. Pizzorno, Il Mulino, Bolonia, 1992; P. L. Zanchetta, «*Tangentopoli* entre perspectivas políticas y soluciones judiciales», P. Andrés Ibáñez, «*Tangentopoli* tiene traducción al castellano», en P. Andrés Ibáñez (comp.), *Corrupción y Estado de derecho. El papel de la jurisdicción*, Trotta, Madrid, 1996, págs. 85 y ss.; F. J. Laporta y S. Alvarez (comps.), *La corrupción política*, Alianza Editorial, Madrid, 1997; A. Sabán Godoy, *El marco jurídico de la corrupción*, Civitas, Madrid, 1991. También, M. Travaglio, *Il manuale del perfetto impunito. Come delinquere e vivere felici*, Milán, Garzanti, 2000.

12. La experiencia de estos años sobre el particular es ciertamente riquísima y denota un grado de generalidad y extensión de las prácticas ilegales de los sujetos públicos realmente sorprendente. En particular, porque estas han dejado de ser *privilegio* de las llamadas «repúblicas bananeras» y de los países en precario grado de desarrollo, para hallar un escenario privilegiado en los del Primer Mundo con democracias constitucionales consolidadas.

A esa nutrida fenomenología de la delincuencia del poder se une ahora –es paradigmático también en esto el caso de Italia– la *respuesta* a la respuesta judicial, que tiene escandalosas manifestaciones recientes y en curso en la obra legislativa promovida por Berlusconi y llevada a cabo por la mayoría que le sustenta. Se trata de leyes *ad hoc* dictadas para desactivar de la forma más grosera los procesos criminales en marcha que afectan al *Cavalliere*, a las que se unen insidiosas actuaciones políticas de criminalización de los magistrados que se limitan a cumplir con su deber de aplicar el Código Penal. Al respecto, véase Luigi Ferrajoli, «Giustizia», en *Il governo Berlusconi. Le parole, i fatti, i rischi*, Roma-Bari, Laterza, 2002, págs. 73 y ss.

13. Resulta del mayor interés comprobar cómo la intensidad y la calidad de la respuesta desde la legalidad a la corrupción suele estar en relación directa con el grado de independencia de la magistratura y, muy en particular, del ministerio público. Así, en Italia, siendo cierto que por la singularidad de las vicisitudes políticas del país durante los años de la Democracia Cristiana y del *pentapartito*, la corrupción pudo alcanzar un altísimo grado de desarrollo, también lo es que el

fenómeno no habría adquirido la visibilidad ni provocado la reacción jurisdiccional que se conoce de no haber sido por la garantía de independencia que allí asiste al fiscal, que goza de un estatuto similar al de la magistratura decisoria. A lo que habría que añadir la fuerte cultura de la jurisdicción que en el país ha hecho posibles formas de respuesta judicial a fenómenos como el terrorismo y la mafia.

Sobre la relevancia del estatuto del fiscal como factor decisivo en la persecución o encubrimiento judicial de los fenómenos de referencia, puede verse: J. Nicod, «El ministerio público en Francia», en *Jueces para la Democracia. Información y debate*, 18/1993; A. Crenier, «Il pubblico ministero in Francia», en *Questione Giustizia*, 4/1999; R. Muhm, «Dependencia del ministerio fiscal del ejecutivo en la República Federal Alemana. Crisis del modelo y perspectivas de reforma», en *Jueces para la Democracia. Información y debate*, 22/1994; del mismo autor con M. Muhm, «Alemania: en busca de la independencia de la magistratura», en la misma revista, 33/1998; P. Andrés Ibáñez, «Por un ministerio público "dentro de la legalidad"», en *Nueva Doctrina penal*, 1998.

14. Este es un asunto que bien merece ser objeto de reflexión. La entrada de un imputado *excelente* en el proceso penal suele estar acompañada de un aparatoso despliegue de propaganda antijudicial que, por lo regular, mira a la descalificación, no sólo de la singular iniciativa, sino de la institución en general. Al extremo de que ha sido de lo más frecuente que esa clase de inculpados hayan protagonizado verdaderos «procesos de ruptura», poniendo en juego tácticas *procesales* dirigidas no a defenderse dentro de la causa, sino, directamente, a hacerla *saltar*. Resulta revelador comprobar que sujetos con actuales responsabilidades de gobierno o que las han desempeñado en el pasado inmediato, notables exponentes del *establishment*, hacen uso, en marcos institucionales, de formas de actuación propias de quienes operan al margen del sistema y buscan su destrucción. (Sobre el tipo original de procesos de ruptura (hoy desbordado por las experiencias a las que acabo de aludir), véase J. M. Vergès, *Estrategia judicial de los procesos políticos*, trad. de M. T. López Pardina, Barcelona, Anagrama, 1970.

15. De izquierda a derecha, de derecha a izquierda, es realmente llamativa la simetría de las actitudes.

16. E. Lambert, *Le gouvernement des juges et la lutte contre la législation sociale aux Etats-Unis. L´experience americane du controle judiciaire de la constitutionnalité des lois*, Marcel Giard & cie, LGDS, París, 1921 (hay traducción al italiano de R. D´Orazio y F. Megale, Milán, Giuffrè, 1996).

17. O. Bachof, *Jueces y Constitución*, trad. de R. Bercovitz, Madrid, Taurus, 1963. Como escribiera este autor: «No se puede designar realmente como "soberano" a quien no puede actuar mas que represivamente, a quien carece de toda iniciativa propia para la configuración política, a quien sólo puede actuar a petición de otro órgano estatal o de un ciudadano lesionado, a quien, finalmente, en el desempeño de su función de control, tiene que limitarse a los asuntos que –considerados desde el punto de vista del órgano de control– le llegan casualmente. Tampoco se puede pasar por alto que la función de control de los tribunales no implica solamente una disminución de poder del legislativo y del ejecutivo, sino también un fortalecimiento de la autoridad de los poderes controlados» (pág. 51).

18. No es infrecuente que con ocasión de algunos procesos, llevados con inobjetable legalidad, contra sujetos con altas responsabilidades políticas, a falta de otro posible reproche, se haya imputado a los jueces *falta de sentido del Estado*, es decir, insuficiente conciencia de la singular naturaleza de los sutiles equilibrios en que de ese modo incidían de forma perturbadora, *dificultando* objetivamente *la gobernabilidad* (no importa que las causas pudieran seguirse por verdaderos *crímenes de Estado*). Es sumamente ilustrativa la actitud de un periodista español que a raíz de la condena del jefe de los servicios secretos por un delito de interceptaciones ilegales, expresaba –por todo comentario– la queja de que se hubiera condenado a «un hombre de Estado». En su discurso quedaba claro que los jueces no lo eran. Sin duda porque *sólo* actuaron a partir de la Constitución y la ley.

19. Resulta paradigmático al respecto el que en España se conoce como *caso Marey*, que, además, va bastante más allá de la simple irregularidad en el manejo de fondos públicos, que, por supuesto, también se produjo. Se trata del secuestro de un ciudadano francés, supuestamente integrado en la banda terrorista ETA, organizado desde el ministerio del Interior. El Tribunal Supremo dictó sentencia condenatoria, entre otros, contra un ex ministro del ramo, un ex secretario de la Seguridad del Estado y un ex director general de la Policía, sentencia que ha sido recientemente confirmada por el Tribunal Constitucional, al rechazar los recursos de amparo formulados contra ella. Pues bien, el Partido Socialista, en el gobierno en la época de los hechos, con el ex presidente González a la cabeza, protagonizó una auténtica *revuelta* contra la jurisdicción, tachando la sentencia de *injusta* y *política*, incluso con concentraciones ante la prisión en la que tuvieron que ingresar los condenados, sobre los que, por cierto, pronto llovieron indultos. Sobre esta resolución, puede consultarse con provecho: J. Igartua Salaverría, *El caso Marey. Presunción de inocencia y votos particulares*, Madrid, Trotta, 1999.

Antes, en los años ochenta, se había producido otro caso también de singular relevancia y muy ilustrativo para el tema que aquí se trata, cuando una juez de Bilbao inició la persecución de un delito de torturas a un detenido, durante su permanencia en el cuartel de la Guardia Civil de esa ciudad. Lo he analizado en «Independencia del juez, pero autonomía de la Guardia Civil: A propósito del "caso Huerta"», ahora incluido en P. Andrés Ibáñez, *Justicia/conflicto*, Madrid, Tecnos, 1988, págs. 206 y ss. Los agentes sospechosos se negaron a comparecer ante la juez para la diligencia de identificación, secundados por la jerarquía del cuerpo y luego por el gobierno y la mayoría parlamentaria. Después, se dictarían sentencias condenatorias... y también concurrieron indultos.

En fin, me parece del mayor interés a este respecto la clara coincidencia de ex presidentes de gobierno como González, Tatcher y Menem en la frontal oposición a la irreprochable iniciativa judicial contra Pinochet, por *razones*, obviamente, *de Estado*.

20. En un marco de Estado constitucional de derecho, cuando la ilegalidad –y más si criminalmente relevante– aflora en ámbitos públicos, no hay alternativa: la acción de la justicia debe *invadir* los espacios del delito, aunque estos sean nucleares dentro de la institucionalidad estatal, aunque pertenezcan al *sancta sanctorum* (es un decir) de ésta. En tales casos, si hay alguna invasión ilegítima que denunciar, no será precisamente la del juez, debida por razón de legalidad, sino la representa-

da por las conductas –siempre graves, en ocasiones gravísimas– violadoras de esta. Sonroja tener que recordar algo tan obvio como que el mal está siempre en la llaga y no en el dedo que la señala.

21. Interesantes reflexiones sobre el particular pueden verse en E. García de Enterría, *Democracia, jueces y control de la administración*, Madrid, Civitas, 1ª ed. 1995, en particular, págs. 51 y ss.

22. Resulta curioso comprobar que mientras en Italia la reacción penal frente a la corrupción ha sido protagonizada por el ministerio público, en España, en general, se ha debido a la iniciativa privada, mediante el uso de la acción popular. Que, por cierto, en medios políticos, y con notable consenso, se querría ahora *redimensionar* en sus posibilidades legales de ejercicio.

23. A. Beria di Argentine, *Giustizia anni difficili*, Milán, Rusconi, 1985, pág. 204.

24. En efecto, en ese modelo, el sistema de instancias jurisdiccionales corre en paralelo a la escala jerárquica, de manera que, por lo regular, la instancia que conoce del recurso promovido contra la resolución de otra, no sólo expresa un diferente momento procesal, sino un superior grado en el escalafón de la carrera. De este modo, y puesto que en este plano jerárquico en el que tienen su sede funciones de control de marcado perfil ideológico, es obvio que esta clase de fiscalización se filtra también, de manera eficaz, en las decisiones de los tribunales *superiores*.

25. Resulta revelador que el régimen legal y la exigencia práctica de la responsabilidad disciplinaria sobre los jueces ha estado generalmente dirigido a velar por valores como el «prestigio» o el «decoro», fácilmente instrumentalizables en clave de control ideológico y generadores de enorme inseguridad jurídica; mientras que los incumplimientos profesionales en perjuicio del justiciable estándar han podido producirse, en general, en un cierto régimen de impunidad. Es por lo que en ocasiones se ha hablado, con razón, de un *pacto no escrito*, en cuya virtud el sistema aseguraría a los jueces inmunidad frente al exterior, a cambio de fidelidad y funcional integración en la política en acto.

26. Por no hablar de líneas de nombramientos (para cubrir puestos con funciones de gobierno o en los altos organismos judiciales) inspiradas en motivaciones político-partidistas, cuando no pensadas para condicionar en una determinada dirección la resolución de una causa relevante, en curso o de posible incoación.

27. Pienso no sólo en la imprescindible preparación técnico-jurídica, sino en la necesidad de un comprometido esfuerzo de formación de la sensibilidad profesional de los jueces en ciertas materias, como, muy en particular, el respeto de las garantías y el celo en la motivación de las decisiones.

28. En efecto, por esta vía y con instrumentos puramente jurisdiccionales, puede obtenerse un alto estándar de homogeneidad en la respuesta judicial. Para ello se hace necesaria la concentración de las funciones de apelación en el menor número de órganos posible y la máxima apertura del recurso de casación, aunque sólo sea en interés de ley. Algo bien distinto de lo que ahora sucede en España en materia penal, cuya realidad al respecto puede servir muy bien como ejemplo de lo que no debe hacerse. En efecto, las sentencias por delitos conminados con penas de hasta cinco años de prisión pueden ser recurridas en apelación antes las Audiencias Provinciales, que deciden en última instancia, sin posibilidad de casa-

ción, y, por tanto, sin que exista una instancia encargada de la unificación de los criterios de esa clase de tribunales, cuyo número gira en torno al centenar y medio. Cierto es que, en la práctica, por vía doctrinal y de debate se consigue una notable aproximación de las soluciones jurisprudenciales, pero estos son medios colaterales que deberían funcionar en todo caso, además y a partir de la puesta en juego de los recursos orgánicos más racionales.

29. J. L. Requejo Pagés, *Jurisdicción e independencia judicial*, Madrid, Centro de Estudios Constitucionales, 1989, pág. 154. El autor completa su punto de vista sobre el particular describiendo el sistema jurídico como una red de distribución de agua y al juez como el encargado de manejar la llave de paso, «sin añadir nada».

14

La doble vinculación del juez a la Constitución y la Ley

Roberto García-Calvo y Montiel*

Preámbulo obligado resulta recordar ante ustedes mi procedencia, pues como testigo directo –desde la tribuna de la función jurisdiccional que llevo ejerciendo desde hace treinta y cuatro años tanto en la Carrera Fiscal como en la Judicial– he vivido intensa y cotidianamente las mutaciones estructurales, orgánicas y jurisprudenciales que impuso la transición política desde un régimen autoritario a una nueva etapa de normalidad democrática ya consolidada como la que vivimos en España a partir de la Constitución de 1978.

Tan trascendental acontecimiento político generó una dinámica jurisdiccional directamente operativa sobre la actividad desarrollada por los magistrados españoles, de la cual me permito afirmar que, en términos generales, han asumido sin traumatismos, con equilibrio y ponderación ejemplar una rápida adaptación a los valores y principios proclamados por nuestra Carta Magna a pesar de que –en términos históricos– es corta nuestra experiencia democrática. Ello se deja traslucir en el contenido de las resoluciones judiciales –único medio que yo estimo homologable para conocer el funcionamiento de la administración de Justicia, porque aquellas se pronuncian al margen o por encima de la contienda política que es consustancial a un régimen parlamentario– tanto a nivel de jurisdicción

* Magistrado del Tribunal Constitucional Español.

ordinaria en todas sus instancias hasta su cúspide –Tribunal Supremo– y como no podía ser menos, en las emitidas por el órgano máximo intérprete de la Constitución, institución en la que ahora presto mis servicios.

Mas quedaría huérfana de su verdadera dimensión esta primera reflexión si no me detuviera algún tiempo en examinar las que podríamos denominar «primeras decisiones» del Tribunal Constitucional (TC) español en la medida en que inauguró su andadura resolviendo cuestiones transcendentes como la inconstitucionalidad de las normas preconstitucionales, la interpretación de normas procesales decimonónicas en una forma constitucionalmente correcta, o la interpretación de las normas de distribución de competencias entre el Estado y las Comunidades Autónomas, por sólo poner tres ejemplos paradigmáticos.

De ahí que recuerde ante ustedes que el diseño de nuestra Nación responde a parámetros de un «Estado social y democrático de Derecho, que propugna como valores superiores de su ordenamiento jurídico la libertad, la justicia, la igualdad y el pluralismo político», cuya forma política es la Monarquía Parlamentaria y que además proclama «la indisoluble unidad de la Nación española, patria común e indivisible de todos los españoles, y reconoce y garantiza el derecho a la autonomía de las nacionalidades y regiones que la integran y la solidaridad entre todas ellas» (arts. 1-1° y 2 CE).

En este trance, puedo asegurarles que nuestra Constitución, hasta ahora, ha resultado –como fruto que fue de un consenso generalizado de todas las fuerzas políticas que operaban en la etapa transicional– un experimento enriquecedor aunque no exento de obstáculos, algunos de los cuales aún no han agotado su dinámica dispersante. De ahí que se haya impuesto –especialmente por la incidencia del fenómeno terrorista– un encabezamiento legislativo complementario y un coetáneo ejercicio jurisdiccional a fin de acomodar la generosidad con que está concebida nuestra estructura nacional con la preservación de sus peculiaridades regionales, a la vez que se asegura la integridad y unidad esencial del Estado.

Acaso convenga destacar que el transcurso del tiempo puede variar el análisis de la influencia de la justicia constitucional en el proceso democratizado, pues resulta obvio que la asimilación de la cultura constitucional por parte de los poderes públicos, provoca inexorablemente que la función de un Tribunal Constitucional se transforme en cierto modo y sea más interpretativa que innovadora según se asimila una cierta manera de aplicar las normas y según se sientan las bases de desarrollo constitucional. Y ello a pesar de que la creación constitucional sea una de las características más resaltables de nuestro sistema, pues parece evidente que después de 21 años de jurisprudencia existen cada día menos pronunciamientos interpretativos. El modelo constitucional español no comprende exclusivamente el control de constitucionalidad de las leyes –como sucede en otros ordenamientos de nuestro entorno– sino que, junto con el alemán, el TC tiene atribuidas otras materias como son la resolución de conflictos territoriales y la protección de los derechos fundamentales y libertades públicas de los ciudadanos a través del recurso de amparo. Ello ha generado que –como máxime intérprete de la Carta Magna– el TC haya propiciado la creación de un «orden constitucional» que en el ámbito de la administración de Justicia aparece manifiestamente asumido en todas sus instancias. Ello revela la transcendencia de la jurisdicción constitucional dentro del proceso de consolidación del orden democrático en España. Lo que permite afirmar la relación entre el asentamiento de la justicia constitucional en mi país, resultado de la aplicación directa de la Constitución en todos los niveles jurisdiccionales y el reforzamiento de un régimen de libertades.

Por otra parte, considero conveniente destacar que, desde la perspectiva de la división territorial del Estado, la doctrina ha destacado la transcendental función del Tribunal Constitucional en la articulación territorial del Estado a través de la resolución de los conflictos territoriales entre aquel y las Comunidades Autónomas. En este caso, además, la transcendencia no sólo deriva de la posición que ocupa el Tribunal y el modelo elegido. Es preciso tener en cuenta que, frente a la experiencia alemana, se observa en nuestra Constitución una «marcada imprecisión de las previsiones constitucionales respecto al reparto territorial del poder ... y una ausencia de cauces o procedimientos para lograr acuerdos de naturaleza política», lo que ha obligado al Estado y a las Comunidades Autónomas a recurrir muy frecuentemente al Tribunal para delimitar sus respectivos poderes. Al punto que se ha afirmado de modo pacífico en la doctrina de la existencia de un Estado jurisprudencial de las Autonomías.

Desde otra perspectiva –la que más puede interesar para una visión de la relación entre la jurisdicción ordinaria y la función interpretativa inherente a un modelo de Tribunal Constitucional como el español– existe un consenso indiscutible en la doctrina y en la práctica jurisdiccional: la aplicación de las normas procesales –en su mayor parte decimonónicas– a partir de la vigencia de la Constitución y de la labor interpretativa del TC, dejó de ser la misma a partir de las primeras resoluciones del Tribunal.

Complemento indiscutible de tales parámetros ha sido la elaboración acabada del Principio de Presunción de Inocencia, así como todo el conjunto de resoluciones sobre una interpretación conforme al derecho a la tutela judicial efectiva, aunque con la depuración posterior imprescindible de derechos tan básicos para la defensa de los ciudadanos como el del acceso al proceso, o a la asistencia letrada, o la definición de los límites y contornos de los derechos procesales.

No todo, sin embargo, han sido rosas en este camino hacia la definitiva soberanía de la estructura judicial en el seno del sistema democrático. No les oculto, por ello, que el momento de máxima inflexión en la tarea de acoso y derribo de la independencia judicial se produjo con la puesta en marcha de las previsiones normativas de la Ley Orgánica del Poder Judicial de 6 de julio de 1985, cuyo texto final –haciendo caso omiso de las enmiendas propuestas por la oposición–, completado posteriormente con la enmienda que rectificó el mandato del art. 122 de la Constitución en cuanto al modo de elección de los 20 vocales del Consejo General del Poder Judicial, asignando tal nominación a las Cámaras Legislativas entonces de mayoría socialista (Decisión ratificada en una Sentencia del Tribunal Constitucional de 29 de julio de 1986 de precario equilibrio técnico jurídico por las matizaciones que contiene para justificar lo que una correcta lectura constitucional habría impedido), supuso la prosecución, aunque, a Dios gracias, no se logró, de los siguientes objetivos:

1) La desaparición del principio constitucional de independencia judicial, al tratar de ejercer el control absoluto de los mecanismos de designación de los cargos orgánicos en la carrera judicial.
2) Una injerencia política patente de la formación del Consejo General del Poder Judicial a través del control mayoritario –por no decir absoluto–, consiguiendo que el Partido político mayoritario en el Poder impusiera sus tesis en las decisiones de este órgano por cauce de los Vocales afines a sus postulados ideológicos.

Ni que decir tiene que tales propósitos, de no desbaratarse desde la propia profesionalidad de la inmensa mayoría de los Jueces españoles, hubieran supuesto la culminación de un proceso cuyos efectos habrían resentido seriamente la seguridad jurídica y la propia administración de Justicia ya que, en lugar de salir reforzada y revitalizada, habría llegado a cotas de degradación y desprofesionalización verdaderamente insoportables para la ciudadanía.

Al respecto, he de reafirmar que asumo la visión tradicional del Juez que presenta a este como un sujeto imparcial que, investido de autoridad y de poder de coacción, con capacidad técnica para el conocimiento de la norma, con independencia garantizada y, desde una posición superior a la de las partes en conflicto, resuelve sus litigios sin otros instrumentos que la Ley y la Justicia. Según mi modesta opinión, en esta visión está clara, la absoluta sumisión del Juez a la ley y que su papel es el de aplicar esta, tutelando los derechos o intereses legítimos de quienes acuden a él solicitando su actuación frente a quienes, incumpliendo aquella, lesionan dichos derechos o intereses u obstaculizan su realización. Asegurada tal función por los principios de independencia e imparcialidad no me ofrece duda que –frente a otras opciones que configuran de manera diferente la Carrera Judicial– la complejidad de los ordenamientos jurídicos actuales exige como garantía de su correcta aplicación la más alta formación técnica del titular judicial, de la que es preámbulo obligado la profesionalización del mismo. De ahí que se haya consolidado entre nosotros la configuración del Magistrado como profesional de una Carrera y de un Cuerpo del Estado, sometido, por supuesto, como aseguramiento final de su recta actuación, a un principio de responsabilidad en la medida en que todo poder debe estar sometido a límites y su caso no puede ser una excepción.

Colofón de mi reflexión en lo que a la concepción de la figura del Juez se refiere asumo que la distinción entre creación del derecho y aplicación del mismo sigue siendo substancialmente válida. Y, asimismo, que la especificidad de la misión del Juez, su grandeza e, incluso, el alto significado político de la misma (en el mejor sentido de la palabra), radican precisamente en limitarla a la aplicación imparcial de la ley, renunciando a inflar su papel mediante la asunción de compromisos que en una adecuada ordenación constitucional corresponden directamente a otros órganos del Estado o a las fuerzas sociales. De ser asumidos por el Juez tales compromisos, estos acaban por situarle en la línea de fuego del debate político en cuyo ámbito cualquier actuación difícilmente puede reclamar la apriorística aceptación de sus destinatarios y el respeto incondicionado de la cosa juzgada, requisitos sin los que es casi imposible concebir el papel constitucional de quién ha de impartir Justicia.

De ahí que el Juez que aliente el orgullo de sentirse nada menos que Juez, debe tener también la humildad de saberse nada más que Juez, pues de esa sólida posición de asentimiento en su precisa identidad y de no arriesgarse en las arenas movedizas de funciones que no le corresponden, surge su respetabilidad para el pueblo y los demás poderes del Estado. Si hay alguna función pública en que la potestad no baste, sino que deba forzarse con la autoridad como solvencia personal y social, la judicial es la paradigmática.

Por ello estimo que la visión tradicional del Juez y la exigencia básica de la sumisión a la ley no implican la esterilización de su profesionalismo como jurista y de sus ideales de justicia, convirtiendo su función en algo puramente mecánico. Por el contrario la búsqueda de la ley, la interpretación de sus términos y la exacta fijación de los datos fácticos del litigio que se somete a su decisión, comportan una muy delicada función técnica y valorativa, no reducible a una mera operación mecánica, pues no debe olvidarse que la experiencia enseña que, frente a cantos de sirena destinados a desnaturalizar dicha función, desde la pura sumisión del Juez a la ley y desde su dimensión técnica de aplicador de la misma en los casos que se someten a su decisión, el Juez cumple una función de realización de los valores democráticos y de control de otros poderes en la medida en que la ley es consecuencia de una elaboración democrática, ya que sólo desde la neutralidad técnica de su posición y desde la *auctoritas* social que se le reconoce cuando se ajusta a las pautas de imparcialidad, la independencia, la sumisión a la ley y la entrega profesional a su estudio y a su serena aplicación, el Juez resulta genuino. Pero si se invierte el orden lógico de esos factores y, apriorísticamente, se convierte al Juez en paladín de la democracia y de los derechos fundamentes y en controlador del ejercicio de los otros poderes del Estado, se altera gravemente su papel, se le politiza y se arriesga su *auctoritas*, situándole al descubierto frente al juego directo de todas las pretensiones y críticas políticas. En definitiva, la aparente exaltación de su papel no hace otra cosa que ponerle en la línea de posible desprestigio social. De ahí que no pueda calificarse de antidemocrático el reservar para la función judicial la condición de momento técnico de la aplicación de la ley, salvaguardándola de las presiones y críticas propias del momento político de elaboración del derecho. La mejor garantía de que se cumplirán en sus propios términos las pautas políticas cristalizadas normativamente en la ley por los que, mediante el voto, han recibido del pueblo su representación, radica en tecnificar la aplicación de la ley y en garantizar para ello una total independencia a los jueces. Empero, si a los jueces se les sitúa en el foco de la presión política y se les somete a la permanente crítica o halago de la opinión pública, obviamente no docta en derecho, al final la opción política representada por la ley fácilmente podrá ser suplantada por otras opciones diferentes, nacidas de movimientos ocasionales de opinión, cuyo peso real como expresión auténtica del sentir del pueblo es siempre harto problemática.

Los precedentes parámetros creo que explicitan suficientemente mi posicionamiento en el tema tan actual que sugiere el título de mi intervención.

Dado por establecido que la Justicia Constitucional sea auténticamente tal, no debiera suscitarse en principio ninguna interferencia entre el Tribunal Constitucional y la Jurisdicción propiamente dicha, pues cada una de dichas instituciones tendría un campo perfectamente diferenciado que podría representarse con la imagen de dos círculos separados sin ningún punto de tangencia. Más desde el momento en que la Constitución confía al Tribunal Constitucional, en el art. 161.1 b), el recurso de amparo, que es materia de naturaleza estrictamente jurisdiccional, surge ya una zona secante entre ambos círculos, que plantea a veces una densa problemática sobre todo en cuanto a las relaciones entre dicho Tribunal y el Tribunal Supremo.

La aludida controversia se intensifica a partir de la regulación del recurso de amparo en los artículos 41 y siguientes de la Ley Orgánica 2/1979 de 3 de octubre del Tribunal Constitucional. Lo cual ha supuesto que se haya llegado a cuestionar que el Tribunal Supremo sea, en efecto, como dice, el artículo 123.1 de la CE «el órgano jurisdiccional superior en todos los órdenes», pues en la medida en que por la amplitud del ámbito de los derechos constitucionales una inmensa porción de materias pueden entrar en el marco de los mismos, la salvedad «en materia de garantías constitucionales», consagrada en el propio precepto, magnifica su real significación. Hasta el punto de poder convertirse no en una excepción respecto a una determinada materia, sino casi en un principio anulatorio de regla general.

Ello ha generado algunas fricciones por supuestas invasiones competenciales que actualmente se solventan en una Comisión Mixta creada *ad hoc* para proponer las necesarias reformas legislativas que han de eliminar toda posibilidad de conflicto.

Tomando palabras del Profesor Aragón Reyes, dado que mi criterio se identifica con su contenido, he de reafirmar que el problema de la vinculación de los Jueces a la Constitución y a la Ley ha de ser abordado y resuelto hoy desde la perspectiva propia de un Estado constitucional de Derecho, y esa perspectiva no es otro que la doble sumisión de los jueces a la Constitución y a la Ley, ya que puede afirmarse sin exageración alguna que los principales problemas que existen en la vinculación de los jueces a la ley derivan de que también están vinculados a la Constitución.

La fórmula, aparentemente sencilla, de resolución del problema derivado de esa plural vinculación normativa, basada en la implantación de la cuestión de inconstitucionalidad, no puede ocultar, sin embargo, las muchas complejidades teóricas y prácticas que ese modelo encierra.

En el plano de la teoría, la complejidad deriva, sobre todo, de la naturaleza jurídica de la propia Constitución y, por ello, de la dificultad de su interpretación-aplicación con los instrumentos del positivismo. Para garantizar el pluralismo, la Constitución ha de contener las suficientes normas abiertas, cuya concreción, por ello, corresponde más al legislador que al Juez; para cumplir su misión de ser la norma básica (y no sólo suprema) del ordenamiento (de un ordenamiento que abarca la casi totalidad de las relaciones sociales, económicas, políticas y culturales), la Carta Magna ha de albergar muchas cláusulas generales, en forma de principios y de valores. Estas características del primer Texto Legal no son el resultado sólo de una determinada corriente actual del constitucionalismo sino de la consideración de la Constitución como norma jurídica suprema, con todas sus consecuencias y, entre ellas, la muy relevante de que los derechos proclamados por aquella, los derechos fundamentales, son directamente aplicables sin necesidad de mediación legal. De ahí precisamente lo razonable de las críticas al «positivismo legalista» como forma de interpretación constitucional que se han venido realizando desde las perspectivas «principalistas» u «ordenalistas».

La consecuencia de un enfoque como el que acaba de exponerse, que extrema el principialismo constitucional y desliga los derechos de la ley, no puede ser otra, desde luego, que la práctica equiparación del modelo judicial europeo con el modelo judicial norteamericano: en Europa, como en Estados Unidos de América, todos los jueces serían, pues, jueces constitucionales. El Estado constitucional ya no podría ser calificado como una forma pura, una democracia, sino como una forma mixta, en la que la democracia de la ley estaría templada (corregida) por la aristocracia de los jueces.

Por todo ello, no está de más alertar sobre las dificultades que presenta conciliar en el plano de la práctica la doble vinculación de los jueces a la Constitución y a la ley. El mandato de interpretar todo el ordenamiento de conformidad con una Constitución que contiene principios y valores puede llevar (en España tenemos ya sobrados ejemplos) a que los jueces se desliguen de la ley por entenderse más ligados a la Constitución y, sin acudir si quiera, al planteamiento de la cuestión ante el Tribunal Constitucional, inapliquen la ley y en su lugar apliquen no ya reglas o principios constitucionales, sino valores constitucionales o incluso valores que a veces ni siquiera están directamente expresados, como tales, en el texto de la propia Constitución.

Reconocer que estas consecuencias prácticas son difícilmente evitables a partir de determinados planteamientos teóricos no significa, ni mucho menos, sostener que su remedio puede estar en devolver a la ley el lugar supremo que antes ocupó (eso supondría, sencillamente, destruir el Estado constitucional) o en recuperar el modelo de las dos jurisdicciones separadas (casi inédito en la realidad pasada y de imposible instauración en el presente, dado el actual concepto de Constitución) o en impedir la labor de creación jurídica que desempeña la jurisprudencia (algo que resultaría también imposible en el sistema de Derecho de nuestro tiempo). Su significado, o quizá mejor su pretensión, mucho más modesta y creo que mucho más razonable, es sólo llamar la atención sobre algunos excesos del modelo teórico que pueden auspiciar, en gran medida, aquéllas consecuencias prácticas.

De todos modos, lo que parece más importante es constatar algo que no conviene perder de vista: que el modelo europeo continental (y por ello, el español) es bien distinto al norteamericano. Aquel, el parlamentarismo, la codificación, la idea rousseauniana de la ley, la separación estricta entre Parlamento y Poder Judicial ha sido uno de los factores que, desde el siglo XIX hasta hoy, generaron un sistema político y jurídico que tiene como una de sus bases fundamentales la vinculación de los jueces a la ley y, por lo mismo, la prohibición de que puedan disponer de ella. De ahí que en Europa no se estableciese el control de constitucionalidad difuso, sino el concentrado. Por otro lado, en la cultura jurídica europea carecemos de los instrumentos (que la cultura jurídica norteamericana sí ha creado) que permitiesen ordenar (en última instancia, unificar) la actividad de todos los jueces aplicando la Constitución e inaplicando la ley.

Dicho todo lo anterior, también hay que reconocer que, aunque el sistema europeo sea distinto del norteamericano, parece difícil negar que hoy el Derecho de la Constitución es un Derecho «por principios», esto es, que tenemos (y en España muy claramente) una Constitución principialista. Y ello origina unas consecuencias que han de aceptarse, entre las que se cuentan un mayor margen de discrecionalidad en la interpretación jurídica y, por lo mismo, un rebosamiento de la importancia del papel de los jueces en el Estado de Derecho, que pasa a ser así, Estado jurisdiccional de Derecho. Todo ello es, sin duda alguna, positivo para la libertad e igualdad de los ciudadanos. No hay Derecho sin jurisdicción, ni Estado de Derecho sin independencia judicial, ni derechos sin jueces. La función judicial es, en consecuencia, una de las actividades públicas más fundamentales. Todo eso es obvio, como lo es también que la jurisprudencia tiene hoy la consideración indudable de fuente del Derecho.

Además, la existencia misma de los derechos fundamentales como derechos inmediatamente aplicables refuerza el papel de los jueces, pues la necesidad de constitucionalidad del ordenamiento conduce a la interpretación de todas las normas que lo componen de conformidad con los preceptos de la Constitución, que muchas veces contienen cláusulas dotadas de un alto grado de indeterminación, lo que proporciona al juez, que es el intérprete-aplicador por excelencia de las normas, un amplio margen a la hora de extraer de ellas su sentido.

Ambas circunstancias refuerzan, como ya hemos señalado, el poder de los jueces (sin duda alguna, y por ello contribuyen al deslizamiento, prácticamente inevitable, de la democracia constitucional de presente, hacia su configuración como una forma mixta de gobierno en la que la democracia de la ley se encuentre corregida por la aristocracia de los jueces). Sin embargo, para reducir los riesgos de desequilibrio del sistema, que, por la naturaleza de las cosas (o mejor dicho, por la naturaleza del Derecho actual) tendería a hacer prevalecer la jurisprudencia sobre la legislación, es preciso abogar por unas medidas de reequilibrio (curativas) o contrapeso (preventivas) a cargo de la propia cultura jurídica consistentes en la utilización de la teoría jurídica y no de la filosofía moral en la aplicación de la Constitución o, en suma, en potenciar el normativismo y reducir la jurisprudencia de valores. Ese podría ser, quizá, el camino para que el Estado de Derecho no acabase convirtiéndose en Estado de Justicia. El primero procura certeza, previsión, seguridad, esto es, igual libertad para todos, mientras que el segundo, como autorizadamente se ha dicho tantas veces, sería el caldo de cultivo de la de arbitrariedad, es decir, de la desigualdad.

Como epílogo solo me resta decir que esas medidas de autocontención quizá no basten y es muy probable que sea preciso, además, crear límites externos (normativos) que impidan tal desequilibrio.

15

La tesis de la doble pluralidad: jueces y democracia el caso de la transición chilena 1990-2002

Pablo Ruiz Tagle*

Si analizamos la relación entre jueces y democracia, tenemos que reconocer que ésta nos evoca la idea de dos formas de pluralidad. Aparentemente se trata de una sola, esto es, el conjunto que representa la palabra «jueces». Pero lo cierto es que la sola idea de democracia es también múltiple. Tomando en cuenta lo anterior es que el marco teórico de este trabajo asume la tesis de la doble pluralidad. Lo anterior supone pensar que no existe una relación unívoca y monofónica entre los jueces y las formas de la democracia. Se plantea en cambio que la relación entre los jueces y la democracia se expresa en un conjunto polifónico de múltiples alternativas y variables. En tal sentido, de la observación de esta multiplicidad se concluye que debemos establecer prioridades entre las formas de democracia que queremos en un contexto histórico determinado y sobre la contribución que los distintos tipos de jueces pueden efectuar respecto de ellas. El trabajo recurre a diversos ejemplos de la transición chilena para ilustrar la tesis más general de la doble pluralidad. Pluralidad que se produce en cuanto a los tipos de jueces y sus funciones características y pluralidad también en cuanto a los elementos que son propios de la democracia.

* Universidad de Chile.

Para esos efectos se distingue entonces entre seis tipos ideales de jueces: 1) jueces de policía local y de jurisdicción común civil, penal y especializada; 2) jueces del tribunal constitucional; 3) jueces que ejercen jurisdicción en materias electorales; 4) jueces con jurisdicción militar; 5) jueces con funciones de control de la administración; y finalmente, 6) jueces con efecto extraterritorial. La anterior caracterización deriva principalmente de Mirjan Damaska,[1] que a mi juicio ha desarrollado la forma más sofisticada de explicar la función judicial desde un punto de vista comparado.

Por su parte, en cuanto a la democracia en este trabajo distinguiremos siete aspectos que le son característicos: 1) la democracia como gobierno de la mayoría; 2) la democracia como un gobierno donde se respeta la representación y los derechos de las minorías; 3) la democracia entendida como una forma de limitación del poder del gobierno, en cuanto incluye la protección de lo que Ernesto Garzón Valdés[2] ha llamado «coto vedado» de los derechos fundamentales; 4) la democracia como un proceso político donde las elecciones son limpias y se hacen de manera regular y competitiva; 5) la democracia como un sistema que asegura la alternancia pacífica en el ejercicio del poder, que se concibe con vínculos muy directos con el numero anterior; 6) la democracia como un sistema que comprende la idea de un gobierno limitado que se caracteriza porque tiene sistemas de frenos y contrapesos que aseguran un control del poder, y finalmente; 7) la noción de democracia económica social. Cada una de estas formas o aspectos que le son propios sirven para juzgar desde un punto de vista normativo la existencia o carencia de democracia.

Así las cosas, debemos reflexionar sobre estas dos cuestiones: la primera se refiere a los distintos tipos de jueces. La segunda a las formas o elementos de la democracia. Y como estas cuestiones resultan muy amplias, centraré mi comentarios en el contexto de los jueces chilenos que, por cierto, son un conjunto heterogéneo y plural. Particularmente, trataré las formas de democracia que hemos conocido parcialmente en nuestro país recién a partir de 1990 y que subsisten de manera precaria en nuestros días. Esta precariedad es quizá un rasgo de todas las democracias porque se fundan en la libertad humana. Sin embargo, es bueno advertir que el carácter precario de la democracia se ha acentuado por diversas circunstancias en Sudamérica en estos últimos dos años.

Los tipos de jueces que existen actualmente en Chile

Para comenzar nuestra explicación, digamos que en Chile existen los seis tipos de jueces que ya hemos identificado. En el primer grupo podemos considerar los jueces de policía local vinculados a una municipalidad, cuya función es resolver juicios vecinales, accidentes del tránsito y otras cuestiones de menor cuantía. También en este primer grupo debemos comprender los jueces de jurisdicción común civil y penal que funcionan en la lógica de la codificación francesa y española. Respecto de los jueces comunes, en un trabajo previo,[3] he dicho que se caracterizan porque están organizados en una jerarquía de tipo burocrático y su actitud es más bien reactiva, porque no se espera de ellos que cambien la sociedad con sus resoluciones sino que sean capaces de mantener una forma de *status quo*. Están, además, orientados a resolver conflictos y no a implantar políticas. Tienen una concepción científica de su oficio y conciben su función de manera discreta, porque resuelven caso a caso, sin adoptar una visión comprensiva y, aunque generalmente su labor se concentra en la aplicación de la ley, se les ha otorgado una competencia reciente en materias constitucionales. Tampoco de manera habitual adjudican sus casos con un sistema de precedentes. Ahora bien, existen también en este primer grupo muchos jueces que ejercen sus tareas en tribunales especializados, tales como los que resuelven conflictos en materia de menores, laborales, o por ejemplo, los tribunales de Aduana o los tribunales que se han creado imitando la *Antitrust Comission* norteamericana para resolver conflictos, pero que también de modo característico aplican ciertas políticas. Así, los jueces de aduana aplican la política aduanera y los jueces antimonopolios la política de libre competencia. Todos los jueces del primer grupo, sean de policía local, comunes o especializados, a pesar de sus diferencias, se vinculan entre sí, porque están sometidos a la Corte Suprema que los preside, ejerciendo sobre ellos la superintendencia correctiva, jurisdiccional y económica en todo el país.[4]

Al primer grupo de jueces que dirige la Corte Suprema se agregan otros cinco grupos de jueces adicionales que conforman estructuras judiciales paralelas con autoridades que ejercen un poder que es paritario al de la Corte Suprema. Así, en el segundo grupo, podemos incluir el Tribunal Constitucional que hace las veces principalmente de legislador negativo y que revisa la constitucionalidad de las leyes en el proceso de su formación, sin perjuicio de conocer de las inhabilidades parlamentarias y otras cuestiones de su competencia.[5] Al Tribunal Constitucional que se erige en una organización paralela a la que preside la Corte Suprema y cuyas decisiones priman sobre las de la Corte Suprema en las materias propias de la carta fundamental,[6] se suma un tercer grupo de jueces encargados de manera específica de materias electorales que se distribuyen de manera regional por todo el país y que son presididos por un órgano independiente denominado Tribunal Electoral Central.[7] Los tribunales electorales tienen jurisdicción mixta, porque aprecian los hechos como jurado y resuelven conforme a derecho.[8]

Existe además un cuarto grupo que es el de los jueces militares, que debían, como diría Juan Linz, dedicarse a las labores propias de su sexo (militar), pero que en verdad por mucho tiempo han tenido una jurisdicción que se extralimita en cuanto a su competencia para juzgar civiles. Además, por expresa disposición constitucional,[9] los tribunales militares en tiempos de guerra se someten sólo al control de la Corte Marcial y quedan excluidos del control de la Corte Suprema, tal como se supone debe ocurrir en tiempos de paz.

Una descripción de nuestros jueces debe también considerar una explicación del grupo de funcionarios que ejercen en la Contraloría la función administrativa de tribunal de cuentas de los órganos públicos y el control de legalidad y constitucionalidad de los actos y decretos que emanan de los órganos del poder ejecutivo.[10] Los jueces funcionarios de la Contraloría constituyen el quinto del grupo de jueces chilenos.

El sexto grupo de jueces son aquellos situados fuera del territorio chileno y que forman tribunales tales como la Corte Interamericana y jueces de tribunales extranjeros tales como el juez Baltasar Garzón,[11] la jueza María Servini de Cubria y varios otros que han cumplido tareas semejantes. Estos jueces están situados fuera del territorio de Chile pero sus resoluciones han tenido una influencia muy importante en Chile, por eso puede decirse que operan actualmente en nuestro país. Su influencia ha sido tan imprevista y desestabilizadora que en el futuro espero que podamos encauzar su acción, al menos en lo que se refiere a las materias de crímenes contra la humanidad, genocidio y crímenes de guerra por la función que debe ejercer en estos casos el Tribunal Penal Internacional del Estatuto de Roma. Hasta ahora los jueces extranjeros han adquirido en Chile gran relevancia por las falencias de los jueces chilenos, particularmente desde finales de los años noventa con el caso Pinochet, el caso Prats y el caso resuelto por la Corte Interamericana sobre la protección de la libertad de expresión en la prohibición de exhibir el filme *La última tentación de Cristo*.[12] Particularmente, en el caso de los jueces extranjeros tales como Garzón y Servini, estos han producido un verdadero efecto mariposa en el derecho chileno.[13] Es decir, tal como en la teoría del caos se supone que el aleteo de una mariposa en Tokio puede producir un huracán en San Francisco, ante las insuficiencias judiciales locales las resoluciones de estos jueces extranjeros han servido para modificar el sistema jurídico chileno de manera un tanto catastrófica, aunque en definitiva produciendo un efecto favorable a la democracia.

Como puede verse los seis grupos de jueces que intervienen en o hacia Chile constituyen un abundante y complejo grupo de órganos judiciales[14] que cumplen funciones muy diversas y que tienen formas de control y de autoridad que en muchos casos son paralelas y autónomas y que incluso exceden el territorio nacional. Ahora digamos algunas cuestiones sobre nuestras formas características de democracia.

Las formas de la democracia que hemos tenido en Chile

En primer término, la democracia chilena se concibe como un proceso político en transición. Una democracia que no es todavía plena y que se sitúa entre la autocracia y la democracia en el sentido que pensó esta dicotomía Hans Kelsen y luego fue desarrollada por Loewenstein.[15] En este primer sentido, definimos la democracia como el gobierno de la mayoría. Una vez que definimos la democracia en el sentido de gobierno del pueblo o de la mayoría, debemos reconocer que existen una serie de instituciones en nuestra Constitución que no reconocen este principio. El Senado chileno incluye miembros designados y vitalicios que representan una incrustación autoritaria inaceptable en nuestra Constitución.[16] Existe también un sistema electoral binominal mayoritario, que beneficia de tal manera a la segunda fuerza electoral que no podemos reconocer ni siquiera entre los parlamentarios que son elegidos una legitimidad plenamente democrática.[17] De este modo nuestro compromiso con el principio de la mayoría en los cuerpos legislativos es de tal manera limitado que no podemos llamar democrática a la república chilena, en este primer sentido.

En segundo término, si definimos la democracia como un gobierno donde se respeta la representación y los derechos de las minorías, tampoco podemos decir que Chile cumple en sus cuerpos legislativos con representatividad en este aspecto. Inicialmente, se pretendió excluir por definición todos los partidos marxistas del ejercicio de los derechos políticos de ciudadanía que incluyen el sufragio y la posibilidad de optar a cargos de elección popular con una disposición constitucional que fue derogada en 1989. Se trataba del deleznable artículo 8 que dispuso:

> Todo acto de persona o grupo destinado a propagar doctrinas que atenten contra la familia, propugnen la violencia o una concepción de la sociedad, del Estado o del orden jurídico, de carácter totalitario o fundada en la lucha de clases, es ilícito y contrario al ordenamiento institucional de la República.
>
> Las organizaciones y los movimientos o partidos políticos que por sus fines o por la actividad de sus adherentes tiendan a esos objetivos, son inconstitucionales.
>
> Corresponderá al Tribunal Constitucional conocer de las infracciones a lo dispuesto en los incisos anteriores. Sin perjuicio de las demás sanciones esta-

> blecidas en la Constitución o en la ley, las personas que incurran o hayan incurrido en las contravenciones señaladas precedentemente no podrán optar a funciones o cargos públicos, sean o no de elección popular, por el término de diez años contado desde la fecha de la resolución del Tribunal. Tampoco podrán ser rectores o directores de establecimientos de educación ni ejercer en ellos funciones de enseñanza, ni explotar un medio de comunicación social o ser directores o administradores del mismo, ni desempeñar en él funciones relacionadas con la emisión o difusión de opiniones o informaciones; ni podrán ser dirigentes de organizaciones políticas o relacionadas con la educación o de carácter vecinal, profesional, empresarial, sindical, estudiantil o gremial en general, durante dicho plazo.
>
> Si las personas referidas anteriormente estuvieren a la fecha de la declaración del Tribunal, en posesión de un empleo o cargo público, sea o no de elección popular, lo perderán, además, de pleno derecho.
>
> Las personas sancionadas en virtud de este precepto, no podrán ser objeto de rehabilitación durante el plazo señalado en el inciso cuarto.
>
> La duración de las inhabilidades contempladas en este artículo se elevará al doble en caso de reincidencia.[18]

Sin embargo, a pesar que esta disposición fue derogada junto con otras 54 disposiciones que fueron modificadas en la reforma constitucional de 1989, la verdad es que el sistema electoral es de tal manera favorable a las dos primeras mayorías políticas que de la exclusión constitucional se pasó a una situación en la cual, por medio del sistema electoral, se ha impedido hasta la fecha la representación política (al menos en el Parlamento) de las minorías que conforman los partidos marxistas. Esto explica por qué en Chile se habla de una izquierda extraparlamentaria. El sistema, hasta ahora, ha impedido que los candidatos del partido comunista y fuerzas afines que han tenido una representación de alrededor de un 5 a un 8 por ciento, hayan podido ocupar cargo parlamentario alguno. El partido comunista sólo ha podido ser elegido en alcaldías en pequeñas localidades de provincia y ganar elecciones en federaciones de estudiantes y sindicatos. La Constitución también prohíbe que los representantes de los gremios, sean estos dirigentes de sindicatos y/o dirigentes de federaciones estudiantiles, ocupen simultáneamente cargos parlamentarios.[19] Tampoco entonces el sistema electoral permite la adecuada representación de las minorías porque favorece de manera desproporcionada a la segunda mayoría, que hasta ahora han sido los partidos de derecha. En definitiva en Chile se limita de manera excesiva el acceso a la representación legislativa de los partidos o fuerzas minoritarias.

Adicionalmente, en tercer término, podemos pensar que la democracia es una forma de limitación del poder del gobierno, en cuanto incluye la protección de lo que Ernesto Garzón Valdés ha llamado «coto vedado».[20] Esta forma de concebir la democracia establece una relación entre el liberalismo y la forma democrática de gobierno. El liberalismo, así entendido, es una serie de teorías y prácticas políticas que postulan una cierta incomodidad frente a las potestades del gobierno y abogan por una saludable mezquindad frente al poder en pos de obtener una mayor autonomía personal.[21] El poder del gobierno se legitima en esta concepción salvo en cuanto sirve para asegurar la libertad y la igualdad. Avanzando en esta misma concepción, Rodolfo Vázquez ha llegado a afirmar que los derechos fundamentales también deben ser el límite del pluralismo y del multiculturalismo en la democracia.[22] Se extiende así la esfera de los derechos fundamentales no sólo al ideal de un Estado de derecho, sino también como medida básica de toda la esfera social. Ahora bien, si aplicamos estas nociones tampoco podemos considerar como estable la democracia chilena. No se ha logrado hasta ahora una jurisprudencia que asegure el derecho de propiedad, un sistema de libertad e igualdad para todos. Es cierto que se notan progresos esporádicos en esta materia pero no se logra construir todavía una concepción balanceada que pueda asegurar dicho coto vedado en el tiempo. Por ejemplo, en 1997 se cambió en el artículo 1 la expresión «los hombres nacen libres e iguales en dignidad y derechos», por «las personas nacen libres e iguales en dignidad y derechos». Se trataba con esta reforma de reconocer la discriminación contra las personas de sexo femenino. Sin embargo, todavía en Chile hay ciertos derechos que no tienen protección jurídica efectiva. Entre ellas destacan los derechos de los homosexuales y las minorías étnicas. Respecto de las minoría étnicas se ha pensado ampliar las formas jurisprudenciales de protección o, incluso, modificar la Constitución para incluir una forma de reconocimiento expreso a su estatus. Sin embargo, hasta ahora, esta iniciativa no ha prosperado. Así las cosas, la democracia chilena como un sistema que protege los derechos como coto vedado tiene mucho que progresar.

En cuarto término, si entendemos la democracia chilena como un proceso político donde las elecciones son limpias y se hacen de manera regular y competitiva, esta clase de democracia sólo existe parcialmente en nuestro país. Es cierto que se reconocen en el texto de la carta fundamental las bases de los procesos electorales democráticos. Así, el derecho a sufragio se define como personal, libre e igualitario.[23] Pero el derecho de sufragio se transforma en obligatorio una vez inscrito en los registros electorales, lo que constituye una carga excesiva para muchos ciudadanos que muchas veces no quieren ejercerlo. Además, este sufragio chileno ni siquiera puede llamarse verdaderamente igualitario, como predica la Constitución, porque no incluye a los chilenos que se encuentran fuera de Chile y porque la distribución del mapa electoral favorece ciertas circunscripciones en su representación de manera excesiva. El sistema electoral, además, admite un sistema de pactos que favorece de modo desproporcionado a los partidos políticos *versus* las candidaturas independientes. No digo que este último sea por definición equivocado, pero los partidos políticos han abusado de estos privilegios, como sucedió por ejemplo con el partido demócrata cristiano en la última elección parlamentaria. Este partido había omitido un requisito formal (escritura pública) que le significaba no poder inscribir toda su lista de candidatos y solucionó este problema, *ex post facto*, con una ley especial que acordó con todos los demás partidos para cambiar la fecha de la elección en su exclusivo beneficio. Una vergüenza de convalidación a la que se prestaron todos los partidos políticos chilenos. La vergüenza consiste en que en casi todas las elecciones anteriores se dejaron candidatos independientes fuera de la elección, por no cumplir con los mismos requisitos que omitió en su inscripción la democracia cristiana. Se suma a esta deformación que favorece a los partidos en nuestro sistema electoral, el que por una cuestión histórica las personas de sexo femenino votan en mesas separadas de los hombres y que esto genera desigualdades injustificadas entre los ciudadanos. Además la influencia no regulada del dinero en la política, y el alto costo de las campañas produce el que sólo pueden asumir los costos de la política quienes tienen más dinero o los que se endeudan con estos.[24] Por eso, la democracia chilena como sistema electoral bien ordenado tampoco existe de manera completa.

Quinto, si entendemos la democracia como alternancia pacífica en el ejercicio del poder, es de justicia reconocer que en el proceso que se inaugura en Chile en 1990 tampoco se ha dado. En más de diez años ha gobernado la misma coalición de centro izquierda que representa la Concertación. Sólo se ha producido una alternancia dentro de la coalición gobernante en el caso del Presidente, que pasó de manos de un demócrata cristiano a un socialista. No estoy diciendo, que se comprenda bien, que la alternancia sea algo por definición positivo porque en verdad depende con quién se alterna. Por ejemplo, a mi juicio los candidatos de la Alianza por Chile (derecha) no merecen gobernar Chile por sus vinculaciones fácticas con la dictadura recién pasada. La desgracia es que, sin alternancia, se fosiliza la coalición de centro izquierda que gobierna y adquiere algunos de los defectos que, entiendo, alcanzaron al PRI. El PRI al ejercer el poder de manera continua exhibió cierto desgaste. Ya se ve que la democracia chilena es imperfecta también en este quinto sentido porque tampoco es un sistema en que se haya producido la alternancia pacífica del poder.

La sexta noción de democracia incluye la idea de un gobierno limitado que se caracteriza por los sistemas de control del poder. Esta idea, a que se refiere Karl Loewenstein[25] y es la misma que critica con gran lucidez en sus trabajos, por sus vinculaciones con el iusnaturalismo, Rolando Tamayo.[26] Pero, sin perjuicio del controvertido significado que ha identificado

Tamayo para esta idea de democracia constitucional, en el sentido de Loewenstein, él identifica el control vertical del poder también para referirse a la descentralización, deslocalización o desconcentración del poder incluyendo por cierto las experiencias de federalismo.[27] Sobre este punto la democracia chilena ha avanzado parcialmente. Por ejemplo, la Constitución ha creado una serie de fondos de fomento y solidaridad entre regiones para asegurar una mayor descentralización, pero estos todavía se asignan desde el centro sin existir autonomía a nivel político. De hecho, en un país con tales niveles de diferencias de ingreso y pobreza como es Chile, me parece que un gobierno centralizado con todos sus defectos puede servir para compensar estas desigualdades y potenciar el desarrollo. Pero lo que importa juzgar aquí en este punto, eso sí, no es la contribución a la solidaridad, sino la estructura de distribución regional del poder y en esa materia, la verdad, no se ha avanzado casi nada. La Constitución habla de propender a un desarrollo armónico y equitativo entre las regiones, pero no se ha traducido esta disposición en un proyecto exitoso de mejorar la distribución espacial del poder.[28] Es cierto que se han tomado decisiones simbólicas como deslocalizar el Congreso en Valparaíso, pero eso fue en verdad una decisión «pinochetista» sin efecto regionalista verdadero. Es que Pinochet erró el cálculo porque creyó que sería elegido y tendría un Congreso adverso cuando llegase a ser presidente. Por eso se propuso cercenar las facultades parlamentarias y enviar la sede legislativa a otra ciudad distinta de la capital, para que no tuviese suficiente poder. En Chile no hemos tenido un verdadero avance en la distribución regional del poder. Tampoco hemos avanzado de manera sustancial en la distribución horizontal del poder que Loewenstein asimila a la heterotutela, que es propia de la separación de funciones del poder. Sobre el control horizontal me referiré en forma breve mas adelante.

La séptima y última noción de democracia con la cual vamos a juzgar el proceso político que se ha vivido en Chile, es la noción de democracia económica social. Esta noción incluye la idea de reconocer protección a los derechos que requieren las personas menos aventajadas de la sociedad, en sentido rawlsiano. Fundamentalmente se centra en el reconocimiento efectivo que existe de los derechos de salud, educación, enseñanza, derecho del y al trabajo y otras formas de protección social y económicas. Los trabajos de José Ramón Cossío resultan muy relevantes para entender algunas de las implicancias que supone aceptar esta noción de democracia económica social en los países latinoamericanos.[29] La descripción de Cossío en el contexto del proceso constitucional mexicano del juego de las coaliciones redistributivas y la devaluación consiguiente de los derechos que se incluyen de manera irreflexiva en el texto constitucional como resultado de las luchas políticas, es también aplicable a Chile. Así, la existencia de derechos devaluados a los que no se les da verdadera y completa exigibilidad jurídica, constituye también un fenómeno que podemos observar en Chile. Sin perjuicio de lo anterior, el sistema económico chileno, con todas sus contradicciones y su origen neoliberal, ha tenido ajustes que lo han hecho más equitativo. En 1990 entre un 40 o un 50 por ciento de la población vivía bajo la línea de pobreza. Uno de los éxitos mas indiscutidos de los gobiernos de la Concertación ha sido disminuir el grupo de personas que viven bajo la línea de la pobreza hasta llegar a una cifra cercana al 20 de la población, pero este porcentaje constituye todavía un grupo muy numeroso de personas. Por eso, es difícil considerar la democracia chilena como un éxito en materias económico-sociales.

Veamos ahora después de habernos aventurado en esta descripción de los seis tipos de jueces que existen en Chile y las funciones que cumplen, y luego de adelantar esta estimación de los siete elementos que nos permiten entender las formas características de la democracia, cuáles han sido algunas de las actitudes que los jueces chilenos han tenido respecto de la democracia en nuestro país en el período que va desde 1990 a 2002.

La contribución de los jueces chilenos a la democracia

En el primer grupo de jueces, los que trabajan en policía local han contribuido parcialmente a la distribución vertical del poder al hacer valer sus potestades de manera muy discreta en las municipalidades donde ejercen su oficio. Los jueces de policía local se han negado a ejercer su competencia de manera más amplia, para constituirse como verdaderos juzgados vecinales. De hecho ellos como cuerpo rechazaron la ampliación de su competencia y prefirieron quedarse con sus mismas competencias municipales limitadas. Esta actitud ha significado, en muchos casos, dificultar el acceso a la justicia a nivel local y mantener competencias locales restringidas que han derivado en un alto grado de centralización jurisdiccional.

Por su parte, los jueces comunes que conocen de materias civiles y penales en virtud de disposiciones de nuestra carta fundamental han adquirido durante el período que va desde 1990 a 2002 formas de competencia constitucional por medio de diversas acciones constitucionales entre las que destaca el recurso de protección. Si bien es cierto, son justificadas las críticas que ha hecho Juan Carlos Marín[30] al recurso de protección en cuanto a su ampliación irreflexiva, la idea de dar conocimiento de materias constitucionales a los jueces comunes no parece de suyo equivocada. El conocimiento de que los jueces comunes pueden tener sobre cuestiones de constitucionalidad que se producen en los casos que conocen en la esfera judicial, es una clara muestra de la supremacía y vinculación más directa de la Constitución. Inicialmente los jueces comunes chilenos ejercieron esta nueva forma de jurisdicción de manera muy amplia, pero han evolucionado hasta restringir de manera excesiva la admisibilidad de estas cuestiones. Por eso, junto a explicar la evolución que han tenido respecto de las acciones constitucionales, el aporte a la democracia de los jueces comunes se ha mantenido en los parámetros clásicos de asegurar la propiedad, los contratos, el derecho de familia y las materias penales.

Los jueces de los tribunales especializados tampoco han contribuido de manera original al fortalecimiento de la democracia. En materia laboral, de aduanas, de tributación y de libre competencia se han producido importantes procesos de mayor actividad judicial, pero estas no se perciben necesariamente como vinculadas al aseguramiento de las formas de democracia que hemos comentado. Una excepción la constituye, a mi juicio, en materia laboral, la jurisprudencia de los dictámenes que ha emanado de un órgano administrativo-judicial denominado Dirección del Trabajo, y también la jurisprudencia de los jueces de menores que han comenzado a conocer de casos de violencia intrafamiliar conjuntamente con otros tribunales, contribuyendo efectivamente a una vida más civilizada en Chile en la esfera doméstica.

La explicación que podemos dar acerca del porqué los jueces de policía local, los jueces comunes y los jueces de tribunales especializados chilenos se han mantenido como indiferentes al proceso democrático se debe al poder que ha ejercido la Corte Suprema sobre ellos. Se supone que los jueces de este primer grupo, sean de policía local, de jurisdicción común civil o penal o especializada, cumplen funciones eminentemente técnicas y que su conexión con la esfera de la política debe darse a través de la mediación de la Corte Suprema. Y como la Corte Suprema no siempre ha adoptado una actitud funcional al perfeccionamiento de la democracia en Chile, los jueces del primer grupo han sentido un compromiso más bien débil hacia nuestra forma de gobierno.

De hecho, si analizamos los discursos de inauguración del año judicial durante el período comprendido entre los años 1990 a 2002 podemos extraer las siguientes conclusiones: inicialmente, los presidentes de la Corte Suprema celebraron de manera retórica la recuperación de la democracia y abogaron por su independencia sin hacerse cargo de su responsabilidad en las violaciones de los derechos humanos ocurridas durante la dictadura. A partir de 1992, con el juicio político y destitución de un Ministro de la Corte Suprema, la Corte se siente atacada como cuerpo y habla de la «noche triste» del Poder Judicial. Sin embargo, pasado el momento de la queja, la Corte Suprema se activa en una profunda reorganización que incluye modificar su sistema de nombramientos y retiros. También proponen crear la Academia Judicial para mejorar su formación, trabajan para adaptar las leyes de procedimiento y se comprometen gradualmente con la implementación de una reforma procesal penal garantista. El segundo momento de crisis en la Corte Suprema lo constituye el caso Pinochet y los demás asuntos sobre los que recae el efecto extraterritorial del tipo mariposa que lleva a los ministros del tribunal supremo a reaccionar de manera negativa, porque aflora en ellos un sentimiento judicial nacionalista. Sin embargo, el enojo del primer momento es transformado en una nueva fuerza de reforma que incluye la creación de una comisión de ética, que destituye ministros y jueces en ejercicio por estar supuestamente involucrados en situaciones comprometedoras. La molestia inicial deriva a su vez en la adopción de un compromiso serio con la reforma judicial, que excede con mucho la primera propuesta referida sólo al área procesal penal y que se personifica en el nuevo estilo que impone al poder judicial el Presidente de la Corte Suprema don Mario Garrido Montt.

Por eso, es cierto que han existido momentos de control muy intensos respecto al poder judicial, como se dio en el caso de la acusación constitucional y en el juicio político contra el juez Cereceda de la Corte Suprema que, como he argumentado en sendos trabajos, fue destituido, a mi juicio, por ser la imagen de un patrón judicial de conducta desviada que la mayoría del Congreso chileno consideró incompatible con la democracia,[31] y por representar también, una forma de asegurar la igualdad ciudadana.[32] Con dicho procedimiento de acusación constitucional se obligó a los jueces a someterse de manera directa al control constitucional y a la heterotutela. A pesar que este fue un momento exitoso de control democrático en Chile, debemos reconocer que estos han sido bastante escasos.

Ahora bien, con respecto al Tribunal Constitucional chileno que forma el segundo grupo de jueces, se puede decir que este órgano ha contribuido de manera esporádica y circunstancial a la democracia chilena. Esta contribución se produjo particularmente en el período preconstitucional de los años posteriores a 1988 y hasta 1992.[33] En esos años el Tribunal Constitucional adoptó una jurisprudencia orientada por un consecuencialismo democrático que pudiese facilitar la adopción del nuevo sistema. Así, contra el texto expreso de la carta fundamental, el Tribunal Constitucional desactivó las restricciones ideológicas del artículo 8, produciendo en algunos de sus fallos la derogación técnica del mismo.[34] Obligó a tener procesos electorales con registros previos de votantes, facilitó los requisitos de las candidaturas eximiendo de residencia y otras limitaciones a los que aspiraban al Congreso, impuso la franja electoral obligatoria como carga que las empresas de televisión debían aceptar en los procesos electorales, lo que significó mayor igualdad. Más tarde, desgraciadamente su jurisprudencia se fue fosilizando, adoptando una interpretación originalista de la Constitución y asignando un lugar desproporcionado al derecho de propiedad entre los derechos fundamentales.[35] También el Tribunal Constitucional se ha negado a la posibilidad de perfeccionar nuestra forma de democracia electoral, fallando en contra de la introducción de elecciones primarias como formas de votación popular. Por último el caso más reciente de abril de este año, donde declaró inconstitucional el Estatuto de Roma sobre el Tribunal Penal Internacional, en virtud de un concepto extremo de soberanía nacional, muestra como el Tribunal Constitucional ha hecho suya una jurisprudencia que da la espalda a las nuevas formas de protección de los derechos fundamentales y que empobrece su contribución democrática. Lo anterior sin perjuicio que hay miembros del Tribunal Constitucional que han desarrollado líneas prodemocráticas de jurisprudencia que desgraciadamente todavía no se asientan.[36]

En el tercer grupo que conforman los jueces del Tribunal Electoral, se ha cumplido con su función especialmente durante las votaciones populares y escrutinios. La garantía de su imparcialidad es fundamental para la democracia chilena, sobre todo, si pensamos que en las últimas elecciones de Presidente de la República, las diferencias entre los candidatos han sido de menos de medio punto porcentual. Sin embargo, el tribunal no ha sabido asumir una posición más activa en cuanto a ser un órgano comprometido con el perfeccionamiento de los procesos electorales.

Por su parte, los jueces de los Tribunales Militares desgraciadamente han seguido siendo más bien un obstáculo a la democracia. Una parte importante de sus procesos, una vez concluidos, fueron amnistiados durante el primer gobierno de la Concertación. Sin embargo, en la jurisdicción militar todavía se mantienen antecedentes sobre violaciones a los derechos humanos que no se dan a conocer y que significan perpetuar la impunidad. Incluso más, algunos jueces y fiscales militares han servido a través de sus especiosos procedimientos, para hacer más difícil las investigaciones dirigidas a determinar los responsabilidades por las violaciones a los derechos humanos.

Por último, los funcionarios de la Contraloría generalmente han contribuido a la democracia ejerciendo un control de todos los actos de los órganos que conforman el poder ejecutivo en cuanto a sus cuentas, ejerciendo un control de legalidad y constitucionalidad de los mismos. Se trata de uno de los grupos de funcionarios que más ha contribuido a la democracia, porque fiscalizan a toda la administración pública y porque en la mayoría de los casos han sido una forma de asegurar un patrón de sobriedad funcionarial.

Conclusiones derivadas de la tesis de la doble pluralidad

Nuestra primera conclusión sobre el tema de los jueces y la democracia es que existen diversos tipos de jueces y también formas o elementos característicos de la democracia. Por lo menos en el caso de Chile han de identificarse seis grupos de jueces y siete formas de concebir la democracia que son relevantes a estos efectos. La segunda conclusión que podemos extraer de este trabajo es que en Chile estamos muy lejos de haber terminado nuestro proceso de transición a la democracia y arribar a un sistema pleno. En toda Sudamérica este difícil tránsito a la democracia es una realidad difícil de ignorar. La tercera conclusión que surge de lo que se ha dicho en estas líneas, es que los distintos tipos de jueces han contribuido a la democracia de manera desigual en el tiempo. Parece que en el caso Chile el mayor compromiso de los jueces con la democracia se produce a partir de la acusación constitucional y posterior destitución del Ministro Cereceda de la Corte Suprema alrededor de 1992. Este proceso obligó a los jueces comunes a comprometerse con un intenso proyecto de modernización de la justicia. Por su parte, los jueces de los tribunales especializados y los tribunales militares no han mostrado un esfuerzo de colaboración al proceso democrático. Los jueces del Tribunal Constitucional sólo han contribuido de manera significativa al proceso democrático en el período anterior a 1992 para luego asentar una jurisprudencia que se identifica con una forma originalista de concebir la carta fundamental. Los jueces de los tribunales electorales se han limitado a resolver caso a caso los conflictos que han surgido en el proceso electoral. Su contribución es importante pero podría ser más profunda. Finalmente, la Contraloría ha desarrollado un control económico de las cuentas sobre el uso de los recursos fiscales y un control de legalidad y constitucionalidad sobre los actos y decretos de la administración que ha probado ser razonablemente eficaz como contribución a la democracia.[37]

De lo anterior se desprende que lo que hace falta, a mi juicio, es pensar la contribución de los jueces chilenos a la democracia como un verdadero sistema donde se ejercitan roles y funciones diferenciadas. Por ejemplo, ya en trabajos anteriores he propuesto junto con darle más legitimidad en su formación del Tribunal Constitucional, concentrar en ese órgano todo el conocimiento de última instancia de cuestiones constitucionales. Los jueces comunes deben seguir conociendo de manera primaria las cuestiones constitucionales, pero la última resolución sobre las mismas debe quedar entregada al Tribunal Constitucional. Esto también significa que la Contraloría debe seguir conociendo de la constitucionalidad de los decretos y actos de la administración, pero en última instancia también debe ser el Tribunal

Constitucional donde se concentre el conocimiento de las materias constitucionales que la Contraloría conoce de manera primaria. Adicionalmente, los jueces especializados deben ser ampliados para que conozcan de algunas materias relacionados con la protección y el ejercicios de los derechos económicas y sociales. En esta propuesta tengo en mente el buen desempeño de la Dirección del Trabajo en materia laboral y los jueces de menores en cuanto al derecho de familia. Así las cuestiones justiciables económico sociales de un país que todavía tiene un 20 por ciento de la población bajo la línea de pobreza, se pueden resolver en forma más expeditas y de acuerdo a criterios de coherencia y equidad. La justicia electoral debe ampliar su competencia a todas las cuestiones que dicen relación con las votaciones populares y escrutinios, y deben extraer del Tribunal Constitucional todo el conocimiento de casos relativos a estos asuntos. Así, como primera prioridad, debe revocarse la sentencia que negó el carácter de votación popular a las elecciones primarias dentro de los partidos, para de esta forma asegurar la democracia interna de los diversos grupos políticos, aumentando la representatividad política de estos.[38] Reforzar el derecho de sufragio no es un ejercicio banal porque, como ha sostenido Hans Kelsen, los derechos políticos en que consiste la libertad en una democracia se reducen en síntesis al derecho de sufragio.[39] Finalmente, los tribunales militares deben ser limitados en su competencia para que conozcan sólo delitos militares, cometidos contra militares, en recintos militares y por cuestiones militares. Los jueces militares deben ser independientes de las líneas ordinarias de mando, y deben estar totalmente sometidos al control de la Corte Suprema, incluso en situaciones de guerra.

Estas propuestas encaminadas a organizar los jueces chilenos, de manera que estos puedan contribuir de forma más especializada a la democracia, no constituye un proyecto imposible. Quizás es necesario plantearse su cometido de manera gradual. Quizás también, debemos tener una estrategia de activar ciertos grupos de jueces primero y luego seguir con los demás. Por ejemplo, en el caso de Chile, me parece urgente reorganizar y cambiar las funciones del Tribunal Constitucional, para darle más legitimidad democrática. Asimismo debemos integrar en la contribución a la democracia a los jueces de los tribunales internacionales y los jueces extranjeros que generan el efecto mariposa en Chile. Respecto al efecto mariposa, sugiero disminuirlo con la adopción por parte de Chile del Tribunal Penal Internacional. También podemos desarrollar una estrategia de reforzar ciertas formas de democracia que han sido más postergadas respecto a otras. Por ejemplo, la democracia económica social me parece más urgente en el Chile de hoy que la promoción de una democracia entendida como una distribución espacial del poder que supone avanzar hacia un Estado regionalizado. En todo este proyecto no debemos perder de vista que los jueces forman el tipo de órgano más complejo del sistema político actual por haber adquirido competencia constitucional y por haberse especializado de una manera que supera cualquier otro órgano constitucional. La democracia es un proyecto en el que no pueden restarse los jueces como sucedió en el pasado.

En definitiva me parece que en nuestros pueblos todavía están vigentes las bellas palabras de José María Morelos y Pavón cuando expresó: «Que como una buena ley es superior a todo hombre, las que dicte nuestro Congreso deben ser tales que obliguen a constancia y patriotismo y moderen la opulencia y la indigencia».[40] Y, cuando el gran Morelos pensaba que la Ley era superior a todo hombre, no pensaba excluir de su aplicación a los jueces. Pensaba que la justicia no está segura sólo con buenos jueces, concebidos estos como un cuerpo virtuoso o como un grupo corporativo autorreferente o como una serie de individuos que se esfuerzan por ser buenas personas. Pensaba también que necesitamos asegurar la racionalidad en la esfera pública. Estas son las ideas fundamentales de la ilustración en que me he inspirado en este trabajo. Es decir, me he basado en la idea de someter a los distintos tipos de jueces al derecho, como parte de un esfuerzo racional que tiene como propósito construir las diversas formas de la democracia representativa.

Notas

1. Mirjan R. Damaska (2000): *Las caras de la justicia y el poder del Estado. Análisis comparado del proceso legal*, Santiago de Chile, Editorial Jurídica de Chile. También me he inspirado en Mauro Capelletti (1996): *El control judicial de la constitucionalidad de las leyes en el derecho comparado*, México D.F., Universidad Nacional Autónoma de México.

2. E. Garzón Valdés (2000): «El consenso democrático: Fundamento y límites del papel de las minorías», Revista *Isonomía* No.12, págs. 7-34, ITAM, México D.F. En este trabajo se discuten aspectos de la democracia a que me refiero en estos trabajo. También me he inspirado en S. Correa (2000) «La democracia que tuvimos. La democracia que no fue», *Revista de Sociología* n.° 14, Santiago, Chile, Facultad de Ciencias Sociales, Universidad de Chile.

3. Ver para un desarrollo de la clasificación de Damaska aplicada al caso chileno Pablo Ruiz-Tagle V. (2002), *Derecho, justicia y libertad*, Distribuciones Fontamara, págs. 91-122. Ver también del mismo autor «Control constitucional concentrado y difuso. El uso de una dicotomía ruinosa», en *Revista de Derecho Público*, Facultad de Derecho, Universidad de Chile, Volumen 61, (1998-1999), págs. 81-95.

4. El artículo 73 inciso 1° de la Constitución prescribe: «La facultad de conocer de las causas civiles y criminales, de resolverlas y de hacer ejecutar lo juzgado, pertenece exclusivamente a los tribunales establecidos por la ley. Ni el Presidente de la República ni el Congreso pueden, en caso alguno, ejercer funciones judiciales, avocarse causas pendientes, revisar los fundamentos o contenidos de sus resoluciones o hacer revivir procesos fenecidos».

5. El artículo 82 de la Constitución chilena prescribe cuales son las atribuciones del Tribunal Constitucional.

6. Artículo 83 de la Constitución chilena dispone que «Contra las resoluciones del Tribunal Constitucional no procederá recurso alguno, sin perjuicio de que puede el mismo Tribunal, conforme a la ley, rectificar los errores de hecho en que hubiere incurrido.

«Las disposiciones que el Tribunal declare inconstitucionales no podrán convertirse en ley en el proyecto o decreto con fuerza de ley de que se trate. En los casos de los números 5° y 12° del artículo 82, el decreto supremo impugnado quedará sin efecto de pleno derecho, con el sólo mérito de la sentencia del Tribunal que acoja el reclamo.

»Resuelto por el Tribunal que un precepto legal determinado es constitucional, la Corte Suprema no podrá declararlo inaplicable por el mismo vicio que fue materia de la sentencia».

7. Ver capítulo VIII de la Constitución chilena, sobre Justicia Electoral.

8. El artículo 85 inciso 4° dice: «Estos tribunales procederán como jurado en la apreciación de los hechos y sentenciarán con arreglo a derecho».

9. El artículo 79 inciso 1° prescribe: «La Corte Suprema tiene la superintendencia directiva, correccional y económica de todos los tribunales de la nación. Se exceptúan de esta norma el Tribunal Constitucional, el Tribunal Calificador de Elecciones, los tribunales electorales regionales y los tribunales militares de tiempo de guerra».

10. Ver capítulo IX de la Constitución.

11. Quien a pesar de su extravagancia, criticada por Manuel Atienza, debo decirle gracias por favor concedido en su intervención en el difícil caso Pinochet.

12. Ver fallo de la Corte Interamericana de Derechos Humanos de fecha 5 de febrero de 2001 y ver también Memoria de Prueba de M. Inzunza y A. Muñoz (2001): *El Estado chileno ante la corte interamericana de derechos humandos caso «la última tentación de cristo»*, Facultad de Derecho, Universidad de Chile, Santiago.

13. Cfr. Pablo Ruiz-Tagle (2002): *El efecto mariposa y los derechos humanos en el siglo XXI*, ponencia presentada en el I Congreso Iberoamericano de Ética y Filosofía Política, Sección de Filosofía del Derecho y del Estado, Universidad de Alcalá de Henares, España (en prensa).

14. Los jueces extranjeros, tales como Baltazar Garzón (España) y la jueza María Servini (Argentina), no son órganos judiciales chilenos, pero no puede ponerse en duda su intervención en nuestro país a favor de la democracia, entendida esta como una contribución al desarrollo de un sistema de controles y por su contribución a asegurar un «coto vedado» de derechos fundamentales.

15. K. Loewenstein (1982): *Teoría de la Constitución*, Barcelona, Editorial Ariel, págs. 146-231.

16. El artículo 45 inciso 3 prescribe: «El Senado estará integrado también por:

Los ex Presidentes de la República que hayan desempeñado el cargo durante seis años en forma continua, salvo que hubiese tenido lugar lo previsto en el inciso tercero del número 1° del artículo 49 de esta Constitución. Estos senadores lo serán por derecho propio y con carácter vitalicio, sin perjuicio de que les sean aplicables las incompatibilidades, incapacidades y causales de cesación en el cargo contempladas en los artículos 55, 56 y 57 de esta Constitución;

Dos ex Ministros de la Corte Suprema, elegidos por esta en votaciones sucesivas, que hayan desempeñado el cargo a lo menos por dos años continuos;

Un ex Contralor General de la República, que haya desempeñado el cargo a lo menos por dos años continuos, elegido también por la Corte Suprema;

Un ex Comandante en Jefe del Ejército, uno de la Armada, otro de la Fuerza Aérea, y un ex General Director de Carabineros que hayan desempeñado el cargo a lo menos por dos años, elegidos por el Consejo de Seguridad Nacional;

Un ex rector de universidad estatal o reconocida por el Estado, que haya desempeñado el cargo por un período no inferior a dos años continuos, designado por el Presidente de la República, y

Un ex Ministro de Estado, que haya ejercido el cargo por más de dos años continuos, en períodos presidenciales anteriores a aquel en el cual se realiza el nombramiento, designado también por el Presidente de la República.

Los senadores a que se refieren las letras b), c), d), e) y f) de este artículo durarán en sus cargos ocho años. Si sólo existieren tres o menos personas que reúnan las calidades y requisitos exigidos por las letras b) a f) de este artículo, la designación correspondiente podrá recaer en ciudadanos que hayan desempeñado otras funciones relevantes en los organismos, instituciones o servicios mencionados en cada una de las citadas letras.

La designación de estos senadores se efectuará cada ocho años dentro de los quince días siguientes a la elección de senadores que corresponda.

No podrán ser designados senadores quienes hubieren sido destituidos por el Senado conforme al artículo 49 de esta Constitución».

17. El origen histórico de esto se puede encontrar en el Discurso de 1977 del General Pinochet en Chacarillas, «lo que constituyó un acierto, de parte de Pinochet, fue que se atuvo al único plan de salida que realmente había: el *camino propio,* el de Chacarillas, la llamada «democracia protegida». Lo notable y a la vez perverso de dicho plan es que en su interior estaba consagrado constitucionalmente el «empate político». Jocelyn-Holt, Alfredo (1999): *El Chile perplejo. Del avanzar sin transar al transar sin parar*, Editorial Planeta/Ariel, pág. 271.

18. Cfr. Pablo Ruiz-Tagle V. (2002): *Derecho, justicia y libertad*, Distribuciones Fontamara, págs. 189-211.

19. Artículo 19 número 15 de la Constitución. Puede debatirse si se aplica a federaciones estudiantiles.

20. Ver Garzón, ibíd., supra nota 2.

21. Ver el excelente trabajo de Martin Farell (1992): *La filosofía del liberalismo*, Centro de Estudios Constitucionales, n.° 29, Madrid, págs. 19-29.

22. R. Vázquez (2001): *Liberalismo, Estado de derecho y minorías*, Editorial Paidós, Universidad Nacional Autónoma de México, Facultad de Filosofía y Letras, Biblioteca Iberoamericana de Ensayo, México, D.F., págs. 105-131.

23. Ver artículo 15 de la Constitución chilena.

24. Salvador Valdés: *Reforma del Estado, volumen I, financiamiento político*, Centro de Estudios Públicos, Santiago, Chile (2000).

25. Ver ibíd.: supra nota 15.

26. R. Tamayo, 2002, 2ª ed.: *Introducción al estudio de la Constitución*, Distribución Fontamara S.A., México, D. F., pág. 96.

27. A. Tocqueville (1981): *Democracy in America*, Nueva York, The Modern Library, Distributed by the Mc Graw Hll, USA, Capítulo V.

28. Ver artículo 104 de la Constitución chilena.

29. Ver el excelente libro recientemente publicado de J. R. Cossío (2002): *La teoría constitucional de la Suprema Corte de Justicia,* México D.F., Distribuciones Fontamara S.A., págs. 114ss. y 191ss.

30. A. Jana y J. Marín (1996): *Recurso de proteccion y contratos*, Santiago, Editorial Jurídica de Chile.

31. Pablo Ruiz-Tagle (1998): «Incorruptibles y corruptos», en: *Fracturas en la gobernabilidad democrática*, Centro de Análisis de las Políticas Públicas, U. De Chile, Editores R. Urzúa y F. Agüero.

32. Pablo Ruiz-Tagle (2000): «Apuntes sobre igualdad constitucional en Chile», en: *Revista jurídica de la Universidad de Palermo*, año 2000, págs. 19-48.

33. Hay dudas sobre cuándo comienza a regir el período constitucional en Chile, los más conservadores dicen que en 1980. Yo me inclino por el año 1989 que es la fecha posterior al plebiscito de ese año que reformó la Constitución y le dio legitimidad democrática por primera vez.

34. Pablo Ruiz-Tagle (1989): «Debate público restringido en Chile» (1980-1988), originalmente en: *Revista Chilena de Derecho*, vol. 16, n°1, enero-mayo de 1989, págs. 111-129. También se encuentra en el libro del mismo autor (2002): *Derecho, justicia y libertad*, Distribuciones Fontamara, págs. 189-211.

35. En la jurisprudencia chilena hay muchas contradicciones por la adopción jurisprudencial de una estricta jerarquía de los derechos fundamentales que en su expresión más grotesca se reduce a una verdadera «numerología» donde se supone que los derechos que están consagrados en los primeros numerales tienen prioridad sobre los que tienen números altos. Increíble pero cierto.

36. En particular me refiero a los ministros Colombo, Figueroa y Libedinsky.

37. Hay algunos casos de corrupción como en el pago de las indemnizaciones excesivas en la Empresa de Correos de Chile, donde la Contraloría tenía información pero no actuó como es debido.

38. Es posible también que pueda producirse un verdadero desgaste por la frecuencia de los procesos eleccionarios como algunos han planteado: «Elecciones demasiado frecuentes elevan los costos de la política, alejan de la vista de lo general y favorecen que cíclicamente las malas ideas (que, sin embargo, renueven los sentimientos de los electores) se impongan sobre las buenas ideas, que requieren un discernimiento más informado y un horizonte temporal más extenso. La política en vísperas de elecciones se transforma en gesto puramente expresivo. Con esta frecuencia de elecciones, quien ejerce la presidencia se ve enfrentado a plebiscitos periódicos y debe salir en auxilio de quienes lo apoyan, a riesgo de quedarse aislado». E. Barros (2001): «Cooperación: ¿puede la política impulsar el desarrollo?», en: *Puntos de Referencia* 250, noviembre 2001, CEP, pág. 2.

39. H. Kelsen (1992): *Esencia y valor de la democracia*, México D.F., Colofon, pág. 47.

40. Esta frase del padre de la patria Morelos está inscrita en el monumento que marca la línea divisoria del Distrito Federal Mexicano y el Estado que lleva su nombre.

16

Democracia, imperio del derecho y función jurisdiccional

J. Jesús Orozco Henríquez*

El propósito de mi intervención consiste en mostrar la importancia que el valor de la seguridad jurídica desempeña en la función jurisdiccional, particularmente en el modelo de Estado constitucional democrático de derecho. Para ello, en primer término, aludiré a los rasgos básicos de una democracia constitucional. En segundo lugar, abordaré los componentes principales de la seguridad jurídica, en la inteligencia de que, como intentaré mostrar, es menester distinguir entre una noción meramente formal de seguridad jurídica y una noción material o sustancial. Finalmente, en tercer lugar, trataré de los límites a que están sujetos los tribunales supremos. El hilo conductor de este trabajo es que el poder judicial, al igual que todo poder público, está sometido al imperio del derecho.

Una de las premisas centrales que asumo en este trabajo es que, como lo ha establecido Manuel Atienza a propósito de la importancia que ha recibido la argumentación jurídica en el modelo de Estado constitucional de derecho, en una sociedad democrática «es el poder el que se somete a la razón, y no la razón al poder».[1]

* Magistrado de la Sala Superior del Tribunal Electoral del Poder Judicial de la Federación Mexicana.

I. Democracia constitucional[2]

La democracia es un signo de los tiempos. No solamente parece haberse arraigado como un modelo de forma de Estado[3] o, según otros autores, de forma de gobierno en los países occidentales, sino que los métodos democráticos permean en diversos aspectos de la vida social. Se calcula que a mediados de la década de los años setenta dos tercios de los Estados eran autoritarios, mientras que en los últimos años menos de un tercio de los países tienen un régimen autoritario y el número de países considerados democráticos se ha incrementado considerablemente.[4] La democracia ha devenido en el elemento fundamental de la legitimidad política.[5]

México no es la excepción. En los últimos años se han registrado importantes avances en la democratización del país. Se han ampliado las libertades públicas, se avanza en la consolidación de un sistema competitivo y plural de partidos políticos (condición necesaria de un Estado democrático), se renuevan periódicamente los órganos legislativos y ejecutivos mediante elecciones libres y auténticas, y se fortalece la división de poderes, con jueces y tribunales más independientes. Ello ha traído como consecuencia el fortalecimiento de las instituciones republicanas y una expansión de los derechos fundamentales.

Asimismo, hay una vocación clara y decidida de los ciudadanos mexicanos por la democracia, como se desprende de la *Encuesta Nacional sobre Cultura Política y Prácticas Ciudadanas 2001*, donde el 55 por ciento optó por la democracia política; un 47 por ciento eligió que es mejor la democracia, aunque implique presiones económicas, y un 64 por ciento optó porque todos los partidos políticos deben tomar las decisiones importantes en la Cámara de Diputados del Congreso de la Unión, aunque ello tome más tiempo. Igualmente, hay una opción mayoritaria por la vía de la legalidad, ya que el 68 por ciento está en total desacuerdo con que se utilice la violencia para solucionar problemas políticos, aunque cabe advertir que el 58 por ciento de los ciudadanos están de acuerdo con que el pueblo puede desobedecer la ley si esta es injusta. En general, 52 por ciento percibe que México vive una democracia.[6]

Al lado de la multiplicación de los regímenes democráticos, cabe advertir –como lo ha puesto de relieve Bovero– que se ha extendido la influencia de lo que el mismo profesor italiano denomina el «modelo uniforme de democracia degenerada», que tiene como elementos básicos: el patrimonialismo, la creación mediática de los actores políticos –incluidos los candidatos electorales– y la personificación del enfrentamiento político, entre otros. En esta forma degenerada de democracia, los aparentemente más aptos son los peores. De ahí que Bovero haya forjado el término «*kakistocracia*» para referirse al gobierno de los peores.[7] Es pertinente destacar que el derecho puede constituir un valladar contra la «*kakistocracia*», en tanto que los jueces y tribunales, conforme con sus atribuciones, han de sancionar el desvío de poder; en particular, deben evitar que las autoridades sujetas al control se desborden de los cauces constitucionales y legales en perjuicio de los derechos fundamentales.

Ahora bien, fuera de algunas ideas generales y vagas, como que la democracia es el gobierno cuyo titular es el *demos*, no parece haber un acuerdo unánime entre juristas, politólogos y filósofos acerca del significado de «democracia», siendo que, además, es un término de los denominados prestigiosos que todo régimen político pretende asumir y prácticamente nadie estaría dispuesto a repudiar.

Aun así, toda concepción adecuada de la democracia debe dar cuenta tanto de una dimensión formal como de una dimensión sustancial. La democracia no es simplemente una cuestión de reglas o procedimientos («el cómo» tomar ciertas decisiones), sino centralmente tiene que ver con «el qué» de las decisiones, lo que supone no sólo un respeto irrestricto y una expansión de los derechos fundamentales, sino también una cabal observancia de los otros principios básicos del modelo de Estado constitucional de derecho, como el principio de legalidad (que abarca también el principio de constitucionalidad), la separación de poderes, la independencia de la jurisdicción y un sistema de pesos y contrapesos. Esto es lo que Ferrajoli denomina el paradigma de la «democracia constitucional»,[8] que, además, es pluridimensional, ya que articula diversas dimensiones de la democracia: la democracia política, la democracia liberal, la democracia civil y la democracia social.

La separación de poderes y la independencia judicial son claves en una democracia constitucional, toda vez que constituyen el prerrequisito de un adecuado control de la constitucionalidad del ejercicio de los poderes.

Someter al imperio del derecho a quienes ejercen el poder político y garantizar, así, los derechos fundamentales, constituye uno de los principales objetivos del Estado constitucional de derecho.

Es bien sabido que en el artículo 16 de la Declaración de los Derechos del Hombre y del Ciudadano, promulgada en París el 26 de agosto de 1789, se estableció: «Una sociedad en la que no está asegurada la garantía de los derechos ni determinada la separación de poderes, carece de Constitución».[9] Ello implica que no puede haber Constitución sin control de la constitucionalidad, ya que la justicia constitucional garantiza los derechos fundamentales previstos, en la mayoría de los casos, en normas de rango constitucional. Esto es, no hay derechos fundamentales sin la garantía de la supremacía constitucional y esta sólo puede ser garantizada efectivamente por un tribunal de constitucionalidad. Este es el significado de una Constitución rígida. Así, Constitución, justicia constitucional, separación de poderes y un sistema de frenos y contrapesos constituyen un todo articulado.

De este modo, contrariamente a lo que algunos teóricos sostienen, existe una conexión estrecha e importante entre jueces constitucionales y democracia. Algunos teóricos argumentan que no hay conexión alguna o sólo hay una conexión indirecta, ya que se afirma que los jueces tienen una función eminentemente técnica, no política. Hay una distinción tajante entre gobernar y juzgar, entre *gobernaculum y jurisdictio*.[10] Mientras que las instancias de conducción política tienen que negociar intereses muchas veces contrapuestos, hacer compromisos, buscar consensos legítimos, por ejemplo para implementar políticas, los tribunales, por su parte, tienen la función de «aplicar desinteresadamente –de forma no comprometida– el derecho tal y como es».[11] La mejor garantía para los justiciables es que los jueces desarrollen óptimamente esta función y, además, en forma exclusiva. Por lo tanto, de acuerdo con dicha interpretación tradicional de la doctrina de la división de poderes, no corresponde a los jueces intervenir activamente en el equilibrio del poder. Pero esta no es la única interpretación de dicha doctrina.

En principio, estoy de acuerdo con la distinción entre *gobernaculum y jurisdictio*. Igualmente, concuerdo con la idea de que los jueces han de «aplicar» el derecho en forma desinteresada, tal como es, en tanto que el juez no puede decidir con base en sus convicciones personales, morales, políticas o de otro tipo, por más plausibles que pudieran ser. No obstante, el principio de separación de poderes (o, según algunos autores, «distribución de funciones») puede tener una lectura distinta, bajo la cual la función de los jueces puede enfocarse desde una perspectiva diferente. Bajo este enfoque, en tanto que los jueces son garantes de los derechos fundamentales y, en esa medida, de que los órganos del poder público en el ejercicio de sus atribuciones se ajusten a sus respectivos límites, es claro que en dicha tarea no son simples ejecutores mecánicos, aun cuando tampoco han de ejercer un activismo desbordado en detrimento de la seguridad jurídica. Entre estos extremos hay un amplio espectro de actuación judicial plausible.

Como ha señalado Archibald Cox, la doctrina de la separación de poderes no significa simplemente oponer un poder a otro sino también «multiplicar los lugares a los cuales un ciudadano puede recurrir en busca de desagravio a las ofensas que le fueron inferidas».[12] Observa, además, que, dado el volumen y el quehacer de las ramas políticas de gobierno, el poder judicial es con frecuencia y en forma cada vez más creciente el único sitio donde puede lograrse el desagravio; la multiplicación de los centros a los cuales los ciudadanos pueden recurrir para lograr un remedio jurisdiccional a tales agravios, una vez que se aplica en casos concretos la ley creada por la mayoría y se aprecian de mejor manera sus efectos nocivos sobre ciertos sectores de la sociedad, contribuye a la adecuada tutela jurisdiccional de los derechos de las minorías,[13] la salvaguarda de la supremacía de la Constitución y la consolidación de la democracia constitucional. Al respecto, cabe recordar, con Kelsen, que «la justicia constitucional es un medio eficaz de protección de las minorías contra los abusos de la mayoría».[14]

Si la separación de poderes tiende a garantizar la democracia y si un efectivo poder judicial tiende a garantizar la separación de poderes, entonces, un efectivo poder judicial tiende a garantizar la democracia.

La tesis que me propongo defender es que la seguridad jurídica es una condición necesaria, aunque no suficiente, del imperio del derecho, y el imperio del derecho, a su vez, es un componente esencial del Estado constitucional democrático de derecho.[15] Dada esta conexión conceptual, ello implica que no puede haber Estados constitucionales democráticos de derecho sin seguridad jurídica.

Es importante dejar sentado que no pretendo sostener en forma alguna que la seguridad sea un valor jurídico absoluto, ya que en ciertos casos la seguridad jurídica debe ceder frente a otros valores también previstos constitucionalmente, como la dignidad de la persona, en el entendido de que la ponderación de los valores jurídicos encontrados no debe reducirse al caso concreto, sino a la de las circunstancias generales de ese tipo de casos.[16] En tanto que la seguridad jurídica, si bien no es una condición suficiente, sí es una condición necesaria del imperio del derecho, no puede haber Estados constitucionales democráticos de derecho sin seguridad jurídica.

Circunscribiré mi atención a los jueces y tribunales constitucionales, e ilustraré algunas de mis consideraciones haciendo referencia a ciertos fallos del Tribunal Electoral del Poder Judicial de la Federación, *qua* tribunal de constitucionalidad y, por ende, como defensor de la Constitución en relación con actos y resoluciones electorales.[17]

II. Seguridad jurídica

Una exigencia básica del modelo de Estado constitucional democrático de derecho es que los ciudadanos gocen de un alto grado de seguridad jurídica, es decir, que el ejercicio del poder público esté restringido por reglas jurídicas.

Algunos autores piensan que una atención desmedida o un interés exclusivo sobre la seguridad jurídica, como si fuera el único valor fundamental del derecho, es peculiar del «formalismo jurídico». Sin embargo, no tenemos que ser formalistas en este sentido para reconocer la importancia de la seguridad jurídica;[18] podemos reconocerla sin que ello implique negar la importancia de otros valores que el orden jurídico generalmente tutela.

En lo que sigue me centraré en el estrecho vínculo que existe entre seguridad jurídica y órganos jurisdiccionales.[19]

Con independencia de estimar que la seguridad está enraizada en una necesidad básica humana consistente en contar con una guía confiable, cabe afirmar que la seguridad, como valor jurídico, ha sido un motor incesante de la evolución jurídica; un motor de la lucha por el derecho, como diría Rudolf von Ihering.[20] Así, como ha mostrado Pérez Luño, desde la Ley de las XII Tablas hasta la idea del tránsito del estado de naturaleza a la sociedad civil en la tradición contractualista, pasando por la Carta Magna de 1215, un Estado de seguridad jurídica ha presupuesto la superación de la incertidumbre en cuanto a cuál es el derecho.[21]

Tradicionalmente, la seguridad jurídica se consideró que se integraba con dos aspectos estrechamente relacionados aunque distintos: la «seguridad de orientación», o certeza del orden, y la «seguridad de realización», o confianza en el orden.[22] La seguridad de orientación concierne al «qué» de las disposiciones jurídicas, es decir, entraña que los destinatarios tengan un conocimiento razonable de las reglas jurídicas y, por ende, estén en condiciones de guiar su conducta con arreglo a las mismas, mientras que la seguridad de realización atañe a la eficacia de tales disposiciones o del sistema en su conjunto. Sin embargo, como lo puso de relieve el profesor Eduardo García Máynez, puede haber órdenes jurídicos inicuos y eficaces, en los que los destinatarios saben cuáles son las disposiciones aplicables, pero ese conocimiento y eficacia, lejos de inspirar confianza, generan temor e inseguridad.[23]

No se soslaya que con frecuencia la seguridad ha sido, y puede ser, objeto de manipulación ideológica. Así, en los Estados totalitarios, una supuesta seguridad jurídica con frecuencia ha encubierto la aplicación inexorable de leyes injustas.[24] Por ejemplo, los judíos alemanes bajo el régimen nazi tenían la posibilidad de predecir con facilidad que podían ser objeto de discriminación sobre la base de las reglas jurídicas vigentes.[25] Pero una noción de seguridad jurídica que se reduzca a este tipo de predecibilidad tiene que estar equivocada. En efecto, una genuina seguridad jurídica, como un componente necesario del imperio del derecho, es la antítesis de la arbitrariedad. En todo caso, la seguridad jurídica debe ser compatible con el Estado constitucional democrático de derecho; en particular, debe garantizar el pleno ejercicio de los derechos fundamentales, lo que significa que estos han de poder ser ampliados, pero están sustraídos del poder mayoritario, incluso unánime –esto es, de las legislaturas–, con el objeto de que no sean indebidamente reducidos o suprimidos.

Por ello, me parece necesario distinguir –como lo hace Alexander Peczenik–[26] entre un concepto formal de seguridad jurídica y un concepto material o sustancial de seguridad jurídica. Una noción meramente formal de seguridad jurídica es compatible con prácticas violatorias de los derechos fundamentales, por lo que debe ser sustituida por una noción material o sustancial de seguridad jurídica, consustancial de la democracia. En este segundo sentido, la seguridad jurídica no equivale, ni implica, una defensa del *statu quo* o un conservadurismo.

Así como «[no] todo Estado es Estado de derecho», en sentido técnico, según el *dictum* de Elías Díaz,[27] no cualquier orden jurídico constituye un sistema de seguridad jurídica. La eficacia de un sistema jurídico no se traduce necesariamente en seguridad jurídica. La seguridad jurídica no es un simple hecho, sino más bien un valor; un valor jurídico fundamental. Como dice Antonio-Enrique Pérez Luño, la «seguridad jurídica es un valor que el derecho debe garantizar».[28]

La seguridad jurídica es, básicamente, un tipo de certidumbre especial que no se agota en la simple existencia de reglas jurídicas que poseen ciertos rasgos. En efecto, para que haya seguridad jurídica, si bien es necesario que las reglas sean públicas, generales, abstractas, relativamente estables, claras, no contradictorias, entre otros rasgos, ello no es suficiente. Tampoco es suficiente la mera existencia de un sistema de órganos jurisdiccionales que aplique reglas preexistentes con tales características a casos particulares, porque aun cuando la existencia de ciertos órganos que aplican normas para sancionar conductas desviantes puede generar un cierto grado de certidumbre, ello resulta insuficiente.[29] Como dice Francisco Laporta: «Cuando se habla de seguridad jurídica no se hace referencia a la mera existencia, por ejemplo, de jueces y tribunales, sino a esa certidumbre cualificada que se obtiene cuando, al lado de ello, se satisfacen ciertas exigencias tanto en los órganos como en el procedimiento mediante el que se dirimen las controversias».[30]

Cuando hay certeza jurídica –como apunta Comanducci– cada gobernado está en posibilidad «de prever cuáles serán las consecuencias jurídicas de sus propias acciones y cuáles serán las decisiones de los órganos de aplicación en el caso en que su comportamiento deba ser juzgado conforme al derecho».[31]

Francisco Laporta señala tres elementos principales de la seguridad jurídica: accesibilidad, imparcialidad y racionalidad.[32] He desarrollado dos componentes más que, aunque están de algún modo presentes en el planteamiento de Laporta, estimo necesario explicitar aun más: uno relativo a la independencia judicial y otro concerniente al sistema de frenos y contrapesos.

1. Accesibilidad a la justicia

La accesibilidad a la justicia no consiste simplemente en la posibilidad de que los justiciables tengan acceso a los órganos jurisdiccionales sino que entraña un acceso efectivo que implica la remoción de cualquier obstáculo formal o material que impida tal acceso, como las carencias del sistema de administración de justicia o de los justiciables, por ejemplo, la falta de una representación técnica suficiente o de asistencia jurídica adecuada que impida superar los complejos y oscuros formalismos.

Sobre el particular, cabe destacar la vocación garantista y antiformalista del Tribunal Electoral del Poder Judicial de la Federación, que se ha manifestado reiteradamente en diversos criterios, entre los que se encuentran:

- i) Basta que el actor exprese en su demanda con claridad la *causa pretendi*, precisando la lesión o agravio que le causa el acto o resolución impugnado y su pretensión, para que el Tribunal se ocupe de su estudio, sin necesidad de sujetarse a determinados formulismos o solemnidades;[33] incluso, los agravios pueden encontrarse en cualquier parte del escrito de demanda y no necesariamente en algún capítulo particular,[34] además de que el juez debe interpretar el ocurso por el cual se interpone un medio de impugnación para determinar la verdadera intención del actor.[35]
- ii) El error en la elección o designación de la vía impugnativa no determina necesariamente su improcedencia, debiéndosele dar al ocurso el trámite que corresponde si es manifiesta la voluntad del inconforme de oponerse a determinado acto.[36]
- iii) La propia Sala Superior ha establecido que las normas procesales, especialmente aquellas por las que se imponen cargas, deben interpretarse de la forma que resulten más favorables para los pueblos o comunidades indígenas, atendiendo al carácter tuitivo o tutelar de los medios procesales encaminados a la protección de los derechos político-electorales del ciudadano y para garantizarles a tales pueblos o comunidades el acceso efectivo a la jurisdicción del Estado.[37]
- iv) Asimismo, como una manifestación de la idea de la totalidad, efectividad o integralidad de la tutela jurisdiccional o acceso total a la justicia (*total justice* o justicia completa, según lo previsto en el artículo 17 de nuestra Constitución federal),[38] este órgano jurisdiccional federal ha sostenido que para tener por satisfecho el correspondiente requisito de procedencia del juicio para la protección de los derechos político-electorales del ciudadano, basta que el promovente aduzca que con el acto o resolución impugnado se cometieron en su perjuicio presuntas violaciones a cualquiera de los de-

rechos fundamentales de carácter político-electoral (como el de votar y ser votado en las elecciones populares, de asociarse individual y libremente para tomar parte en forma pacífica en los asuntos políticos o de afiliarse libre e individualmente a los partidos políticos), independientemente de que en el fallo que se llegue a emitir se puedan estimar fundadas o infundadas tales alegaciones; se trata, pues, de un elemento de carácter formal.[39] Asimismo, el referido juicio se ha considerado procedente no sólo cuando se alegan violaciones directas a tales derechos político-electorales sino cuando se aducen presuntas violaciones a otros derechos fundamentales que se encuentren estrechamente vinculados a los mismos (como los derechos de petición, información, reunión o libre expresión de las ideas), cuya protección sea indispensable para no hacer nugatorios aquellos. De manera similar, cuando en el juicio de revisión constitucional electoral se establece que sólo procederá contra actos o resoluciones que violen algún precepto de la Constitución Política de los Estados Unidos Mexicanos, ello debe entenderse en un sentido formal, relativo a su establecimiento como requisito de procedencia.[40]

v) Además, en la mayoría de los medios de impugnación electoral, se contempla legalmente la institución de la suplencia de la deficiencia de la queja o la omisión de los agravios, siempre que estos puedan deducirse claramente de los hechos expuestos en la demanda, en beneficio del acceso a la justicia y la tutela judicial efectiva, en el entendido de que, desde la perspectiva de quien esto escribe, sería conveniente que dicha institución legalmente se ampliara a la totalidad de los respectivos medios de impugnación, teniendo en cuenta que su objetivo es salvaguardar los principios de constitucionalidad y legalidad de los actos y resoluciones electorales, así como la naturaleza de orden público de las normas que tutela.

vi) Cabe destacar el ejercicio prudente y frecuente de facultades directivas por parte del Tribunal Electoral, a través de la práctica de diligencias para mejor proveer, como los casos de apertura de paquetes electorales, con el objeto de conocer la verdad material.

vii) Igualmente, se ha sostenido que los partidos políticos, por su naturaleza de entidades de interés público, tienen derecho a ejercer cierto tipo de acciones procesales que gozan las características de las de interés público o colectivas, por las cuales se tutelan los intereses difusos de comunidades indeterminadas o amorfas y se ejercen en favor de los integrantes de cierto grupo, clase o sociedad.[41]

Se trata, en suma, de mirar la garantía de la tutela jurisdiccional, a la luz de una concepción total o completa de la justicia, según la cual el acceso a un remedio jurisdiccional no puede quedar supeditado a la existencia previa de un derecho sustantivo,[42] tal como se muestra en la distinción entre la legitimación *ad procesum* y la legitimación *ad causam*.

2. Imparcialidad

La imparcialidad de los juzgadores constituye uno de los principios fundamentales de la impartición de justicia, sin los cuales no es posible obtener seguridad jurídica alguna. Como anticipé, desde un punto de vista normativo, los jueces no pueden decidir los asuntos sometidos a su jurisdicción conforme a sus convicciones personales (sean morales, políticas o de cualquier otra índole) sino exclusivamente con base en las razones de carácter jurídico.

Conforme con lo previsto en el artículo 17, párrafo segundo, de la Constitución Política de los Estados Unidos Mexicanos, la administración de justicia que impartan los tribunales no sólo debe ser de manera pronta y completa sino *imparcial*; asimismo, los artículos 41, párrafo segundo, fracción III, y 100, séptimo párrafo, constitucionales establecen que, en el ejercicio de la función estatal electoral y la carrera judicial, respectivamente, la *imparcialidad* y la independencia son dos de los principios rectores, en tanto que el artículo 239 de la Ley Orgánica del Poder Judicial de la Federación prevé que «Todos los servidores públicos y empleados del Tribunal Electoral se conducirán con imparcialidad...».

Para garantizar la imparcialidad –señala Francisco Laporta–, se han establecido en las leyes procesales ciertas causas tasadas de posible parcialidad (objetiva) que permiten a los justiciables cuestionar la idoneidad del juzgador (por ejemplo, afiliación a organizaciones políticas, parentesco con alguna de las partes, conflictos de intereses).[43] Pero también puede existir una parcialidad «más subjetiva» (constituida por, *v. g.*, creencias, prejuicios, ideologías, estereotipos) que podría condicionar las decisiones judiciales. De ahí la exigencia de lo que Laporta denomina «transparencia», que –si entiendo bien– permite que el juzgador determine la solución normativa conforme con el derecho aplicable sin que circunstancia alguna personal pueda perturbar el procedimiento para alcanzarla.[44] La exigencia de racionalidad de las decisiones judiciales –como se verá más adelante– puede, si no eliminar completamente, sí minimizar la influencia de tales factores distorsionantes.

3. Independencia judicial

La independencia judicial constituye una garantía para que los jueces y tribunales impartan justicia, atendiendo a los méritos de los casos específicos de que conozcan, con independencia de toda injerencia o poder extraño al derecho.

En este sentido, la independencia judicial es, sin duda, uno de los aspectos más importantes de la «distribución ordenada de los poderes», ya que es una garantía del Estado constitucional de derecho a fin de asegurar una protección efectiva del control de la constitucionalidad de las leyes, actos y resoluciones.[45] Al efecto, en la legislación se prevén diversas salvaguardas jurídicas orientadas a evitar que los juzgadores puedan ser presionados con sanciones, represalias o, incluso, aparentes recompensas, por parte de quienes obtengan sentencias judiciales contrarias o, en su caso, coincidentes con sus intereses.

La función asignada a un tribunal constitucional sólo puede ser realizada si es razonablemente independiente de los otros poderes. En efecto, la independencia judicial constituye un prerrequisito indispensable para que el poder judicial pueda realizar funciones de contrapoder. Como dice Perfecto Andrés Ibáñez, el poder judicial «debe ser firme en la independencia, que es lo que lo habilita para desarrollar funciones de *contrapoder*» cuando su encomienda constitucional de ser garante de la constitucionalidad y de la legalidad lo requiera.[46]

Raz sostiene que las disposiciones sobre la independencia judicial «están hechas para garantizar que los jueces procedan libres de presiones extrañas y sean *independientes de toda autoridad, salvo de la autoridad del derecho*».[47]

Sin embargo, como lo ha mostrado Rodolfo Vázquez, independencia judicial no es lo mismo que neutralidad. Ser independientes e imparciales no significa ser moralmente neutro, sino implica desempeñar un papel activo en defensa de la autonomía personal y del proceso de deliberación democrática.[48]

Con todo, la independencia de las autoridades jurisdiccionales implica un doble aspecto: el único tipo de consideraciones que los tribunales pueden invocar para fundamentar sus decisiones son las provenientes del orden jurídico y los jueces y tribunales no pueden actuar «en representación de intereses extraños al Derecho».[49]

Como parte de la relevante reforma constitucional y legal mexicana de 1996 en materia electoral, se establecieron diversas garantías orgánicas y procesales para asegurar la autonomía funcional del Tribunal Electoral del Poder Judicial de la Federación, así como la independencia e imparcialidad de sus miembros frente a los demás órganos del poder público, los partidos políticos y cualquier grupo de presión o interés, como ocurre, entre otras, con la consagración constitucional de su naturaleza de máxima autoridad jurisdiccional en la materia y el carácter definitivo e inatacable de sus resoluciones; la previsión constitucional de que las leyes deben establecer los medios necesarios para garantizar la independencia de los tribunales y la plena ejecución de sus resoluciones; el complejo y dificultado procedimiento de designación de sus magistrados, consistente en la postulación en terna por el Pleno de la Suprema Corte de Justicia de la Nación y la elección por una mayoría calificada de la Cámara de Senadores (en el entendido de que sus primeros integrantes fueron elegidos por unanimidad); estrictos requisitos de idoneidad, tanto profesional como apartidista; el carácter permanente, al menos, de su sala Superior y la estabilidad de sus magistrados en el ejercicio de su encargo (diez años para los de la Sala Superior y ocho para los de las salas regionales, sin posibilidad de reelección para los primeros); impedimentos para conocer de ciertos casos; remuneración decorosa sin posibilidad de disminución durante el encargo; dedicación exclusiva a la función, y sujeción a un régimen de responsabilidades.[50]

Al respecto, véanse los artículos 17, tercer párrafo; 94, noveno párrafo; 99; 100, séptimo párrafo, y 108 al 114 constitucionales, así como 146, 212, 213 y 219 a 22 de la Ley Orgánica del Poder Judicial de la Federación. Asimismo, es importante observar que en el artículo 8°, párrafo 1, de la Convención Americana sobre Derechos Humanos, se establece que toda persona tiene derecho a ser oída con las debidas garantías y dentro de un plazo razonable, por un juez o tribunal competente, independiente e imparcial, establecido con anterioridad por la ley, de manera similar a lo que se prevé en el Pacto Internacional de Derechos Civiles y Políticos. De lo anterior se desprende que la independencia y la imparcialidad son verdaderas garantías judiciales.

4. Sistema de frenos y contrapesos

El sistema de frenos y contrapesos (*checks and balances*) es la fórmula que los delegados de la Convención de Filadelfia de 1787 forjaron para establecer una distribución de las tres funciones (legislativa, ejecutiva y judicial) entre distintos órganos a fin de evitar la concentración del poder y controlar su ejercicio.

En lo concerniente a la rama judicial, el sistema de frenos y contrapesos tiene como finalidad evitar un antidemocrático gobierno de los jueces,[51] en el que los jueces se conviertan en filósofos-reyes o reyes-filósofos; la función del poder judicial debe ser compatible con la forma republicana de gobierno.[52] Aun más, pienso que los jueces y tribunales constitucionales, en virtud de las funciones que tienen encomendadas en una democracia constitucional, han devenido en defensores de la forma democrática de Estado.

Ello es así, toda vez que si, como se anticipó, un rasgo central del modelo de Estado constitucional de derecho es que quienes ejercen el poder político estén sometidos al imperio del derecho, garantizando así los derechos básicos de los gobernados, el poder judicial, como todo poder constituido, está también sometido a las reglas jurídicas.

5. Racionalidad

Conforme con un principio establecido en los órdenes jurídicos modernos, los fallos judiciales deben ser fundados y motivados; el juez o tribunal está obligado a fundar sus decisiones en razones jurídicas. Además, las decisiones judiciales deben estar fundadas en normas jurídicas aplicables y en las premisas fácticas del caso.

La fundamentación expresa de las decisiones judiciales constituye un rasgo peculiar de la función jurisdiccional y es tal su importancia que, como ha señalado Eugenio Bulygin, una «sentencia carente de fundamentación es el paradigma de la sentencia arbitraria».[53]

Al respecto, Dworkin afirma, con razón, que uno de los rasgos que legitiman la función jurisdiccional es que los jueces deben decidir conforme a razones y deben ser capaces de explicarlas. Probablemente esto es lo que Hamilton tenía en mente cuando en *El federalista* escribió que si bien el poder judicial no tiene el poder de la espada ni el poder de la bolsa, tiene el poder de «discernimiento» [*judgement*].[54] Y hablar de «discernimiento» es hablar de razón, de racionalidad.

Como bien se sabe, la sentencia es una totalidad formada por la parte considerativa (los «considerandos») y la resolución o parte dispositiva (el fallo). Si la sentencia es considerada como una instancia de razonamiento normativo, la parte considerativa puede ser vista como constituyendo las premisas de un razonamiento cuya conclusión es la parte dispositiva o fallo propiamente dicho.

No basta que el juzgador esté convencido de su decisión sino que, además, es necesario que sea convincente. Ello implica que la argumentación desplegada por el juez o tribunal debe ser convincente no en el sentido psicológico sino lógico, es decir, debe ser irresistible lógicamente.

Así, un fallo judicial fundado en un sólido razonamiento, aunque podrá ser discutible –incluso es deseable que sea objeto de escrutinio público en una sociedad democrática–, no podrá ser tachado de arbitrario.[55] Por consiguiente, la racionalidad de las decisiones judiciales es el mejor antídoto contra la arbitrariedad, sin duda, una de las fuentes de la inseguridad jurídica.

Como alguna vez escuché decir a Manuel Atienza, en un Estado constitucional de derecho, los límites de los tribunales constitucionales están constituidos por los límites de la argumentación jurídica.[56]

IV. Tribunales supremos y parámetros de actuación judicial correcta

En esta sección intento mostrar que si bien los tribunales supremos tienen, por así decir, la última palabra, en tanto que sus decisiones son definitivas e inatacables, también es verdad que tienen ciertos límites que constituyen parámetros de actuación judicial correcta. Para ello recurro a un argumento de Hart en contra del escepticismo normativo.[57]

Si bien es cierto que hay una indeterminación normativa en el caso del derecho, debida a fenómenos tales como la ambigüedad, vaguedad, textura abierta, entre otros, lo que hace necesario la actividad interpretativa, también es cierto que la interpretación operativa tiene límites.

Es importante señalar que la utilización de expresiones deliberadamente ambiguas, vagas, cláusulas abiertas, «conceptos indeterminados» (como «buena fe» o «violación determinante para el resultado de la elección») y demás, por el legislador o el constituyente, producen un efecto indeseable que la seguridad jurídica exige minimizar, a saber, una incertidumbre sobre si determinado hecho es subsumible en una norma.[58]

Ciertamente, hay situaciones imprevistas e imprevisibles que el constituyente no pudo prever. Pero ello no autoriza al juez a dejar de resolver un asunto conforme con el principio de inexcusabilidad.[59] La propia Constitución no provee, por sí misma, una solución, a menos que establezca un sistema de aplicación e interpretación normativa, que, según algunos autores, es el germen de la justicia constitucional.[60] Y es que de acuerdo con la concepción normativa de la Constitución, esta es una norma obligatoria y, por ende, debe garantizarse su cumplimiento.[61] Sin embargo, la disyunción no es el literalismo o un gobierno de los jueces. Es falso el dilema entre el literalismo, por una parte, y el activismo sin límite de los jueces, por otra.

En primer lugar, un juzgador que frente a un problema interpretativo se apega excesivamente a la letra del texto constitucional, haciendo una interpretación letrista, no es necesariamente un juez virtuoso.[62] Una posición textualista de un juez constitucional podría implicar un mantenimiento del *statu quo*.[63]

En efecto, una interpretación restrictiva de las normas que consagran derechos fundamentales puede tener como efecto un ensanchamiento de las atribuciones de los órganos estatales en detrimento no sólo de los derechos de los gobernados sino del valor de la seguridad jurídica. Por el contrario, una interpretación extensiva de tales normas puede tener como resultado una expansión de los derechos fundamentales. A este respecto, Guastini sostiene que, conforme con lo que denomina una doctrina liberal de la interpretación constitucional, «la Constitución debe ser interpretada de modo tal que circunscriba, tanto como sea posible, el poder estatal y que extienda, tanto como sea posible, los derechos de libertad [...] Este punto de vista [...] se traduce en, por un lado, la interpretación restrictiva de todas las disposiciones constitucionales que confieren poderes a los órganos del Estado y, por otro, la interpretación extensiva de todas las disposiciones constitucionales que confieren derechos de libertad a los ciudadanos».

Al respecto, reiteradamente y dentro del marco constitucional, el Tribunal Electoral ha protegido y expandido los derechos fundamentales de carácter político-electoral de los ciudadanos, rechazando posiciones reduccionistas acerca de los derechos fundamentales y, en su lugar, favoreciendo interpretaciones de las normas que potencien el alcance y disfrute de tales derechos.

Junto a la interpretación gramatical para resolver una cuestión interpretativa, existen otros criterios de interpretación, como el sistemático o el funcional.[64] Se requiere, entonces, de una interpretación adecuadora, activa (mas no activista) y creativa, aunque, desde luego, dichos métodos interpretativos no pueden ser cheques en blanco librados en favor del intérprete operativo. Además, toda vez que hay problemas de indeterminación que no se salvan mediante la actividad interpretativa, en algunas Constituciones, como en el artículo 14, párrafo *in fine*, de la Constitución mexicana, se prevé la posibilidad de resolver el caso específico a la luz de los principios generales del derecho.

Me gustaría traer a colación el análisis que Hart hace de una versión de lo que él llama el «escepticismo ante las reglas» en el capítulo VII de *El concepto del derecho*, porque me parece relevante en el presente contexto. Como es sabido, en dicho capítulo Hart avanza una vía media entre dos concepciones que discute y rechaza: el «formalismo» y el «escepticismo ante las reglas» o escepticismo normativo, y pretende mostrar que el derecho es parcialmente indeterminado, con lo que trata de sostener la tesis de que los jueces tienen una potestad limitada de creación jurídica. Sin soslayar los problemas de la indeterminación del derecho, que son variados y muy complejos, deseo hacer hincapié en los aspectos determinados del derecho. Como reconoce el propio Dworkin y recordaba Francisco Javier Ezquiaga, «La mayoría de los casos jurídicos –incluso la mayoría de los casos constitucionales– no son casos difíciles. La destreza normal de un juez dicta una respuesta y no deja espacio para el juego de las convicciones morales personales»;[65] es un error sostener que la Constitución es «todo zarpar y nada anclar».[66]

Una versión del escepticismo ante las reglas sostiene que los tribunales supremos, al decidir, no lo hacen sometidos a reglas, sino que «El derecho (la Constitución) es lo que los tribunales dicen que es» (una variante de la frase atribuida a Charles Evans Hughes, *Chief Justice* de la Corte Suprema de los Estados Unidos de América durante el período 1930-1941).[67] Dicho enunciado es ambiguo. En un sentido significa que las decisiones de un tribunal supremo están revestidas de autoridad y tienen un carácter definitivo. En este primer sentido –inocuo–, dicho enunciado es verdadero. Pero, en un segundo sentido, resultaría falso si con ello se quisiera decir que no hay otra regla, excepto la que el decisor elige aplicar; que no obstante la existencia de las reglas más diáfanas, ellas no imponen límite alguno al decisor. En este segundo sentido, dicho enunciado sería falso, toda vez que, de acuerdo con Hart, si bien las reglas tienen un cierto grado de indeterminación, tienen no obstante un núcleo de significado (más o menos) determinado del cual los resolutores no pueden apartarse, pues constituye un parámetro de actuación correcta. En palabras de Hart: «Los jueces, incluso los de una Corte Suprema, integran un sistema cuyas reglas son lo suficientemente determinadas en la parte central como para suministrar criterios o pautas de decisión judicial correcta».[68] Esto es el fundamento para sostener que las decisiones de los tribunales supremos, aunque definitivas, no son infalibles. Siguiendo la analogía que Hart hace, sólo en el juego que denomina el «arbitrio del árbitro», el marcador es lo que el árbitro dice que es. Un sistema jurídico en el que priva la seguridad jurídica no guarda analogía alguna con este juego.

Por consiguiente, parafraseando a José Ramón Cossío en su más reciente libro, un tribunal constitucional, por más supremo que sea, no puede autoconferirse más atribuciones que las previstas en el orden jurídico.[69]

A continuación, doy un par de ejemplos del derecho electoral mexicano que muestran la existencia de ciertas reglas jurídicas a que están sometidos los jueces y tribunales conforme con el principio de legalidad.

Cabe señalar que si bien hay derechos de configuración jurisprudencial, también existen derechos fundamentales consagrados constitucionalmente de configuración legal. Por ejemplo, en el derecho mexicano, el derecho al voto pasivo es un derecho político-electoral fundamental de base constitucional y de configuración legal,[70] en la inteligencia de que el legislador ordinario debe respetar el núcleo normativo esencial del derecho de que se trate, de conformidad con la llamada «garantía del contenido esencial», que tiene su fundamento justamente en el principio de constitucionalidad.[71]

Así también, es importante señalar que una de las características básicas del régimen mexicano de nulidades en materia electoral es que sólo puede declararse la nulidad de una votación o elección por las causas taxativamente previstas en la ley. En efecto, el Tribunal Electoral del Poder Judicial de la Federación, conforme con el principio de legalidad electoral previsto constitucionalmente, sólo puede declarar la nulidad de una votación recibida en una o varias casillas o de alguna elección cuando se acrediten los extremos o supuestos de una causa de nulidad limitativamente prevista en las disposiciones constitucionales y legales aplicables.[72]

V. Consideraciones conclusivas

Una democracia con un poder judicial más vigoroso es una democracia constitucional más fuerte, ya que es un régimen en que los derechos fundamentales están garantizados.[73]

Si la justicia constitucional tiene como función proteger los derechos fundamentales y si los derechos fundamentales tienen como uno de sus sustentos la democracia, entonces, la justicia constitucional deviene en garante del régimen democrático.

La democracia política es correlativa a los derechos políticos. La dimensión política de la democracia constituye el sustrato de los demás ámbitos de la democracia. Los derechos fundamentales, en particular los derechos políticos, deben ser tutelados vigorosamente, ya que son cruciales para el funcionamiento de una democracia.

Como he intentado mostrar, existe una conexión estrecha entre Estado constitucional democrático de derecho y seguridad jurídica, entendida esta en su sentido material o sustancial.

En las democracias constitucionales, los jueces y tribunales constitucionales, en particular en materia político-electoral, no sólo ocupan un lugar estratégico para evitar que se cierren espacios necesarios en el avance democrático –como sostiene John Hart Ely–,[74] sino también tienen la encomienda de hacer cumplir la Constitución para defender la voluntad de los ciudadanos expresada en las urnas.

Es mi convicción que, si bien no debe impartirse justicia en abstracto o sólo en forma nominal sino una justicia real, genuina, efectiva, completa, total, no puede haber justicia sin Estado de derecho, y no puede haber Estado de derecho sin principio de juridicidad, pues de lo contrario se corre el riesgo de que el Estado de derecho se convierta en simple «Estado de Justicia», que, como dice el constitucionalista Manuel Aragón, es el caldo de cultivo de la arbitrariedad.[75]

De conformidad con sus atribuciones constitucionales, el Tribunal Electoral del Poder Judicial de la Federación es el garante de la constitucionalidad de los actos y resoluciones electorales, en particular, es el garante de los derechos fundamentales de carácter político-electoral (*i. e.*, de votar, ser votado, de asociación y de afiliación). Debe seguir siéndolo, con estricto apego al principio de legalidad y, por ende, generando seguridad jurídica.

Por consiguiente, la defensa de los derechos fundamentales político-electorales por parte del Tribunal Electoral pasa por el respecto irrestricto al imperio del derecho, generador de seguridad jurídica.

Notas

1. Manuel Atienza: *El sentido del derecho*, Barcelona, Ariel, 2001, pág. 310.

2. En lo que sigue uso de manera intercambiable los términos «democracia constitucional», «Estado constitucional de derecho» y «Estado constitucional democrático de derecho». Por brevedad, usaré la expresión «Estado constitucional de derecho». Con esta fórmula no soslayo el contenido social del constitucionalismo moderno que se resume en la necesidad de salvaguardar también el valor de la igualdad material, que se recoge en el enunciado «Estado de derecho, social y democrático».

3. Cfr. Paolo Biscaretti di Ruffia (para quien la democracia es una forma de Estado): *Introducción al derecho constitucional comparado*, tr. de Héctor Fix-Zamudio, México, FCE,1996, págs. 113-125.

4. David Held: *Modelos de democracia*, Madrid, Alianza Editorial, 2ª. ed., 2001, pág. 13.

5. Ibíd.

6. *Encuesta Nacional sobre Cultura Política y Prácticas Ciudadanas 2001*, México, Secretaría de Gobernación, 1991.

7. Michelangelo Bovero: «Globalización, democracia, derechos», en: *Este país*, núm. 138 (septiembre 2000), págs. 5-6.

8. Luigi Ferrajoli: «Sobre la definición de "democracia". Una discusión con Michelangelo Bovero», en: *Teoría de la democracia. Dos perspectivas comparadas*, México, IFE-Temas de la democracia, Conferencias magistrales, Núm. 13, 2001, pág. 15.

9. *La Revolución francesa en sus textos,* Estudio preliminar, traducción y notas de Ana Martínez Arancón, Madrid, Tecnos, 1989, pág. 16.

10. Rolando Tamayo y Salmorán: «La división de poderes y los tribunales. Una desmitificación», en: *Memoria del III congreso nacional de derecho constitucional (1983),* México, UNAM, 1984, pág. 241.

11. Ibíd.

12. Archibald Cox: *El rol de la Suprema Corte en el gobierno americano*, tr. de Guillermo A. Berisso, Buenos Aires, EDISAR, 1980, pág. 137.

13. Ibíd., pág. 137. Como dice Jon Elster, «Una ley puede tener un potencial de violación de derechos que resulta muy difícil de advertir antes de que se plantee un caso concreto» [Jon Elster, «Régimen de mayorías y derechos individuales», en: *De los derechos humanos*, Stephen Shute y Susan Hurley (eds.), Madrid, Trotta, 1998, pág. 180].

14. Hans Kelsen: «La garantía jurisdiccional de la Constitución (La justicia constitucional)», en: *Escritos sobre la democracia y el socialismo*, tr. de Juan Ruiz Manero, Madrid, Debate, 1988, pág. 152.

15. Sigo aquí a Francisco Laporta, «Imperio de la ley y seguridad jurídica», en *Estado, justicia, derechos,* Elías Díaz y José Luis Colomer (eds.), Madrid, Alianza Editorial, 2002, págs. 105-132. Contrariamente a lo que Laporta sostiene, pienso que existe una relación más estrecha de la que él cree entre el modelo de Estado constitucional de derecho y seguridad jurídica, como trataré de mostrar.

16. Esto ya lo veía claramente Eduardo García Máynez, *Filosofía del derecho*, México, Porrúa, 1983, pág. 481.

17. La Suprema Corte de Justicia de la Nación estableció en la ejecutoria que resolvió la contradicción de tesis 2/2000 que: «El Tribunal Electoral del Poder Judicial de la Federación tiene la elevada encomienda constitucional de salvaguardar el respeto de la Constitución Política de los Estados Unidos Mexicanos, en relación con actos y resoluciones electorales y que en esa función tiene carácter de órgano terminal...». También es importante destacar que el más alto tribunal del país ha establecido que «no es el caso de entrar al análisis del contenido de las resoluciones de la Sala Superior del Tribunal Electoral del Poder Judicial de la Federación, puesto que la Suprema Corte de Justicia de la Nación como responsable del respeto a la Constitución Política de los Estados Unidos Mexicanos en la forma que debe respetarla y conforme a los términos de su artículo 99, esas resoluciones son definitivas e inatacables también para ella» (Sentencia relativa a la Acción de inconstitucionalidad 18/2001 y 20/2001, promovida por los partidos políticos Acción Nacional, de la Revolución Democrática y del Trabajo, en contra de la Quincuagésima Legislatura del Congreso y del Gobernador, ambos del estado de Yucatán).

18. Incluso, como ha mostrado Manuel Atienza, un estudio de los aspectos formales del derecho no implica suscribir el llamado formalismo jurídico («Presentación», en Robert S. Summers, *La naturaleza formal del derecho*, México, Fontamara, 2001, pág. 9).

19. Eduardo García de Enterría ha calificado a la justicia y a la seguridad jurídica como valores centrales del sistema de derecho (*Justicia y seguridad jurídica en un mundo de leyes desbocadas*, Madrid, Civitas, 2000, págs. 103-104).

20. Cfr. Rudolf von Ihering, tr. de Adolfo Posada y Biesca, México, Porrúa, 1982.

21. Cfr. Antonio-Enrique Pérez Luño: «La seguridad jurídica», en Ernesto Garzón Valdés y Francisco J. Laporta (eds.): *El derecho y la justicia, Enciclopedia Iberoamericana de Filosofía II*, Madrid, Trotta-Consejo Superior de Investigaciones Científicas-BOE, 1996, págs. 481-482.

22. Cfr. Eduardo García Máynez, ob. cit., *(supra*, nota 16), pág. 478.

23. Cfr. Pérez Luño, ob. cit., *(supra, nota 21)*, pág. 483.

24. Cfr. ibíd., pág. 483.

25. Cfr. Alexander Peczenik: «Estado de derecho, seguridad jurídica y legitimidad del derecho», en: *Derecho y razón,* tr. de Ernesto Garzón Valdés, México, Fontamara, 2000, pág. 135.

26. Cfr. ibíd.

27. Elías Díaz: «Estado de Derecho: exigencias internas, dimensiones sociales», en *Sistema*, núm 15 (marzo 1995), pág. 6.

28. Antonio-Enrique Pérez Luño: *La seguridad jurídica,* Barcelona, Ariel, 1991, pág. 58. En el artículo 9, párrafo 3, de la Constitución española se establece en forma expresa que la Constitución garantiza, entre otros aspectos, la seguridad jurídica.

29. Recuérdese que ya Kelsen distinguía entre sistemas jurídicos con seguridad jurídica, en donde se encuentra centralizada en el legislativo la producción de normas generales, y aquellos otros con flexibilidad, en los que no hay un órgano legislativo central sino que los tribunales e, incluso, los órganos administrativos deben resolver los casos individuales según su libre criterio; incluso, este último sistema de libre creación de derecho era el que recomendaba Platón en su Estado ideal por estimar que permite la justicia según las peculiaridades del caso individual. No obstante, si bien un sistema de este tipo se caracteriza por su gran flexibilidad, carece de seguridad jurídica, dada la profunda descentralización de la producción jurídica que involucra. (Kelsen: *Teoría pura del derecho*, tr. de la segunda edición en alemán por Roberto J. Vernengo, México, UNAM, 1979, págs. 258-260).

30. Laporta, ob. cit. (*supra*, nota 15), pág. 116.

31. Paolo Comanducci: *Razonamiento jurídico. Elementos para un modelo*, México, Fontamara, 1999, pág. 98.

32. Cfr. Laporta, ob. cit. (*supra*, nota 15), *passim*.

33. Cfr. Tesis de jurisprudencia bajo el rubro: «Agravios. Para tenerlos por debidamente configurados es suficiente con expresar la causa de pedir», en: *Justicia Electoral. Revista del Tribunal Electoral del Poder Judicial de la Federación*, suplemento núm. 4, pág. 5.

34. Cfr. Tesis de jurisprudencia bajo el rubro: «Agravios. Pueden encontrarse en cualquier parte del escrito inicial», en: *Justicia Electoral. Revista del Tribunal Electoral del Poder Judicial de la Federación*, suplemento núm. 2, págs. 11-12.

35. Cfr. Tesis de Jurisprudencia bajo el rubro: «Medios de impugnación en materia electoral. El resolutor debe interpretar el ocurso que los contenga para determinar la verdadera intención del actor», en: *Justicia Electoral. Revista del Tribunal Electoral del Poder Judicial de la Federación*, suplemento núm.3, pág. 17.

36. Cfr. Tesis de Jurisprudencia bajo el rubro: «Medio de impugnación. El error en la elección o designación de la vía no determina necesariamente su improcedencia», en: *Justicia Electoral. Revista del Tribunal Electoral del Poder Judicial de la Federación*, suplemento núm. 1, págs. 26-27. Asimismo, dicho Tribunal ha resuelto que el citado criterio debe hacerse extensivo para cubrir no sólo los casos en que los actores equivoquen la vía idónea de entre los distintos juicios o recursos previstos en la ley adjetiva federal sino también aquellos en que el error sea producto de la confusión derivada de intentar un medio impugnativo federal cuando lo correcto sea incoar uno de los previstos en las leyes estatales respectivas (véase

Tesis relevante con el rubro: «Medio de impugnación local o federal. Posibilidad de reencauzarlo a través de la vía idónea», en: *Justicia Electoral. Revista del Tribunal Electoral del Poder Judicial de la Federación*, suplemento núm. 5, págs. 96-97). De este modo, a la vez que se hace una interpretación extensiva del derecho fundamental a la justicia, consagrado en el artículo 17 de la Constitución federal, se observa cabalmente el sistema de distribución de competencias entre la federación y las entidades federativas en materia jurisdiccional electoral, en concordancia con la estructura federal del Estado mexicano (véase la sentencia recaída en el expediente SUP-JDC-041/2002, aprobada el siete de mayo de 2002).

37. Cfr. Tesis relevante bajo el rubro: «Pueblos indígenas. Se debe garantizar a los ciudadanos que los conforman un efectivo acceso a la jurisdicción electoral», en: *Compilación de jurisprudencia y tesis relevantes. Sala Superior 1996-2001*, México, Tribunal Electoral del Poder Judicial de la Federación, págs. 355-356.

38. Sobre este concepto, véase Michele Taruffo: «La justicia civil: ¿Opción residual o alternativa posible», en: *Corrupción y Estado de derecho. El papel de la jurisdicción,* Perfecto Andrés Ibáñez (ed.), Madrid, Trotta, 1996, págs. 135-150.

39. Cfr. Tesis de jurisprudencia bajo el rubro: «Juicio para la protección de los derechos político-electorales del ciudadano. Requisitos para su procedencia», en: *Compilación* ..., ob. cit. (*supra*, nota 37), págs. 61-63.

40. Cfr. Sentencia recaída en los expedientes SUP-JDC-117/2002 y acumulados, así como la tesis de jurisprudencia con el rubro: «Juicio de revisión constitucional electoral. Interpretación del requisito de procedencia previsto en el artículo 86, párrafo 1, inciso B), de la ley de la materia», en ibíd., págs. 59-60.

41. Cfr. Tesis de jurisprudencia bajo el rubro: «Partidos políticos nacionales. Pueden deducir acciones tuitivas de intereses difusos contra los actos de preparación de las elecciones», en: *Justicia Electoral. Revista del Tribunal Electoral del Poder Judicial de la Federación*, suplemento núm.4, págs. 23-25.

42. Cfr. Taruffo, ob. cit. (*supra*, nota 38), pág. 142.

43. Cfr. en relación con los magistrados del Tribunal Electoral del Poder Judicial de la Federación, por ejemplo, los requisitos para ocupar el cargo y los impedimentos para conocer de determinados asuntos previstos en los artículos 99 de la Constitución federal, así como 146, 212, 213 y 220 de la Ley Orgánica del Poder Judicial de la Federación.

44. Cfr. Laporta, ob. cit. (*supra*, nota 15), pág. 117.

45. Cfr. Elster, ob. cit. (*supra*, nota 13), pág. 181.

46. Perfecto Andrés Ibáñez: «La corrupción en el banquillo. Jurisdicción penal y crisis del Estado de derecho», en: *La corrupción política*, Francisco J. Laporta y Silvina Álvarez (comps.), Madrid, Alianza Editorial, 1997, pág. 233.

47. Joseph Raz: *La autoridad del derecho,* tr. de Rolando Tamayo y Salmorán, México, UNAM, 1985, págs. 271-272 (el énfasis es de quien esto escribe).

48. Rodolfo Vázquez: *Liberalismo, Estado de derecho y minorías*, México, UNAM-Facultad de Filosofía y Letras-Paidós, 2001, pág. 99.

49. Joseph Aguiló Regla: *Teoría general de las fuentes del derecho y del orden jurídico,* Barcelona, Ariel, 2001, pág. 123.

50. Cfr. Carlos Arenas, Raúl Ávila, J. Jesús Orozco Henríquez y Juan Carlos Silva: *El sistema mexicano de justicia electoral*, México, TEPJF, 2000, págs. 53-80.

51. Cfr. Elster, ob. cit. (*supra*, nota 13), pág. 195.

52. Ronald Dworkin: *Freedom's Law. The Moral Reading of the American Constitution*, Cambridge, Mass., Harvard University Press, pág. 12.

53. Eugenio Bulygin: «Sentencia judicial y creación del derecho», en: Carlos E. Alchourrón y Eugenio Bulygin: *Análisis lógico y Derecho*, Madrid, Centro de Estudios Constitucionales, 1991, pág. 357.

54. Alexander Hamilton, James Madison y John Jay: *The Federalist*, Great Books of the Western World, Núm, 43, Enciclopedia Británica, Chicago, 1989, parágrafo 78.

55. Arturo Zaldívar Lelo de Larrea: «Suprema Corte y democracia en México», en *Lex* (junio 2002), pág. 25.

56. *X Seminario Eduardo García Máynez* sobre Teoría y Filosofía del Derecho organizado por el Instituto Tecnológico Autónomo de México (ITAM), la Universidad Iberoamericana (UIA), la Universidad Nacional Autónoma de México (UNAM) y la Escuela Libre de Derecho (ELD), que se llevó a cabo en la Ciudad de México del 12 al 14 de octubre de 2000.

57. Cfr. H. L. Hart: *El concepto de derecho*, tr. de Genaro Carrió, Buenos Aires, Abeledo Perrot, particularmente, el capítulo VII.

58. Cfr. Laporta, ob. cit. (*supra*, nota 15), pág. 113.

59. Jean Carbonnier afirma que el silencio de la ley no puede obstaculizar la impartición de justicia (*Ensayos sobre las leyes*, tr. de Luis Díez-Picazo, Madrid, 1998, pág. 241).

60. De acuerdo con Elster, la justicia constitucional es básicamente una respuesta a la necesidad de contar con un mecanismo de aplicación normativa (ob. cit., *supra*, nota 13, pág. 178).

61. Michel Troper: «La máquina y la norma: Dos modelos de constitución», en *Doxa*, pág. 345.

62. En Estados Unidos de América, Nixon, con el propósito de socavar la doctrina judicial de la Corte Warren, pretendió llevar a la Corte Suprema a jueces que fuesen lo que denominó «intérpretes estrictos del texto constitucional» [*strict constructionists*]; después de Nixon dicho término vino a significar un pensamiento político conservador (véase Eduardo García de Enterría: *La Constitución como norma y el Tribunal Constitucional,* 3ª ed., Madrid, Civitas, 2001, pág. 171).

63. Sobre el textualismo, véase John Hart Ely: *Democracia y desconfianza. Una teoría del control constitucional,* Santafé de Bogotá, Universidad de los Andes-Siglo del Hombre Editores, 1997, especialmente pág. I.

64. En el artículo 2, párrafo 1, de la Ley General del Sistema de Medios de Impugnación en Materia Electoral se establece que para la resolución de los medios de impugnación previstos en la misma ley, las normas se interpretarán conforme a los criterios gramatical, sistemático y funcional, y a falta de disposición expresa se aplicarán los principios generales del derecho.

65. Dworkin, ob. cit. (*supra*, nota 52), pág. 17.

66. He adaptado esta observación que Dworkin hizo a propósito de una afirmación de Macauley con respecto a la Constitución estadounidense (véase, ibíd.).

67. Frase atribuida al mencionado *Chief Justice* en: Hendel: *Charles Evans Hughes and The Supreme Court* (1951), pág. 11, citado por Hart, ob. cit. (*supra*, nota 57), pág. 317.

68. Hart, ob. cit. (*supra*, nota 57), pág. 181.

69. José Ramón Cossío: *La teoría constitucional de la Suprema Corte de Justicia,* México, Fontamara, 2002, pág. 152.

70. Es así como la Sala Superior del Tribunal Electoral ha sostenido el criterio de que las candidaturas independientes son constitucionalmente válidas si el legislador ordinario las prevé, en el entendido de que las leyes electorales que omitan regular este aspecto no necesariamente son inconstitucionales, como ocurrió en el llamado caso Michoacán (véase sentencia recaída en el expediente SUP-JDC-037/2001, aprobada el veinticinco de octubre de 2001).

71. Cfr. Ana Aba Catoria: *La limitación de los derechos en la jurisprudencia del Tribunal Constitucional Español,* Valencia, Tirant Lo Blanch, 1999, pág. 196.

72. Cfr. Tesis de jurisprudencia con el rubro: «Principio de conservación de los actos públicos válidamente celebrados. su aplicación en la determinación de la nulidad de cierta votación, cómputo o elección», en: *Justicia Electoral. Revista del Tribunal Electoral del Poder Judicial de la Federación*, suplemento núm. 2, págs. 19-20.

73. Cfr. Carlo Guarnieri y Patricia Pederzoli: *Los jueces y la política. Poder judicial y democracia,* Madrid, Taurus, 1999, pág. 25.

74. Cfr. Ely, ob. cit. (*supra*, nota 63), pág. 146.

75. Cfr. Manuel Aragón Reyes: «El juez ordinario entre legalidad y constitucionalidad», *Temas de derecho público*, número 44, Bogotá, Instituto de Estudios Constitucionales Carlos Restrepo de la Universidad Externado de Colombia, 1997, pág. 31.